职业教育系列教材·城市轨道交通类
城市轨道交通运营管理系列 精品教材

城市轨道交通客运组织

杨旭丽　吴敬红 ◎ 主　编

中国建材工业出版社
北　京

图书在版编目（CIP）数据

城市轨道交通客运组织/杨旭丽，吴敬红主编．--北京：中国建材工业出版社，2024.4
职业教育系列教材．城市轨道交通类
ISBN 978-7-5160-3848-2

Ⅰ.①城… Ⅱ.①杨… ②吴… Ⅲ.①城市铁路—铁路运输—旅客运输—行车组织—职业教育—教材 Ⅳ.①U239.5

中国国家版本馆CIP数据核字（2023）第191567号

城市轨道交通客运组织
CHENGSHI GUIDAO JIAOTONG KEYUN ZUZHI
杨旭丽　吴敬红　主编

出版发行：中国建材工业出版社
地　　址：北京市海淀区三里河路11号
邮　　编：100831
经　　销：全国各地新华书店
印　　刷：北京雁林吉兆印刷有限公司
开　　本：787mm×1092mm　1/16
印　　张：22
字　　数：540千字
版　　次：2024年4月第1版
印　　次：2024年4月第1次
定　　价：53.00元

本社网址：www.jccbs.com，微信公众号：zgjcgycbs
请选用正版图书，采购、销售盗版图书属违法行为
版权专有，盗版必究。本社法律顾问：北京天驰君泰律师事务所，张杰律师
举报信箱：zhangjie@tiantailaw.com　**举报电话**：（010）57811389
本书如有印装质量问题，由我社事业发展中心负责调换，联系电话：（010）57811387

本书编委会

主　审　杨俊义

主　编　杨旭丽　吴敬红

副主编　李兆飞　靳　芳　兰杨芳　王大文　张　博
　　　　　尹小梅　吕腾飞

参　编　黄彦莉

前　言

"到 2023 年底，我国 31 个省（自治区、直辖市）和新疆生产建设兵团共有 55 个城市开通运营城市轨道交通，线路 306 条，运营里程达到 10165.7 公里。据交通运输部数据显示，2023 年 12 月，55 个城市轨道交通实际开行列车 333 万列次，完成客运量 26.7 亿人次，进站量 16 亿人次。客运量环比增加 0.8 亿人次，增长 3.2%；较 2019 年月均客运量增加 6.8 亿人次，增长 34%。

自 2020 年新春伊始，长达三年的全球新冠疫情使我国的城市轨道交通运营工作受到较大影响，但城轨客运工作任务不减反增，我国地铁城轨的建设仍稳步前行，这既充分彰显了国家对城市轨道交通事业发展的高度重视，反映了人民群众对改善城市公共交通安全便捷出行的现实需求，也充分体现了轨道交通客运组织对于保障轨道交通"安全、健康、准点、便捷、舒适"出行的突出作用。因此，为适应我国城市轨道交通事业发展，培养更多更好的轨道交通运营管理高素质技能型人才，编写一本真正有用、实用、好用的高职教材，便成为从事轨道交通高职教育工作者应该抓紧着手的一件迫在眉睫的重要工作。"

为了落实教育部《面向 21 世纪教育振兴行动计划》，把职业教育课程改革和教材规划要求更加深入地融入城市轨道交通运营管理专业高职教材的新编工作中来，我们深入城市轨道交通运营生产一线调查研究，交流切磋，讨论问题，发现问题，回顾总结；发现新情况，提炼新需求，探究新教法，秉承德国"以工作过程为导向"的职业教育理念，按照理实一体化教材编写方法，面向城市轨道交通运营车站站务员、客运值班员、值班站长等站务系列岗位能力结构，围绕车站设备操作、客流组织、应急处理、车站运作等四方面专业知识学习和技能技巧培养，编写了这本《城市轨道交通客运组织》。

按照项目任务体例，本教材共分九个项目：项目一为城市轨道交通客运组织概述，项目二为城市轨道交通客流分析，项目三为城市轨道交通客运车站设备设施，项目四为城市轨道交通客运车站岗位，项目五为城市轨道交通客运车站运作管理，项目六为城市轨道交通客流组织，项目七为城市轨道交通客运车站票务组织，项目八为城市轨道交通客运服务，项目九为城市轨道交通客运车站突发事件应急处理。

与其他同类专业教材相比，本教材具有以下一些特点：

教材设计以工作过程为导向——突破传统的教材编写方法，运用借鉴成功的德国职业教育理念和蓝领培养经验，以职业专业理论为基础，深入工作现场，向城轨交通运营生产一线学习，着眼素质提升，突出技能实用，理顺教学逻辑，力求教材能够达到"精学实用，重点突出"。

专业学习以工作场景为背景——为了让课程"好学易用"，紧密联系实践，以真实的现场工作场景为体例，以真实的工作过程和典型案例为教学内容，从而使职业专业教学变得更加生动有趣，易学易用有用。

技能教学以项目任务为驱动——把专业技能教学的学习目标（知识、技能、素质）、学习内容与实际工作项目任务的实施要求结合起来，以真实的项目任务作为教学内容，以项目业绩考核要求作为评价标准，教学相长，学以致用，使教材内容更加丰富实用。

本书采用项目任务式体例编写，重点突出，案例实用，对于优化技能教学，拓展知识视野，激发学生结合个人发展，强化专业技能学习，促进职业能力提高和综合素质培养形成有相当的积极作用。

编者

目 录

项目一　城市轨道交通客运组织概述 ……………………………………………… 1
　　任务一　城市客运交通系统概述 ……………………………………………… 3
　　任务二　城市轨道交通客运组织概述 ……………………………………… 14
　　任务三　城市轨道交通客运组织运营管理模式概述 ……………………… 20

项目二　城市轨道交通客流分析 ………………………………………………… 28
　　任务一　城市轨道交通客流分类 …………………………………………… 30
　　任务二　城市轨道交通客流特征分析 ……………………………………… 36
　　任务三　城市轨道交通客流流线分析 ……………………………………… 45
　　任务四　城市轨道交通客流调查与预测 …………………………………… 52

项目三　城市轨道交通客运车站设备设施 ……………………………………… 65
　　任务一　城市轨道交通客运车站概述 ……………………………………… 66
　　任务二　城市轨道交通客运车站票务系统 ………………………………… 73
　　任务三　城市轨道交通客运车站站台门系统 ……………………………… 77
　　任务四　城市轨道交通客运车站 PIS ……………………………………… 84
　　任务五　城市轨道交通客运车站环控系统 ………………………………… 89
　　任务六　城市轨道交通火灾自动报警系统 ………………………………… 93
　　任务七　城市轨道交通客运车站其他系统 ………………………………… 99

项目四　城市轨道交通客运车站岗位 …………………………………………… 105
　　任务一　城市轨道交通客运车站站长 ……………………………………… 106
　　任务二　城市轨道交通客运车站值班站长 ………………………………… 112
　　任务三　城市轨道交通客运车站行车值班员 ……………………………… 117
　　任务四　城市轨道交通客运车站客运值班员 ……………………………… 120
　　任务五　城市轨道交通客运车站站务员 …………………………………… 124

项目五　城市轨道交通客运车站运作管理 ……………………………………… 130
　　任务一　城市轨道交通客运车站管理制度 ………………………………… 131
　　任务二　城市轨道交通客运车站日常运作 ………………………………… 140
　　任务三　城市轨道交通客运车站行车组织 ………………………………… 151
　　任务四　城市轨道交通客运车站施工管理 ………………………………… 158

项目六　城市轨道交通客流组织 ………………………………………………… 166
　　任务一　城市轨道交通客流概述 …………………………………………… 167

任务二　城市轨道交通日常客流组织 …………………………………… 177
　　任务三　城市轨道交通大客流组织 ……………………………………… 192
　　任务四　城市轨道交通突发事件客流组织 ……………………………… 201

项目七　城市轨道交通客运车站票务组织 ……………………………………… 209
　　任务一　城市轨道交通票务系统概述 …………………………………… 210
　　任务二　城市轨道交通票务职责及工作流程 …………………………… 219
　　任务三　城市轨道交通车票及现金管理 ………………………………… 227
　　任务四　城市轨道交通票务备品及钥匙管理 …………………………… 237
　　任务五　城市轨道交通票务处理 ………………………………………… 244

项目八　城市轨道交通客运服务 ………………………………………………… 251
　　任务一　城市轨道交通客运服务概述 …………………………………… 252
　　任务二　城市轨道交通客运服务礼仪 …………………………………… 260
　　任务三　城市轨道交通客运服务规范 …………………………………… 271
　　任务四　城市轨道交通乘客事务处理 …………………………………… 281
　　任务五　城市轨道交通客伤处理 ………………………………………… 289

项目九　城市轨道交通客运车站突发事件应急处理 …………………………… 302
　　任务一　车站突发事件处理概述 ………………………………………… 303
　　任务二　设备故障车站应急处理 ………………………………………… 308
　　任务三　自然灾害车站应急处理 ………………………………………… 324
　　任务四　其他事件车站应急处理 ………………………………………… 334

参考文献 …………………………………………………………………………… 343

项目一　城市轨道交通客运组织概述

项目背景

随着我国城镇化进入快速增长期，人口集中向城市涌入，城市交通需求的总量急剧增长，中心城市传统的地面交通模式已经满足不了供应的需求，城市交通拥挤问题成为现实生活中无法避免而又迫切需要解决的问题。在这种情况下，城市轨道交通以其快速、准时、便捷的特点而被人们越来越重视。

"据交通运输部统计公布，截至 2023 年 12 月 31 日，31 个省（自治区、直辖市）和新疆生产建设兵团共有 55 个城市开通运营城市轨道交通线路 306 条，运营里程 10165.7 公里，车站 5897 座。2023 年全年，新增城市轨道交通运营线路 16 条，新增运营里程 581.7 公里，新增红河和咸阳 2 个城市首次开通运营城市轨道交通。数据显示，2023 年全年实际开行列车 3759 万列次，完成客运量 294.4 亿人次，进站量 176.6 亿人次，客运周转量 2418 亿人次公里。2023 年全年客运量较 2022 年增加 100.4 亿人次，增长 51.7%。

以 2023 年我国地铁运营里程排名第三的城市广州为例，2023 年广州新开通运营地铁五号线东延段（文冲至黄埔新港）和七号线二期（大学城南至燕山），使广州地铁运营里程达 653 公里，稳居全国第三。值得一说的是，七号线二期（大学城南至燕山），在广州城市发展史上意义重大，首次实现"东南互联"，而且是绕开广州中心四区，直接实现番禺和黄埔的"东南互联"。2023 年广州地铁线路图如图 1-1 所示。

图 1-1　2023 年广州地铁线路图

项目任务书

城市轨道交通客运组织概述项目任务书如表1-1所示。

表1-1 城市轨道交通客运组织概述项目任务书

名称		城市轨道交通客运组织概述
学习目标	知识目标	1. 掌握城市客运交通系统结构、城市地面公共交通系统、公共交通优先政策； 2. 熟悉中国各大城市轨道交通现状、国家前十名城市轨道交通系统运营里程及城市轨道交通系统的运营特性； 3. 掌握中国城市轨道交通发展需要解决的问题； 4. 掌握城市轨道交通客运组织的概念、工作的宗旨、特点、基本要求； 5. 掌握城市轨道交通客运组织架构及车站管理模式
	技能目标	1. 具备城市客运交通系统结构、公共交通优先政策的认知能力； 2. 能够判断城市轨道交通系统的各种不同形式所具有的优缺点； 3. 能够阐述国内外城市轨道交通客运组织工作的区别以及优缺点； 4. 具备对城市轨道交通客运组织架构的认知及车站不同模式的管理能力
	素质目标	1. 具有良好的社会公德、职业道德和爱岗敬业基本素质，立德树人贯穿课程始终； 2. 具有良好工作态度、严谨细致的专业作风； 3. 具有良好的沟通协调能力、语言表达能力、班组管理能力； 4. 培养团结协作、热情有礼、认真细心、沉着冷静、遇乱不惊的职业素养
学习内容		知识准备：收集国内外城市轨道交通情况资料。 任务一：城市客运交通系统概述。 工作任务：阐述城市客运交通系统结构、城市地面公共交通系统、城市轨道交通系统及公共交通优先政策。 任务二：城市轨道交通客运组织概述。 工作任务：阐述城市轨道交通客运组织的概念、工作的宗旨、特点、基本要求。 任务三：城市轨道交通客运组织运营管理模式概述。 工作任务：阐述城市轨道交通客运组织架构及车站管理模式
任务实施要求		1. 将授课班级学生分组，5~8人为一个学习团队； 2. 每个学习团队组织学习，进行项目任务分析、任务分配，制定团队工作任务分配表； 3. 资料学习、相关知识准备，完成项目的资讯环节； 4. 现场教学、资源利用，完成项目的实施演练环节； 5. 学习团队讨论，编制项目任务知识点学习计划书； 6. 学习团队现场实践，制订现场实践的实施方案； 7. 学习团队按任务分配表制作项目任务的汇报演讲稿，派代表上台演讲； 8. 制定该项目任务的评价表，考核要素，进行小组互评
任务实施要点		1. 教学资源收集与整理； 2. 确认任务学习的重点与难点； 3. 任务学习计划制订，小组任务分工，汇报PPT制作，小组交流演讲； 4. 学习团队进行讨论，可让教师参与讨论，通过团队合作获取问题的解决
任务拓展		1. 会收集具有国内外领先水平的具有代表性的城市轨道交通客运组织概述的资料； 2. 按"准员工"的要求来学习，结合本城市的情况，组织团队成员去现场学习； 3. 能够进行城市轨道交通客运组织概述相关资料的查找与整理； 4. 会制作任务书要求的PPT
任务下发人		日期： 年 月 日
任务执行人		日期： 年 月 日

任务一　城市客运交通系统概述

一、任务导入

城市客运交通系统最重要的是公共交通系统，而公共交通系统中大运量的则是城市轨道交通。城市轨道交通是国家铁路的一种，但采用公交化的运营组织方案。城市轨道交通以其载客量大、快捷、准时、安全、环保的特点而成为解决交通拥挤的最有效手段。城市公共交通的轨道化程度已成为一个城市现代化的重要标志之一。城市轨道交通经历了自1863年以来近一个半世纪的发展，技术成熟、安全可靠、形式多样、用途广泛，正成为城市交通的骨干。

目前，国际上技术比较成熟、已经运营的城市轨道交通有地铁、市郊铁路、轻轨、单轨、导轨、线性电机牵引的轨道交通及有轨电车7种。其中，市郊铁路、地铁、轻轨和有轨电车应用最广泛，线性电机牵引的轨道交通最有发展前途。

二、知识准备

城市轨道交通是指具有固定线路，铺设固定轨道，配备运输车辆及服务设施等的公共交通设施。"城市轨道交通"是一个包含范围较大的概念，在国际上没有统一的定义。一般而言，广义的城市轨道交通是指以轨道运输方式为主要技术特征，是城市公共客运交通系统中具有中等以上运量的轨道交通系统（有别于道路交通），主要为城市内（有别于城际铁路，但可涵盖郊区及城市圈范围）公共客运服务，是一种在城市公共客运交通中起骨干作用的现代化立体交通系统。

（一）中国地铁运营里程排前十名的地铁城市

截至2023年12月底，中国城轨交通运营总里程排前十名的城市为：

1. 北京

北京是我国政治文化中心，北京地铁是服务于北京的城市轨道交通系统，北京首条线路于1971年1月15日开通运营。北京是我国首个开通地铁的城市，北京地铁是国际地铁联盟（CoMET）成员单位。伴随着中国经济的发展，首都城市建设的拓展，北京地铁城市轨道交通建设步入春天，历经半个世纪的发展，截至2023年12月底，北京地铁运营线路共有27条，运营里程836千米，车站398座。2023年北京城市地铁轨道交通年客运周转量达32.98亿人次，年日均客运量945万人次，较2022年同期增长53%；工作日日均客运量1078万人次，较2022年同期增长45%。

2. 上海

上海是中国经济最发达的超大规模城市。上海地铁1号线1993年正式运营，是中国第三个开通地铁的城市，2021年10月上海地铁11号线开通，上海地铁成为中国首条跨省轨道交通线路。这条地铁线让沪苏两城的中心城区实现互联互通，是中国最长的跨域地铁。截止2023年12月底，上海地铁运营里程达到了825km，共有20条地铁运营线路，407个车站。上海地铁2023年年客运周转量达到36.68亿人次，年日最高客流量达866.35万人次。

3. 广州

广州是我国综合实力第三强的城市。广州地铁建设起步虽晚，但发展迅速。自 1997 年 6 月开通第一条地铁线路，截至 2023 年 12 月底，广州地铁运营里程达到 653km，有 18 条运营线路，282 座车站。广州地铁线网年客运量达 25.34 亿人次，日均客运量 694.24 万人次。年最高日客运量达 1081.02 万人次。全国第一条城际地铁和第一条跨市级行政区的地铁线是在广州诞生的。

4. 成都

成都是中国大陆第十个拥有城市轨道交通的城市，在国家西部大开发政策的支持下，成都经济的快速发展，成都地铁轨道交通发展随之步入快车道，成为中国城市地铁轨道交通的后起之秀。截止 2023 年 12 月底，成都地铁轨道交通系统运营里程达到 601km，有 14 条地铁线路，326 座车站。2023 年成都地铁年客运量达 21.22 亿人次，日均客流量最高峰达 732.63 万人次。

5. 深圳

深圳是中国最早的四个经济特区之一，用"时间就是生命，速度就是效益"的全新发展理念，创造出城市经济发展和城市建设发展两惊艳世界的奇迹。为满足建设城市发展需要，2004 年 1 月深圳第一条地铁轨道交通线路建成通车，让深圳成为中国第五个拥有地铁交通系统的城市，截止 2023 年 12 月底，深圳地铁轨道交通系统运营里程达 567.1km，有地铁网线 17 条，车站 326 座，截至 2023 年 12 月底，深圳地铁年客运量达 27.11 亿人次，日均客运量 742.72 万人次。

6. 武汉

武汉是我国中部第一大省湖北省省会，是中国内地第七个开通地铁的城市。其首条地铁线路——武汉地铁 1 号线于 2004 年 9 月 28 日正式运营开通。截至 2023 年 12 月，武汉地铁运营里程数达到 529.6.km，地铁线路 15 条，车站 323 座。2023 年武汉地铁年线网客运量达 13.53 亿人次，日均客运量 370.68 万人次。2023 年 5 月 1 日武汉地铁线网客运量首次突破 500 万人次，达 506.04 万乘次。

7. 杭州

杭州作为浙江省会城市，是浙江首个开通地铁的城市。杭州地铁 1 号线于 2012 年 11 月 24 日正式开通，在杭州地铁建设不长 11 年时间里，杭州城市信息化发展有力助推杭州地铁轨道交通的发展，截至 2023 年 12 月底，杭州城市轨道交通地铁运营里程达到 516km，运营线路 12 条，车站 256 座。2023 年客运量 13.8 亿人次，日最高客流高峰达到 503.2 万人次，全年日均客运量 378.08 万人次。

8. 重庆

重庆是中国西部地区第一个开通城市地铁轨道交通的城市，第一条地铁线路于 2005 年正式开通运营，截至 2023 年 12 月底，重庆地铁运营里程达 494km，有地铁线路 11 条，车站 253 座。2023 年客运量 13.2624 亿人次，日均客运量 363.33 万人次，12 月 31 日重庆轨道交通全线网客运量达 508.1 万人次，创下最高日客流记录，之前最高为 2023 年 9 月 28 日的 494.2 万人次。

9. 南京

南京是中国第一个所辖区县全部开通地铁的城市，南京地铁是国际地铁联盟

(CoMET)成员单位。南京地铁首条线路于2005年5月正式通车,截至2023年12月底,南京地铁城市轨道交通运营里程达459.4km,有地铁线路14条,运营车站217座。南京地铁2023年客运量达10.05亿人次,日均客运量249.89万人次。

10. 青岛

青岛早在1935年就在城市交通规划提出建设地铁,是我国第一个提出建设地铁的城市。但基于历史的种种原因,直到2015年12月16日,青岛地铁的首条线路——青岛地铁3号线才开通试运营。截至2023年12月底,青岛地铁运营里程为326.3千米,有地铁运营线路8条,共设车站1602座。青岛地铁2023年客运量4.72.亿人次,日均客运量129万人次。2023年12月城市轨道交通运营里程数据一览表如表1-2所示。

表1-2 2023年12月城市轨道交通运营里程数据一览表

序号	城市	运营线路条数	运营公里数(公里)	运营车站数(座)	客运量(万人次)	进站量(万人次)	客运周转量(万人次公里)	列车运行图兑现率	正点率
1	北京	27	836.0	398	345159.5	190062.7	3297625.7	99.99%	99.99%
2	上海	20	825.0	407	366107.8	202864.1	3368763.7	99.95%	99.87%
3	广州	18	641.5	282	307296.8	165384.7	2534462.1	100.00%	99.99%
4	成都	14	601.7	326	212190.2	210160.6	1799399.7	100.00%	100.00%
5	深圳	17	567.1	326	271102.4	158882.9	2274637.2	99.95%	99.99%
6	武汉	15	529.6	323	135289.4	85814.7	1109653.1	99.97%	99.98%
7	杭州	12	516.0	256	138357.2	82857.3	1164735.8	100.00%	100.00%
8	重庆	11	494.6	253	132624.5	83407.0	1122985.1	99.99%	99.97%
9	南京	14	459.4	217	100574.6	60553.3	523668.2	100.00%	99.98%
10	青岛	8	326.3	162	47192.5	33139.4	495255.8	99.93%	99.98%
11	天津	9	298.3	192	57143.9	35662.0	423595.0	100.00%	100.00%
12	西安	9	294.0	184	128794.0	83686.2	1021238.6	100.00%	99.97%
13	郑州	10	277.7	166	58320.8	36563.8	459471.6	100.00%	99.98%
14	沈阳	11	262.2	185	50824.3	33817.1	350930.4	98.29%	99.88%
15	苏州	8	258.5	182	51342.3	31788.0	353801.2	99.99%	99.92%
16	大连	6	237.1	100	24215.7	17901.5	249242.8	99.99%	99.97%
17	长沙	7	209.1	130	94176.2	50361.6	547256.5	100.00%	99.99%
18	合肥	5	197.0	154	41095.5	27030.8	262198.3	100.00%	99.99%
19	宁波	6	186.0	127	36733.0	20968.2	213435.2	99.99%	100.00%
20	昆明	6	165.9	103	29204.621	21063.9	272914.2	100.00%	99.99%
21	福州	5	139.0	90	22776.6	16927.0	174836.4	99.99%	99.99%
22	南昌	4	128.5	94	38054.8	22826.8	190463.1	100.00%	100.00%
23	南宁	5	128.2	93	34992.3	21010.0	211242.6	100.00%	99.99%
24	佛山	6	127.3	81	15422.1	9619.4	244178.1	100.00%	99.99%
25	贵阳	3	116.9	82	13436.4	10429.1	111035.1	100.00%	99.98%

续表

序号	城市	运营线路条数	运营公里数（公里）	运营车站数（座）	客运量（万人次）	进站量（万人次）	客运周转量（万人次公里）	列车运行图兑现率	正点率
26	长春	5	111.2	94	21906.8	15525.6	150937.9	99.97%	99.65%
27	无锡	4	110.8	80	18456.0	12552.5	115963.6	100%	100%
28	厦门	3	98.4	70	24641.6	18911.1	189954.0	100%	99.99%
29	济南	3	84.1	41	9620.9	6904.9	97232.4	100%	99.96%
30	哈尔滨	3	82.1	66	28128.3	18543.0	174447.3	99.99%	99.99%
31	石家庄	3	74.3	60	17316.1	12005.2	99466.3	100%	99.98%
32	徐州	3	64.1	51	9402.1	6739.9	59891.2	100%	100%
33	南通	2	58.8	43	2115.0	2096.8	23506.4	100%	100%
34	绍兴	3	57.8	35	3841.8	1223.1	42555.4	100%	100%
35	常州	2	54.0	43	7311.5	6004.4	45698.0	100%	99.99%
36	温州	1	52.5	18	1587.8	1483.5	26531.7	100%	99.98%
37	呼和浩特	2	49.0	43	6772.9	5482.2	38353.5	100%	100%
38	芜湖	2	46.2	35	3314.8	2833.5	22599.0	99.42%	99.92%
39	洛阳	2	43.5	33	5715.9	4313.6	35101.2	100%	99.99%
40	昆山	2	43.0	29	3678.4	1586.9	21943.1	100%	99.99%
41	东莞	1	37.8	15	4533.9	4533.9	57613.0	100%	99.98%
42	兰州	2	33.5	27	10563.6	9670.8	82942.9	100%	99.98%
43	乌鲁木齐	1	26.8	21	3928.1	3928.1	34887.9	100%	99.97%
44	黄石	1	26.8	29	412.2	412.2	——	100%	99.98%
45	太原	1	23.3	22	4382.4	4382.4	29256.2	100%	99.99%
46	淮安	1	20.1	23	734.0	734.0	7340.0	99.98%	100%
47	句容	1	17.3	5	695.8	408.0	6515.6	100%	99.96%
48	嘉兴	1	13.8	16	272.3	272.3	1879.2	99.95%	99.72%
49	文山	1	13.4	10	50.1	49.5	462.4	100%	100%
50	红河	1	13.4	15	29.1	29.1	254.4	100%	100%
51	天水	1	12.9	12	95.5	95.5	754.8	100%	99.99%
52	咸阳	1	10.7	7	633.6	467.1	5303.4	100%	99.99%
53	三亚	1	8.4	15	131.6	131.6	460.4	99.99%	100%

备注：1. 本表按城市里程由大到小排序，运营线路条数中上海地铁11号线（昆山段）、广佛线和广州地铁7号线（佛山段）、宁句线（句容段）、苏州地铁11号线（昆山段）、西安地铁1号线（咸阳段）不重复计算。

2. 本表含北京、广州、成都、武汉、深圳、南京、青岛、苏州、沈阳、佛山、黄石、淮安、嘉兴、文山、红河、天水、三亚等城市有轨电车线路，不包括大连201和202路、长春54和55路等与社会车辆完全混行的传统电车。

3. 珠海有轨电车1号线至2021年1月22日起暂停运营，以及海宁杭海线，未列入本表。

4. 运营车站数为线路或线网中投入运营的车站座数，其中，换乘站按1座车站计。

数据来源：交通运输部

(二) 中国城市轨道交通发展需要解决的问题

从目前情况看，中国城市轨道交通发展需要解决的问题表现在以下几个方面：

(1) 各种交通系统间的衔接问题。城市轨道交通运营企业归城市地方政府管理，与城市间铁路运输、地面巴士交通、机场专线等系统的管理缺乏协调运营机制。城市轨道交通系统快速、准时的用户效益没有得到充分发挥，多数系统运输量低于预测水平，影响了客流吸引效果。

(2) 运营管理问题。各城市对于城市轨道交通系统成网后如何运营仍处于探索阶段，对城市轨道交通系统的投资、建设、运营和监督机制如何协调缺乏研究，城市政府部门对于如何建立城市轨道交通系统的自我发展机制、加强城市轨道交通运营企业自身的经营活力、制定科学合理的补贴机制等方面还需要研究。

(3) 经营管理问题。城市轨道交通系统技术上需要借鉴铁路运输方式，但经营管理上需要高度重视其城市运输特征。对于高峰期与平峰期的运营组织、大型枢纽内地区乘客换乘组织、乘客综合信息服务体制等问题，均需要充分研究。

(4) 安全应急系统建立问题。城市轨道客运系统庞大，但线路的灵活性差，应急能力有限。城市轨道交通运营企业应充分研究系统在节假日、重要活动期间，在意外事件出现状态下的运营组织问题。

(5) 客运营销问题。城市轨道交通系统投资大，其成网运营需要一个漫长过程。在这期间，如何从票价、时刻表、线路组合等方面与地面交通配合，构筑快速出行体系，需要开展进一步研究。

(6) 人才培养问题。目前城市轨道交通系统的专业人才多数来自铁路运输部门。这些人才在城市客运运营管理领域经验不足，所以，相关部门需要加强对相关人员的技术培训，以适应城市轨道交通系统的长期发展需要。

(三) 城市客运交通系统

城市客运交通系统是指为满足城市出行需求而提供的全部方式和途径。不同城市由于条件的差异具有不同的客运交通体系。城市客运交通系统方框图如图1-2所示。

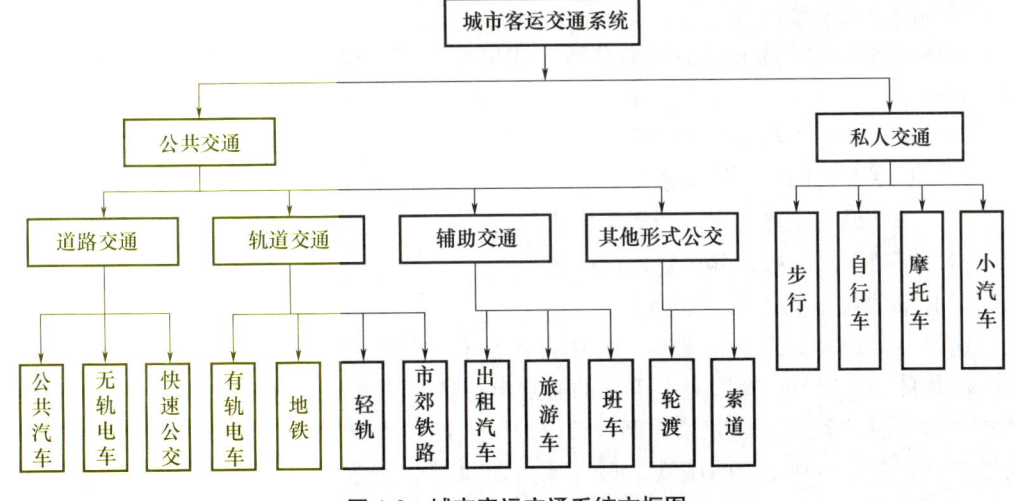

图 1-2 城市客运交通系统方框图

在城市客运交通系统中，最重要的组成部分是公共交通系统。公共交通是公众可以共同享用的、经济方便的客运交通方式，一般由得到政府许可的拥有者和营运者，向所有人或某一群体提供客运服务（使用者不固定），使用者因此需要向服务方付费。可见，公共交通泛指所有收费提供交通服务的运输方式，也有极少数免费提供服务。

随着交通技术的进步，公共交通的形式、划分方法均有了较大的变化。狭义的公共交通是指定线运营的公共汽车、电车、轨道交通等交通方式。按照路权使用形式不同，公共交通可分为道路公交和轨道交通；按照运量大小不同，公共交通可分为大、中、小运量公交；按照驱动方式不同，公共交通可分为电力、燃油公交系统；按照公交运行速度不同，公共交通可分为常规公交和快速公交。

（四）城市客运系统的模式

合理的城市客运系统模式是对城市地区客运系统供需平衡状态的一种描述，这种描述涉及各种交通方式在整个城市交通系统中分担的出行比例。不同交通方式在其适用范围内的运行效率受城市用地规划的协调程度、交通服务质量、城市发展阶段、经济水平、城市环境等因素的影响。

城市客运交通发展模式主要有四种，分别是：以小汽车为主的发展模式；以轨道交通为主的发展模式；轨道交通和地面常规公交并重的发展模式；以非机动车交通方式为主、多种交通方式并存的发展模式。

1. 以小汽车为主的发展模式

这种模式最典型的例子是美国城市，几乎所有美国城市都采用了以小汽车为主的交通发展模式，并且形成鼓励小汽车发展的政策。对于美国大部分城市而言，小汽车交通方式已成为其生活方式的象征，如在洛杉矶、芝加哥、旧金山、底特律、华盛顿和亚特兰大等地区，小汽车交通方式出行比例都高达90%左右。这主要是由于小汽车具有如下特点：

（1）快速灵活，可以在较短时间内到达目的地。

（2）是一种门到门的出行方式。

（3）舒适性最好。

采用这种模式的城市，小汽车交通方式出行比例一般都占50%以上，这些城市主要具有以下特点：

（1）出台鼓励小汽车发展的政策。

（2）具有较高的经济发展水平。

（3）基础设施完善，供需矛盾不突出。

（4）城市布局分散，郊区化特征明显。

2. 以轨道交通为主的发展模式

这种模式的典型代表是日本。虽然日本具有发达的经济，私人小汽车拥有量也很高，但是日本人出行，特别是上下班的通勤出行主要利用轨道交通，轨道交通承担了城市60%以上的客运量。以东京为例，整个地区大约有2000万人，但是它拥有2350千米的城铁，其中有260千米的城铁，每日承担3600万人次的客运量，占公交出行总量的90%以上。可以说，离开了轨道交通，整个东京都市圈的功能将陷入瘫痪。

采用这种模式的城市主要具有以下特点：
(1) 地少人多，土地资源缺乏。
(2) 城市布局高度集中。
(3) 经济发展为轨道交通发展提供了保障。
(4) 政策上出台保障措施。

经济发展水平高、财力雄厚、人口密集、用地布局紧凑、能形成客运交通走廊，是大都市地区采用以轨道交通为主的发展模式的重要条件。

3. 轨道交通和地面常规公交并重的发展模式

轨道交通和地面常规公交并重的发展模式中，轨道交通和地面常规公交在城市客运交通系统中都居于重要的地位。以中国香港为例，香港拥有多元化的公共交通系统，包括轨道交通、电车、专营巴士、公共小型巴士、的士、非专营公共巴士、缆车及轮渡等，服务范围几乎遍及全港。

采用这种交通模式的城市主要具有以下特点：
(1) 城市人口密度高。
(2) 公共交通比较发达。
(3) 私人交通工具的使用空间有限。

综上所述，人口密集、公交发达、政策导向等因素对于确立以公共交通（轨道交通和地面常规公交）为主的发展模式具有决定性的作用。

4. 以非机动车交通方式为主、多种交通方式并存的发展模式

目前，我国的许多中小城市都采用以非机动车交通方式为主、多种交通方式并存的发展模式。这种发展模式的主要特点为：非机动车交通方式（步行＋自行车）在城市交通结构中占有绝对的优势，通常占 60%～80%；其他交通方式（如公交、出租车、摩托车、小汽车等）在城市客运交通系统中也占有一定的比重。这种发展模式与下列因素紧密相关：
(1) 相对低的经济发展水平。
(2) 相对集中的城市用地形态。
(3) 中等质量的公交服务水平。

(五) 城市轨道交通系统及其运营特性

由城市轨道交通设施、设备的系统构成可知，城市轨道交通系统是一个庞大而复杂的系统，其技术专业门类覆盖广泛，从传统的土木建筑、机械、电机电器，到属于高新技术的电子产品、自动控制、信息传输等均有涉及。

从运营功能上看，城市轨道交通系统大体可分为列车运行及客运服务系统（涵盖隧道、站台、线路、车辆、牵引供电、信号、通信、控制车站及其照明系统、售检票及计算中心、导向及预告措施、消防、环控系统、自动中心、扶梯、电梯、车站服务等内容）和检修保障系统（为保障设备性能良好、能随时启动投入运行而具备的检修手段及检修能力等）。

城市轨道交通系统经历了长期的发展，由于技术成熟、安全可靠、形式多样、用途广泛，逐渐成为城市交通的骨干。与常规交通系统相比，其具有以下运营特性：

1. 服务的优质可靠性

城市轨道交通系统（网络）每日要面对数十万乃至数百万的乘客，并负责将他们从出发站输送到目的站，同时使每位乘客在从购票乘车到下车出站的全过程中都感到满意，这是城市轨道交通运营的宗旨，因此，城市轨道交通运营企业必须在每一个环节为乘客提供优质、可靠的服务。

2. 系统联动性

城市轨道交通系统建设和运营的目的是为市民提供快速、安全、准时、舒适、便利的运输服务，使乘客能够便利地进站购票乘车、安全舒适地旅行、快速准确地到达目的地。

安全运行和优质服务的基础是城市轨道交通系统正常、协调地运行，而车辆和设备之间、各种设备之间在正常运行时均有相互依托的关系，这些关系的存在要求它们之间有严格的技术配合。

3. 时空关联性

城市轨道交通运营企业的产品是人的位移，因此时间和空间的概念就变得尤为重要。由于时间和其相对应的空间是城市轨道交通运营过程中不可存储的，一旦失去，势必造成列车运行晚点，严重时还会造成事故，因此必须重视城市轨道交通系统的时空关联性。

4. 调度指挥集中性

城市轨道交通系统是多专业多工种联合运行的巨型系统，对时间、空间的概念要求很高，一旦发生故障，造成的后果及对社会的影响都很严重。因此，城市轨道交通运营系统需要严格的一体化统一调度指挥。调度控制中心就是为此而设置的。

调度控制中心一般设于车辆段里。信号系统、供电系统、环控系统、主机及显示屏等均设于调度控制中心内。列车运行时由行车调度员、电力调度员、环控调度员等分别执行行车系统、供电系统及环控系统的调度指挥工作。

5. 管理的严格性

对城市轨道交通运营企业而言，技术管理的核心是规章制度，它是规范人员生产活动的行为准则。各岗位人员只有严格执行规章制度，才能使规模庞大而技术复杂的系统有序、安全、高效地运转；否则，系统运转就会受到阻碍而使其效率降低，甚至会引起事故，造成严重后果。

企业规章制度是有层次的，如具有"企业宪法"性质的技术管理规程，具有系统性规范性质的行车组织规则、客运组织规则、调度规则、安全规则、事故处理规则，以及设备、设施的运行检修规则等。各系统规则应该在技术管理规程的指导之下，在各系统设备技术基础上制定，以规范各系统的日常生产活动。此外，还有更为具体、详细、针对性和操作性更强的有关技术管理方面的制度、工艺、办法等。一系列的规章制度系统地涵盖了运营系统的每一个技术角落，使日常的运营和故障的处理均有章可循，从而保证城市轨道交通这一庞大的联动运输机构正常运行，确保"城市动脉"的畅通和社会的发展。

（六）公共交通优先政策

城市公共交通作为城市的重要基础设施，与城市居民的生产、生活密切相关，是城市经济社会全面、协调发展的重要基础。优先发展公共交通是城市发展的必然选择，是建设节约型、环境友好型和谐社会，实现可持续发展的重要途径。

2004年3月国家建设部颁发了《关于优先发展城市公共交通的意见》，要求在5年左右的时间里，基本确定公共交通在城市交通中的主体地位，特大城市基本形成以大运量快速轨道交通为骨干，常规公交为主体，出租车为补充的城市公共交通体系。

"公交优先"是指凡是有利于公交发展的一切政策和措施。"公交优先"一般涉及四个方面：公共交通设施用地安排优先；公共交通道路使用权优先；交通管制措施要体现公交优先；公共财政要向公交优先转移。

公交优先是一个复杂的综合交通体系，是一项庞大的城市管理的系统工程，公交优先的实现，将取决于政策、规划、建设、管理等四大部分，它们是一个有机的整体，各部分之间既有联系又相互制约。

1. 控制私人小汽车使用

随着人们生活水平的提高，小汽车进入家庭是一个趋势，但是小汽车过快地大规模进入家庭必然引起能源和其他资源的过度消耗、道路交通进步加剧拥挤、停车场严重不足、环境污染的加剧等问题。各国小汽车的普及大体有两种模式：一种是盲目发展私人小汽车，造成忽视公共交通、道路拥挤堵塞、修路不及的恶性循环，结果是私人小汽车过多，公共交通处境困难，城市交通条件恶化；另一种是限制私人小汽车的过快发展，鼓励使用公共交通，并有计划地进行道路网规划建设，结果是形成了优良的公共交通体系，私人小汽车数量适度，城市交通效率高。

私人小汽车与公共交通工具比较，按照运客的人·千米计算，小汽车的社会费用要比公共汽车高6~8倍，能耗高3~4倍，空间占用量高9倍，污染环境损失费用高9倍。私人小汽车数量的增多，会给城市道路交通带来巨大压力。无论是发达国家，还是发展中国家，都已认识并重视这个问题，并采取经济、法律、行政等手段来限制私人小汽车的发展，在限制小汽车的使用，优先发展公共交通，鼓励乘客利用公共交通工具方面所采取的措施有：

(1) 限制汽车进口，征收汽车出售税、使用燃油税。

(2) 限制小汽车停放，提高小汽车停车费。

(3) 鼓励小汽车乘满人数（4人）；提倡共乘方式，乘客少于3人的小汽车受到交通限制。

(4) 鼓励"停车＋换乘"的交通方式。

(5) 征收道路使用税以及拥挤费，来控制小汽车高峰时期进入交通拥挤路段。拥挤收费概念出现于20世纪70年代，是指在城市交通严重拥挤的情况下，通过对使用者收费来引导和调节交通需求，在时空上改变交通流量的分布，从而达到缓解交通拥挤的目的。有经济学家相信，对拥挤路段的使用者收费是缓解城市交通拥挤的一个最直接、经济上最有效的办法，各国的实践也证明了这一点。

1975年，新加坡通过收取"拥挤费"，控制高峰期严重拥堵地区、降低路段的上路汽车数量，收效极为明显。机动车通行量比高峰时期减少了24700辆，交通速度增加了22%，交通收费管制区域的机动车总通行量减少了13%，单人乘机动车数量减少，部分机动车从高峰时间转向非高峰时间通行。1991年起，挪威、英国、美国等国家部分城市纷纷效仿，均取得了较好的效果。拥挤道路使用收费是一项重要的交通需求管理措施，但也必须与其他措施配套协调使用，构成一个城市交通需求管理的综合系统。

2. 注重公共交通与自行车优势互补

城市自行车数量多，会造成与机动车抢道，致使交通拥挤、事故频繁，给城市交通带来了更多的麻烦。因此，有一些国家采取了限制自行车在大城市内使用的政策。从世界交通发展的总趋势看，自行车交通占地少、投资小、效率高、节约能源和水源。可减少私家车交通量、采取有效措施后可减少或减轻交通事故、减少拥堵、减少停车用地、减轻道路投资压力，无空气、水源噪声污染。因此各国采取各种措施鼓励自行车的应用，这些措施包括：制定鼓励自行车交通的政策和规划，实行自行车优先的政策，提高自行车交通的安全保证，增加自行车道和自行车停车设施，改善和便利自行车与其他交通形式的联运等。

无论在发展中国家，还是发达国家，自行车的数量都还会增多。问题的关键是要加强管理，改善自行车的行驶条件，减少交通事故，提升自行车作为短程交通工具的作用，而远距离的出行由公共交通承担。为此，许多国家都采取了加强管理的措施，如机动车与自行车分流；自行车道与人行道设在高出机动车道的平面上，在自行车道与人行道之间用绿地或路障隔开等。

荷兰对自行车交通设施如道路、信号灯、停车场、停车库等都进行了大量投资，成功地使自行车交通迅速发展，大大提高自行车交通的比例、效率和安全性。同时荷兰采取机动车道和专用的自行车道分流的方式解决混合交通的问题，也使机动车交通速度得到提高。

在法国，大部分街道没有自行车专用道，但在机动车道上专门划出了自行车道，用绿箭头表示。在交叉路口设有自行车专用信号灯，实行自行车优先通行的原则。

美国联邦及各州政府每年拨出巨款用于自行车道的规划、修建和科研。现在各地可以用过去只能用于公路建设的"国家公路系统"联邦资金在州际交通干线上建设自行车道。加利福尼亚州政府制定三级自行车道的设计标准，各级地区地方政府均制定三级自行车交通网规划。

由于公共交通和自行车各有优点，人们出行采用多种交通方式相结合的情况越来越多。近年来在西欧、美国和日本等骑自行车换乘公共交通工具去上班的人在逐渐增多，政府部门还在采取措施促进自行车与公共交通相结合的形式进一步发展。据美国加利福尼亚交通部门的统计资料，南太平洋铁路沿线，有40%的出行者骑自行车到公共交通中转站换车再去上班。在欧洲许多地区每日有10%～20%的通勤者骑自行车往返于火车站、公共汽车站与工作地点之间。作为通往交通运输线的联络工具，自行车远远比机动车灵活得多。

公共交通与自行车结合，可以节省能源，减少对空气的污染，还可节省交通费用。据调查，由于自行车减少污染而得到的经济效益是小汽车驾乘者的300倍。因此，许多国家纷纷采取措施促进自行车与公共交通相结合。

（1）在换乘站和交通枢纽修建自行车存车库，解决存车难的问题。

公交、铁路站点设有自行车停放处可便利出行，大大缩短通勤时间，提高交通效率，有益于自行车交通和公共交通。荷兰的火车站设有自行车停车处和自行车出租服务。尽管美国骑自行车的人并不多，但是为了鼓励、便利自行车交通，地铁站大都设有自行车停车处。美国旧金山湾区的地铁站除了设自行车停车处外，还允许携带自行车上车。

(2) 允许乘客在公共汽车、火车和地铁上携带自行车；美国各地的公共汽车大都可带几辆自行车。

3. 实现多元化公共交通体系以及无缝换乘

要进一步缓解大城市客运紧张状况，必须确定以大运量的公共运输为主的高效率的交通系统，选择各种交通运输手段，重点放在发展地铁、城市铁路、轻轨等有轨交通上，以期形成一个以快速轨道交通为主体，公共汽车、有轨电车为辅的多样化的综合交通体系。

在一个拥有庞大、复杂的交通网络的特大型城市中，要保证公共交通的优先发展，首先就要安排、组织、设计一个良好的换乘系统，将各种交通工具（地铁、轻轨、电车、公共汽车等）及各条线路有效地连接起来，从而为乘客提供方便、迅速、安全的服务。

顺畅各交通形式之间的联运和转乘是提高交通效率，减少交通拥堵的重要办法。印度德里机场一出机场大楼路边就是公共汽车站。乘公共汽车可达火车站和公交总站，转乘便利。世界各地的许许多多机场与火车站、长途汽车站、市区公交车、旅馆之间都有极为便利的门到门的交通联系。乘客出了机场或车站大厅不需要携带行李过马路，附近就有各种交通形式供选择。世界上许多机场从机场大厅里就可直接下到火车或地铁站。东京机场行李可推至大厅下面的火车站，车站有三条包括新干线和其他城市铁路在内的线路与市内地铁公交网连接。东京的长途汽车站与火车站建在一起，在日铁火车站也可买到长途汽车票。

这些以人为本的在基础设施方面实现无缝隙衔接，在服务方面实现便利乘客的做法是值得我国大城市借鉴的。

4. 综合利用改善城市交通的辅助措施

对于城市公共交通的改善，国外城市还采用以下措施：

(1) 错开上下班时间，实行同一线路高峰时间的交通费高于平时的政策。

(2) 短程公共汽车亦可起到控制中心城市汽车使用过多的辅助作用。

(3) 大力进行公共交通管理体制改革，鼓励竞争，提供私人经营公共交通，该举措能在即使很不利的条件下也能提供便宜的、有效的公共交通服务。在新加坡，一个综合的城市交通政策的成功制定和落实很大程度上是由于比较清楚地规定了城市交通的责任。

(4) 实行灵活的公共交通运价。

人的出行需求是不同的，对不同的公共交通工具，应制定合理的价格，使所有的公共交通工具都分担合理的客流，从而既能满足不同层次人们的出行需求，又能使公共交通企业获得自身发展，以便进一步改善公共交通服务，形成良性循环。但城市交通价格政策很大程度上属于政治范畴，是一个十分敏感的问题，解决起来有一定难度。

三、任务实施

以学习团队为单位，选择一个人口过百万的城市客运交通模式分析，团队队长首先进行学习任务分工，团队成员完成城市客运交通系统的资料查阅、文献检索、编制关于该城市的客运交通现状调查表，收集城市的交通现状数据，撰写城市客运交通模式报告。

制作 PPT 演讲展示，完成以下五项工作任务。

工作任务一：阐述中国运营里程排前十名地铁城市。

工作任务二：阐述城市客运交通系统。

工作任务三：阐述城市客运系统的模式。

工作任务四：阐述城市轨道交通系统及其运营特性。

工作任务五：阐述公共交通优先政策。

四、任务评价

城市客运交通系统概述如表 1-3 所示。

表1-3 城市客运交通系统概述

项目任务		城市客运交通系统概述		
班级		姓名		评价时间
考核内容				
考核项目	考核标准		分值（分）	得分（分）
中国地铁	阐述中国运营里程排前十名地铁城市		15	
城市客运交通	阐述城市客运交通系统； 阐述城市客运系统的模式		10	
	阐述城市轨道交通系统及其运营特性； 阐述公共交通优先政策		25	
制作内容	制作能清晰展示的 PPT		15	
	要求类型分析图形准确，文字流畅		15	
	做到业务分析熟练、图文并茂		20	
指导教师意见：				

说明：1. 建议采用四级评分制（如 90%~100%，80%~90%，60%~80%，60%以下）；
2. 主要采用小组互评的方式进行评价，教师最后进行参考评分

任务二 城市轨道交通客运组织概述

一、任务导入

在城市发展过程中，城市轨道交通在公共交通系统中的地位越来越重要，所起作用

越来越大。城市轨道交通客运组织的基础知识,包括客运组织的概念、宗旨、特点、基本要求等,以及国内外客运组织、车站管理的区别。这正是本任务所要介绍的内容。本任务的要求是掌握城市轨道交通客运组织方面的基础概念以及客运组织工作的宗旨、特点和基本要求。

二、知识准备

城市轨道交通主要通过合理的客运组织来完成其大容量的客运任务。客运组织是通过合理布置客运有关设备、设施以及对客流采取有效分流或引导措施来组织客流运送的过程。

(一)城市轨道交通客运组织的宗旨

城市轨道交通与其他城市交通相比较,归纳起来其特点可表现为速度快、运量大、安全好、正点率高、服务优、污染少。这就决定了客运管理是轨道交通运营的一项重要内容,为乘客供安全、准时迅速、便捷舒适的服务是城市轨道交通客运组织的宗旨。

1. 安全

安全是城市轨道交通运营中不可忽视的重要问题,"安全第一"是乘客的基本需求和首要标准,也是轨道交通运营管理的主题。运营安全不但反映了轨道交通运营管理水平和运输服务质量,而且是城市轨道交通系统实现顺畅、高效运营的前提。运营安全有序是每个轨道交通运营公司所追求的目标,也是满足乘客需求、获得良好社会和经济效益的根本保证。

2. 准时

城市轨道交通运营单位根据行车组织、设备维护以及客流情况编制列车运行时刻表,运营各部门严格遵照时刻表执行,通过准时发车、及时报站、准时到站,来实现轨道交通准时的宗旨,满足乘客准时到达目的地的需求。列车发车时间显示器及列车到站时间在站台乘客信息系统(Passenger Information System,PIS)上的显示如图1-3所示。

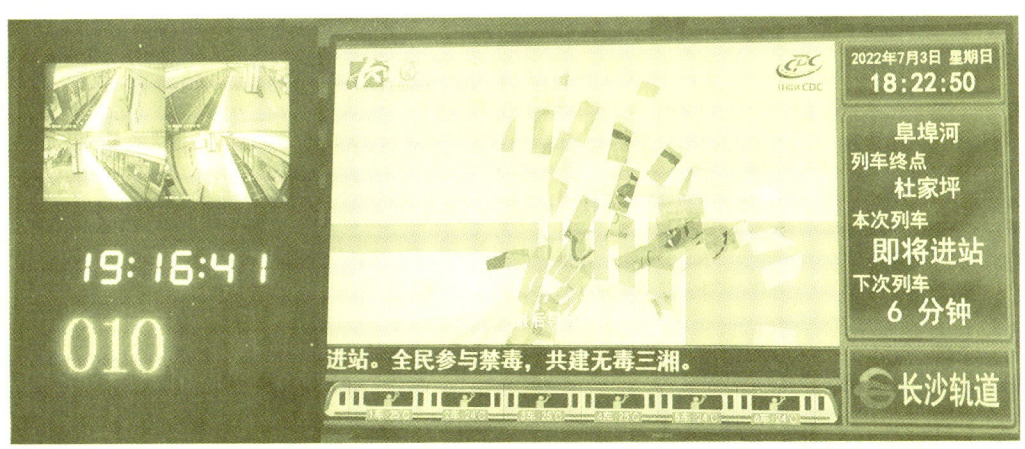

图1-3 列车发车时间显示器及列车到站时间在站台PIS上的显示

3. 迅速

在城市生活节奏越来越快的时代,是否能够迅速出行、到达,成为乘客选择交通工具的重要考量指标，城市轨道交通的迅速性主要通过出行时耗、列车旅行速度指标来反映。出行时耗是指乘客从起点到终点的总耗时，即乘客的旅行时间，它包括车内时间和车外时间。车内时间主要由列车运行速度决定，车外时间包括到站台时间、候车时间、换车时间等，主要与线网布设、换乘方便性等因素有关。目前城市轨道交通运营单位主要通过提高列车运行速度、缩短列车间隔、合理规划线网等手段来节省乘客出行时耗。

4. 便利

城市轨道交通的便利性主要体现在：列车间隔较短可缩短乘客候车时间，购票、检票、进站、出站环节便于操作，进出站时通过乘坐自动扶梯可节约时间，干净整洁的卫生间可为乘客提供便利，完善的设备如无障碍电梯可保证残疾人乘客顺利乘车，合理的线网布局、站点设置可满足乘客的出行要求。地铁车站电扶梯及无障碍直梯如图1-4所示。

(a)　　　　　　　　　　(b)

图1-4　地铁车站电扶梯及无障碍直梯

车站无障碍电梯在使用前需联系车站工作人员，电梯的操作必须由车站工作人员进行。

5. 优质服务

城市轨道交通在服务方面为乘客提供干净、整洁的车站环境，适宜的车内温度、湿度，平稳的列车运行，以及低噪声等方面的优质服务。

（二）城市轨道交通客运组织的特点

（1）客运组织服务的对象是市内交通乘客，不办理行李包裹托运服务。

（2）全日客流分布在时间上有较为明显的高峰（一般为早晚高峰）和低谷之分。

（3）全年客流分布在时间上按季、月、周、节假日有较大起伏。

（4）服务对象较为广泛，包括各地、各阶层和各种职业的固定居民和流动人口。

（三）客运组织工作的基本要求

1. 站容站貌整洁

车站内外应整洁、干净，门、窗、出入口飞顶应齐全、明净，各种设备和设施摆放整齐、有序、无积尘，站厅、通道及出入口的墙壁光洁，地面无痰渍和脏物，厕所清洁、卫生，照明充足、温度适宜。某地铁干净整洁的站厅及站台如图1-5所示。

(a)　　　　　　　　　　　　　　(b)

图 1-5　某地铁干净整洁的站厅及站台

2. 导向标志清晰、完备

车站出入口应有站名标记，车站内应有到达出入口、检票口、站台、票务中心、客服中心、卫生间、列车运行方向和商铺等处的指引标，在乘客乘车的全过程不中断地提供导向信息。此外，还应有出入口外主要干道名称图、指引乘客换乘其他交通线路或地面公交线路的换乘导向示意图。长沙地铁站厅导向标志及站台导向标志如图 1-6 所示。

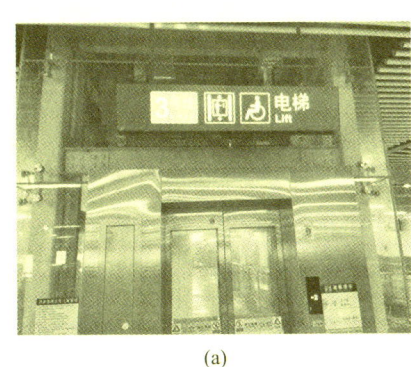

(a)　　　　　　　　　　　　　　(b)

图 1-6　长沙地铁站厅导向标志及站台导向标志

3. 服务质量第一

客运作业人员应遵守职业道德，文明礼貌、主动热情地为乘客服务。耐心、正确地回答乘客提出的询问，帮助乘客解决疑难问题。服务工作中做到耐心、虚心、细心、热心、贴心、真心。经常征求乘客的意见，及时改进工作，提高客运服务质量。执行职务时，客运人员要仪表整洁，按规定着装，并佩戴标志。

4. 严格按规章办事

客运作业人员应严格执行作业规章制度，按照标准化作业程序及要求执行，服务命令、听从指挥。处理客伤及乘客其他事务时要及时，并坚持公平、公正的原则，妥善处理。

5. 掌握客流变化

车站及客运部门要经常进行客流调查与分析，积累客流资料，掌握不同时期的客流变化规律，及时有效地调整客流组织方案，确保乘客运输安全、平稳、有序。

6. 搞好联劳协作

客运作业人员应随时与行车值班员、列车司机、公安人员、保安、保洁等有关工种作业人员加强联系，密切配合，协同工作，确保列车与乘客安全。

（四）客运组织基本内容、程序和原则

1. 客运组织的主要内容

车站售检票位置的设置、车站导向的设置、车站自动扶梯的设置、隔离栏杆等设施的设置，以及车站广播的导向、售检票数量的配置、工作人员的配备、应急措施等。

2. 乘客乘车的最基本程序

购票、过检票机、乘车、出检票机、出站。乘客进出站流程图如图1-7所示。

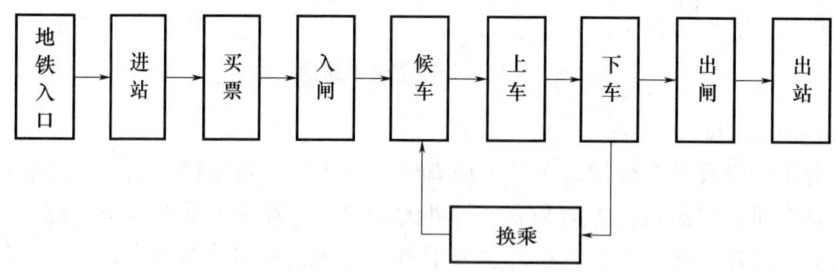

图1-7 乘客进出站流程图

3. 车站客运组织原则

客运组织应以保证客流运送安全，保持客流运送过程的畅通，尽量减少乘客出行时间，避免拥挤，大客流发生时能及时疏散为原则。客运组织应特别考虑下面几个方面的原则。

（1）合理安排售检票位置、出入口、楼梯，行人流动路线简单明确，尽量较少客流交叉对流。

（2）与乘客换乘的其他交通工具之间的顺利连接。

（3）完善引导系统，快速分流，减少客流集聚和过分拥挤现象。

（4）满足换乘的方便性、安全性、舒适性等一些基本要求。

4. 枢纽站客运组织原则

（1）线路指示明确、简洁，尽量缩短换乘时间。

（2）疏导客流，提高换乘效率；换乘通道长度过长或高差过大时，应设置自动步行梯或自动扶梯，加快换乘速度。

（3）换乘客流与进出站客流分开，避免相互交叉干扰，做到客流有序。

（4）换乘设施的设置应满足最大客流的需要，并确保售、检票设施前留有足够等候区域，避免排队时拥挤或干扰其他客流。

（5）根据社会通道、换乘通道、出入口、楼梯的位置，周密考虑换乘方式和乘客行走动向，并以此制定相关应急疏散预案。

三、任务实施

城市轨道交通属于城市公共交通运输工具的一种，城市轨道交通客运组织工作是一种服务性工作，通过了解城市轨道交通客运组织的基本宗旨，即安全、准时、迅速、便捷、舒适，将其贯穿客运组织基础工作过程。

利用多媒体学习或实地参观城市轨道交通客运车站，掌握选定车站客运组织情况，

项目一 城市轨道交通客运组织概述

进行车站客运组织的模拟工作,在车站客运组织的模拟工作中,处处贯彻城市轨道交通客运组织的安全、准时、迅速、便捷、舒适的服务宗旨,按客运组织基本内容、程序和原则完成城市轨道交通客运工作。城市轨道交通客运车站如图1-8所示。

图1-8 城市轨道交通客运车站

制作PPT演讲展示,完成以下四项工作任务。

工作任务一:阐述城市轨道交通客运组织的宗旨。
工作任务二:阐述城市轨道交通客运组织的特点。
工作任务三:阐述客运组织工作的基本要求。
工作任务四:阐述客运组织基本内容、程序和原则。

四、任务评价

城市轨道交通客运组织概述如表1-4所示。

表1-4 城市轨道交通客运组织概述

项目任务		城市轨道交通客运组织概述			
班级		姓名		评价时间	
考核内容					
考核项目	考核标准			分值(分)	得分(分)
宗旨与特点	阐述城市轨道交通客运组织的宗旨; 阐述城市轨道交通客运组织的特点			15	
基本要求与原则	阐述客运组织工作的基本要求			10	
	阐述客运组织基本内容、程序和原则			25	
制作内容	制作能清晰展示PPT			15	
	要求类型分析图形准确,文字流畅			15	
	做到业务分析熟练、图文并茂			20	
指导教师意见:					
说明:1. 建议采用四级评分制(如90%~100%,80%~90%,60%~80%,60%以下); 2. 主要采用小组互评的方式进行评价,教师最后进行参考评分					

任务三　城市轨道交通客运组织运营管理模式概述

一、任务导入

城市轨道交通主要通过合理的客运组织的运营管理模式来完成其大容量的客运任务。城市轨道交通客运组织运营管理模式是由管理体制、运营管理架构、运行控制中心（Operation Control Center，OCC）管理架构、车站管理模式等组成的合理布置客运有关设备、设施以及对客流采取有效分流或引导措施来组织客流运送的过程。

二、知识准备

（一）城市轨道交通管理体制的类型

纵观全国大中城市的城市轨道交通发展，其管理体制的类型可概括为以下四种。

1. 集中统一的总分公司型

以天津轨道交通为例，天津轨道交通集团有限公司拥有天津市地下铁道集团有限公司、天津市地下铁道运营有限公司、天津滨海快速交通发展有限公司、天津铁路建设投资控股（集团）有限公司、天津市铁路集团工程有限公司、天津城投枢纽运营管理有限公司等9家全资子公司，以及30余家控股、参股公司。天津轨道交通集团有限公司是集投资建设、运营管理、维修养管、综合开发为一体的轨道交通发展主体，承担城市轨道和市域铁路投资建设与运营管理任务。

2. 事业总部制的总分公司型

以广州地铁为例，广州市地下铁道总公司总负责广州市快速轨道交通系统的建设、运营、沿线房地产物业的经营与开发，但不负责融资，融资由广州市委专设地铁筹资办统筹解决。

广州地铁实行总分公司制，并推进了以建立现代企业制度为目标的体制改革，总公司设立"八部二室一委"，即建设事业总部（承担地铁建设施工管理）、运营事业总部（承担地铁运营管理）、资源开发事业总部（承担资源开发、多种经营和对非主业公司管理）、企业管理总部、人力资源总部、财务总部、监察审计部、党群工作总部、总公司办公室、工程师室、技术委员会；此外，还设7家子公司，即地铁设计院、地铁咨询公司、地铁物安公司、环境工程公司、广告公司、通信公司和物业管理公司。

广州地铁以香港地铁为目标，在机构调整中考虑到集中管理、重复纳税、运营亏损和同时建设的实际，采用了欧洲、日本大型企业的典型组织形式（联邦分权制）。在总公司下按独立责任和利益划分出若干事业部，实行内部独立核算，自负盈亏，总公司只保留预算、重要人事任免和方针战略决策权，其他权力尽量下放。

这样，总公司就成为战略决策中心，事业部则成为利润和成本中心，实现了"政策管制集权化，业务运作分权化"。事业部把公司的统一管理和专业分工更好地结合，灵活处理日常生产经营活动，对市场变化做出迅速反应。

3. 事权分设制的独立法人型

以上海地铁为例，上海地铁实行总公司制，地铁总公司融资、建设、运营、监督四位一体的职能按属性划分为以下相对独立的四块。

（1）申通公司：上海地铁的真正业主，由上海久事（集团）有限公司和上海市城市建设投资开发总公司共同投资组建，负责上海地铁公司的投融资。

（2）地铁建设公司：负责地铁建设施工管理，包括土建、设备选型、采购、安装、调试等。

（3）地铁运营公司：负责地铁运营管理，是经营独立法人，公司本部设置10个职能处室，包括设施处、客运处、安保处、经营管理处、监察处等，下设8家专业分公司，包括车辆分公司、通信信号分公司、机电分公司、客运分公司、工务分公司、票务分公司、后勤分公司和总调度室，全部实行独立核算。另外，还有12家实业开发公司，全部为法人，实行独立核算。

（4）上海轨道交通管理处：对地铁、轻轨实行行业监管。

4. 多元互补性企业集团型

以北京地铁为例，北京地铁一直实行总公司制，2002年初改制为企业集团模式，下设建设公司和运营公司。融资、建设、运营、开发、监管等地铁行业所包含的主要职能，除监管属于典型的政府职能外，其余职能均属于企业行为。

从全国大中城市建设地铁的实践经验来看，在地铁工程建设初期，往往将四大企业功能纳入集中统一管理，实行总公司制，成为一级法人，独立核算。这样有利于工程集中管理和统一组织协调，也有利于建设和运营的衔接，融资、建设、运营及经营开发工作的统筹安排，但缺少相互制衡的手段及方式。

（二）城市轨道交通系统运营管理架构

城市轨道交通系统客运组织的运营管理分为乘客运输管理和运营设备维修管理两个部分。乘客运输管理部分是一个体现城市轨道交通基本功能的乘客运输服务系统，其主要作用是组织列车运行和进行客运服务；运营设备维修管理部分的任务是确认线路、供电系统、车辆、通信信号设备、机电设备等系统状态良好，保证城市轨道交通系统安全、可靠、高效地运行。

城市轨道交通运营组织是运营企业为了有效完成乘客运输任务，通过计划组织、指挥与控制过程，运用人力、设备和运能等资源所进行的一系列活动。运营组织的主要内容是客流分析、行车组织、客运管理、车站工作组织、票务管理、设备保养维修、运营安全管理、服务质量管理和成本控制等。运营组织目标是提高运输生产效率，取得最佳服务水平与企业经济效益。国内城市轨道交通系统运营管理架构如图1-9所示。

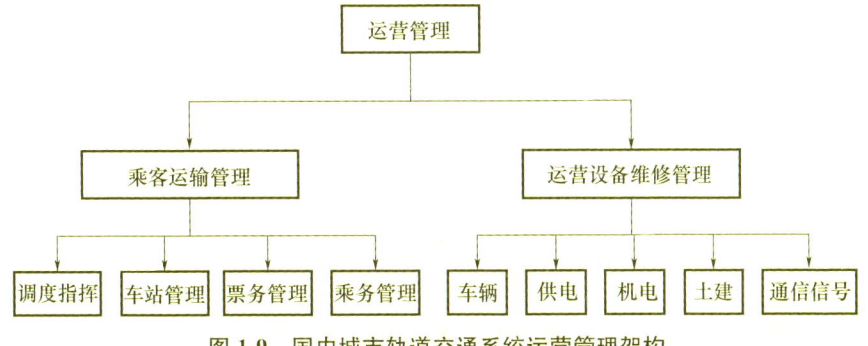

图1-9　国内城市轨道交通系统运营管理架构

(三)城市轨道交通 OCC 管理架构

OCC 是城市轨道交通系统的核心,负责全线路的调度指挥工作,客运组织以及设施保障部门的运营组织生产工作,必须以调度指挥机构的组织计划与组织命令为依据而进行。某地铁 OCC 大厅如图 1-10 所示。

图 1-10 某地铁 OCC 大厅

1. OCC 的构成方式

按中央调度实施地点的不同,OCC 可分为分散式、集中式和区域式。

(1)分散式 OCC:在每条或两条线路上设置运营控制中心,负责本线的中央调度监控指挥,同时把运营信息上报有关部门。

(2)集中式 OCC:指轨道交通所有线路的运营监控、指挥集中到一个统一的控制中心,负责全部线路的协调指挥工作。

(3)区域式 OCC:在轨道交通网络中,区域式 OCC 负责其中几条线路的运营监控、指挥,一般每三条线左右设立 OCC,负责这几条线的运营调度、监控指挥工作,并接受线网指挥中心的统一指挥。

2. OCC 组织架构

OCC 是城市轨道交通系统的核心,负责全线路的调度指挥工作。客运组织及设施保障部门的运营组织生产工作必须以调度指挥机构的组织计划和组织命令为依据来开展。城市轨道交通系统由 OCC 统一指挥,通过各个部门的协调运作,保证列车安全、正点地运行。OCC 组织架构如图 1-11 所示。

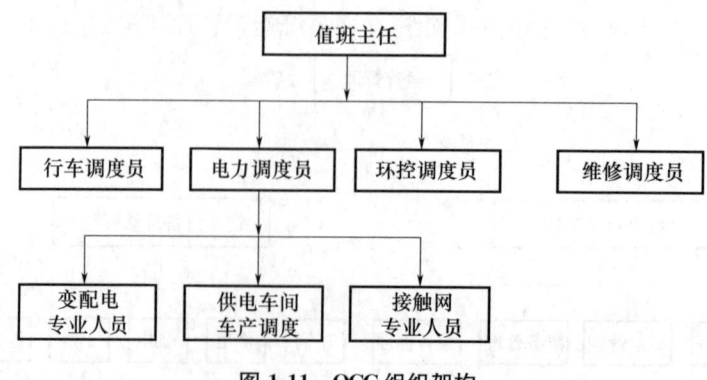

图 1-11 OCC 组织架构

项目一 城市轨道交通客运组织概述

3. OCC各岗位主要工作

(1) OCC主任：OCC总体负责人，负责OCC全面工作。

(2) OCC值班主任：OCC调度指挥当班负责人，负责协调当班行车、电力、环控等调度员的工作。

(3) 分析调度员：负责控制中心信息收集、分析与发布等工作。

(4) 行车调度员：负责行车指挥工作。

(5) 电力调度员：负责供电系统管理和调度。

(6) 环控调度员：负责环控系统管理和调度。

(7) 维修调度员：负责除车辆外所有设备的维修检查、施工的组织实施。

(四) 城市轨道交通客运组织机构

在不同的城市轨道交通运营企业中，城市轨道交通客运组织机构的设置有一定的差别一般来说，地铁车站按照设备规模、是否为联锁站以及在线路中的作用可以分为中心站和一般车站。在人员管理方面，中心站站长负责本站及下属车站的行政管理、员工教育等工作，每站还分别有值班站长数人，统筹管理本站行车、票务、服务、安全等各项日常工作。值班站长下设值班员岗位，按照所负责的工作分为行车值班员和客运值班员。行车值班员负责车站的行车组织工作，监控列车的运行情况，并根据需要报点、办理接发列车等，出现事故时直接进行汇报和处理，受OCC行车调度员和本班值班站长的直接指挥。客运值班员负责车站服务和票务日常管理工作，包括处理各种乘客事务，收发现金票款，填写票务报表等。站务员主要负责基层工作，分为售票、站厅、站台等岗位，完成售卖车票、回答乘客咨询、引导客流等工作。客运组织机构设置示意图如图1-12所示。

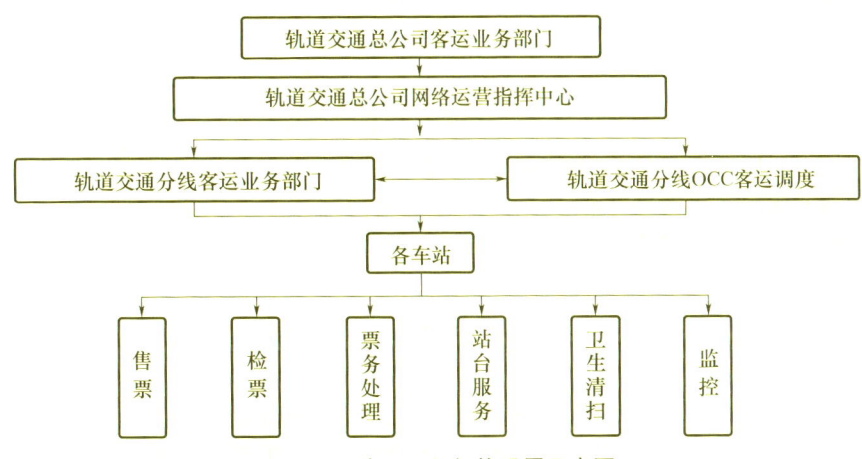

图1-12 客运组织机构设置示意图

1. 城市轨道交通总公司客运业务部门

(1) 根据国家有关方针政策，制定、审核和修改城市轨道客运组织规则及其他有关规章制度。

(2) 组织客流的预测及调查。

(3) 编制下达公司年度客运计划。

23

(4) 制订全线列车开行计划及临时加开列车的审批。
(5) 制订城市轨道交通车票印制计划。

2. 网络运营指挥中心（COCC）

(1) 及时调整运营方案，增加列车密度，及时运送乘客。
(2) 根据事件性质、规模和可能造成的影响，启动应急响应，采取以下有效措施，防止事态恶化。
①突发事件预案防控等级启动或取消。
②线路运营时间编短或延长。
③换乘站换乘方式的变更或停止。
④公交配套预案的启动或取消。
⑤非运营时间客运列车的加开。
⑥车站及出入口关闭或开启。
⑦自动售检票（Automatic Fare Collection System，AFC）系统降级模式的启动或取消。
(3) 对正线列车运营进行调整。对重点车站加开列车进行客流疏散，对可能造成的大间隔及早采取疏导措施。
(4) 发生客流爆满事件时，应尽快加强与事发线路控制中心的沟通，并迅速做出反应，确定恢复运营的方案，协调、指挥各客运单位、各部门行车和客运组织工作，启动应急预案。
(5) 如大客流爆满发生在城市轨道交通换乘站，要及时通知邻线OCC调度员，做好预警，通过邻线车站控制换乘客流，及时疏导换乘站客流。
(6) 通过PIS告知乘客拥堵区段，诱导乘客选择其他线路到达出行目的地。

3. 分线客运业务部门

(1) 贯彻执行总公司下达的有关规章、命令及指示。
(2) 根据总公司下达的年度计划，编制下达本段季度计划和月计划。
(3) 组织、协调各车站执行本段下达的客运计划。
(4) 制定车站客运管理办法。
(5) 督促各车站严格执行运行图。
(6) 实施客流调查工作。

4. 分线控制中心客运调度（未设客运调度员的公司由行车调度员负责）

(1) 当班客运调度员根据行车调度员对运营计划的调整，发布非正常运营相应的信息，组织车站通过站台、站厅、列车的显示屏及广播告知乘客。
(2) 配合行车调度员的命令，对需要清客的车站、列车需要实行反向运行的车站及列车越站通过的车站，客运调度员负责提前通知并敦促车站在做好广播的同时，进行有效的客流疏导和车站服务。
(3) 负责对管辖线路内客流量进行实时监控，掌握客流变化情况，密切关注各换乘站的客流情况，做好统计分析工作。
(4) 运营中某一车站发生大客流事件后，客运调度员应通过短信平台及时发布相关短信，做好信息汇报；将该情况及时通知全线各站，同时各站将了解的运行信息及时向乘客发布；及时通知轨道公安分局配合、协助车站疏导客流；必要时对车站下达封站、AFC降级模式等各种命令。

5. 车站

(1) 贯彻执行公司、段（部）下达的规章、命令和指示。
(2) 根据下达的计划，努力完成客运任务。
(3) 做好售、检票服务工作。
(4) 做好相关的宣传及卫生、来客服务工作。
(5) 制定车站的客运管理细则、作业程序和实施措施。

（五）国内外车站管理模式简介

车站是城市轨道交通系统的重要组成部分，是企业与服务对象的主要联系环节。车站管理的核心任务是安全、迅速、方便地组织客流集散，并做好行车组织工作。随着城市轨道交通客运车站设备设施的不断发展变化，我国各大城市轨道交通客运车站的设备设施及岗位设置不尽相同，各客运岗位的工作职责及作业程序也存在很大差异。一般来说，车站常驻人员有站务运营人员、保安人员、保洁人员、设备维修人员和地铁公安人员等。城市轨道交通客运车站以安全、高效地运输乘客为宗旨，车站应该根据行车计划、施工计划及客运组织计划等生产任务的要求建章立制，合理设置岗位及组织排班，并有序安排各岗位员工履行职责，协调运作。城市轨道交通客运车站通常设置中心站站长、值班站长、值班员（行车、客运）和站务员等岗位。车站管理模式采用值班站长负责制，值班站长负责当班期间车站的行车安全、客运服务、票务、环境清洁、事件处理和人员管理等工作。在值班站长的指挥下，各岗位工作人员应按照岗位职责和工作流程开展工作。

除车站的站务工作人员外，城市轨道交通客运车站通常还有维修、商铺、公安等外单位（部门）驻站人员。车站日常运作以车站运输组织为核心，维修人员、商铺人员、公安人员等应以服务于车站运输组织为前提开展工作。车站一般应成立由各个驻站单位（或与车站运作相关单位）参加的站内综合治理小组。综合治理小组的组织工作由站长负责。综合治理小组的主要任务是协调、解决车站的综合治理问题。综合治理小组的成员相互通报相关信息，尤其在重大节假日或大型活动前，车站应将有关运营服务信息及站内客运应急方案通报各单位。当发生特殊情况时，由值班站长负责指挥处理，调动站内的危险处理人员、商铺人员和公安人员协助处理。

1. 广州地铁车站管理模式

广州地铁车站实行中心站管理，由3~4个自然站组成一个中心站，根据车站设计及客流情况设置各岗位人数，负责日常客运组织及列车运行的监控。广州地铁车站管理架构如图1-13所示。

2. 柏林地铁车站管理模式

德国的城市地铁都由设在各个城市的总监控中心进行技术监控，所有车辆的行驶情况都通过总监控中心巨大的环形墙壁上的各种按钮颜色变化反映出来，监控人员通过计算机指挥列车驾驶人员。使得整个城市的地铁运行在线路密集交错、列车间隔时间短的情况下，依然井井有条。柏林地铁车站管理架构如图1-14所示。

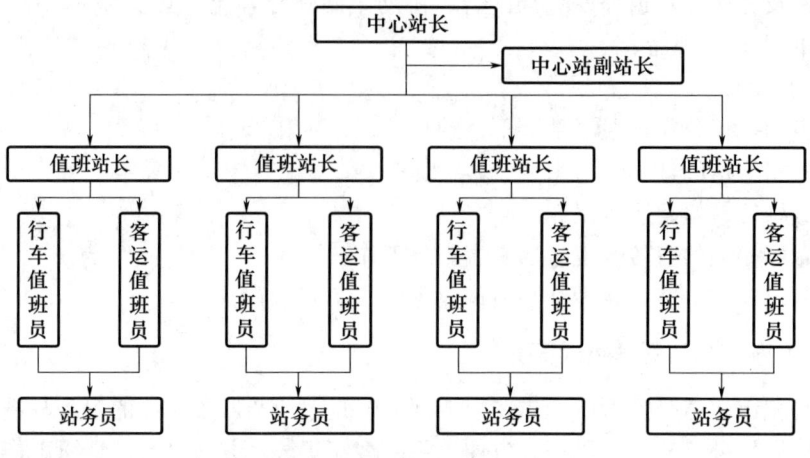

图 1-13 广州地铁车站管理架构

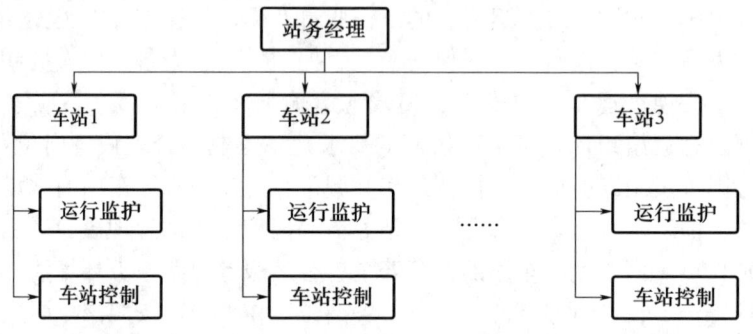

图 1-14 柏林地铁车站管理架构

3. 香港地铁车站管理模式

香港地铁车站管理架构如图 1-15 所示。

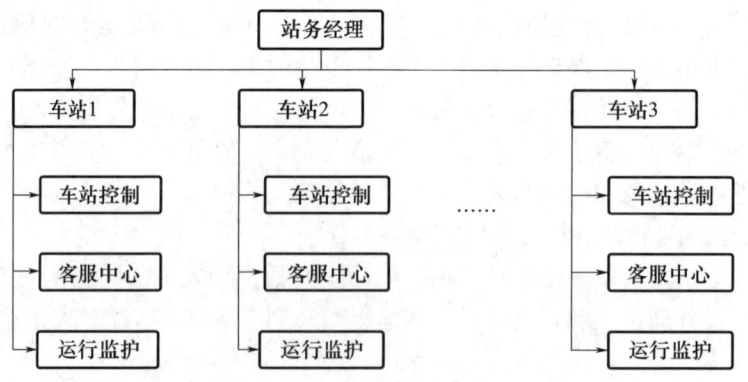

图 1-15 香港地铁车站管理架构

三、任务实施

选取某城市的城市轨道交通客运组织运营管理模式，模拟编写完成城市轨道交通客运组织管理体制、运营管理架构、运营控制中心管理架构、车站管理模式等对应文件。

项目一　城市轨道交通客运组织概述

通过实践性教学环节来验证编制该文件的正确性和实用性。

在实践性教学环节中，组织学生以团队为单位进行城市轨道交通客运组织运营管理模式任务学习，团队队长分配学习任务，队员接受编写城市轨道交通客运组织管理体制、运营管理架构、OCC 管理架构、车站管理模式等学习任务，编写过程中要求组织小组研讨会，做好会议记录，团队队长及队员进行文件自我检查工作，教师提出改进意见后完善相关工作。

制作 PPT 演讲展示，完成以下四项工作任务。

工作任务一：阐述轨道交通管理体制的类型。

工作任务二：阐述城市轨道交通系统运营管理架构。

工作任务三：阐述城市轨道交通 OCC 管理架构。

工作任务四：阐述国内外车站管理模式。

四、任务评价

城市轨道交通客运组织运营管理模式概述如表 1-5 所示。

表 1-5　城市轨道交通客运组织运营管理模式概述

项目任务	城市轨道交通客运组织运营管理模式概述			
班级		姓名	评价时间	
考核内容				
考核项目	考核标准		分值（分）	得分（分）
管理体制、管理架构	阐述城市轨道交通管理体制的类型； 阐述城市轨道交通系统运营管理架构		15	
控制中心管理模式	阐述城市轨道交通 OCC 管理架构		10	
	阐述国内外车站管理模式		25	
制作内容	制作能清晰展示的 PPT		15	
	要求类型分析图形准确，文字流畅		15	
	做到业务分析熟练、图文并茂		20	

指导教师意见：

说明：1. 建议采用四级评分制（如 90%～100%，80%～90%，60%～80%，60%以下）；
　　　2. 主要采用小组互评的方式进行评价，教师最后进行参考评分

项目二　城市轨道交通客流分析

项目背景

本项目主要在客流基本概念的基础上，帮助学生理解客流预测的作用，学习客流预测的基本思路及方法；使学生了解客流调查的种类、方法和统计指标，学会应用各种客流调查法完成不同情况下的客流调查任务；通过分析客流特征、客流动态及演变规律，让学生了解客流与运输组织、行车组织之间的关系，并学会制订客流计划，为后面客流组织的学习奠定基础。

城市轨道交通作为一种现代化交通工具，主要是为乘客提供安全、准点、舒适、快捷的运送服务，因此城市轨道交通与乘客最密切相关的就是客运服务工作。对客流的预测是做好客运工作的基础。

以南京地铁1号线的客流预测调研为例，我们先来了解其基本情况。

为保证南京地铁1号线顺利开通、运营，南京地铁集团有限责任公司决定进行客流预测研究。研究的主要目的是：

（1）优化地铁的运营组织和车站对于车辆的调度能力，以提高服务水平，以便今后财务预算做出基本准确的判断。

（2）为建设融资、管理资源整合提供技术支持，以便制定运营公司发展中的战略定位和策略。

（3）探索适合南京实际情况的地铁票制及价格，以便确定地铁的票价及敏感性。

（4）探讨相关配套宏观政策及具体规划的问题。这项研究工作十分重要，是运营、调度、制定票价的基础。

调查研究规划年限和范围如下：

（1）2006年南京地铁1号线一期和西延线，共21.6千米。

（2）2010年南京地铁1号线和南延（江宁）线。

调查基本内容如下：

（1）交通调查。

地铁公司对地铁1号线沿线进行了全面、详细的交通调查，调查共包括两大类。

第一，土地利用调查。对地铁1号线沿线1000米范围内的土地利用情况进行全面调查，并对不同性质的用地进行分类，包括主要的客流发生、吸引源类型，公共交通、行人及停车设施，当时大范围的拆迁用地和大规模建设用地。

第二，个人出行调查，包括五大类。

①居民（常住、暂住人口）出行调查。

②就业人口出行调查。

③就业地来访者出行调查。
④车站旅客出行调查。
⑤居住酒店、旅馆的流动人员出行调查。

此调查共涉及地铁 1 号线沿线 130 多个居委会、1041 家机关企事业单位、80 多家大型酒店或旅馆以及南京火车站、中华门汽车站，调查总样本数为 1353415 人，抽样人数为 33817 人。

（2）客流预测。

该调查以德尔菲法为基础进行客流预测分析。人口、就业岗位预测充分考虑预测范围内近期拆迁、新建住宅小区，商业办公建筑等变化以及河西中心待开发地区的近期建设规模。吸引量发生、出行分布、方式预测则充分考虑调查的五大类人群各自的出行特点。

南京地铁 1 号线开通初期（2006 年），在建议票价体系下，预测年平均日客运量为 23.3 万人次，客流强度为 1.11 万人次/千米，平均乘距为 5.42 千米。

关于南京地铁 1 号线和南延线运行 2010 年预测年平均日客运量为 56 万人次，客流强度为 1.45 万人次/千米，平均乘距为 8.3 千米。

（3）公交一体化。

实施地铁 1 号线一体化的城市公共交通系统的战略包括建立一体化的运营机制、加强地铁车站周围的交通资源的整合。具体措施有：对地铁 1 号线 16 个车站进行现状公交和地铁车站的整合规划，根据站点重复率对地铁 1 号线附近公交线路提出了调整建议。

最终，南京地铁 1 号线于 2005 年 5 月 15 日开通运营，同年 9 月 3 日正式运营，标志色为天蓝色。提前完成预定目标。

项目任务书

城市轨道交通客流分析项目任务书如表 2-1 所示。

表 2-1 城市轨道交通客流分析项目任务书

名称		城市轨道交通客流分析
学习目标	知识目标	1. 掌握城市轨道交通客流的基本特征，了解影响城市轨道交通发展的制约因素； 2. 掌握城市轨道交通客流流线分析、客流预测分类方法、客流动态性变化种类； 3. 掌握客流预测的主要内容和基本程序； 4. 掌握客流调查的种类、组织客流调查及客流预测
	技能目标	1. 具备对城市轨道交通客流预测的能力； 2. 能够编制城市轨道交通客流调查报告，具备城市轨道交通客流调查的能力； 3. 具备客流调查、客流统计、客流预测的能力； 4. 具备对规划轨道交通网络客流进行预测、分析的能力
	素质目标	1. 具有良好的社会公德、职业道德和爱岗敬业基本素质，立德树人贯穿课程始终； 2. 具有良好工作态度、严谨细致的专业作风； 3. 具有良好的沟通协调能力、语言表达能力、班组管理能力； 4. 培养团结协作、热情有礼、认真细心、沉着冷静、遇乱不惊的职业素养

续表

名称	城市轨道交通客流分析
学习内容	知识准备：学习任务内容。 任务一：城市轨道交通客流分类。 工作任务：复述城市轨道交通客流分类。 任务二：城市轨道交通客流特征分析。 工作任务：复述城市轨道交通客流特征分析。 任务三：城市轨道交通客流流线分析。 工作任务：复述城市轨道交通客流流线分析。 任务四：城市轨道交通客流调查与预测。 工作任务：阐述城市轨道交通客流调查与预测
任务实施要求	1. 将授课班级学生分组，5~8人为一个学习团队； 2. 每个学习团队组织学习，进行项目任务分析、任务分配，制定团队工作任务分配表； 3. 资料学习、相关知识准备，完成项目的资讯环节； 4. 现场教学、资源利用，完成项目的实施演练环节； 5. 学习团队讨论，编制项目任务知识点学习计划书； 6. 学习团队现场实践，制订现场实践的实施方案； 7. 学习团队按任务分配表制作项目任务的汇报演讲稿，派代表上台演讲； 8. 制定该项目任务的评价表，考核要素，进行小组互评
任务实施要点	1. 教学资源收集与整理； 2. 确认任务学习的重点与难点； 3. 任务学习计划制订，小组任务分工，汇报PPT制作，小组交流演讲； 4. 学习团队进行讨论，可让教师参与讨论，通过团队合作获取问题的解决
任务拓展	1. 会收集具有国内外领先水平的具有代表性的城市轨道交通客流分析资料； 2. 按"准员工"的要求来学习，结合本城市的情况，组织团队成员去现场学习； 3. 能够进行城市轨道交通客流分析相关资料的查找与整理； 4. 会制作任务书要求的PPT
任务下发人	日期： 年 月 日
任务执行人	日期： 年 月 日

任务一 城市轨道交通客流分类

一、任务导入

城市轨道交通客流贯穿城市轨道交通全寿命周期，从线网规划开始，到线路设计、车站设计，再到运输计划编制、行车组织计划，最后到运营效果评价等，客流都起到了举足轻重的作用。

二、知识准备

（一）客流的产生

1.城市交通需求的概念

城市交通需求是指人们在城市中实现位移的愿望，同时具备实现这种位移愿望的客观条件,例如,具备支付条件,工作或生活场所在该城市内。因此城市交通需求是位移欲望和具备能够实现该位移欲望的客观条件的统一,城市交通线路的客流,可以认为是被实现了的城市交通需求。

2. 城市交通需求的特点

(1) 广泛性。

现代大城市人们生活的各个方面、各个环节很难离开人的空间位移,城市交通需求产生于人们生活的各个角落。与其他商品和服务的需求相比,城市交通需求是一种广泛需求,城市的各项功能活动都不可能离开它而独立存在。

(2) 派生性。

城市交通需求是一种派生性需求,因为在绝大多数情况下,乘客实现位移的目的往往不是位移本身,而是通过空间位移的完成来满足工作、生活或者娱乐方面的需求。

(3) 空间性。

城市交通需求是对位移的要求,而且这种位移是乘客指定的两点之间带有方向性的位移,即城市交通需求具有空间性。

(4) 时间性。

乘客的交通需求在发生的时间上有一定的规律性,例如早晚高峰、双休日、节假日等。同时,乘客的交通需求往往有时效性,有些出行需要固定在某一时间范围内完成才具有意义,例如通勤、通学、就医等。

(二) 客流的概念

客流是指在单位时间内,城市轨道交通线路上乘客流动人数和流动方向的总和。客流的内涵包含时间、方向、地点、距离、数量等因素。

(1) 线路客流量:单位时间内乘坐某条轨道交通线路的乘客数量,为该线路进站量与线路换乘量之和,一般包括全日客流量和各小时段的客流量。南京地铁某年4月25日的各条线路客流量如图2-1所示。

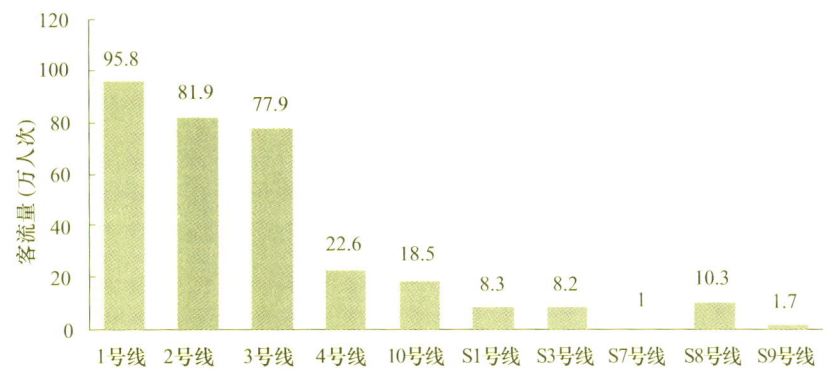

图 2-1 南京地铁某年 4 月 25 日各条线路客流量

线路客流量需要注意与线路上所有车站进站客流量之和进行区分。

(2) 线网客流量:单位时间内,城市轨道交通线网中各线路客流量之和。线网客流量需要注意与线网中所有车站进站客流量之和进行区分。

(3) 车站进站量:在单位时间内,付费进入轨道交通系统并在车站上车乘坐轨道交通的乘客数量。

（4）车站出站量：在单位时间内，在车站下车离开轨道交通系统的乘客数量。

（5）车站乘降量：单位时间内在某轨道交通车站上车和下车的乘客数量之和，一般包括全日、早晚高峰小时的上下车客流量。

（6）车站出入口分向客流量：单位时间内，某车站每个出入口的进出站乘客人数，一般包括全日、早晚高峰小时的车站出入口分向客流量。

（7）换乘客流量：单位时间内，在换乘车站由一条轨道交通线路换入另一条轨道交通线路并上车的乘客数量，分换乘站换乘量、线路换乘量、线网换乘量，一般包括全日、早晚高峰小时的分方向换乘客流量。分方向换乘客流量如图 2-2 所示。

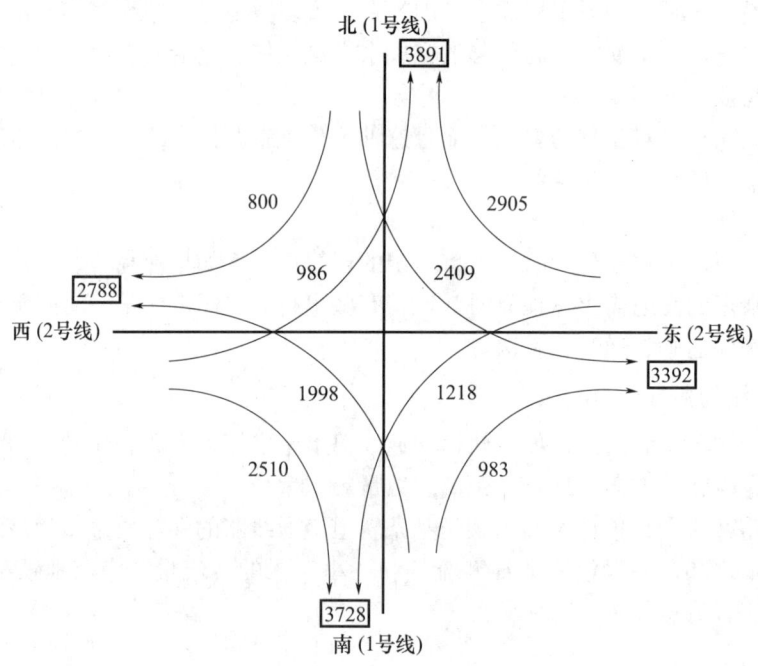

图 2-2　分方向换乘客流量

（8）线网换乘系数：单位时间内，乘客利用轨道交通完成一次出行平均乘坐的轨道交通线路的条数，为线网客流量与线网进站量的比值。

（9）负荷强度：线网或线路的日客流量与其运营长度的比值，可分为线网负荷强度及线路负荷强度。

（10）全线客流高峰小时系数：全线高峰小时内的客流量占全日客流量的比例。

（11）车站客流超高峰系数：为描述车站高峰小时内客流量的不均衡性，以其中 10～15 分钟中的最大乘降客流量，与高峰小时的相等时间的平均乘降量的比值，取值一般不超过 1.4。

（12）站间断面客流量：单位时间内，两车站区间一个方向的客流量。可按上下行分方向、分时段计算。可分为全日断面客流量、早高峰小时断面客流量、晚高峰小时断面客流量等。高峰小时内单向断面客流量中的最大值称为高峰小时单向最大断面客流量。早高峰小时断面客流量如图 2-3 所示。

项目二 城市轨道交通客流分析

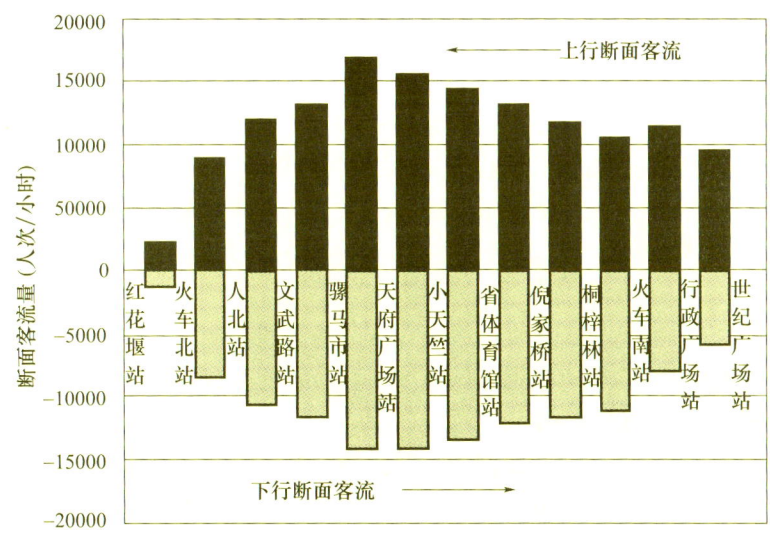

图 2-3 早高峰小时断面客流量

断面客流量分为上行断面客流量和下行断面客流量,计算公式如下:

$$P_{i+1}=P_i+P_下+P_上 \tag{2-1}$$

式中:P_{i+1}——第 $i+1$ 个断面的客流量(人次);

P_i——第 i 个断面的客流量(人次);

$P_下$——在车站下车人数(人次);

$P_上$——在车站上车人数(人次)。

(13) 断面高峰小时系数:高峰小时单向最大断面客流量与对应断面全日单向断面客流量的比值。

(14) 线路站间 OD(Origin-Destination)矩阵:单位时间内,线路中各个车站之间的起终客流量,通常用一个二维表格表示,线路站间 OD 矩阵如表 2-2 所示。可分为全日站间 OD 矩阵、早高峰小时站间 OD 矩阵、晚高峰小时站间 OD 矩阵。

表 2-2 线路站间 OD 矩阵

	车站 1	车站 2	车站 3	车站 4	车站 5
车站 1					
车站 2					
车站 3					
车站 4					
车站 5					

(15) 线路平均运距:单位时间内,某一轨道交通线路上所有乘客一次乘车的平均距离。

(16) 线网平均乘距:单位时间内,轨道交通线网所有乘客利用轨道交通完成一次出行的平均距离。

(17) 客运周转量:某线路在单位时间内所完成的客运工作量,它是一项综合指标,用客流量与其相应运距的乘积表示。

(三）客流的分类

1. 根据客流的时间分布特征进行分类

（1）全日客流：指每日轨道交通线路输送的客流量。

（2）全日分时客流：指一日内轨道交通线路各小时输送的客流量。

（3）高峰小时客流：一般指轨道交通线路早、晚高峰及节假日高峰小时内输送的客流量。

2. 根据客流的空间分布特征进行分类

（1）断面客流：指通过轨道交通线路各区间的客流。

（2）车站客流：指在轨道交通车站上下车和换乘的客流。

3. 根据客流的来源进行分类

（1）基本客流：指轨道交通线路既有客流加上按正常增长率增加的客流。

（2）转移客流：指由于轨道交通具有快速、准时、舒适等优点，原来经常借助常规公交和自行车出行转移到经由轨道交通出行的这部分客流。

（3）诱增客流：指轨道交通线路投入运营后，促进沿线土地开发、住宅区形成规模、商业活动繁荣所诱发的新增客流。

4. 根据客流数据的来源进行分类

（1）调查客流：指通过对出行乘客的调查及人数的统计所得到的客流数据。

（2）预测客流：指根据调查的客流资料、现有的城市布局以及城市将来的变化与发展等诸多因素，按照某种计算模型推算而得出的客流数据。

（四）城市轨道交通客流特点

1. 城市轨道交通客流的特点

城市轨道交通客流的特点是客流整体表现出来的特性，而乘客行为的特点更多体现的是乘客的出行心理和出行习惯，其特点如下：

（1）高集中性。

城市轨道交通不同车站之间的客流量有很大差异，同一车站不同时段的客流量也有很大差异。

（2）多方向和多路径性。

对于线网而言，城市轨道交通网络形成后，出行方向多，两站之间的路径往往不止一条；对于车站而言，站内客流流动路径也有很多条。

（3）主导性。

通常某一方向的客流占主导。例如通勤线路在早晚高峰时，某一方向的客流占主导；对于一些换乘站，换乘客流占主导。

（4）客流方向的不均衡性。

同一时段、不同城市轨道交通客运车站的客流量存在较大差异，例如客流量呈现出潮汐性的特点。

（5）时间不均衡性。

不同区域、不同功能类型的车站高峰系数不同，一般外围车站高于中心区车站，通勤服务类车站高于生活服务类车站。

(6) 短时冲击性。

城市轨道交通客流的到达并非连续均衡，而是随列车的到达呈现脉冲式的分布规律，在短时间内会对车站设备设施及服务产生冲击。

2. 城市轨道交通换乘客流的特点

由于换乘客流在车站客流构成中占主导地位，了解换乘乘客的行为特点，有助于对城市轨道交通客运车站换乘空间进行人性化设计，并准确有效地组织换乘客流。换乘行为特征包括乘客的心理需求和行为特征。

(1) 换乘心理需求。

①方便性。

乘客对换乘时间有一定的心理可接受度，换乘时间过长会产生心理焦虑。

②顺畅性。

换乘流线应顺畅，尽量减少不必要的绕行，减少客流交叉和冲突。

③舒适性。

换乘站设施能力适应客流需求，减少设施前拥挤，合理设置自动扶梯。

(2) 换乘行为特征。

①简单化。

要求保证换乘设施空间布局的紧凑性、明确性。

②就近性。

在换乘路径的选择方面，人们习惯于选择最短路径。

③快走性。

换乘客流行走速度较快。

三、任务实施

工作任务：阐述城市轨道交通客流分类。

制作 PPT，以小组为单位进行关于客流的产生、客流的概念、城市轨道交通客流的分类、客流特点的学习讨论。

四、任务评价

城市轨道交通客流分类任务评价表如表 2-3 所示。

表 2-3 城市轨道交通客流分类任务评价表

项目任务		城市轨道交通客流分类		
班级		姓名	评价时间	
考核内容				
考核项目	考核标准		分值（分）	得分（分）
客流相关概念	阐述客流产生、客流的基本概念		15	
客流分类、客流特点	阐述城市轨道交通客流的分类、客流的特点		10	
	以当地（或指定）城市为例，分析客流的特点与种类		25	

续表

考核项目	考核标准	分值（分）	得分（分）
制作内容	制作能清晰展示的PPT	15	
	要求分析准确，文字流畅	15	
	做到业务熟练、图文并茂	20	

指导教师意见：

说明：1. 建议采用四级评分制（如90%～100%，80%～90%，60%～80%，60%以下）；
　　　2. 主要采用小组互评的方式进行评价，教师最后进行参考评分

任务二　城市轨道交通客流特征分析

一、任务导入

在轨道交通系统的运营过程中，对客流的动态变化进行适时跟踪和系统分析，掌握客流现状与客流变化规律是轨道交通系统运输组织和行车组织工作得以顺利进行的前提。

客流是动态流，会因时因地而变化，这种变化归根结底是城市社会经济活动和生活方式以及轨道交通系统本身特征的反映。

客流分析的核心是分析客流在时间和空间上呈现的特征以及客流与车站周边土地利用之间的关系。

二、知识准备

（一）客流基本概念

客流是指在单位时间内，轨道交通线路上乘客流动人数和流动方向的总和。客流的概念，既是乘客在空间上的位移及其数量，又强调了这种位移带有方向性和具有起讫位置。客流可以是预测客流，也可以是实际客流。

1. 根据客流的时间分布特征分类

轨道交通客流根据时间分布特征可分为全日客流、全日分时客流和高峰小时客流。全日客流是指每日轨道交通线路输送的客流量，全日分时客流是指一日内轨道交通线路各小时输送的客流量。高峰小时客流一般指轨道交通线路早、晚高峰及休假日高峰小时内输送的客流量。

2. 根据客流的空间分布特征分类

轨道交通客流根据客流的空间分布特征可分为断面客流和车站客流。断面客流是指通过轨道交通线路各区间的客流，车站客流是指在轨道交通车站上下车和换乘的客流。

3. 根据客流的来源分类

轨道交通客流根据客流的来源可分为基本客流、转移客流和诱增客流。基本客流是

指轨道交通线路既有客流加上按正常增长率增加的客流。转移客流是指由于轨道交通具有快速、准时、舒适等优点，原来经常借助常规公交和自行车出行转移到经由轨道交通出行的这部分客流。诱增客流是指轨道交通线路投入运营后，促进沿线土地开发、住宅区形成规模、商业活动繁荣所诱发的新增客流。

（二）客流分析的作用

一个城市需要什么样的轨道交通，需要多大规模的轨道交通线网，这些都与城市客运交通需求有密切的联系。深入的客流特征分析是做好城市轨道交通线网规划和运输组织的基础。

对于规划阶段的城市轨道交通线网，预测分析其未来的客运交通需求，分析其轨道交通客流特征，可以为轨道交通线网规划和运行组织提供有力支撑；对已经建成的轨道交通系统，则应该加强轨道交通客流调查分析，找到城市轨道交通的客流与城市其他客运交通系统、城市社会经济发展等影响因素之间的作用规律，以期更好地指导运营组织工作，并为其他城市的轨道交通客流预测提供参考。客流分析作用示意图如图 2-4 所示。

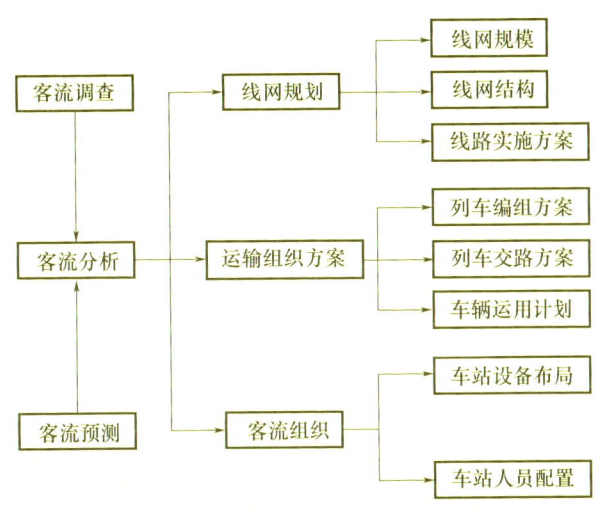

图 2-4　客流分析作用示意图

（三）客流特征分析

1. 客流的时间分布特征

（1）一日内小时客流分布特征。

城市轨道交通小时客流量随城市生活的节奏变化在一日之内按起伏状分布：夜间客流量稀少，黎明前后渐增，上班、上学时达到高峰，之后客流渐减，至下班、放学时间又出现第二个高峰，进入晚间客流又逐渐减少。

城市轨道交通的运能、线路走向、所处交通走廊的特点以及车站所在地的用地性质，是影响城市轨道交通客流时段分布的主要影响因素。纵观不同运能城市轨道交通的不同类型车站，可归纳出单向峰型、双向峰型、全峰型、突峰型、无峰型等五种客流小时分布类型。

针对不同的小时客流分布类型，可以采用线路单向分时客流不均衡系数来描述其全日客流分布状况，计算公式如下：

$$\alpha_1 = \frac{\sum_{i=1}^{H} \frac{P_i}{H}}{P_{\max}} \tag{2-2}$$

式中：α_1——单向分时客流不均衡系数；

P_i——单向第 i 个分时断面客流量（人次）；

H——全日营业小时数（个）；

$P_{\max}$——单向最大断面客流量（人次）。

α_1 越趋近于零，则单向分时最大断面客流不均衡程度越大。在 α_1 较小，即在单向分时最大断面客流不均衡程度较大的情况下，为实现运输组织合理性和运营经济性，可考虑采用小编组、高密度行车组织方式，即在客流高峰时间段通过开行较多的列车来满足乘客运输需求，而在客流低谷时间段则减少开行列车数以提高车辆平均满载率。

（2）一周内全日客流分布规律。

由于人们的工作与休息是以周为循环周期进行的，这种活动规律必然要反映到一周内各日客流的变化上来。在以通勤、通学客流为主的轨道交通线路上，双休日的客流会有所减少，而在连接商业网点、旅游景点的轨道交通线路上，双休日的客流又往往会有所增加，另外，星期一与节假日后的早高峰小时客流、星期五与节假日的晚高峰小时客流，都会比其他工作日早、晚高峰小时客流量大。全日客流分布规律——通勤类线路如图 2-5 所示，全日客流分布规律——商业旅游类线路如图 2-6 所示。

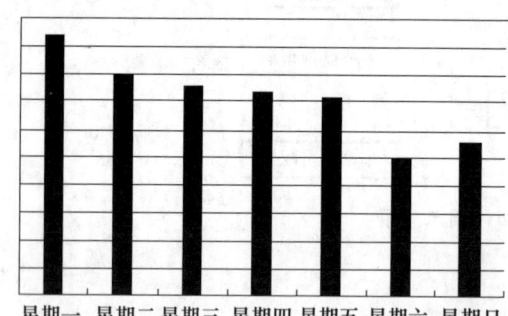

图 2-5　全日客流分布规律——通勤类线路

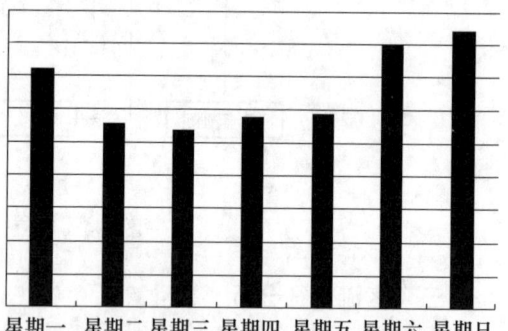

图 2-6　全日客流分布规律——商业旅游类线路

（3）季节性或短期性客流的不均衡。

在一年内，客流还存在季节性的变比，如由于梅雨季节和学生复习迎考等原因，6 月的客流通常是全年的低谷。另外，在旅游旺季，城市中流动人口的增加又会使轨道交通线路的客流增加，以香港地铁为例，随着每年 12 月圣诞打折季的到来，大量外地游客的涌入给地铁客流的增长带来很大的带动效应。短期性客流激增通常发生在举办重大活动或遇到天气骤然变化的时候。香港地铁 2009 年客流统计图如图 2-7 所示。

项目二　城市轨道交通客流分析

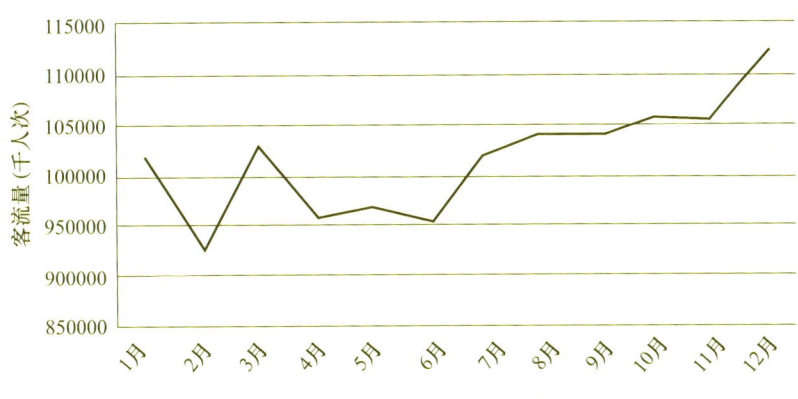

图 2-7　香港地铁 2009 年客流统计图

2. 客流的空间分布特征

(1) 各线路客流分布不均衡。

城市轨道交通网络线路属性比较复杂，线路之间的差异比较明显，线路客流吸引客流量大小差别显著，呈现明显不均衡性。郊区线路与市区线路、新建线路与既有线路、环线和放射线等不同类型的线路客流分布差异较大。

一般情况下，穿越市区的线路客流量明显大于郊区线路，市区线中不同线路间客流量有差别，郊区线中不同线路间客流量差别很大。这是因为市区线路沿线，土地开发较郊区较为成熟，线路沿线的居住、办公、商业、旅游人群较多，所吸引的客流量明显大于郊区线。在城市市区，不同线路沿线具体情况不相同。比如，穿越商业区的类型和个数不同，也会引起客流差异。在城市郊区，不同郊区的发展规模和成熟度不同，其客流差异也比较大。比如，北京地区的北城比南城发展快，因此北城地铁线路多，且客流量大，而且不同郊区定位不同，发展速度也不同，比如，通州区被定义为城市中央商务区（Central Business District，CBD）核心区外延，因此通州区的发展速度较快，地铁沿线客流量大，所以八通线客流量明显大于其他几条郊区线。

(2) 上下行方向客流分布特征。

在轨道交通线路上，由于客流的流向原因，上下行方向的客流通常是不相等的。在放射状的轨道交通线路上，早、晚高峰小时的上下行方向客流的不均衡尤为明显。可以采用轨道交通线路上下行方向不均衡系数来描述轨道交通线路上下行方向客流的均衡程度，计算公式如下：

$$\alpha_2 = \max \frac{\{P_{\max}^{上}, P_{\max}^{下}\}}{\dfrac{(P_{\max}^{上} \div P_{\max}^{下})}{2}} \tag{2-3}$$

式中：α_2——上下行方向客流不均衡系数；

$P_{\max}^{上}$——上行方向最大断面客流量（人）；

$P_{\max}^{下}$——下行方向最大断面客流量（人）。

上下行方向不均衡系数值大于 1。α_2 趋向于 1，表明断面客流比较均衡，α_2 越大表示断面客流越不均衡。当 $\alpha_2 \geqslant 1.5$ 时，表明上下行方向客流的不均衡程度比较大。位于市

39

区范围内地铁、轻轨线路的值通常小于1.5;而通往远郊区市域轨道交通线路的值可能大于3。在客运组织中,车站应根据客流上下行方向不均衡的特点,合理安排人员岗位配置、适时地调整车站设备布局。

(3)线路断面客流分布特征。

在轨道交通线路上,由于各个车站乘降人数的不同,线路上各区间的断面客流通常各不相同,甚至相差悬殊。反映轨道交通线路单向各个断面客流不均衡程度的系数可按下式表示:

$$\alpha_3 = \frac{P_{\max}}{\sum_{i=1}^{K} \frac{P_i}{K}} \tag{2-4}$$

式中:α_3——单向断面客流不均衡系数;

P_i——单向断面客流量(人次);

K——单向线路断面数(个次);

$P_{\max}$——最大断面客流量(人次)。

断面客流不均衡系数值大于1。α_3趋向于1表明断面客流比较均衡,α_3越大表明断面客流越不均衡。当$\alpha_3 \geqslant 1.5$时,表明断面客流的不均衡程度比较大。图2-8所示为广州地铁1号线某日某线路断面空间客流分布图,公园前至杨箕区段客流量最大,占整条线路客流总量的16.7%,西朗至芳村区段客流量最小,仅占整条线路客流总量的0.9%。

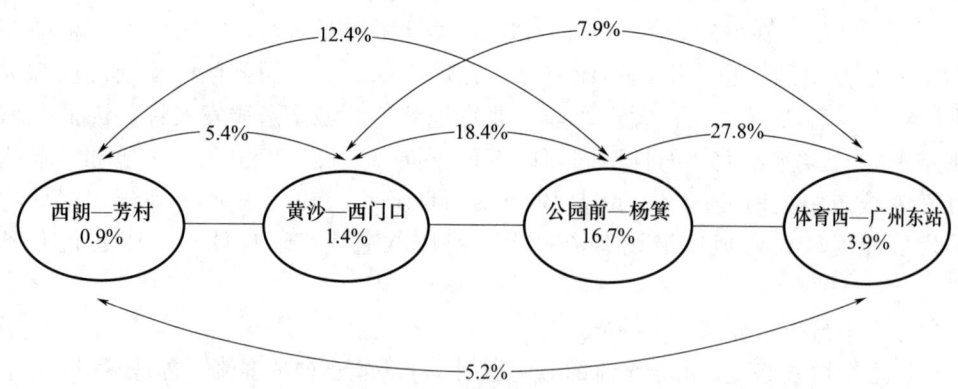

图2-8 广州地铁1号线某线路断面空间客流分布图

3. 车站客流分布特征

(1)居住类(含居住主导类)。

居住类车站客流特征如图2-9所示,此类车站周边用地以居住类为主,多数位于近郊区和城市边缘,工作日进站客流时间较为集中,在时间上具有明显的潮汐性,进站时间分布呈单峰形态,早高峰以进站客流为主,晚高峰则反之,早高峰客流量略高于晚高峰。

(2)办公类(含办公主导类)。

办公类车站客流特征如图2-10所示,此类车站工作日早高峰以出站客流为主,进站高峰时段主要发生在下班时间。

项目二 城市轨道交通客流分析

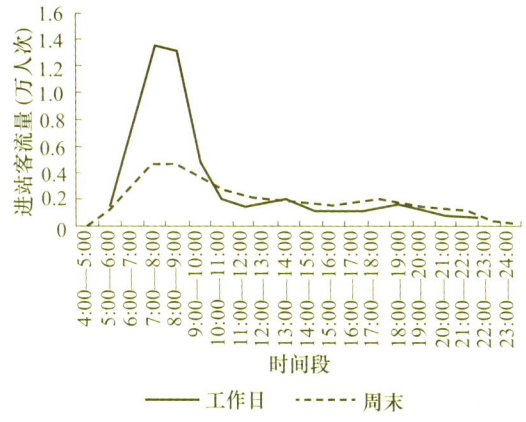

图 2-9 居住类车站客流特征

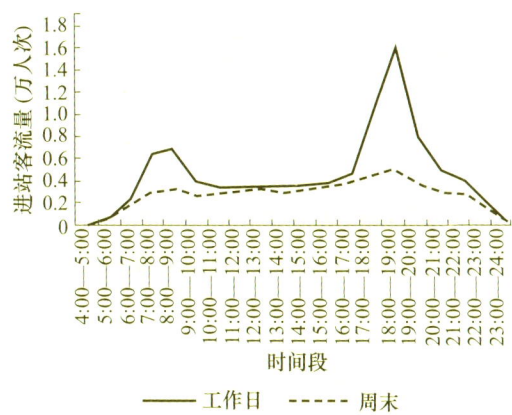

图 2-10 办公类车站客流特征

（3）对外枢纽类。

对外枢纽类车站客流特征如图 2-11 所示，位于城市对外客运交通枢纽地区的车站客流全日时间分布相对均匀，客流分布随时间有小幅波动，且无明显低谷。客流高峰时段起止点以及峰值大小均与该类车站所在的枢纽类别（机场、火车站或公路客运枢纽）以及运输组织（到发时刻表及到发量）密切相关。

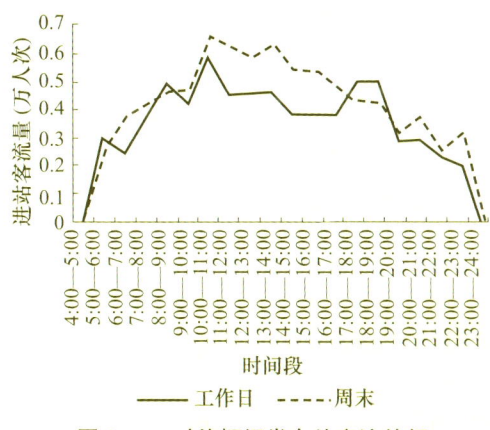

图 2-11 对外枢纽类车站客流特征

(4) 混合类。

此类车站周边多为混合用地（居住＋商业、居住＋办公等），客流全日进出站时间分布有两个明显的早晚高峰。通常情况下两个高峰峰值存在一定差异。

(5) 商业文体类。

商业文体类车站客流特征如图 2-12 所示，此类车站多数位于大型商业中心或体育娱乐中心周边，进出站高峰出现时段的差异较为明显，9：00 之后以出站客流为主，15：00 后以进站客流为主，高峰时段在 16：00—22：00 均有可能出现。

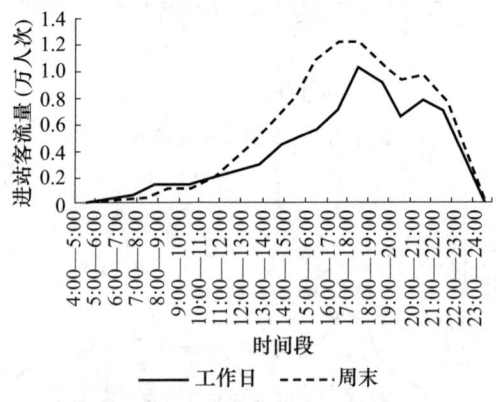

图 2-12　商业文体类车站客流特征

(6) 公交枢纽类。

公交枢纽类车站客流特征如图 2-13 所示，此类车站服务于大型公交枢纽，工作日进站时间分布有早、晚两个高峰。

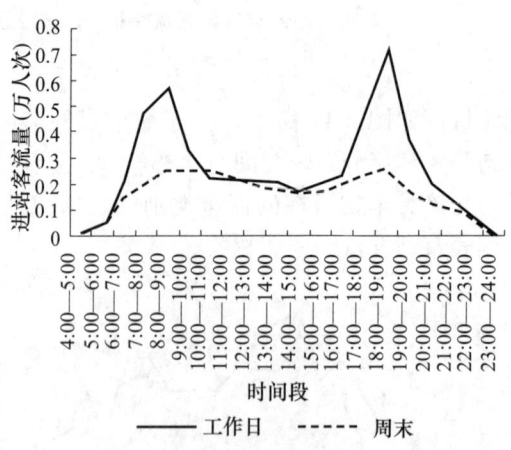

图 2-13　公交枢纽类车站客流特征

(7) 高校类。

高校类车站客流特征如图 2-14 所示，此类车站位于高等院校周边，由于白天学生在校学习，上午进站客流较少，下午至晚上进站人数逐渐增加。

(8) 其他类。

不具备以上七类进出站时间分布特征的车站。

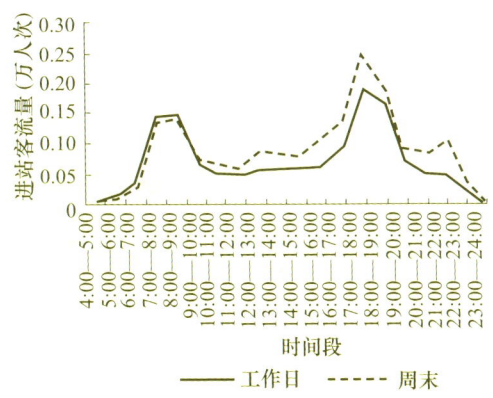

图 2-14　高校类车站客流特征

4. 客流构成特征

(1) 城市轨道交通客流构成。

根据相关文献中对乘客的随机抽样调查的结论，城市轨道交通的乘客主要构成为青壮年年龄阶层。年龄段在 21～40 岁的乘客约占到总客流的 70% 以上；41～50 岁的乘客约占 10% 以下，其余的由 20 岁以下和 50 岁以上的乘客构成。乘坐城市轨道交通的主要目的：上学的占 11%；因公办事的占 31%；上下班的占 37%；其余的 20% 左右主要是访亲观光、私人购物和其他。上下班和上学的两部分乘客达到总客流量的 50% 左右。由于抽样调查不能涵盖所有的乘客，与实际客流必然存在偏差，但多次的抽样表明上述比例变化不大。

(2) 不同客流构成线路的客流特性。

当城市轨道交通线路主要服务对象既有上下班客流，又有购物及观光的客流时，其在工作日及节假日的客流比例均较高，而城市轨道交通线路的主要服务对象为上下班的通勤客流，一般情况下其在工作日的客流量较高，而在节假日反而导致客流量会减少。例如上海市城市轨道交通 1 号、2 号、3 号线，其中 1 号、2 号线为前者情况，3 号线为后者情况。

5. 网络化客流特征

随着城市轨道交通线路的增加以及服务范围的扩大，更多的人选择了城市轨道交通的出行方式，人们可以通过"一票制"享受城市轨道交通线路间的换乘。在成网规模下的城市轨道交通系统，客流特征发生了一定的变化，主要体现在以下几个方面：

(1) 网络化后客流量增大，换乘客流量较大，换乘客流量超过了本线客流量。

(2) 网络化后全网的平均运距增加，但单线的平均运距减小。

(3) 网络化后线路的高峰小时最大断面客流量发生在换乘点前后，第一换乘站点距离起点站越远，最大断面值越大。市区线路一般在较大规模的枢纽站出现断面客流量下降，而郊区线路一般在第一个换乘站出现客流断面的最高值，随后呈下降趋势。

(4) 网络化后新增线路会带来全网客运量的增加，其中交叉线或本线延伸会使既有线路客流突增，延伸线开通后的客流断面变化趋势如图 2-15 所示，但是平行线的分流作用会造成某条线路的客流量突减。

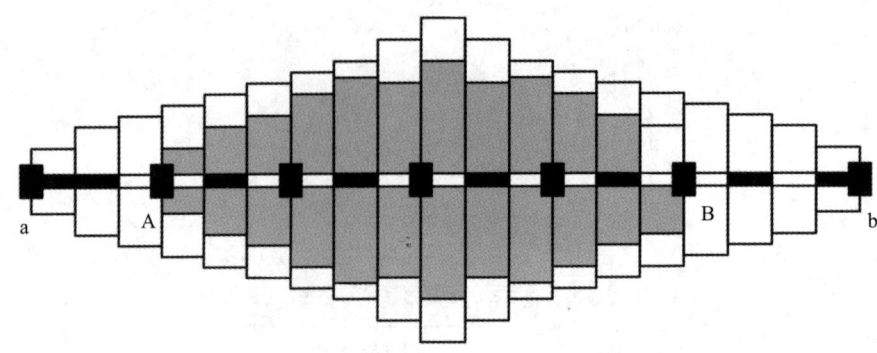

图 2-15 延伸线开通后的客流断面变化趋势

（5）网络化后新线开通运营的客流培育时间较短，即使新增线路位于开发强度不高的地段，其进站客流量较少但其换乘客流量较大。例如，北京地铁 5 号线，其进站客流还没有达到预测初期规模，但是通过其他线路的换乘客流远超出预测值，2007 年 11 月，5 号线的运营客流已经达到每日 42 万人次，换乘客流就已高达 18 万人次。

（6）网络化后市区线的客流强度较高，郊区线的客流强度较低。

三、任务实施

工作任务：阐述城市轨道交通客流特征分析

制作 PPT，以小组为单位进行关于客流基本概念、客流分析的作用、客流的影响因素、客流特征分析的要点学习讨论。

四、任务评价

城市轨道交通客流特征分析任务评价表如表 2-4 所示。

表 2-4 城市轨道交通客流特征分析任务评价表

项目任务		城市轨道交通客流特征分析	
班级		姓名	评价时间
考核内容			
考核项目	考核标准	分值（分）	得分（分）
客流分析	阐述城市轨道交通客流分析的作用	15	
客流特征分析	阐述客流的影响因素、客流特征分析	10	
	对客流特征分析，以当地（或指定）城市为例	25	
制作内容	制作能清晰展示的 PPT	15	
	要求分析准确，文字流畅	15	
	做到业务熟练、图文并茂	20	

指导教师意见：

说明：1. 建议采用四级评分制（如 90%～100%，80%～90%，60%～80%，60%以下）；
　　　2. 主要采用小组互评的方式进行评价，教师最后进行参考评分

任务三 城市轨道交通客流流线分析

一、任务导入

城市轨道交通的客流是指在单位时间内，线路上乘客流动人数和流动方向的总和。客流的概念既表明了乘客在空间上的位移及其数量，又强调了这种位移带有方向性并具有起终位置。客流可以是预测客流，也可以是实际客流。

轨道交通系统的客流不仅是规划城市轨道交通网络、安排工程项目建设顺序、设计车站规模和选择车站设备容量的依据，也是轨道交通系统合理安排运力、编制运输计划、组织行车和分析运营效果的基础。

可以认为，城市交通线路上的客流是被实现了的城市交通需求。影响城市交通需求的因素很多，有经济因素，也有非经济因素，概括起来主要有城市经济发展水平、城市各功能区域的布局、人口密度、流动人口数量、国民收入、城市交通网的布局、客运服务的价格与质量、替代服务的价格与质量、政府的交通运输政策、私人交通工具的拥有量等。

二、知识准备

（一）客流流线的概念

在客运站上，由于旅客、行包、交通车等进出活动，形成一定的流动过程和流动路线，通常将它们称为流线。其中由于旅客活动形成的流线称为客流流线。流线设计的优劣，影响着车站设施的利用率，同时也决定了车站对乘客的服务水平。因此，合理的流线设计是客运站设计和管理中的重要环节。以城市轨道交通客运车站客流为研究对象时，我们按其目的的不同，分为进站流线、出站流线和换乘流线。

（二）客流流线设计

城市轨道交通客运车站客流的流线设计，可按以下步骤进行：

1. 明确车站整体结构

明确车站整体机构布局，是进行流线设计的基础。

2. 根据车站功能要求，确定车站流线类型，构思总体方案

在对地铁车站进行流线设计时，只有首先弄清车站整体的功能要求，弄清车站的特点和性质，确定了流线的种类后，才能有的放矢地进行流线设计。根据功能的不同，车站大致可分为以下几种。

（1）以换乘为主要功能的车站。

主要应考虑乘客的换乘条件，以尽可能减少换乘距离为主要因素进行设计，流线要保留足够的换乘能力。

（2）接驳大型客流集散点的车房。

需要结合突发大客流的要求，设置充足的客流集散区域，使乘客方便快捷地进站和出站。

（3）与建筑物开发结合的车站。

地铁车站开发的功能多元化造成客流流线种类增多，这类车站流线的设置应将进出站

客流与其他类型的客流明显区分开,减少相互间的干扰,流线的设计应考虑结构的统一性。

当然,车站的功能需要不止以上几种,一般是将以上几种车站根据功能需要结合在一起,在确定车站流线时,对此都要加以考虑。

3. 乘客特征分析

由于地铁车站设置位置的不同,不同位置的车站对乘客的吸引程度不同,在某些车站乘客的出行表现出一定的相似度。例如,在大型客运枢纽处设置的地铁站内,乘客特征表现为携带大型行李的乘客较多。通过对乘客特征的分析,可以为提高乘客在流线上走行的舒适性提供参考。

4. 确定出入口形式

出入口的设置可以采用单向出入或混合出入的方式。单向出入口的设置要考虑乘客的方便程度,同时要与车站周围环境相协调。

5. 区域设施布置

(1) 售检票区域设施布置

售检票区域设施主要包括售票窗口、自动售票机(Tick Vending Machine,TVM)、自动查询机、进站闸机、出站闸机、补票窗口、咨询台、栏杆等。

售检票区域设施布局形式按照 TVM 与检票闸机的相对位置可以大致分为售检票平行和售检票垂直两种类型,售检票平行图如图 2-16 所示,售检票垂直图如图 2-17 所示。

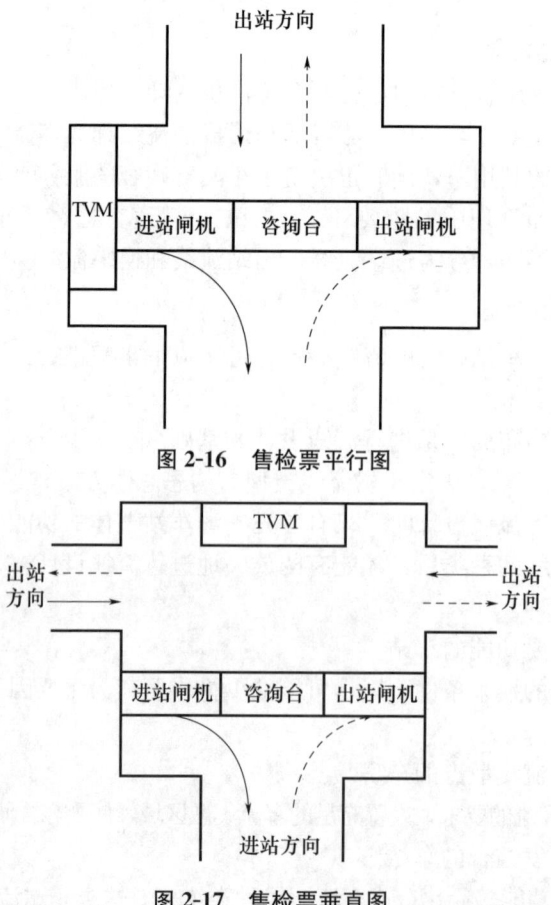

图 2-16 售检票平行图

图 2-17 售检票垂直图

(2) 换乘区域设施布置。

换乘区域设施主要包括换乘厅、换乘通道、分向栏杆、换乘楼梯、自动扶梯、自动步道、电梯等。

(3) 站台区域设施布置。

站台区域设施主要包括通道、电梯、自动扶梯、楼梯、候车站台等。

①岛式站台流线设计。

岛式站台位于地铁车辆上下行线路之间，其面积利用率高，可以灵活布置，岛式站台（进出站设施在站台两侧）客流流线图如图2-18所示。进出站台的楼梯、自动扶梯等设施位于站台两端，是岛式站台常用的一种形式，具有设计简单、客流流向明确的特点。

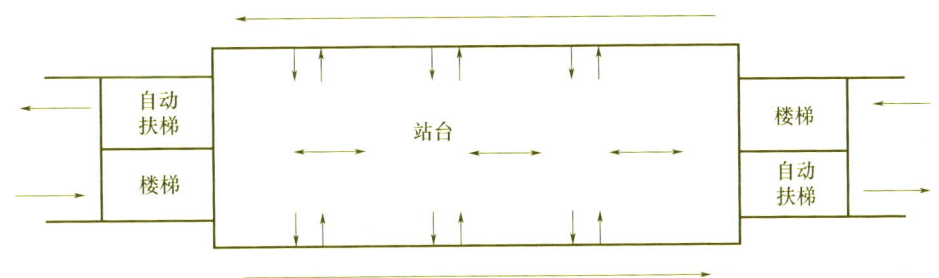

图2-18 岛式站台（进出站设施在站台两侧）客流流线图

进出站台设施设置在中间时，岛式站台（进出站设施在站台中间）客流流线图如图2-19所示。

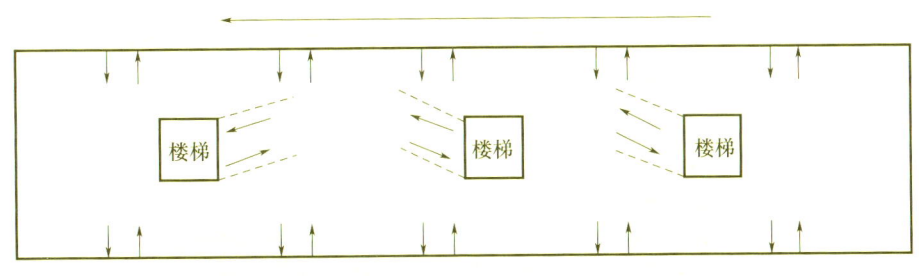

图2-19 岛式站台（进出站设施在站台中间）客流流线图

②侧式站台流线设计。

侧式站台位于上下行线路的两侧，单侧站台的设施布置与岛式站台相似，但在调剂客流及站台之间联系等方面与岛式站台相比较差。

③混合式站台流线设计。

混合式站台是岛式站台与侧式站台混合使用的形式，同时具有两种形式的特点。混合式站台将进站客流与出站客流有效地分割开来，避免了客流之间的相互干扰。

6. 既定流线的生成

当进出口和设施设置位置确定之后，就产生了既定的流线方案，再通过优化的过程，获得最优流线方案。

(三)客流流线干扰及其分类

1. 客流流线分类

客流流线是由乘客群体按一定方向走行构成的,车站乘客走行特征表现为以下几个方面:

(1)摇摆性。

由于行人在走行过程中,机动灵活,易于加减速,因此行人在走行中经常出现横向摆动。

(2)成群性。

由于地铁列车到达具有离散性,出站客流在到达站台后会产生成群出站的现象。另外,当地铁面临超大客流时,经常采取限流的措施,采取限流措施后,限制乘客进站,分批次地允许乘客进站,因此也会产生乘客成群进站的现象。

(3)积聚性。

大客流情形下,在流线上自动扶梯、楼梯或出入口通道端部由于通行能力的改变,会产生客流的积聚,经观察,一般呈扇形积聚。

2. 流线的干扰分类

由于地铁车站乘客的上述运动特性,当客流流线相邻时,对向流线一般会相互影响,从而影响乘客走行速度。根据相关文献,可将流线之间的干扰分为冲突干扰、摩擦干扰和阻滞干扰三种。

(1)冲突干扰。

流线冲突干扰指流线间发生交叉导致流线上客流的速度产生影响,从而降低流线的实际疏散能力。流线的冲突干扰在超大客流情形下,对客流的疏散影响较大。当发生流线交叉冲突时,一旦某条流线上的客流占据冲突点,由于超大客流时客流表现出较好的连续性,未占据冲突点的流线上的客流将在长时间内无法正常通行,从而引起流线的利用率降低。流线冲突干扰如图2-20所示。

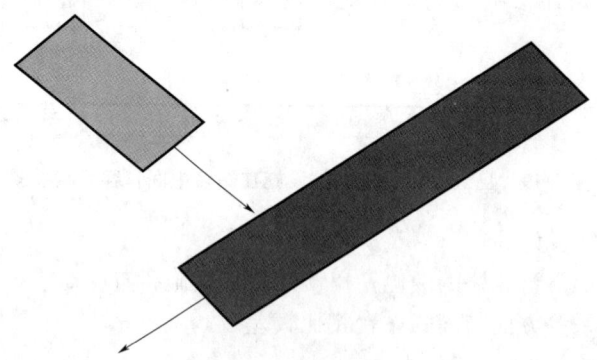

图 2-20 流线冲突干扰

(2)摩擦干扰。

流线摩擦干扰指不同方向的流线在不产生冲突干扰的前提下,由于在空间上横向间距较小产生的对客流速度与疏散能力的影响。流线间的摩擦干扰一般发生在通道内。流线摩擦干扰如图2-21所示。

(3) 阻滞干扰。

在流线设计中,由于车站可利用空间有限,在进行车站通行设施和通道的布置时,为灵活应对客流在时间上的不均匀分布,经常会出现进出站流线共用某段区域(如通道)或设施(如楼梯)的情况,当超大客流发生时,在进站客流与出站客流相遇时,由于没有明确的隔离措施,会出现某条流线对向流线上的客流占用该流线上客流正常行进所需空间的现象,从而导致该流线上客流的速度变化,降低客流的疏散能力。流线阻滞干扰如图 2-22 所示。

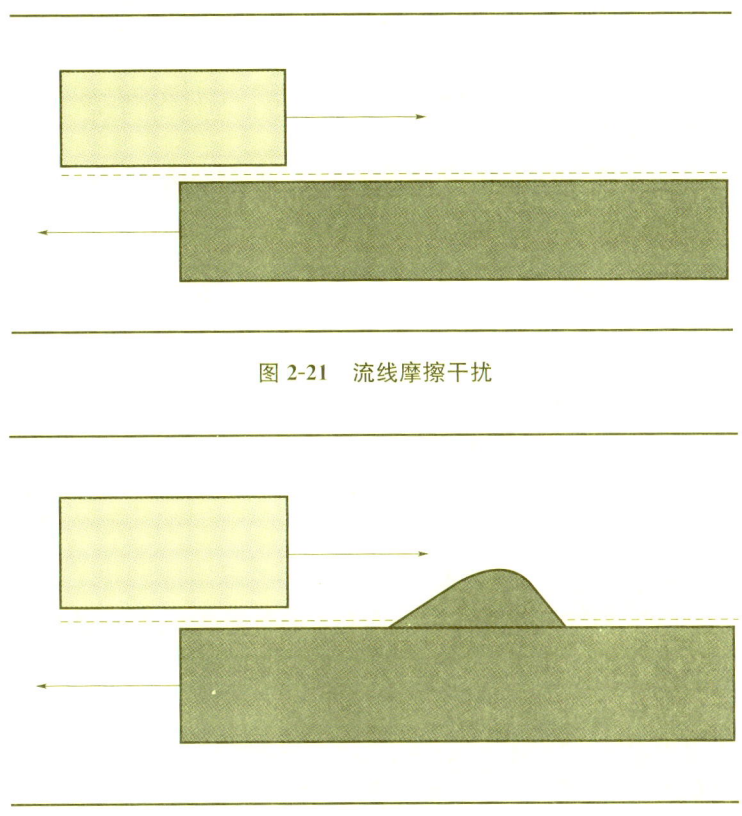

图 2-21 流线摩擦干扰

图 2-22 流线阻滞干扰

(四) 客流流线干扰的优化

流线的冲突干扰和摩擦干扰是由于不同方向的流线需要共用同一区域而产生的。减少流线间的干扰,可以采用以下方法:

1. 物理分割法

物理分割法通过对进站客流、出站客流和换乘客流在空间上进行分割,以减少冲突点。当冲突点减少时,客流之间的干扰度减小,使流线设计方案更优。物理分割法可以借助移动护栏或其他设施对客流进行空间隔离,降低流线间的冲突干扰和摩擦干扰,从而使地铁车站内各流线上客流的走行更为顺畅,也可以缓解车站设施布局和乘客走行习惯的矛盾。物理分割法分为平面错开和立体空间错开两种方式。

平面错开是指将地铁车站的流线在平面上相互错开,错开的形式包括左右错开和前后错开,从而使流线分离,减少流线间的干扰。

立体空间错开是指利用建筑结构,将进出站流线和换乘流线分布在不同的楼层上。立体空间错开的方式一般仅适用于大型的地铁枢纽站,对于普通的小型地铁车站来说,没有足够的空间结构来实现。

物理分割法不仅能够避免流线干扰中的冲突干扰现象,还能够避免摩擦干扰和阻滞干扰的发生。

2. 交叉外移法

交叉外移法是指通过调整售票窗口、TVM、进出口闸机等设施的位置,使设施的布局更为合理,减少和避免乘客流线的交叉。

例如,地铁站某个进出口设施的布局如图 2-23 所示,进出站闸机与 TVM 摆放位置存在问题,引起流线间的冲突。

根据交叉外移法,调整进出口闸机的位置,便可以避免流线的交叉。优化后的客流流线如图 2-24 所示。

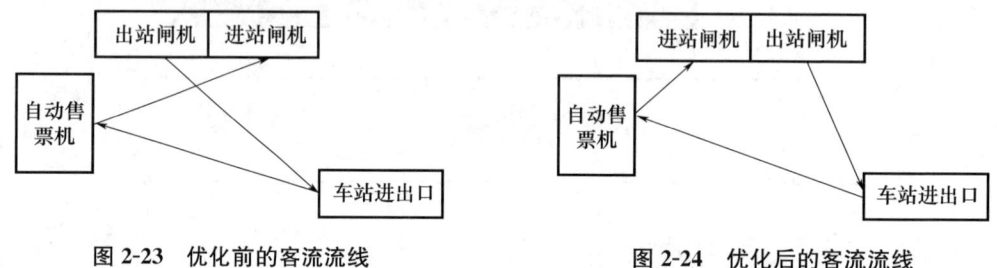

图 2-23　优化前的客流流线　　　　图 2-24　优化后的客流流线

3. "水库"式流线优化法

"水库"式流线优化法是指,将不同方向和不同目的的客流汇入同一个大型站厅或广场,再按照不同的目的地,分流到各条通道中。这种先汇流再分流的方式避免了各流线冲突点的产生,使客流在"水库"中完成自组织过程。"水库"化客流组织方式一般用于立体性不明显的车站。"水库"式流线优化方案虽然解决了流线交叉点的问题,但有时会增加乘客的无效走行距离。"水库"式流线优化方案如图 2-25 所示。

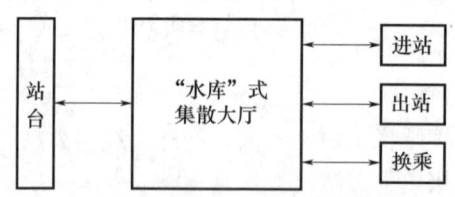

图 2-25　"水库"式流线优化方案

4. "圆环"式流线设计法

"圆环"式流线设计法在大型地铁车站的应用较多。在"圆环"式地铁站站厅层中,"圆环"内部区域为站厅付费区,"圆环"外侧为车站边界墙壁,而 TVM 通常紧贴墙壁摆放,为了使进站客流在 TVM 购票时引起的排队现象不产生对流线的干扰,"圆环"式流线设计方案应为:进站流线在"圆环"外侧,出站流线在"圆环"内侧。

当出现超大客流时，对出站客流的及时疏散往往作为主要目标，因为出站客流的疏散效率往往影响整个车站的运营效率。无论超大客流是以进站客流为主还是以出站客流为主，由于地铁车站空间的有限性，都只有将出站客流及时疏散出去，才能为进站客流提供更多的行进空间。在"圆环"式流线设计中，内环为出站流线，外环为进站流线，缩短了出站客流的走行距离，使出站客流能快速疏导出站，降低站厅压力，同时进站流线距离的增加，使进站乘客到达站台的时间延长，在相同的列车运营时间间隔下，可以减缓进站客流对站台的压力。

"圆环"式流线设计方案打破了我国行人靠右行的行为习惯，而该方案要求把乘客进出站的出入口设置在同一方位，因此在连接站厅到出入口的设施设置时，应引导乘客靠左行进。利用自动扶梯的单向性或乘客对楼梯与自动扶梯选择的倾向性，可有效引导乘客的行进方向。成都地铁天府广场站在站厅层的设置安排上选用了"圆环"式流线方案，有效避免了进出站客流的冲突。"圆环"式流线如图 2-26 所示。

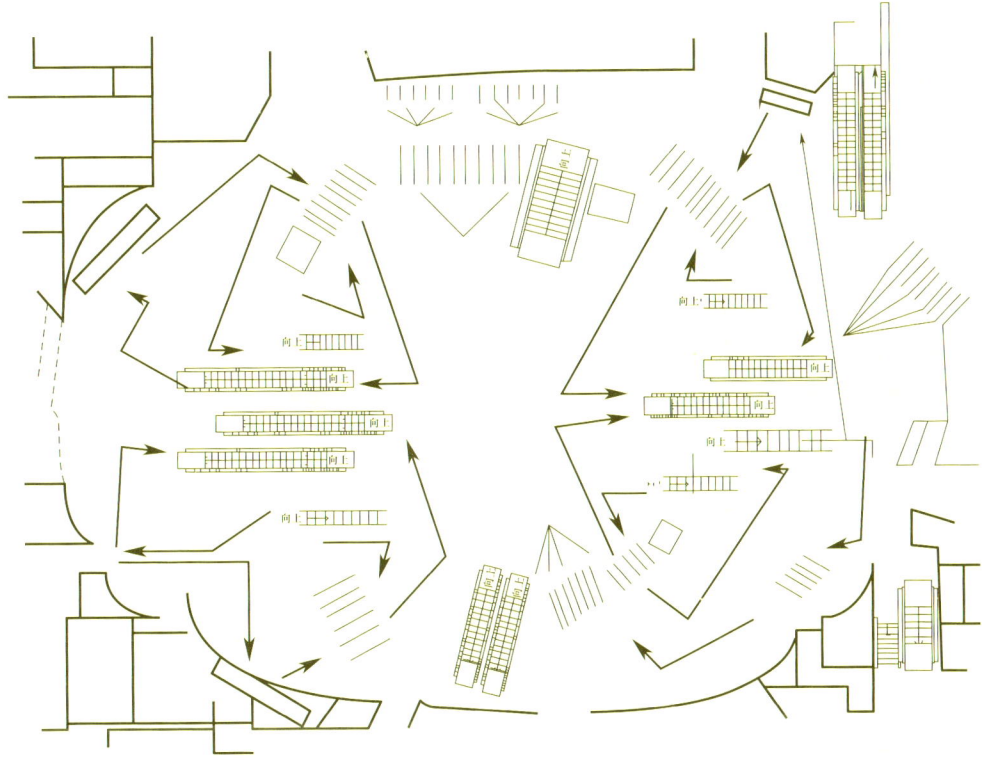

图 2-26 "圆环"式流线

5. 源头控制法

在地铁车站进行超大客流的组织时，由于地铁车站疏散能力不足，客流需求大于车站供给能力，为了保证乘客的安全和客流流线的正常运行，需要从源头上对客流进行临时的控制。出入口通道的单向控制是一种源头控制法，通过限制进站客流源头，减少站内客流流线间的摩擦干扰。

对于进站流线的源头，从延误外移的角度出发，可采用站台客流控制、站厅付费区客流控制、站厅非付费区客流控制等方法，关闭出入口或对部分出入口乘客进入车站进行限制，来实现对客流源头的控制。

对于出站流线的源头，在高峰时段，合理安排列车行车组织方案，应尽量避免不同方向列车同时到达，以杜绝乘客密集到达，降低流线压力，提高舒适性和安全性。

三、任务实施

工作任务：阐述城市轨道交通客流流线分析。

制作 PPT，以小组为单位进行客流流线的概念、客流流线设计；客流流线干扰及其分类、客流流线干扰的优化的要点学习讨论。

四、任务评价

城市轨道交通客流流线分析任务评价表如表 2-5 所示。

表 2-5 城市轨道交通客流流线分析任务评价表

项目任务	城市轨道交通客流流线分析			
班级		姓名		评价时间
考核内容				
考核项目	考核标准		分值（分）	得分（分）
客流流线、客流流线设计	阐述客流流线的概念、客流流线设计		15	
流线干扰、流线干扰的优化	阐述客流流线干扰及其分类、客流流线干扰的优化，能够进行客流流线干扰的优化设计		10	
	实地考察地铁流线情况，画出示意图，以当地（或指定）城市为例		25	
制作内容	制作能清晰展示的 PPT		15	
	要求分析准确，文字流畅		15	
	做到业务熟练、图文并茂		20	

指导教师意见：

说明：1. 建议采用四级评分制（如 90%～100%，80%～90%，60%～80%，60%以下）；
2. 主要采用小组互评的方式进行评价，教师最后进行参考评分

任务四 城市轨道交通客流调查与预测

一、任务导入

客流是动态变化的，对城市轨道交通运营客流调查数据进行统计分析，可以了解客流在时间、空间上的动态变化规律；同时对既有线路的运营客流特征进行分析，也能为

后续实施线路或者其他城市的规划路网提供参考数据,从而为其线网规模的控制、基建工程和设备采用与布置以及运输组织等诸多方面提供参考。另外,根据客流的动态变化,可以及时调整上线列车数量,给乘客提供良好的公共交通服务。在轨道交通系统的运营过程中,要掌握客流在时间、空间上的动态变化规律,必须经常进行各种形式的客流调查。

二、知识准备

(一)客流调查种类

本节介绍的客流调查是指调查已建成投入运营的轨道交通实际客流。为了反映客流的不同特征,达到不同的调查效果,客流调查主要有以下种类:

1. 全面客流调查

全面客流调查是对全线客流的综合调查,通常包含乘客情况抽样调查。全面客流调查时间长、工作量大,需要较多的调查人员。通过对调查资料进行整理和统计分析,能对客流现状及客流规律有一个全面清晰的了解。

全面客流调查有随车调查和站点调查两种调查方式。随车调查是在车门处对全日运营时间内所有运行列车的上下车乘客进行调查,站点调查是在车站检票口对全日运营时间内所有在车站上下车乘客进行调查。轨道交通系统全面客流调查多采用后者,调查一般应连续进行两天或三天,并考虑星期一至星期五、星期六与星期日的不同客流特征,在全日运营时间内,调查全线各站所有乘客的下车地点和票种情况,并将调查资料以 5 分钟、10 分钟或 15 分钟为间隔分组记录下来。

2. 乘客情况抽样调查

抽样调查是用样本来近似地代替总体,这样做有利于减少客流调查的人力、物力和时间消耗。乘客情况抽样调查通常是用问卷方式进行,调查内容主要包括乘客构成情况和乘客乘车情况及乘客满意度调查等。

乘客构成情况调查一般是在车站进行。调查内容包括年龄(老、中、青)、性别(男、女)、职业、居住地(本地、外地)和出行目的(工作、学习、购物、游览、访友、就医、其他)等,调查时间可选择在客流比较稳定的运营时间段。

乘客乘车情况调查可以根据需要分类进行,也可在特定的时间、地点进行。调查内容除年龄、性别和职业外,还可包括家庭住址、家庭收入、日均乘车次数、上车站和下车站、到达车站的方式(步行、自行车、出租车、公交车)和所需时间,下车后到达目的地的方式(步行、自行车、出租车、公交车)和所需时间等。

乘客满意度调查反映轨道交通系统使用者对交通设施状况、供给水平、服务质量的评价,通过各种调查方式,可以准确掌握客运交通系统的改善方向,为提高客运管理水平提供改进依据。

进行抽样调查,首先需要确定抽样方法与抽样数,以确保抽样调查的结果具有实用意义。抽样方法主要有简单随机抽样、分层抽样、整群抽样和多阶段抽样等。抽样数的大小取决于总体的大小、总体的异质性程度以及调查的精度要求。20 世纪 80 年代,国内天津、上海、广州、南京等城市进行的家访出行抽样调查率均为 3%~4%。美国交通部规定的家访出行调查抽样率(以家庭为单位)如表 2-6 所示。

表 2-6　美国交通部规定的家访出行调查抽样率（以家庭为单位）

调查范围内人口（万）	最小抽样率（%）	推荐抽样率（%）
小于 5	10.0	20.0
5～15	5.0	12.5
15～30	3.0	10.0
30～50	2.0	6.6
50～100	1.5	5.0
大于 100	1.0	4.0

3. 断面客流调查

断面客流调查是一种经常性的客流抽样调查，可选择一两个断面进行调查。一般是对最大客流断面进行调查，调查人员用直接观察法调查车辆内的乘客人数。目前城市轨道交通大多采用 AFC 系统，通过系统记录的历史数据可以分析得出断面客流数据。

4. 节假日客流调查

节假日客流调查是一种专题性客流调查，重点对春节、元旦、国庆节、五一劳动节、双休假日和若干民间节日期间的客流进行调查。调查的内容除了节假日期间轨道交通客流量外，还包括机关、学校、企业等单位的休假安排，都市旅游业、娱乐业的发展程度，城市居民生活方式的变化等，该项调查一般通过问卷方式进行。

5. 重要活动客流调查

重要活动客流调查主要指针对影剧院、体育场馆等客流快速集散的站点进行的专项客流调查，该项调查主要涉及影剧院、体育场馆的规模与附近轨道交通车站的客流影响程度和持续时间之间的相关关系。

（二）客流统计指标

客流调查结束后，对客流调查资料应认真整理，采用适当的统计方法来汇总分析各项指标。轨道交通系统全面客流调查后应汇总计算的主要指标如表 2-7 所示。

表 2-7　轨道交通系统全面客流调查后应汇总计算的主要指标

序号	指标参数	含义
1	乘客人数	(1) 分时各站上下车人数； (2) 全日各站上下车人数； (3) 分时各换乘站换乘人数； (4) 全日各换乘站换乘人数； (5) 全线全日乘客人数； (6) 全线高峰小时乘客人数
2	断面客流量	(1) 分时各区间断面客流量； (2) 全日各区间断面客流量； (3) 分时最大断面客流量； (4) 全日最大断面客流量； (5) 高峰小时最大断面客流量
3	乘客乘坐站数与乘车距离	(1) 本线乘客乘坐不同站数人数及所占比例； (2) 跨线乘客乘坐不同站数人数及所占比例； (3) 乘客平均乘车距离

续表

序号	指标参数	含义
4	乘客构成	包括年龄（老、中、青）、性别（男、女）、居住地（本地、外地）、出行目的（工作、学习、购物、游览、访友、就医、其他）。 (1) 全线持不同票种乘客人数及所占比例； (2) 车站按年龄、出行目的等统计的乘客人数及所占比例； (3) 车站三次吸引（步行、公交车、轨道交通）乘客人数及所占比例； (4) 从不同距离，以不同方式到达车站的乘客人数； (5) 居住在城市不同区域乘客人数及其所占比例
5	乘客乘车情况	包括年龄、性别、职业、家庭住址、到达车站的方式（步行、骑车、乘公交车等）和时间，上下车站及换乘站，乘坐轨道交通比其他常规公共交通方式所节省的时间等
6	列车运输数据	(1) 客车千米，客车千米的计算公式为： 客车千米＝客运列车数×列车编组辆数×列车运送距离 (2) 客位千米，客位千米的计算公式为： 客位千米＝客车千米×车辆定员 (3) 乘客密度（人/车），乘客密度的计算公式： $$乘客密度 = \frac{客运量 \times 平均运距}{客运千米}$$ (4) 客车满载率，客车满载率的计算公式为： $$客车满载率 = \frac{乘客密度}{车辆定员} \times 100\%$$ 或： $$客车满载率 = \frac{客运量 \times 平均运距}{客位千米} \times 100\%$$ (5) 断面满载率，断面满载率计算公式为： $$断面满载率 = \frac{单向最大断面客流量}{客运列车数 \times 列车编组辆数 \times 车辆定员} \times 100\%$$

（三）客流预测

1. 客流预测年限

预测年限也就是轨道交通的设计年限，是控制工程规模和投资的重要因素，其合理与否，将直接影响工程建成后的效益和效率。设计年限定得长，虽为将来的发展留下余地，但使轨道运营长期处于欠负荷状态；设计年限定得过短，会使整个系统的交通容量很快饱和，系统将长期处于超负荷运营状态，不但降低了服务质量，也不能很好地解决交通问题，恰当地定好设计年限是非常重要的。按照《城市轨道交通工程项目建设标准》的规定，客流预测年限分为初期、近期和远期。初期为建成通车后的第三年，近期为交付运营后的第十年，远期为交付运营后的第二十五年。每条线路的客流预测应按初期、近期和远期设计年限对相应建成范围分别进行预测，若一条线路分段建设，每段通车时间相距 3 年以上，应按不同项目实施。后期实施的项目设计年限应按后期项目建成通车年为基准年，重新推定初期、近期和远期设计年限进行全线客流预测。

2. 轨道交通客流形成机理分析

快速轨道交通承担的客流量主要包括趋势客流量、转移客流量和诱增客流量。趋势客流量指轨道车站及沿线正常增长的客流量。转移客流量指由于快速轨道交通具有快捷、准时、安全、方便等优点，原来主要由地面常规公交和自行车方式承担的中长距离客流转移到快速轨道交通。诱增客流量指快速轨道交通建设促进沿线土地开发、人口聚集，使区域之间可达性提升、服务水平提高、居民出行强度增加而诱增的客流。

城市客流主要取决于城市土地利用空间布局和交通组织。同时，由于轨道交通作为一种快速、大运量的城市客运系统，改变了轨道线路沿线的可达性，相应地会对城市土地利用空间布局产生一定的影响，如加快郊区城市化进程和提高轨道线路沿线土地的开发强度等，从而影响轨道客流的产生和分布。而城市客运交通结构和城市客流的流向流量由居民的平均出行距离、交通设施的服务水平、出行者的经济承受能力和价值观念以及城市所采取的宏观调控政策等因素综合决定。轨道交通承担的客流量还涉及与城市中其他交通方式的协调关系。因此，城市客流的产生、分布、方式和路径选择并不是一个单向的作用机制，而是一种相互反馈的动态平衡机制。因此轨道客流的形成建立在城市空间布局、交通发展战略、城市各种客运方式的特点和相互间的协调关系以及出行者的经济能力的基础上。

3. 客流预测的目的与意义

城市轨道交通的建设是为了满足城市居民的出行需求，这种需求数量的变化随着交通状况、路网建设和不同交通方式竞争而呈动态变化。轨道交通建设的模式和规模既要适应近期城市交通的需求，又要适应远期城市交通发展的要求，预测的客流量是城市轨道交通规划、设计、建设及运营各环节的基本依据。客流预测是城市轨道交通建设的一个重要环节，是城市轨道交通规模设计工作的基础。预测结果的可靠与否直接关系到城市轨道交通的建设投资、运营效率和经济效益。

首先，客流预测是进行轨道交通项目宏观和微观投资决策的依据。从宏观角度看，要对城市轨道交通建设的投资做出合理规划，就必须对城市客运需求的现状和趋势做出科学的判断或预测；从微观角度看，一个具体的轨道交通项目是否值得建设，必须以未来客运需求为依据才能做出正确的决策。

其次，客流预测是轨道交通项目可行性研究和项目评估的基础。可行性研究和项目评估都涉及项目经济评价，经济评价是对费用、效益的一种科学的比较分析，但是从衡量、计算费用到衡量、计算效益都离不开项目的客流预测。具体而言，一个项目的投资额和运营成本主要取决于在客流预测基础上确定的系数规模，同样，项目建成后运营期内效益如何，也需要借助逐年的客流预测结果才能衡量和计算。如果没有科学、合理的客流预测为基础，就必然低估或高估项目的费用和效益，致使经济评价失去真实性，从而误导投资者和决策者。

最后，客流预测是运营阶段管理方案的基础。在运营阶段，票价变化、运营组织变化、服务水平改变、与其他交通方式衔接变化、发车间隔改变、其他交通方式的服务水平改善等都影响轨道交通客流大小，需要对轨道交通客流进行精细预测。

4. 轨道交通客流预测的内容

客流预测应按不同研究阶段分别预测。

(1) 线网规划阶段客流预测。

①线网总量预测。

依据城市总体规划和综合交通规划分析城市现状和规划区域客流，分析和确定远景线网规划承担的客运总量及在公交总量中分担的比例、平均运距、客流负荷强度等相关指标，并在全线网范围内按总量控制原则进行各线客流总量预测。

②线路客流预测。

以远景线网客流总量为基础预测各条线路的全日客流（双向）总量、分段断面流量（图）、全日平均运距和客流负荷强度等相关指标进行总量控制分析，并估测各线高峰小时单向最大断面流量。

（2）工程可行性研究阶段客流预测。

应按每一条线路项目的设计年限进行初期、近期和远期的客流预测，预测内容应符合下列规定。可行性研究阶段客流预测可参照执行。

①线网客流预测。

在远景线网规划阶段客流预测基础上，预测项目远期设计年限建成的线网规模、全日客流总量、各条线路的全日客流总量和客流负荷强度并对各条线路的客流进行总量控制与分析。

②线路客流预测。

预测各条线路全日客流量和各小时段的客流量及其比例、全日和高峰小时的平均运距及平均客流负荷强度、全日各级运距每分级的乘客量。全日客流量是总体表现和评价运营效益的直观指标，也是进一步评价线路负荷强度的重要指标。各小时段的客流量及比率，为全日行车组织计划提供依据，从而在保证运营能力和服务水平的前提下，合理安排行车间隔，提高列车的满载率及运营效益。

③车站客流预测。

预测全日和早、晚高峰小时的各车站上下行的乘降客流、站间断面流量以及相应的高峰系数；在大型社会活动期间或节假日、双休日对具有突发客流的特殊车站应单独做特别预测和分析。高峰小时段的站间最大单向断面流量是确定系统运量规模的基本依据，由此选定交通制式、车型、车辆编组长度、行车密度及车站站台长度。全线高峰小时的站间断面流量是全线运行设计的基本依据，由此确定区域折返交路、折返列车数量、折返车站位置及配线形式，并计算车辆配置数量。

④OD客流预测。

OD客流预测，OD量即起始点和目的地间的出行量，反映了乘客的出行需求，可以为客运资源调配、客流拥堵缓解、运营效率和乘客出行效率提高等提供重要参考。

预测全日、高峰小时的各车站站间对跨越不同区域的线路，应进行各区域的内外客流预测并对客流特征进行分析。站间客流数据可以反映出不同区域之间出行特征、线路客流重点集中区段，对轨道交通票制票价制定、建设投资、运营成本财务分析、社会经济效益分析提出项目效益评价意见。

⑤换乘客流预测。

预测全日和高峰时段各换乘车站（含支线接轨站）的换乘客流量及其占车站总客流量的比重进行预测，并应预测相关线路之间、不同方位和方向的换乘客流。此项数据对主客流方向的评价很重要，为换乘形式设计和换乘车站间的换乘通道或换乘楼梯宽度的计算提供依据。

⑥出入口分向客流预测。

根据每一座车站确定的出入口分布位置，预测每个出入口分向客流并分析其波动性，为每个出入口宽度计算提供依据。包括各个车站出入口在不同高峰时段的分担客流。预测可在初步设计阶段车站出入口稳定后进行。

5. 客流预测方法

客流预测方法主要有定性预测和定量预测两种，城市轨道交通客流预测方法如图2-27所示。

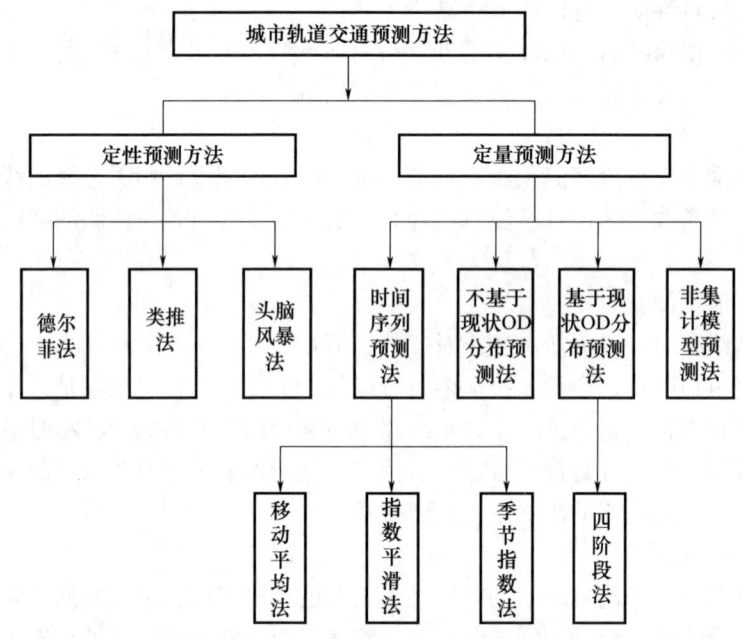

图 2-27　城市轨道交通客流预测方法

（1）定性预测方法。

定性预测是主要依赖个人的经验感觉或专家的判断，运用预测者的经验，综合考虑各种影响因素，分析城市轨道交通运营的特点和构成，进行预测的一种方法。

这类方法的优点是简便直观，不需要建立烦琐的数学公式，通过研究系统的定性分析，根据专家丰富的经验，对未来的交通需求进行预测，但这类方法的缺点也比较明显，通过定性预测方法预测产生的结果往往带有主观色彩。定性预测方法主要有德尔菲法、类推法、头脑风暴法等。

①德尔菲法。

德尔菲法是依据系统的程序，采用匿名发表意见的方式，即专家之间不得互相讨论，不发生横向联系，只能与调查人员发生联系，通过多轮次调查专家对问卷所提问题的看法，经过反复征询、归纳、修改，最后汇总成专家基本一致的看法，作为预测的结果。其实施步骤可以分为以下四步：第一步，成立专家组；第二步，给出所要预测的问题以及有关背景及要求；第三步，专家预测结果收集、统计、反馈，进行第二轮预测；第四步，进行第三、第四轮预测，综合整理专家意见，得出预测结果。

②类推法。

类推法是通过不同事物的某些相似性类推其他的相似性，从而预测出它们在其他方面存在类似的可能性的方法。

③头脑风暴法。

头脑风暴法是让与会者敞开思路，使各种设想在相互碰撞中激起脑海的创造性风暴，综合各方意见后得出结论。其又可分为直接头脑风暴法和质疑头脑风暴法。

（2）定量预测方法。

定量预测方法是根据研究数据之间的相互关系，通过一定的数学公式，建立模型，以进行对未来数据的预测，是比定性预测更为科学的预测方法。定量预测方法的优点是预测较为客观，并且可以进行误差分析，同时对于大量的数据分析可以借助计算机进行辅助预测。但是定量预测方法要求有较为完整的原始数据。定量预测方法的种类繁多，目前，用于交通需求预测的定量预测方法主要有时间序列预测法、不基于现状OD分布预测法和基于现状OD分布预测法（四阶段预测法）、非集计模型预测法。

①时间序列预测法。

时间序列预测法完全基于历史数据所显示的特征来推测将来。移动平均法、指数平滑法、季节指数法、自回归分析法等都是时间序列预测法中常用的方法。该类预测方法适用于具有城市轨道交通客流历史数据，并且客流变化规律基本稳定的情况。

时间序列预测法主要有以下6个步骤：

a. 选择预测参数。

b. 收集必要的数据。

c. 拟合曲线。

d. 趋势外推。

e. 预测说明。

f. 研究预测结果在制定规划和决策中的应用。

这类预测方法通常具有数学或统计的性质，它假设预测对象的变化规律基本稳定，发展过程中不存在跳跃式的变化，未来的状况完全取决于以前的状态。因此，当所研究系统的历史数据确实呈现某种依时间变化的统计规律时，用这类方法往往能得到较准确的预测结果。

时间序列预测法以连贯性原理及概率性原理为主要依据，通过对大量历史资料的统计分析，找出历史资料的时间序列中存在的某种规律性，并通过这种规律性，对未来一段时间内的数据趋势进行预测。对于已经存在并且结构未发生重大变化的客运系统，可以直接预测客流量，根据历年客运量平均增长速度，推算未来年客运量。然而，对于我国的城市轨道交通而言，运营时间短、历史资料少是目前各个已经拥有城市轨道交通线路城市的客观事实，仅仅有几年运营数据，客流量自身所存在的规律性也无法从这些历史数据中得到体现，因此，运用诸如自回归分析法等时间序列预测法进行以后几年的客流预测是比较困难的。

②不基于现状OD分布预测法。

不基于现状OD分布预测法的主要思路是将相关公交线路的现状客流和自行车流量向轨道交通线路转移得到虚拟的基本道交通客流；然后按照相关公交线路的历史资料和增长规律确定轨道交通客流的增长率，推算远期轨道交通需求客流量，或者由公交预测资料直接转换为远期城市轨道交通客流量。因此，这一类方法在确定基年轨道交通客流后，主要为趋势外推，在确定规划年轨道交通客流增长率时可采用指数平滑法、多元回归法等方法。

这一模式属于早期模式，受其原理的限制，以现状公交为预测基础，对现状交通特征的反映较为片面，无法考虑城市用地规模、交通设施、出行结构改变上的影响，因此精度较低。由于操作简单，目前常用于其他方法预测后的比较验证，或作为定性分析的辅助手段。

③基于现状 OD 分布预测法。

该方法以现状 OD 分布为基础数据，主要预测思路是通过居民出行调查，掌握现状各种交通方式的出行分布，在此基础上预测各规划年份全方式出行交通量，然后通过出行方式划分、交通分配，得到规划期城市轨道交通客流量。此模式遵循交通需求预测"四阶段"，即交通发生、交通分布、交通方式划分和交通分配，预测精度较高，但对于基础数据要求相对较高。近年来城市轨道交通规划线网客流预测一般都采用这一模式，其已成为该领域的发展方向。上海地铁 3 号线、南京地铁 1 号线、西安地铁 2 号线客流预测采用了此方法。

四阶段法起源于 1962 年美国芝加哥市在进行城市交通规划时的前期客流分布与预测的摸底调查，包括交通发生、交通分布、交通分配三阶段预测，后由日本广岛市在 20 世纪 60 年代加上对不同交通方式划分的预测形成了完整的四阶段法，即交通发生、交通分布、交通分配和交通方式划分四个阶段，基于现状 OD 分布预测流程如图 2-28 所示。

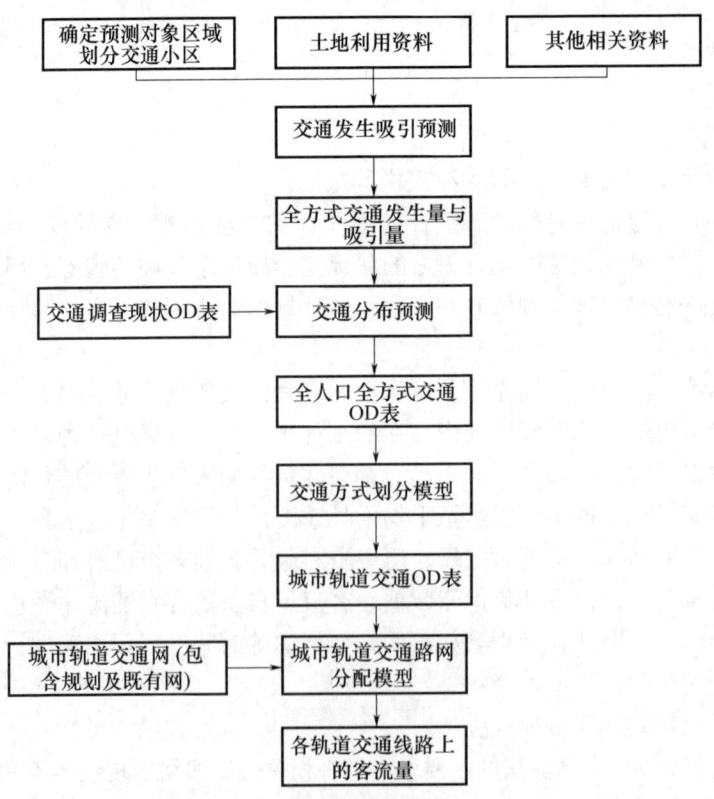

图 2-28 基于现状 OD 分布预测流程

四阶段法基础理论充分，既能反映居民出行与城市土地使用数据之间的关系，又能反馈不同交通方式相互作用对客流分布的影响。四阶段法预测模型以交通小区为基础，按照交通发生、交通分布、交通方式划分和交通分配四个阶段来分析城市现状和未来的交通状况，是目前交通规划领域应用最广泛的方法。

虽然近几十年来，对四阶段法预测模型的研究不断深入，出现了将两个或几个阶段合并进行预测的方法，但从宏观的角度把握城市居民的出行特点，然后分阶段预测分析的思路仍是一致的。依据交通方式划分在四阶段法预测模型中的位置，四阶段法预测模型大致可以分成四类。四阶段法预测模型类型如图2-29所示。

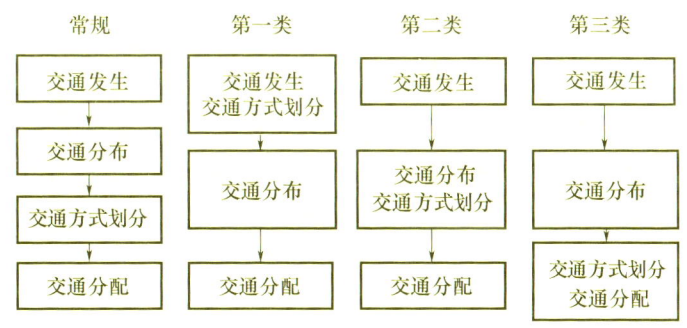

图 2-29 四阶段法预测模型类型

a. **交通发生预测**。四阶段法交通发生预测是指对每一个规划区域内划分的小区产生和吸引的交通数量的预测，亦即预测每一个小区的各种交通方式的进出交通量，但并不预测这些交通流从何处来到何处去。交通发生预测的基础资料是城市的远景人口和就业岗位数等预测数据，而这些数据又需要根据远景土地利用规划得出。土地利用规划规定了土地的居住、工业和商业等用途，决定了各种用地上发生的各种社会经济活动的强度。根据土地利用规划，可以把交通规划的区域划分成许多交通小区。在已知各交通小区的居住人口数、就业岗位数及家庭人口、收入和私人交通工具拥有数的基础上，应用出行率法、增长率法、回归模型法等预测方法来预测各个交通小区的交通。

b. **交通分布预测**。交通分布预测是指从起点小区（O）到终点小区（D）的交通量的预测，未考虑路径及交通方式。交通分布预测方法主要有四大类：增长系数法、重力模型法、机会介入模型法及系统平衡模型法。增长系数法假定将来的交通小区与交通小区之间的交通分布模式与现状的分布模式基本一致，其分布量按其系数增加。增长系数法主要包含平均增长系数法、底特律法、福来特法。重力模型法基本假定是交通小区 i 到交通小区 j 的交通分布量与交通小区 i 的交通发生量、交通小区 j 的交通吸引量成正比，与交通小区 i 和 j 之间的交通阻抗参数如两区重心间交通的距离、时间或费用成反比。根据对约束条件的满足情况，重力模型可分为以下几类：无约束重力模型、单约束重力模型、双约束重力模型。机会介入模型基本思想是把从某一个小区发生的交通选择某一小区作为目的地的概率进行模型化，所以属于概率模型。系统平衡模型法是在交通吸引源、交通工具及交通设施状况构成的系统中，按照系统本身的内在规律选择其目的地，同时满足供求（发生、吸引）平衡的原则进行分布预测的一种方法，该方法在没有或仅有部分现状OD资料的情况下也能使用。

c. **交通方式预测**。交通方式预测是指对每组起终点间各种可能的交通方式（轨道交通、常规公交、自行车、小汽车等）所承担的比例的预测，即决定出行者采用何种交通方式出行。常用的交通方式预测方法为转移曲线法、回归模型法、非集计模型（具有代表性的模型为 Logit 模型和 Probit 模型）预测法。

d. 交通分配预测。交通分配是将每种交通方式的起终点（OD）之间的客流量通过各自有关的模型网络分配在特定路径上。常用方法有用户优化均衡模型（Wardrop 第一原理）、系统优化均衡模型（Wardrop 第二原理）、非均衡模型。均衡模型原理在理论上结构严谨，思路明确，但其数学规划、模型维数太多，约束条件也多，且为非线性规划问题，计算困难。非均衡模型算法简单，容易理解，根据分配方法可分为路段阻抗可变和路段阻抗不变两类，就路径选择可分为单路径与多路径两类，综合起来可分为四类：最短路分配法、阻抗可变单路径分配法、多路径分配法、阻抗可变多路径分配法。

四阶段法四个步骤（四个子模型）形成一个序列，前一个模型的输出结果为后一个模型的输入数据，最后的子模型提供从起点到终点以及采用某种交通工具行走某条路线的交通流的预测结果。四阶段法交通需求预测流程图如图 2-30 所示。

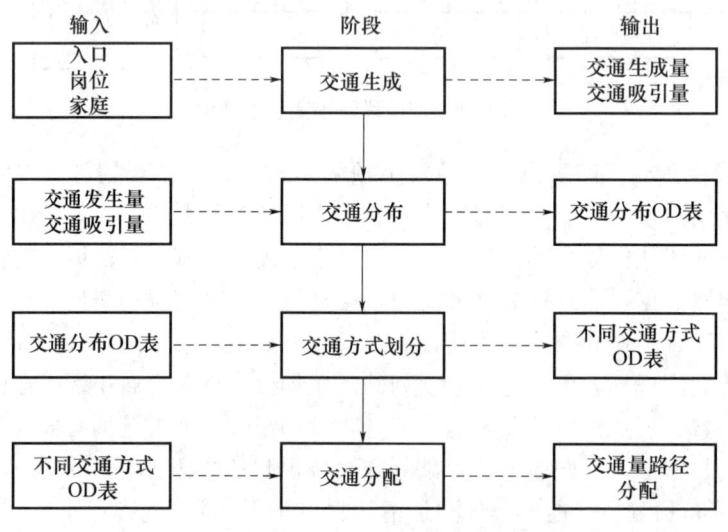

图 2-30　四阶段法交通需求预测流程图

城市交通规划四阶段法需求预测模型可以以一次出行为例，简单用图形象表示，图中表示了人们决定进行一次出行（生成）、决定去何处（分布）、决定采用什么交通方式（方式划分）和决定选用哪条线路（分配）的整个过程。四阶段法预测示意图如图 2-31 所示。

④非集计模型预测法。

非集计模型又称交通特征模型，它是以实际产生交通活动的个人为单位，对个人是否进行出行、去何处、利用何种交通工具以及选择哪条路线等分别进行预测，并按交通分布、交通方式和交通线路分别进行统计，得到交通需求总量的一类模型。这一模型在理论上利用了现代心理学的成果，引入了随机效用的概念，其核心是效用最大化理论。它着眼于研究出行者个体的出行行为。非集计模型相比传统模型的优势是有明确的行为假说、模型的一致性好、模型标定所需调查样本少、模型有较好的时间和地区转移性等特点。其基本假设为：个人将在可能的相互独立的选择肢集合中，选择他认为对自己效用最大的选择肢。即决策者首先选择"可能利用的选择肢群"，其次选择"对其效用最大的选择肢"。利用非集计模型进行居民出行的分析和预测是继四阶段法后出现的构造交通需求预测模型的新方法。

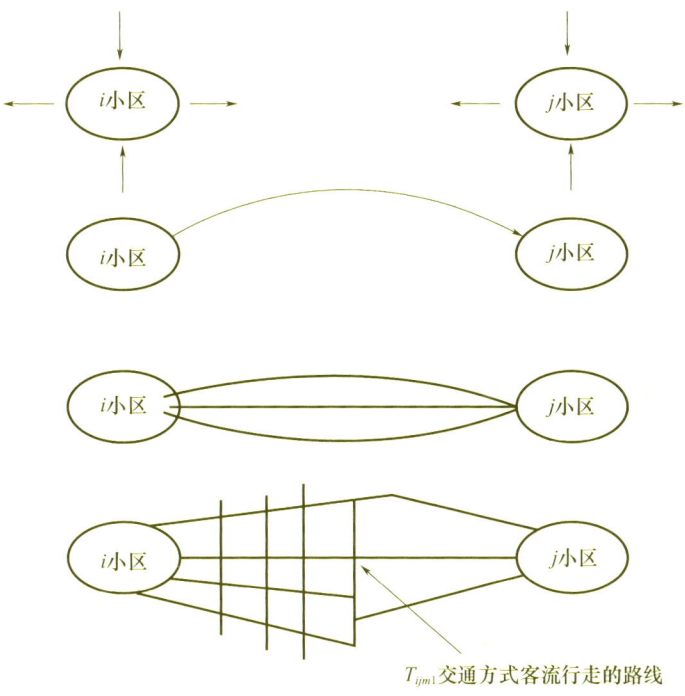

T_{ijm1}交通方式客流行走的路线

图 2-31　四阶段法预测示意图

在城市客流预测中，具有代表性的非集计模型就是 MNL 模型。MNL 模型是在以下四个假设条件下得出的：

a. 所有出行者具有相同形式的效用函数。

b. 效用函数的参数不随出行者的不同而改变，是相对稳定的。

c. 每个出行者对于不同选择单元的效用函数的随机部分各分量是相互独立的。

d. 效用函数随机部分的各分量服从相同的耿贝尔（Gumbel）分布，即分布函数为：

$$F(\varepsilon)=\exp[-\exp(-\varepsilon)] \tag{2-5}$$

e. 出行者选择效用函数值最大的选择单元。

基于以上的假设条件，可得到 MNL 模型的基本方程式如下：

$$P_n(i)=\frac{\exp(V_{in})}{\sum_{j\in C_n}^{n}\exp(V_{jn})} \tag{2-6}$$

式中，V_{in}——个人 n 对选择肢 i 的效用函数；

C_n——选择肢的集合。

三、任务实施

工作任务：阐述城市轨道交通客流调查与预测

制作 PPT，以小组为单位就城市轨道交通客流调查与预测的要点进行学习讨论，校核计算断面客流量 P，以当地（或指定）城市为例。

四、任务评价

城市轨道交通客流调查与预测任务评价表如表2-8所示。

表2-8 城市轨道交通客流调查与预测任务评价表

项目任务	城市轨道交通客流调查与预测			
班级		姓名		评价时间	
考核内容				
考核项目	考核标准	分值（分）	得分（分）
---	---	---	---
客流统计	阐述客流调查种类、客流统计指标	15	
客流预测	阐述城市轨道交通客流预测	10	
	校核计算断面客流量 P，以当地（或指定）城市为例	25	
制作内容	制作能清晰展示的PPT	15	
	要求分析准确，文字流畅	15	
	做到业务熟练、图文并茂	20	

指导教师意见：

说明：1. 建议采用四级评分制（如90%～100%，80%～90%，60%～80%，60%以下）；
2. 主要采用小组互评的方式进行评价，教师最后进行参考评分

项目三　城市轨道交通客运车站设备设施

项目背景

城市轨道交通客运车站不仅是供乘客乘降的场所，也是各种机电设备集聚的场所。车站的主要机电设备包括车站通风及空调系统、火灾防护系统、照明系统、水系统、售检票系统等。

项目任务书

城市轨道交通客运车站设备设施任务书如表 3-1 所示。

表 3-1　城市轨道交通客运车站设备设施任务书

名称		城市轨道交通客运车站设备设施
学习目标	知识目标	1. 掌握城市轨道交通客运车站构造、车站的类型、车站运营安全服务设施设备； 2. 掌握城市轨道交通客运车站 AFC 系统管理、AFC 系统架构、AFC 系统设备使用； 3. 掌握城市轨道交通客运车站站台门系统功能、构造、站台门系统的三级五种运行控制模式； 4. 掌握 PIS 的显示终端、组成、功能及优先级； 5. 掌握城市轨道交通环控系统功能、设备的运行； 6. 掌握城市轨道交通客运车站火灾特点、防火要求、火灾自动报警系统（Fire Alarm System，FAS）的组成、火灾工况的运行控制； 7. 掌握城市轨道交通客运车站照明系统、水系统
	技能目标	1. 具备城市轨道交通客运车站构造、车站的类型、车站运营安全服务设施设备认知的能力； 2. 具备市轨道交通车站 AFC 系统管理、AFC 系统设备使用能力； 3. 具备 PIS 的认知能力； 4. 具备城市轨道交通客运车站火灾应急处理能力； 5. 具备城市轨道交通客运车站照明系统、水系统使用操作能力
	素质目标	1. 具有良好的社会公德、职业道德和爱岗敬业基本素质，立德树人贯穿课程始终； 2. 具有良好工作态度、严谨细致的专业作风； 3. 具有良好的沟通协调能力、语言表达能力、班组管理能力； 4. 培养团结协作、热情有礼、认真细心、沉着冷静、遇乱不惊的职业素养
学习内容		知识准备：阅读各任务中的"知识准备"。 任务一：城市轨道交通客运车站概述。 工作任务：阐述城市轨道交通客运车站构造、车站的类型、车站运营安全服务设施设备。 任务二：城市轨道交通客运车站票务系统。 工作任务：阐述 AFC 系统管理、AFC 系统架构、AFC 系统设备使用。 任务三：城市轨道交通客运车站站台门系统。 工作任务：阐述站台门系统功能、构造、站台门系统的三级五种运行控制模式。 任务四：城市轨道交通客运车站 PIS。 工作任务：阐述 PIS 的显示终端、组成、功能及优先级。 任务五：城市轨道交通客运车站环控系统。 工作任务：阐述城市轨道交通环控系统功能、设备的运行。 任务六：城市轨道交通客运车站 FAS。 工作任务：阐述城市轨道交通客运车站 FAS 及火灾应急处理。 任务七：城市轨道交通客运车站其他系统。 工作任务：阐述城市轨道交通客运车站照明系统、水系统使用操作

续表

名称	城市轨道交通客运车站设备设施
任务实施要求	1. 将授课班级学生分组，5～8 人为一个学习团队； 2. 每个学习团队组织学习，进行项目任务分析、任务分配，制订团队工作任务分配表； 3. 资料学习、相关知识准备，完成项目的资讯环节； 4. 现场教学、资源利用，完成项目的实施演练环节； 5. 学习团队讨论，编制项目任务知识点学习计划书； 6. 学习团队现场实践，制订现场实践的实施方案； 7. 学习团队按任务分配表制作项目任务的汇报演讲稿，派代表上台演讲； 8. 制定该项目任务的评价表，考核要素，进行小组互评
任务实施要点	1. 教学资源收集与整理； 2. 确认任务学习的重点与难点； 3. 任务学习计划制订，小组任务分工，汇报 PPT 制作，小组交流演讲； 4. 学习团队进行讨论，可让教师参与讨论，通过班组合作获取问题的解决
任务拓展	1. 会收集具有国内外领先水平的具有代表性的城市轨道交通客运车站设备设施资料； 2. 按"准员工"的要求来学习，结合本城市的情况，组织团队成员去现场学习； 3. 能够进行城市轨道交通客运车站设备设施相关资料的查找与整理； 4. 会制作任务书要求的 PPT
任务下发人	日期： 年 月 日
任务执行人	日期： 年 月 日

任务一　城市轨道交通客运车站概述

一、任务导入

城市轨道交通客运车站在城市轨道交通运输生产活动中有着重要的功能，它是城市轨道交通的重要组成部分，是客流集散的场所，是乘客出行乘坐列车始发、终到及换乘的地点，是运营企业与服务对象的主要联系环节。车站是线路上供列车到达、出发和通过的分界点，某些车站还具有折返、停车检修、临时待避的功能。车站还是轨道交通各工种联劳协作的生产基地。因此，车站应能安全、迅速、方便地组织乘客进出，能全面、可靠、机动地满足城市轨道交通运营的要求。

二、知识准备

（一）车站的构造

车站是城市轨道交通客流的集散地，是供乘客乘降、换乘和候车的场所。一般由通道及出入口、站厅层、站台层、设备用房、管理用房、生活用房等几部分构成。也有些简易车站不设站厅层。

1. 通道及出入口

通道是指两个及以上不同区域的连通空间。轨道交通出入口的通道用于连通地面与车站区域。通道的地面部分就是出入口,因此出入口应能比较直接地连通地面室外空间和内部车站。它是车站的门户。其主要作用是供乘客出入换乘其他交通或在有轨交通之间进行换乘。某些出入口及通道,还兼有行人过街的作用。一般在设计之初都会选择靠近地面交通集疏点、著名建筑物、商业区、住宅区等客流繁忙之处。依据出入口处的地面建筑,出入口既可分为独建式、附建式,又可分为封闭式、敞开式和露天式等,城市轨道交通客运车站出入口的地面建筑形式如图 3-1 所示。

图 3-1 城市轨道交通客运车站出入口的地面建筑形式

《地铁设计规范》(GB 50157—2013) 规定:车站出入口的数量,应根据吸引与疏散客流的要求设置,但不得少于两个。原则上,根据客流量计算出入口的数量时,应选择站点远景高峰小时双向客流中较大的客流量作为最大客流量。

《地铁设计规范》(GB 50157—2013) 规定:地下出入口通道力求短、直,通道的弯折不宜超过三处,弯折角度宜大于 90°。地下出入口通道长度不宜超过 100 米,超过时应采取能满足消防疏散要求的措施。有条件时宜设自动人行道。城市轨道交通客运车站出入口的平面类型如图 3-2 所示。

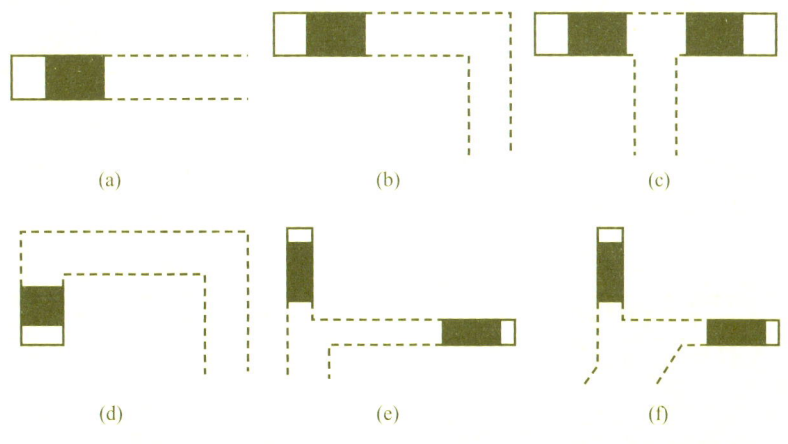

图 3-2 城市轨道交通客运车站出入口的平面类型

2. 站厅层

站厅层是换乘列车的中转层,其主要作用是集疏客流,为乘客提供售、检票等服务。在站厅层的两端一般有设备用房、管理用房及生活用房。站厅层一般分为收费区和非收费区。收费区是指乘客经检票机进入的候车区域和到达乘客在检票出站前的区域;非收费区是车站内除收费区以外的其他区域。根据客流的大小,在不影响客流集散时也可设置商业用房。地铁车站站厅层收费区与非收费区示意图如图 3-3 所示。

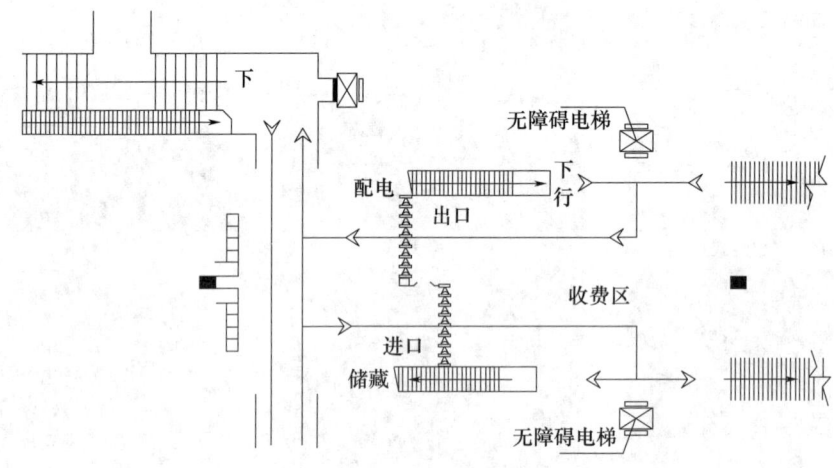

图 3-3 地铁车站站厅层收费区与非收费区示意图

3. 楼梯、自动扶梯与斜坡

楼梯、自动扶梯主要设置在地铁车站不同楼层间,如进出口处,用以衔接地面和车站站厅层;站厅层收费区的楼梯与自动扶梯可以供乘客通往站台层。斜坡则多设置在电梯出入口处,与站外路面衔接,方便残障乘客通行。

《地铁设计规范》(GB 50157—2013)规定:出口楼梯和疏散通道的宽度,应保证在远期高峰小时客流量时发生火灾的情况下,6 分钟内将一列车乘客和站台上候车的乘客及工作人员全部撤离站台。

《地铁设计规范》(GB 50157—2013)规定:车站出入口的提升高度超过 8 米时,宜设上行自动扶梯;超过 12 米时,除设上行自动扶梯外,还宜设下行自动扶梯。站厅与站台层的高差在 5 米以内时,宜设上行自动扶梯,高差超过 5 米时,除设上行自动扶梯外,还宜设下行自动扶梯。站厅层供乘客至站台层使用的自动扶梯应设在收费区内。

为了保证车站出入口通道能迅速、安全地疏散客流,《地铁设计规范》(GB 50157—2013)中还规定了车站出入口及通道的最小宽度,计算结果均不得小于此限值。车站出入口通道及其他部位最大通过能力如表 3-2 所示。

表 3-2 车站出入口通道及其他部位最大通过能力

序号	部位名称	每小时通过人数(人次)	备注
1	1 米宽通道:单向通行	5000	
2	双向混行	4000	
3	1 米宽楼梯:单向下楼	4200	

续表

序号	部位名称	每小时通过人数（人次）	备注
4	单向上楼	3700	
5	双向混行	3200	
6	1米宽自动扶梯	8100	
7	1米宽自动人行步道	9600	

4. 站台层

站台层是最直接体现车站功能的层，其主要作用是供列车停靠、乘客候车及上下列车之用。站台的大小取决于远期预测的高峰小时的客流量。在站台层也设有设备用房及管理用房。一般不设生活用房，因站台直接与股道相接，如无站台门或安全门，则安全性较差。车站站台和其他部位的最小宽度尺寸如表3-3所示。

表3-3 车站站台和其他部位的最小宽度尺寸

序号	车站站台形式		站台最小宽度（米）	备注
1	岛式站台		8.0	
2	多跨岛式车站的侧站台		2.0	
3	无柱侧式车站的侧站台		3.5	
4	有柱侧式车站的侧站台	柱外站台	2.0	
5		柱内站台	3.0	
6	通道或天桥		2.5	
7	出入口		2.5	
8	楼梯		2.0	

5. 设备用房

设备用房是安置各类设备、进行日常维修及保养设备的场所，主要分为环控机房、通风机房、通信机械室、信号机械室、通信测试室、环控电控室、消防泵房等。

6. 管理用房

管理用房是车站工作人员的办公用房，包括车站控制室、站长室、编码室、降压值班室及警务办公室等。车站行车、管理、设备用房面积参考表如表3-4所示。

表3-4 车站行车、管理、设备用房面积参考表

房间名称	参考面积（平方米）	位置
站长室	10～15	站厅层，靠近车站控制室
车站控制室	25～35	站厅层客流大的一端
站务室	10～15	站厅层
会计室	20～30	站厅层
会议室	15～30	站长室附近
行车主值班室	15～20	不设车站控制室时设在站厅层
行车副值班室	8～10	站台层

续表

房间名称	参考面积（平方米）	位置
安全保卫室	10～20	站厅层客流量大的一端
工作人员休息室	2×15	无要求
更衣室	2×15	无要求
清扫员室	8	站厅层
清扫工具间	2×6	站厅层、站台层各一处
盥洗室及茶水间	10～15	站台层
厕所	2×8	站台层
售票处	2×6	站厅层
问讯处	2×3	靠近售票处
补票处	2×3	站厅层付费区内
乘务员休息室	10～15	无要求
工区	10～15	按需要设置
牵引变电所	320～460	站台层
降压变电所	130～210	一般在站台层
通风机房	1300～2000	站厅层两端或站台层
通信机械室	30～35	靠近车站控制室
信号机械室	30～35	靠近车站控制室
防灾控制室	15～20	靠近车站控制室或与其合并
消防泵房	50	设在方便消防人员使用处
污水泵房	20	厕所附近
废水泵房	20	站台层端部

7. 生活用房

生活用房是车站工作人员的日常生活用房，包括更衣室、休息室、茶水间、厕所等。设计时，一般考虑给车站工作人员使用，故容量较小，不对外开放。

（二）车站的类型

车站可以按不同的设计要求和实际用途进行分类。

1. 按车站客流量大小分类

按车站客流量大小可分为特等站、一等站、二等站等。

（1）特等站：高峰每小时进出站客流量达3万人次以上。

（2）一等站：高峰每小时进出站客流量在2万～3万人次。

（3）二等站：高峰每小时进出站客流量在2万人次以下。

2. 按车站的运营功能分类

按车站的运营功能可分为终点站、中间站、换乘站等。

（1）终点站。

终点站即始发站，为设置在线路两端终点的车站。除具有换乘的基本功能，还供列车折返、停留和临时检修。

(2) 中间站。

中间站的主要作用就是供乘客换乘。有些中间站设有折返线、渡线、存车线等，以便在列车故障时能快捷有效地进行列车调整，尽快恢复正常的列车运行秩序。

(3) 换乘站。

换乘站是设置在两条及两条以上的有轨交通线路交叉点的车站。其最大的特点是乘客可从一条线路换乘到另一条线路，换乘方式有计费区内换乘和出站换乘两种。前者可以在最大限度上节省乘客出站、进站及排队购票的时间，为乘客换乘提供方便。后者则需乘客重新进站，其换乘的方便程度不如前者。

3. 按车站设置的位置分类

按车站设置的位置可分为地下车站、地面车站等，城市轨道交通客运车站位置如图 3-4 所示。

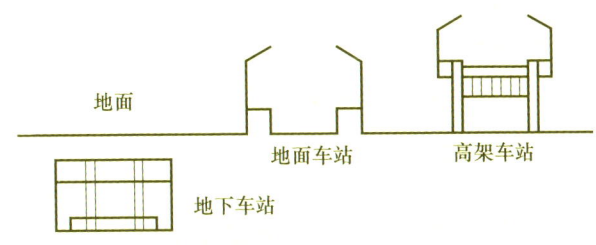

图 3-4 城市轨道交通客运车站位置

(1) 地下车站：由于地面建筑已固定，或是要节省地面空间，将车站建于地下。车站通过出入口及通道吸引客流。其中按埋藏深度又可分为浅埋式车站和深埋式车站两种。地下车站造价比地面车站高得多。

(2) 地面车站：地上车站包括高架车站和地面车站。地面车站造价比较低，但占用地面空间，其缺点是造成轨道交通线路所经过的地面区域被分割，所以，一般在城乡结合部采用此类型的车站。

4. 按车站站台形式分类

按车站站台形式可分为岛式站台车站、侧式站台车站、混合式站台车站三种形式。城市轨道交通客运车站站台类型如图 3-5 所示。

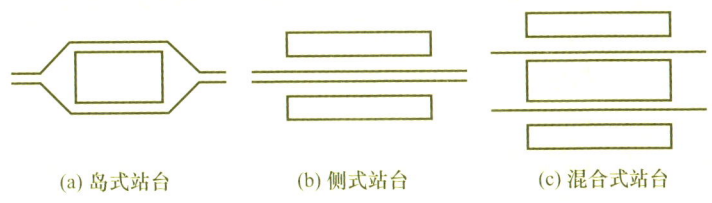

图 3-5 城市轨道交通客运车站站台类型

(1) 岛式站台车站：优点是站台面积可以得到充分利用，管理集中，车站结构紧凑、设备使用率高，乘客换乘方便等。

(2) 侧式站台车站：优点是列车进站无曲线，运行状态好。站台的横向扩展余地大，双向乘客上下车无干扰，不易乘错方向。

(3) 混合式站台车站：兼有岛式站台、侧式站台的混合形式，如上海地铁 4 号线临平路站、9号线桂林路站就是混合式站台车站。

(三) 车站运营安全服务设施设备

轨道交通车站，作为供乘客乘降的场所，也是主要为乘客提供服务的场所，其服务乘客的设备设施主要有导乘系统、广播系统、售检票系统、照明系统、火灾防护系统、车站站台门系统、车站机电设备自控系统等。

1. 导乘系统

导乘系统是引导乘客在车站进行活动的综合性公共信息系统，包括各类导向标志和 PIS。

2. 广播系统

车站出入口及通道、站厅、站台、车站用房一般均设置广播，主要用于向乘客提供列车运行有关信息、乘车有关提示以及发生非常情况后有关信息的发布和组织、引导乘客。

3. 售检票系统

售检票系统是为乘客提供售票和检票服务的一系列相关设备。目前国内采用的售检票系统有人工售检票和 AFC 两种系统。

4. 照明系统

由于轨道交通车站大部分为地下车站，且运营时间较长，地下车站和地面车站夜间照明均由车站正常照明提供。应急照明是当车站正常照明发生故障时，为疏散乘客提供的必要照明。

5. 火灾防护系统

火灾防护系统在最大限度上减少火灾带来的财产损失和人员伤亡，是轨道交通车站必不可少的设备设施，由火灾监控系统、报警系统和灭火系统组成。

6. 车站站台门系统

车站站台门系统是设在站台边缘，把站台区域与列车运行区域相互隔开的设备。当隧道无车及列车进站时处于关闭状态。列车停稳后，由司机一人全程操作开启列车门及站台门。乘客上车结束后，列车门与站台门同时关闭。

7. 车站机电设备自控系统

车站机电设备自控系统是对轨道交通车站、区间和有关建筑内的机电设备进行集中监视、控制和报警的综合自动化系统。

8. 车站通风以及空调系统

为了使地下车站有一个较舒适的乘车环境，除了配备必要的通风设备，还必须通过强制手段使车站内部的气温保持在一个适宜的状态，而这种强制手段就是设置车站空调系统。

9. 无障碍设施系统

地铁系统是具有社会服务性的公共交通场所，为了使肢体障碍者能够自主、方便、安全地使用，地铁运营方在车站设置无障碍设施系统。

三、任务实施

工作任务：城市轨道交通客运车站概述。

制作PPT，阐述车站的构造、车站的类型、车站运营安全服务设施设备。

四、任务评价

城市轨道交通客运车站概述任务评价表如表3-5所示。

表3-5 城市轨道交通客运车站概述任务评价表

项目任务		城市轨道交通客运车站概述		
班级		姓名	评价时间	
考核内容				
考核项目	考核标准		分值（分）	得分（分）
车站构造与类型	阐述城市轨道交通客运车站的构造及车站的类型		15	
设施设备	阐述车站运营安全服务设施设备		10	
	实地考察，图片展示，以当地（或指定）城市为例模拟城市轨道交通客运车站设备设施的布置、操作与使用		25	
制作内容	制作能清晰展示的PPT		15	
	要求分析准确，文字流畅		15	
	做到业务熟练、图文并茂		20	

指导教师意见：

说明：1. 建议采用四级评分制（如90%~100%，80%~90%，60%~80%，60%以下）；
2. 主要采用小组互评的方式进行评价，教师最后进行参考评分

任务二　城市轨道交通客运车站票务系统

一、任务导入

AFC系统是城市轨道交通综合自动化系统中不可缺少的重要组成部分。AFC系统采用完全封闭的运行方式和计程、计时的收费模式，集计算机、网络、通信、自动控制、非接触式IC卡、大型数据库、机电一体化、模式识别、传感和精密仪器加工等多种高新技术为一体，通过高度安全、可靠、保密性能良好的AFC系统和各种AFC系统终端设备，完成轨道交通中的自动售票、检票、计费、收费、单程票回收、现金稽查、客流收费统计和售检票设备监控等任务。

二、知识准备

（一）AFC系统管理

AFC系统管理主要包括对票卡进行管理、制定票务规则以及对不同运营条件下的

模式进行管理。

1. 票卡管理

票卡记载着乘客出行和费用信息，是乘客乘车过程的唯一有效凭证。对于运营系统而言，票卡管理就是对票卡的发行、使用和更新的全过程进行管理。

票卡按计价方式可分为计次票和计程票。如果政府给予城市轨道交通以直接补贴，那么城市轨道交通的运营成本负担较轻，可以加大让利于民的幅度，一般可采用计次票；若政府没有直接补贴，城市轨道交通的运营成本负担较重，需要加强票款收入，一般可采用计程票。票款按车票使用性质可分为单程票、储值票和许可票。

2. 规则管理

规则管理的主要内容是确定票价策略，即在制定票价时需要遵循的原则。首先要对城市轨道交通产品进行规范的定位，其次对轨道交通负担量进行分配，再次制定合理的收费策略，最后确定最短计价里程和最低收费。

(二) AFC 系统架构

AFC 系统的基本结构包括五层：第一层是中央清分（AFC Clearing Center，ACC）系统，是系统的核心；第二层是线路计算机（Line Computer，LC）系统，负责各线路票务处理工作；第三层是车站计算机（Station Computer，SC）系统；第四层是车站终端设备〔TVM、半自动售票机（Booking Office Machine，BOM）及自动查询机（Ticket Checking Machine，TCM）等〕；第五层是票卡（单程票、储值卡及福利票等）。AFC 系统的基本结构如图 3-6 所示。

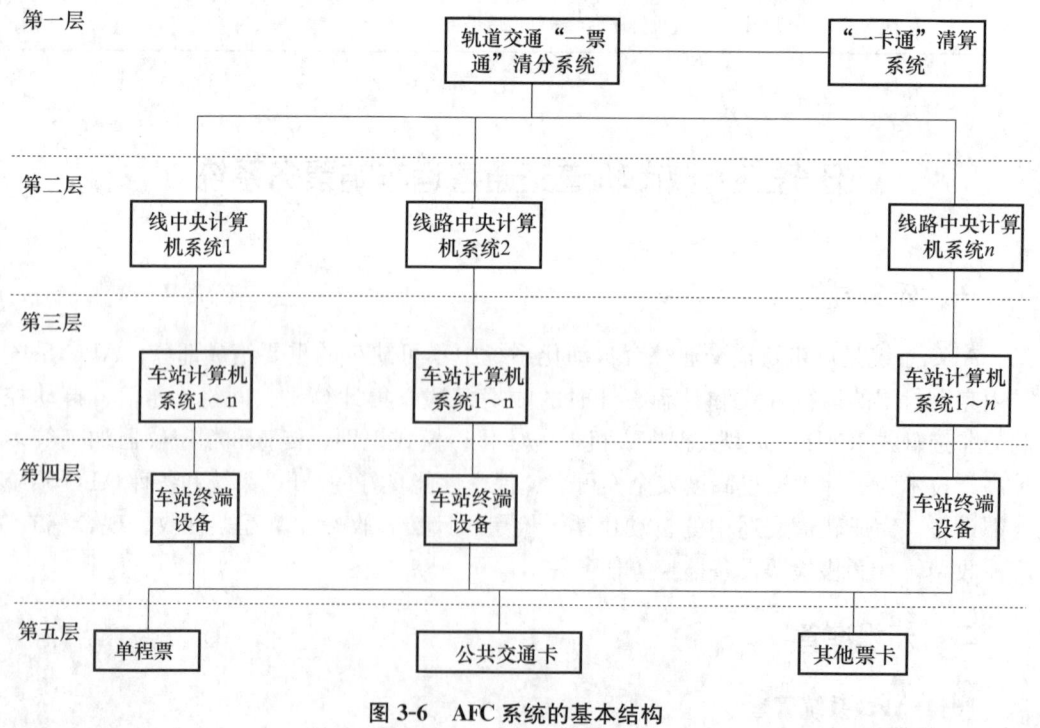

图 3-6 AFC 系统的基本结构

(三) AFC 系统设备

AFC 系统设备主要包括自动检票机（Automatic Gate Machine，AGM）、TVM、BOM 和自动增（充）值机等。

1. AGM

根据功能的不同，可将 AGM 分为进站检票机、出站检票机和双向检票机。进站检票机在非付费区，出站检票机在付费区，双向检票机可灵活调整检票方向，以适应大客流情况。根据阻挡装置的不同，可将 AGM 分为三杆式检票机、扇门式检票机和拍打式检票机；根据通道宽度的不同，可将 AGM 分为普通通道检票机和宽通道检票机。AGM 如图 3-7 所示。

(a)   (b)

图 3-7　AGM

2. TVM

TVM 可接收乘客的购票选择，并在购票过程中给出购票提示，接收乘客投入的现金并完成自动识别，自动计算现金数及购票金额，自动找零并自动完成车票校验、车票发售及出售工作。TVM 还能完成对各部件的工作状态进行自动监测并向 SC 系统上报工作状态，同时接收 SC 系统下发的参数和控制命令执行相应操作、存储并上传交易信息以及对本机接收的现金及维护操作进行管理，TVM 如图 3-8 所示。

(a)   (b)

图 3-8　TVM

3. BOM

BOM可以售/补包括单程票、储值票和纪念票在内的各种类型车票,可对车票进行有效分析,并查询车票的历史交易信息。此外,对无法完成正常进出站的车票进行票务更新;可发售出站票,接收退票处理,受理车票挂失、车票续期、查询票价及其他服务。BOM有两种工作模式:第一种是售票模式,即安装在非付费区,通常工作在售票模式下,可以发售除站票以外的各种车票,并可进行票务处理及提供其他服务;第二种是补票模式,即安装在付费区内,通常工作在补票模式下,只允许发售出站票,用于无票的乘客补票使用,该模式下还支持车票更新操作。BOM如图3-9所示。

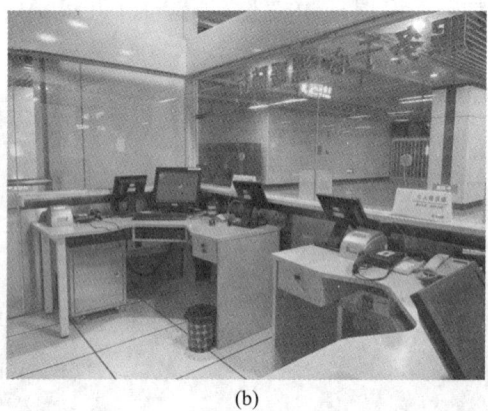

(a)　　　　　　　　　　　　　(b)

图3-9　BOM

4. 自动增(充)值机(Adding Value Machine,AVM)

AVM可以进行储值卡的充值,允许乘客使用现金或银行卡对储值卡进行储值操作。同时可用于乘客验票,给出车票内的各种信息和交易历史。此外,还增加了自动查询功能,提供多媒体查询服务。AVM如图3-10所示。

(a)　　　　　　　　(b)　　　　　　　　(c)

图3-10　AVM

三、任务实施

工作任务:城市轨道交通客运车站票务系统。

制作PPT,阐述城AFC系统管理、AFC系统架构、AFC系统设备。

四、任务评价

城市轨道交通客运车站票务系统评价表如表 3-6 所示。

表 3-6　城市轨道交通客运车站票务系统评价表

项目任务		城市轨道交通客运车站票务系统			
班级		姓名		评价时间	
考核内容					
考核项目		考核标准		分值（分）	得分（分）
售检票系统、基本结构		阐述 AFC 系统的基本结构及五层设备的组成		15	
AFC 系统设备		阐述 AFC 系统管理、AFC 系统设备		10	
		实地考察，图片展示，以当地（或指定）城市车站售检票机为例进行售检票机的操作		25	
制作内容		制作能清晰展示的 PPT		15	
		要求分析准确，文字流畅		15	
		做到业务熟练、图文并茂		20	

指导教师意见：

说明：1. 建议采用四级评分制（如 90%～100%，80%～90%，60%～80%，60% 以下）；
　　　2. 主要采用小组互评的方式进行评价，教师最后进行参考评分

任务三　城市轨道交通客运车站站台门系统

一、任务导入

站台门系统，又叫屏蔽门系统（Platform Screen Door，PSD）是安装在城市轨道交通沿线车站站台边缘，将轨道与候车区域隔离，设有与列车门相对应、可多级控制开启与关闭滑动门的连续屏障，用于提高运营安全系数、改善乘客候车环境、节约运营成本的一套机电一体化的机电设备系统。站台门系统作为站台公共区与轨道列车之间的可控通道，其功能是：列车进站时配合列车车门动作打开或关闭滑动门，为乘客提供上下列车的通道。

站台门系统的使用，隔断了站台公共区空间与轨道侧空间，避免了人员跌落轨道的安全隐患及列车司机驾车进站时的心理恐慌问题；隔离了列车运营时所产生的噪声、活塞风，保证了站内乘客良好的候乘环境，并避免了活塞风所造成的站内空调冷量的损失，节省了运营成本；同时可减少相关设备容量及数量，减少土建工程量等投资建设成本，产生良好的社会、经济效益。

二、知识准备

（一）站台门系统概况

站台门设备是 20 世纪 80 年代末在世界部分国家和地区出现的一种先进的环控设

备。站台门在整个站台长度上将车站的站台区域与轨道区间分隔开来,是环控系统气流组织的一个不可缺的物理屏障,也是事故工况气流导向的重要组成部分。

1983年,法国采用自动捷运系统的里尔地铁的生产商马特拉公司(Matra)向瑞士的玻璃门生产商Kaba Gilgen AG为列车站台特别订造自动滑门,成为世界上最早安装玻璃站台门的城市轨道交通系统。1987年新加坡的地铁一期和二期首次采用站台门系统,也是世界上最早的站台门运行线路。随后,1998年中国香港机场快线、1999年马来西亚吉隆坡轻轨LRT2、1999年英国伦敦Jubilee延长线、上海地铁4号线、8号线及北京地铁5号线、10号线等都相继安装了站台门,上海地铁1号线的地下车站部分,完成了站台门的加装改造。

随着设备技术的日益成熟,站台门系统在节能等各方面的优越性日渐明显。到2008年前为止,世界上已有32个城市的地铁、轻轨及铁路系统中正在运营或规划的新线、旧线改造使用了站台门系统。有关站台门的供货商也在逐渐发展起来,英国Westinghouse、法国Faiveley、日本Nabco、瑞士KABA四家公司都已经承担过一些地铁线路的站台门工程,也是当今世界上安装、设计、制造站台门最有经验的几家公司。

从目前各国设置的站台门系统来看,主要有两种类型。第一类站台门是一道自上而下的玻璃隔墙和活动门,沿着车站站台边缘和两端头设置,把站台乘客候车区与列车进站停靠区域分隔开,属于全封闭型。这种形式的站台门一般是地下车站所采用的。这种站台门系统的主要功能是增加车站站台的安全性、降低节约能耗以及加强环境保护。

至今为止,新建城市轨道交通线路所有的车站都安装了站台门系统。城市轨道交通客运车站站台全封闭型站台门如图3-11所示。

(a)

(b)

图3-11 城市轨道交通客运车站站台全封闭型站台门

第二类站台门是一道上不封顶的玻璃隔墙和活动门,属于半封闭型,其安装位置与第一种方式基本相同,造价比第一种要低,一般用于地网和高架车站。日本东京地铁南北线和东京多摩线就安装有这种类型的站台门。广州地铁4号线,上海地铁5号线、9号线也有类似设备使用。这种类型的站台门比第一种类型站台门相对简单,高度比第一种站台门低矮,空气可以通过站台门上部流通。它相对第一种站台门来说,主要起了一种隔离作用,提高了站台候车乘客的安全,从此意义上说可以称其为"安全门"。城市轨道交通客运车站站台半封闭型站台门如图3-12所示。

(a)   (b)

图 3-12 城市轨道交通客运车站站台半封闭型站台门

（二）站台门系统的特点及功能

站台门系统作为站台公共区域与轨道列车之间的可控通道，能够在列车进站时配合列车车门动作打开或关闭活动门，为乘客提供上下列车的通道。在地下车站使用站台门系统，隔断了站台侧公共区域与轨道侧空间，将站台公共区与隧道区间完全隔离，消除了车站与轨道区间的热量交换，降低了环控系统的运营能耗。

站台门系统的设置杜绝了乘客因特殊情况掉下站台的情况，使列车的正常运营得到了保证，还为轨道交通实现无人驾驶创造了条件，同时避免了人员跌落轨道的安全隐患以及列车司机驾车进站时的心理恐慌问题。站台门具有障碍物检测功能，即活动门关闭时检测到障碍物，会后退做短暂停止以释放夹到的障碍物，然后再关闭，以免夹伤乘客。

地下车站的站台门系统能够隔离列车运行所产生的噪声、活塞风以及粉尘，降低了车站噪声及活塞风对站台候车乘客的影响，并避免了活塞风所造成的站内空调冷量的损失，改善乘客候车环境的舒适度。保证了站内乘客良好的候车环境，节省了运营成本，同时还可减少设备容量及数量、减少土建工程量等投资建设成本，产生了良好的社会、经济效益。

（三）站台门系统的设备构造

站台门系统由机械和电气两部分构成；机械部分包括门体结构和门机系统，电气部分包括电源系统和控制系统。站台门系统门体结构如图 3-13 所示。

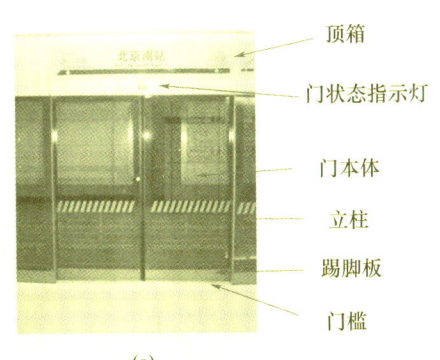

(a)   (b)

图 3-13 站台门系统门体结构

1. 门体结构

门体结构由支撑结构、门槛、滑动门、固定门、应急门、端门、顶箱等组成。门体结构采用中空橡胶密封和尼龙毛刷相结合的方式，以隔离噪声和阻止站台与轨道之间空气及热量的对流，提高环控效率。

（1）固定门：隔断站台和轨道，对应地设在列车非车门位置。由钢化玻璃、门框等构成，门框插挂于立柱的方孔内，门框与立柱间设有橡胶减震垫。

（2）端头门（Platform End Door，PED）：设置于站台门两端进出轨道运行区的门。主要用于车站工作人员在站台和轨道之间的进出，同时兼顾紧急情况下疏散乘客的要求，端头门有门锁装置，并在列车活塞风作用下不会开启。

（3）滑动门（Automatic Slideci Door，ASD）：为中分双开式门，与列车车门一一对应。关闭时隔断站台和轨道，开启时供乘客上下列车，在非正常运行模式和紧急运行模式下，也可作为乘客的疏散通道。

滑动门设手动开锁机构，并与置于顶盒内的闭锁机构联动，在滑动门关闭后，闭锁机构可防止外力作用将门打开。当滑动门开启并处于正常运营模式时，滑动门的门锁可自动解锁；但在非正常运营模式和紧急运营模式下，站台工作人员或乘客可手动打开滑动门，实现解锁，即每个活动门在轨道侧均可用把手、在站台侧均可用通用钥匙对门进行开/闭操作。

（4）应急门（Emergency Exit Door，EED）：列车门与滑动门不能对齐时，供疏散的应急门在正常情况下不开启，在紧急情况下，列车停车位置与活动门不对应时，可通过开启应急门疏散乘客。应急门设有锁紧装置，且开启方便。

2. 门机系统

门机系统主要由驱动装置、传动装置、锁紧装置、门控单元（Door Control Unit，DCU）等组成。门机系统的功能主要是满足正常运行模式、非正常运行模式和紧急运行模式下开、关、锁定活动门的需求。

3. 控制系统

控制系统主要由站台门主控制器（Platform Edge Door Control，PEDC）、站台操作盘（PSDs Local Control Panel，PSL）、站台门监视盘（Remote Warning Panel）、控制回路等组成。站台门控制系统是一个对站台门进行实时监控管理的计算机网络系统，应具有高速性、实时性和可靠性。

站台门主控器实现系统内部信息的收发、采集、汇总和分析，并实现与系统内部PSL、DCU各单元之间，信号系统之间的信息交换。PSL用于实现站台级控制。站台门控制系统以两侧站台门为控制对象，构成一个完整的控制系统，应确保任一侧站台门的故障不影响另一侧站台门的正常运行。

4. 电源

该系统主要由驱动不间断电源（Uninterruptible Power System，UPS）、控制UPS、系统配电柜、站台门与地轨、站台绝缘地板等组成。

（四）站台门系统的运行控制模式

保证设备处于安全受控的状态，实现系统的各项功能，为车站正常运营提供必要的设备基础。站台门系统的控制有系统级控制、站台级控制和人工操作（或称手动操作）

级控制三种正常控制模式。系统级控制即执行信号系统命令的控制模式;站台级控制即执行 PSL 发出命令的控制模式。其中,手动操作级控制为最高级,系统级控制为最低级。三级控制方式中包括五种操作,优先级从高到低依次为:手动操作级(包括站台侧和轨道侧)、站台级[就地控制盒(Local Control Box,LCB)]、站台级[综合后备盘(Integrated Backup Panel,IBP)]、站台级(PSL)、系统级(信号系统)。此外,站台门系统还设置有火灾控制模式,即在相应的火灾模式下,车站值班人员在车站控制室通过操作消防联动盘操作站台门紧急控制开关,配合打开滑动门,疏散乘客和配合环控系统排烟。站台门控制系统方框图如图 3-14 所示,站台门控制方式与优先级如图 3-15 所示。

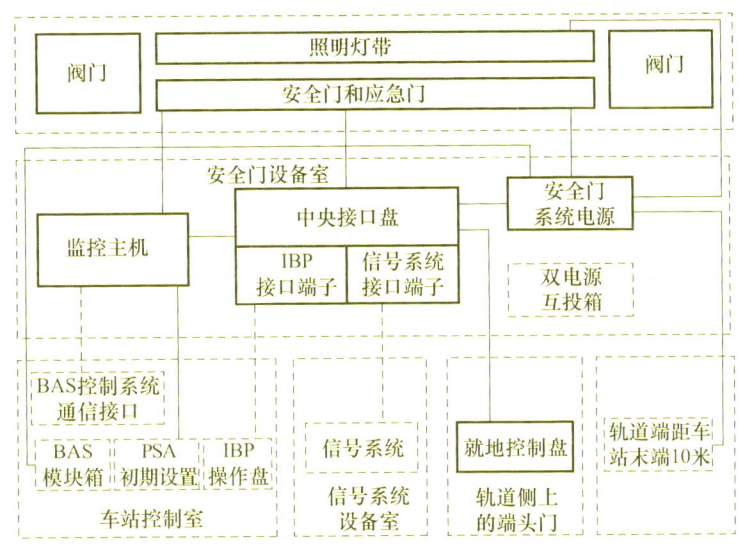

图 3-14 站台门控制系统方框图

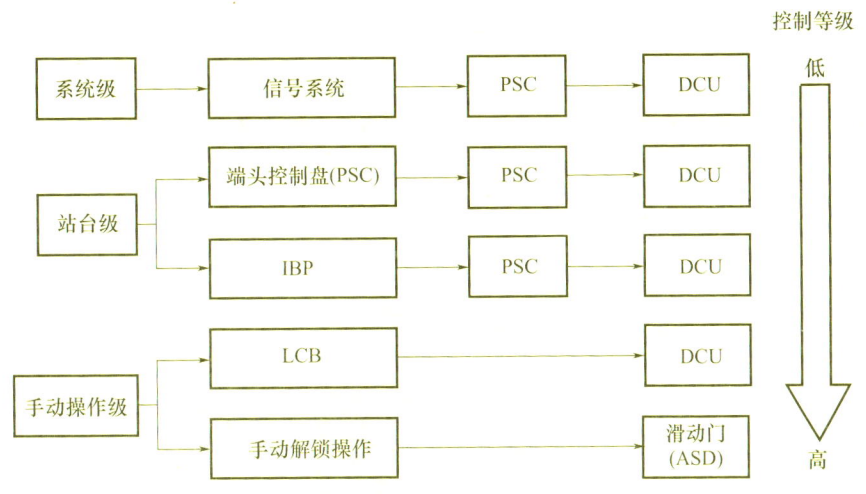

图 3-15 站台门控制方式与优先级

三级五种控制方式如下:
(1)信号系统通过中央接口盘(PSC)控制安全门,即系统级控制。

(2) IBP，即紧急级控制。

(3) PSL，即站台级控制。

(4) LCB，即单挡门就地级控制。

(5) 手动操作级控制。

1. 系统级控制

系统级控制是在正常运行模式下由信号系统对站台门进行开、关门的控制方式。列车到站并停在允许的误差范围内时，列车自动控制系统（Automatic Train Control, ATC）发出"开门"命令，经过信号系统传到站台门系统 PSC，由 PSC 控制 DCU 打开滑动门；列车驶出站台时，列车司机操作列车关门按钮，"关门"命令经信号系统传输至站台门控制开关 PSC，最后由 DCU 实现滑动门的关闭；当所有的滑动门完全关闭并锁紧时，DCU 向 PSC 反馈"闭锁"信息到信号系统，列车可驶离车站。站台门系统级控制过程如下：

(1) 开门操作。

①PSC、PSL 和 IBP 上的"所有滑动门 ASD/应急门 EED 关闭且锁紧"指示灯熄灭。

②从 PSC 到信号系统的"所有 ASD/EED 关闭且锁紧"信号撤销。

③PSC、PSL、IBP 上"开门"指示灯亮。

(2) 关门操作。

①列车停靠在站台的安全范围内；来自信号系统的"开门"命令撤销，安全门执行关门程序。

②PSC 上"ASD/EED 开门"指示灯熄灭。

③PSC、PSL 和 IBP 上的"所有 ASD/EED 关闭且锁紧"指示灯亮。

2. 站台级控制

当因信号系统故障失效或站台门系统 PSC 对站台 DCU 控制故障，系统级控制不能正常运行时，如在列车停位不正确、信号系统故障、信号系统与站台门系统通信中断、站台门系统局部故障等非正常情况下，司机可通过 PSL 进行站台门的开门、关门操作，操作时信号系统被完全忽略，实现站台门的站台级操作。站台门 PSL 如图 3-16 所示。

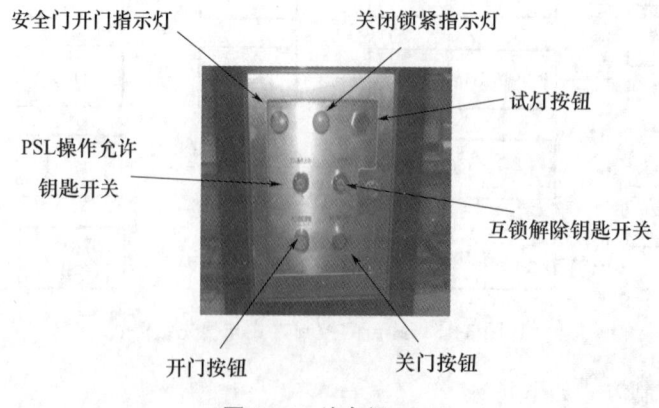

图 3-16 站台门 PSL

站台门站台级操作步骤如下：
(1) 插 PSL 钥匙，并向右转到"就地控制"位。
(2) 按下"开短车门"按钮，确认站台门开启，黄灯亮。
(3) 乘客上下车完毕后，按下"关门"按钮，确认站台门关闭，绿灯亮。
(4) 将 PSL 钥匙转回左位，并拔出。

注意：车控室的 PSA、IBP 和 PSL、PSC 上关闭且锁紧指示灯同步显示；若在列车未驶入安全位置时，安全员就松开互锁开关，则信号系统立即向轨道发送停车码使列车停车，造成列车紧急停车后果出现。

3. 手动操作级控制

当系统级控制（正常运行模式）、站台级控制（非正常运行模式）均不能操作站台门时，在站台侧，由站台工作人员用钥匙打开活动门；在轨道侧，由司机通过车内广播通知乘客使用 PSD 上的手动解锁把手自行开启站台门。

现场手动开启滑动门的步骤如下：
(1) 将 T 形钥匙插入滑动门锁，向右旋转 90°并保持。
(2) 将两扇滑动门用力向两边推开，拔出钥匙，门头灯亮。
(3) 关门时，将钥匙插入需手动关闭的滑动门的锁孔，逆时针转 90°，用力推拉两扇门至关闭，门头灯灭，拔出钥匙。

4. IBP 控制

当车站、区间发生火灾等紧急事件情况，需要车站疏散时，通过设置在综控室 IBP 上的紧急控制按钮，开启安全门。IBP 是所有安全门系统控制级别中的最高级，当 IBP 在控制状态时，任何级别都无法控制站台门系统的操作。

注意：IBP 应急操作只在紧急情况下使用，不具备正常运营时的操作功能，待突发事件处理过后，须对此项操作进行核实、记录存档、恢复确认。

5. LCB 控制

当站台上个别站台门出现故障时，需要手动开启/关闭或进行隔离操作，可以通过每个站台门楣梁上安装的 LCB，对该道门进行局部控制，实现对该门的开关动作。

每一道门均有 LCB 钥匙开关，包括一个自动/隔离/手动关/手动开四位钥匙开关，在站台侧：工作人员可通过钥匙进行模式转换，钥匙只有在自动位时，方可取出。

此外，站台门系统还设置有火灾控制模式，即在相应的火灾模式下，车站值班人员在车站控制室通过操作消防联动盘操作站台门紧急控制开关，配合打开活动门，疏散乘客和配合环控系统排烟。以上各种运行模式下的控制，应具有优先级处理功能，即紧急运行模式下的具有最高优先级，非正常运行模式下的控制优先于正常运行模式下的控制。控制优先级从高到低依次是人工操作（手动操作）级控制模式、火灾控制模式、站台级控制模式、系统级控制模式。

三、任务实施

工作任务：城市轨道交通客运车站站台门系统。

制作 PPT，以团队为单位进行站台门操作学习，阐述站台门系统的特点及功能、站台门系统的设备构造、站台门系统的三级五种运行控制模式。

四、任务评价

城市轨道交通客运车站站台门系统任务评测表如表 3-7 所示。

表 3-7 城市轨道交通客运车站站台门系统任务评测表

项目任务		城市轨道交通客运车站站台门系统		
班级		姓名		评价时间	
考核内容				
考核项目	考核标准		分值(分)	得分(分)
站台门特点及功能	阐述站台门系统的特点及功能		15	
站台门构造、运行控制模式	阐述站台门系统的构造、站台门系统的三级五种运行控制模式		10	
	选择居住城市轨道交通客运车站进行站台门运行控制模式的模拟操作,编写站台门运行控制模式模拟操作指导书		25	
制作内容	制作能清晰展示的 PPT		15	
	要求分析准确,文字流畅		15	
	做到业务熟练、图文并茂		20	
指导教师意见:				

说明:1. 建议采用四级评分制(如 90%~100%,80%~90%,60%~80%,60%以下);
　　　2. 主要采用小组互评的方式进行评价,教师最后进行参考评分

任务四　城市轨道交通客运车站 PIS

一、任务导入

PIS 利用网络技术、多媒体传输技术和显示技术,可在指定时间将指定信息显示给指定人群。乘客信息系统具有信息发布和信息查询功能。在正常专题下可播放列车运行信息、政府公告、出行参考、股票信息、广告和其他交通工具运行信息,在紧急状态下可发布各种救援和疏散指示,此外,乘客还可以通过触摸屏自行查询气象、换乘信息。

二、知识准备

(一) PIS 的显示终端

(1) 出入口外的户外双基色发光二极管 (Light Emitting Diode, LED) 显示屏,出入口外的户外显示屏如图 3-17 所示。

（2）出入口通道连接站厅处 LED 显示屏，出入口通道显示屏如图 3-18 所示。

图 3-17　出入口外的户外显示屏

图 3-18　出入口通道显示屏

（3）下行自动扶梯上部 LED 双基色大屏幕。
（4）AFC 系统闸机群上方 LED 条屏，闸机群上方条屏如图 3-19 所示。
（5）车站液晶显示屏（Liquid Crystal Display，LCD）查询机，车站 LCD 如图 3-20 所示。

图 3-19　闸机群上方条屏

图 3-20　车站 LCD

(6) 站台单/双面等离子屏（Plasma Display Panel，PDP）或 LCD，站台单/双面等离子屏如图 3-21 所示。

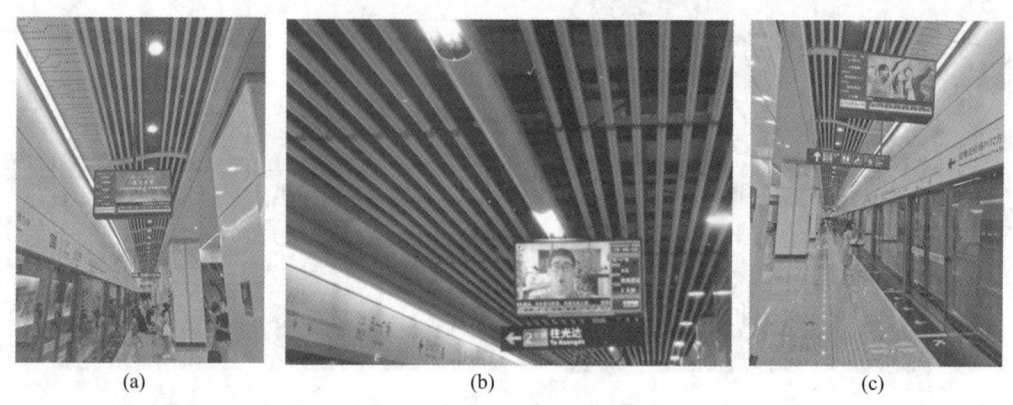

图 3-21　站台单/双面等离子屏

（二）PIS 的组成

PIS 可分为信息中心子系统、车站子系统、车辆段/停车场子系统、车载子系统以及实现各子系统间信息传送的网络子系统。PIS 组成如图 3-22 所示。

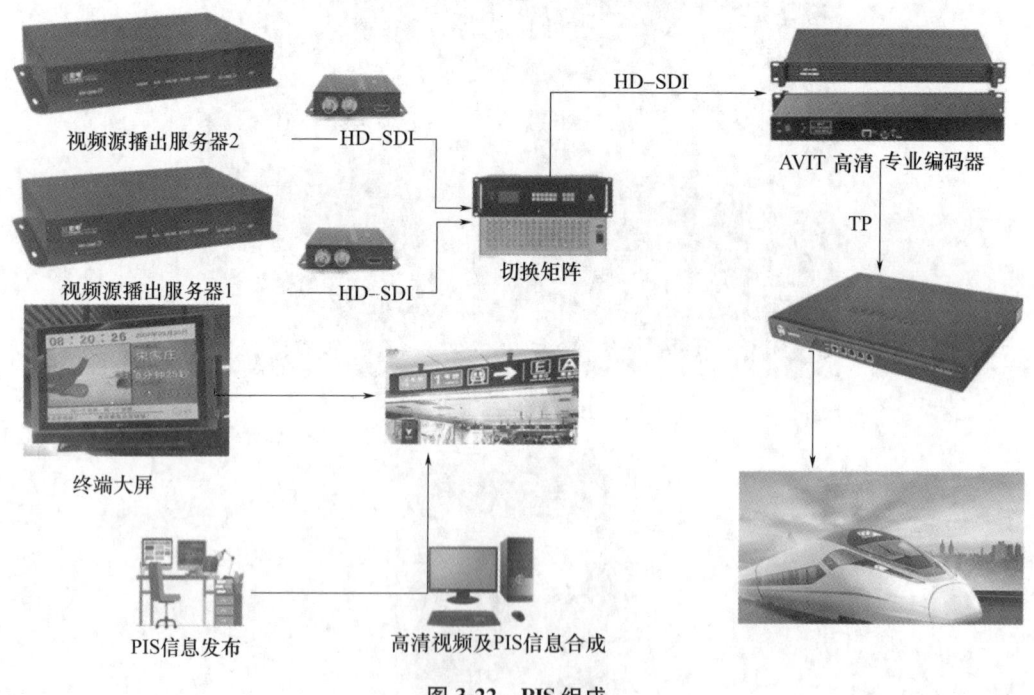

图 3-22　PIS 组成

1. 信息中心子系统

信息中心子系统是 PIS 的中心部分，主要实现系统的编辑、播放、管理及控制等功能，由中心服务器、接口服务器、以太网交换机、防火墙、媒体编辑工作站、发布管理工作站、系统管理工作站、节目监播工作站、节目审核工作站、磁盘阵列等组成。

2. 车站子系统

车站子系统是 PIS 的现场部分，主要根据中心的要求进行编播信息的现场播放、管理及控制等，摘出车站内旅客对信息的需求。该系统主要由以太网交换机、车站服务器、LCD 播放控制器、音视频传输设备、LCD 等设备组成。

3. 车辆段/停车场子系统

车辆段/停车场子系统是 PIS 的重要组成部分，实现车辆在库期间，待播信息向车载子系统的高效传送。该系统主要由以太网交换机、服务器等设备组成。

4. 车载子系统

车载子系统是 PIS 在列车上提供服务的重要设施，主要实现车地信息的统一发布管理，通过车载媒体播放，对中心下发的媒体信息，在本列车的所有 LCD 上进行播放。该系统主要由车载交换机、车载 LCD 控制器、编码器、分配器、显示屏、电源适配器组成。

5. 网络子系统

网络子系统主要提供 PIS 信息的网络承载通道，主要包括有线网络、无线网络和车载网络三部分。无线网络子系统作为有线网络信息传送的延伸，提供地面与列车的通信。

（三）PIS 的功能

1. 中心级系统功能

（1）实现多媒体数据的整理、定制、发布和更新，监视系统的运行状态，汇集车站的播放记录，完成系统数据的存储、备份和维护等操作。

（2）自动控制全线 PIS 设备的开、关机功能，实现整个播出系统的无人值守。

（3）负责整个 PIS 公共信息的发布和播出，为乘客提供运营、票务、公告、安全等多方面的信息。

（4）制定播放列表及内容的发布。

能够集中定义全系统各类型和级别的用户。

（5）对总控制中心服务器的磁盘空间容量进行监控，汇总和监控各设备磁盘空间的占用信息。对系统操作日志、内容发布日志、播放日志、应用程序日志进行统一管理。

2. 车站级系统功能

（1）从控制中心接收发布的内容信息，通过播放控制器对本车站所有显示终端播放信息，并进行统一的控制和管理。

（2）接收本车站服务器传送的模板文件、媒体文件以及播放列表，经过合成及解码后控制显示屏的播放。

3. 车载级系统的功能

通过中心级系统和列车上的存储设备发布信息，通过车载 LCD 播放控制器进行译码后，在列车的所有 LCD 上实时播放。同时通过移动宽带传输网为中央控制室值班员提供车载视频控制信息。在每个显示屏的位置一般设置 2 个并排的 LCD。一个专门负责显示运营信息，另一个则可显示运营或商务广告信息。

(四) PIS 车站子系统功能

1. 接收和下发功能

车站服务器能自动接收、存储来自信息中心的插放列表和插放内容，并转发到相应的 LCD 播放控制器中。

2. 具备播放控制功能

车站 LCD 播放控制器主要负责从本车站服务器或/和中心服务器接收模板文件，播放文件以及播放列表，控制 LCD 的播放。

3. 在播画面监看回传

车站 LCD 控制器（媒体控制器）可对控制中心调看的在播画面进行处理，并上传到控制中心指定的监看终端上满足在播画面监看功能的要求。

4. 信息发布的形式与内容

根据实际需要，在操作过程中可对播出信息的形式和内容做修改。按分屏方案播放时，商业信息和运营信息一起播放；整屏播放时，运营信息优先，商业信息滚动。

5. 紧急信息发布

系统在调度中心设置中心紧急信息发布工作站，在车站设置车站操作员工作站，以实现紧急信息的分级控制和发布。紧急信息发布是指对本车站显示设备发布紧急信息的过程。各车站显示设备紧急信息发布权限只控制在本车站范围内，其权限控制和发布规则由控制中心确定。

6. 权限管理功能

PIS 是一个面向公众的信息系统，系统分布范围广、节点众多，因此保证信息的安全性十分重要，做好对操作员权限的管理便成了重要工作之一。每个站台的操作员工作站均受 OCC 的操作员控制；OCC 的操作员可设定每一车站的操作员工作站以及其信息录入权限。

(五) PIS 信息显示的优先级

PIS 每日都给乘客提供大量的信息，确保乘客安全、顺畅地到达目的地。根据各种信息的紧急情况，PIS 设置了信息显示的优先级，操作员所做的 PIS 操作均有优先级控制，不同优先级采取高优先级打断低优先级的原则，同等优先级采取先到先得的原则，综合监控系统（Integrated Supervisory Control System，ISCS）向 PIS 发送的控制命令均包含控制优先级 ID，由 PIS 根据优先级控制原则实现优先级控制。PIS 系统信息显示的优先级如图 3-23 所示。

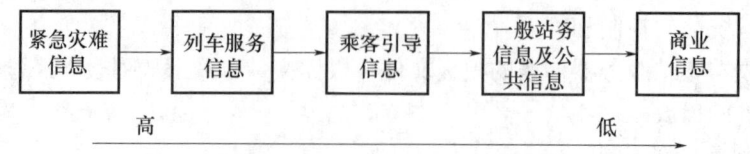

图 3-23 PIS 信息显示的优先级

PIS 信息显示的优先级如下：

（1）紧急灾难信息的优先级最高，然后是列车服务信息、乘客引导信息、一般站务信息及公共信息、商业信息。

(2) 高优先级信息可以中断低优先级信息的播出；当高优先级信息被触发时，低优先级信息被中断而停止播出。

(3) 如果出现紧急信息，自动进入紧急信息播出状态，其他信息播放终止，系统以醒目的方式提醒乘客紧急疏散，直到警告解除为止。

(4) 相同优先级的信息按信息产生的先后顺序播出。

三、任务实施

工作任务：城市轨道交通客运车站 PIS。

制作 PPT，阐述 PIS 的显示终端、PIS 的组成、PIS 的功能、PIS 信息显示的优先级。

四、任务评价

城市轨道交通客运车站 PIS 任务评测表如表 3-8 所示。

表 3-8 城市轨道交通客运车站 PIS 任务评测表

项目任务		城市轨道交通客运车站 PIS		
班级		姓名		评价时间
考核内容				
考核项目	考核标准		分值（分）	得分（分）
PIS 显示终端、PIS 组成	阐述 PIS 的显示终端、PIS 的组成		15	
PIS 信息显示优先级	阐述 PIS 的功能、PIS 信息显示的优先级		10	
	以团队为单位进行 PIS 学习讨论，布置到所在城市地铁车站，拍摄 PIS 显示终端即大屏及组成设备，画出 PIS 布置图		25	
制作内容	制作能清晰展示的 PPT		15	
	要求分析准确，文字流畅		15	
	做到业务熟练、图文并茂		20	

指导教师意见：

说明：1. 建议采用四级评分制（如 90%～100%，80%～90%，60%～80%，60% 以下）；
2. 主要采用小组互评的方式进行评价，教师最后进行参考评分

任务五　城市轨道交通客运车站环控系统

一、任务导入

城市轨道交通客运车站环控系统是指在车站站厅、站台、隧道、设备及管理用房等处所的环境进行空气处理的系统，其主要作用是对车站的环境空气进行处理，在正常运

行期间为乘客提供一个舒适良好的乘车环境，并为工作人员提供必要的安全、卫生、舒适的环境条件，同时对车站各种设备和管理用房按工艺和功能要求提供适宜的环境条件，为列车及设备的运行提供良好的工作条件。在非正常情况下，例如发生火灾毒气事故时，环控系统能提供新鲜空气、及时排除有害气体，为人员撤离事故现场创造条件，该系统对保障乘客出行的舒适安全有非常重要的作用。

二、知识准备

（一）城市轨道交通环控系统的分类及功能

城市轨道交通地下环境因封闭、温度高、发热源多（如人体散热、列车散热、外界空气带入热等），空气质量与地面其他场所相差较大。因此，为了给乘客提供一个良好的乘车环境，保证设备能持续、正常运行，环控系统必须满足以下基本要求：

（1）当列车正常运行时，环控系统保证城市轨道交通内部空气环境的温度、湿度、气流速度和空气质量满足人员生理需求和设备正常运转需要。

（2）列车阻塞在区间隧道内时，环控系统能确保隧道内空气流通。

（3）列车在区间隧道发生火灾事故时，环控系统具备防灾、排烟、通风功能。

（4）车站公共区域和设备及管理用房内发生火灾事故时，环控系统具备防灾、排烟、通风功能。

地下车站环控系统又分为站台门系统和非站台门系统。非站台门系统依地铁系统与地面通风风道的连接方式，又可分为闭式系统和开式系统。

站台门系统是在站台与区间隧道之间设置完全隔断、可以移动的站台门，列车停站时站台门与列车门一一对应打开，列车出站时站台门关闭。这一物理屏障将列车产生的巨大的热能拒之于车站站台之外，站内采用空调制冷系统，保证站内温度符合标准，而区间隧道则利用列车运行产生的活塞风，通过风井与室外进行通风换气，满足区间通风要求。采用这种环控制式的有上海地铁 1 号线、4 号线，深圳地铁 1 号线等。

非站台门系统是指在物理结构上车站与区间隧道相连通的系统。非站台门系统主要指闭式系统，所谓闭式系统即在夏季空调季节，整个地下区间及车站除两端隧道洞口、车站出入口和空调小新风外，地下车站及区间基本与外界相隔绝的一种空调通风方式。闭式系统可根据外界气温的变化，转为开式运行。

（二）城市轨道交通环控系统的设备

城市轨道交通环控系统主要由以下几部分组成：区间隧道活塞通风及机械通风系统（兼排烟）、车站区间排热系统（站台门方式），简称隧道通风系统；车站空调通风系统，其中车站的站厅、站台公共区空调通风系统，简称车站空调通风大系统；车站管理用房和设备用房空调通风系统（兼排烟）以及主变、牵引变通风与空调系统，简称车站空调通风小系统。需要说明的是，地面车站、高架地面车站，由于散热散湿条件好，无空调通风系统，只具有小系统。

1. 站台门式环控系统的组成

典型站台门式环控系统由车站空调通风系统和隧道通风系统两部分组成，车站通风空调设备的示意图如图 3-24 所示。

项目三 城市轨道交通客运车站设备设施

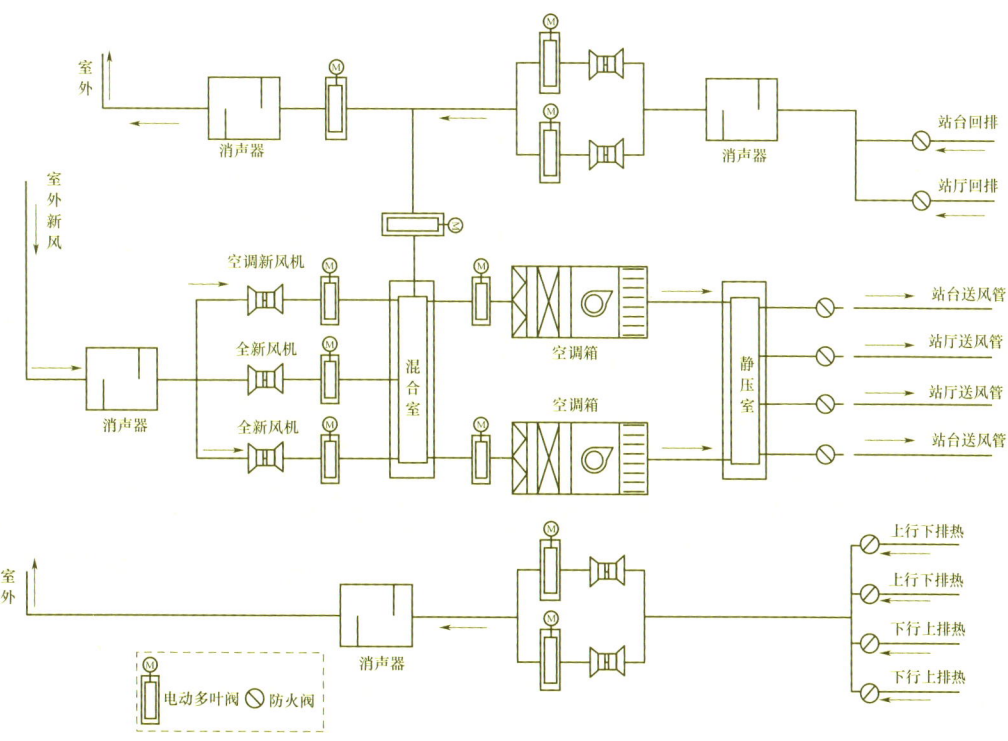

图 3-24 车站通风空调设备的示意图

典型站台门式环控系统如表 3-9 所示。

表 3-9 典型站台门式环控系统

序号	通风区域	设备功能
1	车站空调通风系统	车站公共区制冷空调通风系统（兼排烟）； 车站设备及管理用房空调通械系统（兼排烟）； 制冷空调循环水系统
2	区间隧道通风系统	区间隧道活塞风系统； 区间隧道机械通风系统（隧道风机和射流风机系统）； 车站底间排热系统（UPE/OPE 系统）

2. 闭式（开式）环控系统的组成

典型闭式环控系统由车站空调通风系统和隧道通风系统两部分组成。典型闭式环控系统如表 3-10 所示。

表 3-10 典型闭式环控系统

序号	通风区域	设备功能
1	车站空调通风系统	车站设备及管理用房空调通风系统（兼排烟）； 车站公共区制冷空调通风系统（兼排烟）； 制冷空调循环水系统
2	隧道通风系统	区间隧道活塞风系统（含迂回风道）； 区间隧道机械通风系统

典型开式（闭式）车站空调通风系统示意图如图 3-25 所示。

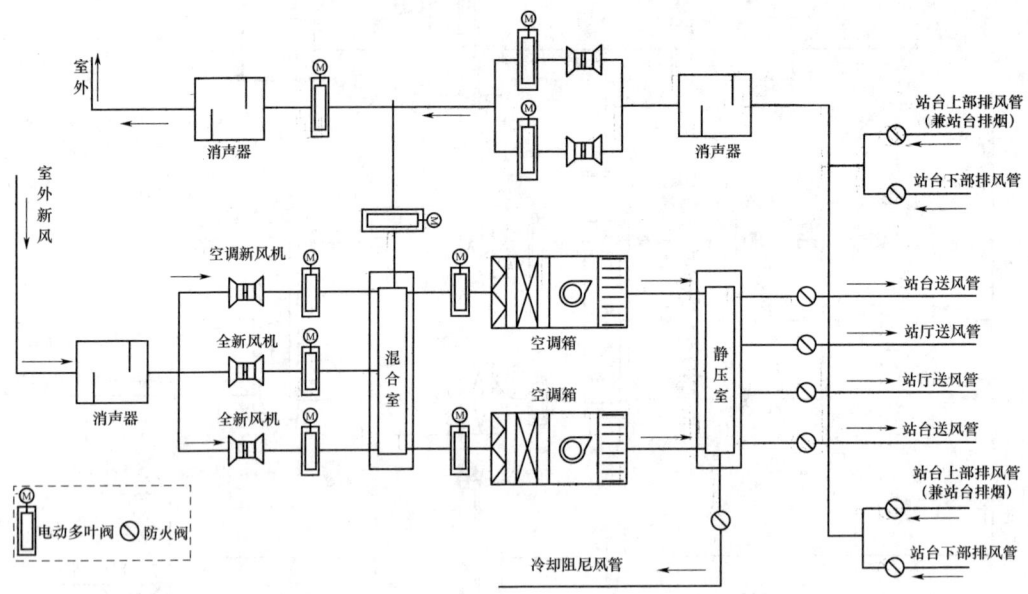

图 3-25　典型开式（闭式）车站空调通风系统示意图

（三）环控系统设备的运行

正常条件下环控系统可通过中央级、车站级、就地级三级进行控制，通过自动控制系统进行监控，实现设备集中控制和科学管理，通过运行不同环控模式，满足不同场合对设备的运行要求。

1. 中央级控制

中央级控制装置设在 OCC，配置有中央级工作站、全线隧道通风系统及车站环控系统中央模拟显示屏，OCC 工作站可对隧道通风系统进行控制，执行隧道通风系统预定的运行模式或向车站下达大小系统和水系统各种运行指令。

2. 车站级控制

车站级控制装置设在各站车控室，配置车站级工作站和紧急控制盘，在正常情况下可监视本站的隧道通风系统、空调大小系统及水系统，向中央级工作站传达本站设备信息，并执行中央级工作站下达的各项运行指令。在中央级工作站的授权下，车站级工作站可作为本车站的消防指挥中心，当车站工作站出现故障时，紧急控制盘可以执行中央级工作站下达的所有防灾模式指令。

3. 就地级控制

就地级控制装置设置在各车站的环控电控室，具有对单台环控设备进行就地控制的功能。便于各种设备调试、检查、维修，单台环控设备同时设有就地控制箱。在中央级、车站级、就地级三级控制中，就地级控制具有优先权。

环控系统设置了不同的运行模式，包括各站环控大系统运行模式、环控小系统运行模式、各站隧道通风系统运行模式等。以隧道通风系统为例，该系统设置了九种运行模式，包括正常运行、早间通风、晚间通风、左线站台火灾、右线站台火灾、左线车站隧

项目三　城市轨道交通客运车站设备设施

道火灾、右线车站隧道火灾、左线区间堵塞、右线区间堵塞。

三、任务实施

工作任务：城市轨道交通客运车站环控系统

制作PPT，阐述城市轨道交通环控系统的分类及功能、城市轨道交通环控系统的设备、环控系统设备的运行。

四、任务评价

城市轨道交通客运车站环控系统评测表，如表3-11所示。

表3-11　城市轨道交通客运车站环控系统评测表

项目任务		城市轨道交通客运车站环控系统		
班级		姓名		评价时间
考核内容				
考核项目	考核标准		分值（分）	得分（分）
环控系统功能与运行	阐述城市轨道交通环控系统的分类、功能，环控系统设备的运行		15	
环控系统设备组成	阐述城市轨道交通环控系统主要组成部分；阐述站台门式、闭式（开式）环控系统的组成		10	
	实地考察、图片展示，以当地（或指定）城市为例，进行某地铁站环控系统站厅、站台设备布置，画出其设备布置图		25	
制作内容	制作能清晰展示的PPT		15	
	要求分析准确，文字流畅		15	
	做到业务熟练、图文并茂		20	
指导教师意见：				

说明：1. 建议采用四级评分制（如90%～100%，80%～90%，60%～80%，60%以下）；
　　　2. 主要采用小组互评的方式进行评价，教师最后进行参考评分

任务六　城市轨道交通火灾自动报警系统

一、任务导入

城市轨道交通火灾报警系统FAS由火灾监控系统、自动报警系统和自动灭火系统组成。火灾监控系统是由灵敏的温感、烟感、红外线传感器和自动巡检及显示元件组成，可以及时将探测器检测到火灾情况传检给自动报警系统和自动灭火系统，自动报警系统将灯光信号和报警铃声及时反映到控制面板，提示值班人员。而自动灭火系统在得

到信号后，切断所有可能有助于燃烧的工作设备，如空调、通风机的电气线路。同时，接通消防专用设备的工作电路，启动有关消防设备，如排烟风机、防烟垂壁、管道排烟阀。关闭电动防火门、防火卷帘门，接通火灾事故照明灯、疏散标志灯等。

一个功能完备的消防报警系统能够大幅减少火灾带来的财产损失和人员伤亡，是轨道交通车站必不可少的设备设施。

楼宇自动化系统或建筑设备自动化系统（Building Automation System，BAS），是将建筑物或建筑群内的电力、照明、空调、给排水、消防、运输、保安、车库管理设备或系统，以集中监视、控制和管理为目的而构成的综合系统。系统通过对建筑（群）的各种设备实施综合自动化监控与管理，为业主和用户提供安全、舒适、便捷、高效的工作与生活环境，并使整个系统和其中的各种设备处在最佳的工作状态，从而保证系统运行的经济性和管理的现代化、信息化和智能化。

二、知识准备

（一）轨道交通建筑系统的火灾特点

以上海为例，上海城市轨道交通客运车站具有智能化建筑特点，按目前已建成的车站的地理位置，一般可分为地面车站、地下车站和高架车站，其火灾危险性具有以下特征：

1. 建筑结构特殊，特性复杂

地下车站由于建筑物大多在地下层，空气不流畅，隧道距离长，在隧道内火灾发生时，内外温差所形成的热风压大，起火后由温度变化而引起烟气运动的火势风压大，烟雾不容易散发，使火灾迅速蔓延、扩散，加上站台层至出口距离长，再加人员集中，疏散难度大，容易造成窒息。

2. 电气设备多，监控要求高

在轨道交通建设中，大量使用各种电气设备，如照明灯具、电冰箱、电话、自动电梯、空调设备、风机、变电站，还有通信设备、广播电视、电气设备配电线路和信息数据通信布线系统密如蛛网，如一旦出现电火花或线路绝缘层老化碰线短路，极易发生电气火灾，火灾会沿着线路迅速蔓延。

3. 客流量大，且集中

在客流量高峰时段，站台层可能会滞留大量人群，一旦发生火灾，人的慌乱、恐惧心理加上复杂的疏散通道，使乘客难以安全地疏散逃离。

4. 火灾扑救难度大

由于轨道交通是特殊的公共场所，加上客流量非常大的特点，利用外面的消防队，从车站外灭火显然相当困难，一般要立足于自救，即主要依靠站内消防安全设施来及时将火灾扑灭，真正实现安全、高效、舒适的良好环境。

5. 火险隐患多，火灾损失重

城市轨道交通系统是一个开放性的场所，客流较多，消防安全管理方面的不确定因素较多，潜在的火险隐患大，一旦起火，易形成大面积火灾，扑救疏散困难，势必损失严重。

(二)城市轨道交通的消防系统防火要求

在我国现已建成的城市轨道交通中,大多采用了国外的消防报警设备,如美国 Simplex 公司 4120 系列,美国爱得华公司的 EST3 系列和瑞士西伯乐斯系列产品,而国内的主要产品有 JB-QB-50-2700/076 型报警器、BMC-644-F 型火灾报警控制系统。为确保轨道交通安全、高效、舒适的良好环境,无论使用哪一种产品都必须满足以下条件:一旦发生火警,消防报警设备必须做到早期自动监控和紧急自救,做到万无一失。

按国家标准《建筑设计防火规范(2018 年版)》(GB 50016—2014),消防系统必须满足以下要求:

(1)有火情发生时,能及时、准确地发出火警信号,并显示火情发生的地点、内容。

(2)能立即启动防排烟系统、固定灭火系统,并有明确显示。及时切断灾区电源,以防电气失火,同时启动安全疏散人员的照明系统和导向系统。

(3)除报警功能外,设备还应具有自动检测,报告系统各部分发生的故障和监控功能。

(4)设备应具有备用电源,以防当主电源失电时,能及时启用备用电源,确保系统正常运行。

(5)火灾报警器必须有记忆功能,自动记录火情及故障发生的地点和时间,以备查看和分析。

(三)FAS 的组成

1. 火灾探测器

火灾探测器是根据其传感器的结构和原理设计而成的一种(火灾发生时的报警)设备,对具有火灾信息特征的物理量,如烟雾、气体、光、热等火灾参数进行设定与探测。常用的轨道交通消防报警系统所使用的探测器可分为感烟探测器(普通型、智能型)、感温探测器(普通型、智能型)、复合型探测器(智能型)。各种类型探测器使用的场所如表 3-12 所示。

表 3-12 各种类型探测器使用的场所

序号	探测器类型	特点	使用场所
1	点型离子感烟探测器(普通型)	灵敏度高、历史悠久、技术成熟、性能稳定	站厅层、站台层公共区域,气体保护用房等
2	点型光电感烟探测器(智能型)	灵敏度高,对湿热气流扰动大的场所适应性好	设备用房、管理用房等
3	红外光束线性感温探测器	探测范围大,可靠性、环境适应性好	停车场、变电站、车辆检修库等
4	点型感温探测器	性能稳定,可靠性、环境适应性好	厨房、锅炉房、吸烟室及气体保护用房等
5	缆式线型感温探测器	性能稳定,可靠性、环境适应性好	电气电缆井、站台层两边的电缆夹层等
6	复合型探测器	综合探测火灾时的烟雾温度信号,探测准确,可靠性高	装有联动装置系统、设备用房、管理用房等单一探测器不能确认火灾的场合

2. 消火栓灭火系统

消火栓以水作为一种灭火介质,是一种既及时又有效的灭火工具。系统由消防给水设备即消火栓部分(包括给水管网、加压泵、水枪、水带等)和电控部分(包括启泵按钮、防灾报警器启泵装置及消防控制柜)等组成。为保证喷水枪在灭火时具有足够的水压,需要采用加压设备。常用的加压设备有两种:消防水泵和稳压给水装置。消火栓灭火系统中消防泵的启动和控制方式的选择,与建筑物的规模和水系统设计有关,为确保安全,控制电路设计应简单合理。

3. 自动喷水灭火系统

自动喷水灭火系统是目前世界上应用最广泛的一种固定消防设备。从 19 世纪中叶至今已有 100 多年的历史,其最大的特点是价格低廉,灭火效率高。据美国、澳大利亚等国家统计,其灭火成功率在 96% 以上。自动喷水灭火系统能可靠工作,关键在于系统的自动控制要符合国家规范的要求,做到安全可靠。适用于温度不低于 4℃(低于 4℃ 受冻)和不高于 70℃(高于 70℃ 失控)的场所。

4. 气体自动灭火系统

气体自动灭火系统是固定灭火系统的一种灭火形式。气体自动灭火系统一般安装在车站的重要设备用房,如车站的通信机械室、信号机械室、降压站、牵引变电所、电器设备室等场所。轨道交通常用的气体灭火系统由卤代烷 1301 气体灭火系统、烟络尽气体灭火系统、FM200 气体灭火系统和 1211 灭火系统构成,这些气体具有灭火快、用量省、久储不变质、洁净、低毒或无毒、不导电、无水迹、易气化、空间分布与淹没性能良好等特性。无论采用何种灭火气体,它们的灭火原理基本相同,气体自动灭火系统工作程序如图 3-26 所示。

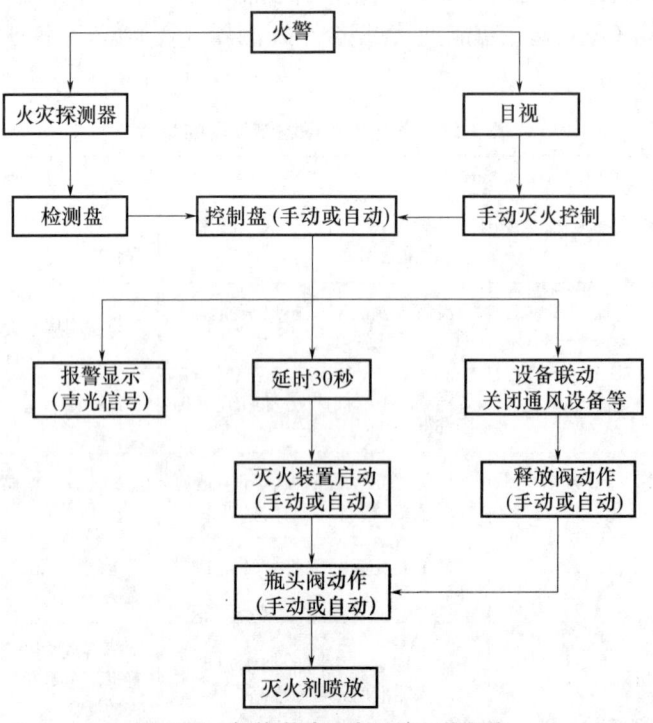

图 3-26 气体自动灭火系统工作程序

火情发生后,一般首先由火灾探测器报警(感烟、感温探测器),信号到达控制盘,经中央处理器处理、分析后,输出延时信号与DC24V动作信号,关闭防火阀,启动瓶头阀。

(1) 卤代烷1301气体灭火系统。

卤代烷气体灭火系统有两种:一种是1301(三氟一溴甲烷)灭火系统,也称"哈龙气体";另一种是1211(二氟一氯一溴甲烷)灭火系统。卤代烷气体灭火系统气化性能好,自喷嘴喷出后,即可气化,使保护区域灭火气体均匀分布,不留残液,但由于卤代烷灭火剂可导致对地球大气臭氧层的破坏,危害人类的生存环境,根据联合国环境规划署的规定,为了保护大气臭氧层,停止生产哈龙灭火剂,我国自2000年起停止生产和逐步淘汰哈龙灭火剂。

(2) 烟络尽气体灭火系统。

作为灭火药剂的烟络尽气体,由52%的氮气、40%的氩气和8%的二氧化碳这三种自然存在于大气中的惰性气体组成。当烟络尽气体依规定的设计灭火浓度喷放于需要保护的区域中,可以在1分钟之内将区域内的氧气浓度迅速降至12.5%,从而使燃烧无法继续进行。

烟络尽气体由自然存在于大气中的三种惰性气体组成,在灭火后它们又自然地回归于大气层中,不存在着温室效应,不对臭氧层,是一种真正意义上的零污染。在规定的设计灭火浓度(37.5%～43%)下,烟络尽气体对人体完全无害。不产生任何化学分解物,对设备无腐蚀、伤害。目前轨道交通气体灭火系统主要采用该产品。

5. 防火、防烟、排烟系统

根据《建筑设计防火规范(2018年版)》(GB 50016—2014)的要求,智能建筑设计都要具有防火、防烟、排烟系统。在消防联动控制系统中,报警主机应集中控制所有层面的防火门、防火阀、防火卷帘、排烟机、送风排风机及空调、通风设施等。

火灾时产生的烟气主要成分是一氧化碳,人在这种气体的窒息作用下,死亡率很高,达50%～70%。另外烟气遮挡人的视线,使人们在疏散时难以辨别方向。因此,当发生火灾时,应立即投入防排烟工作,将烟气迅速排出,防止烟气窜入其他区域。防排烟设施的设置必须满足便于安全疏散、便于灭火、可控制火势蔓延扩大的设计目标。

轨道交通的防排烟一般采用防火阀、防火门、防火卷帘门及送排风机等设备组成的系统。防排烟设备的作用是防止烟气侵入疏散通道,而排烟设备的作用是消除烟气大量积累并防止烟气扩散到疏散通道。因此,防烟、排烟设备及其系统的设计是车站自动消防系统的必要组成部分。

防排烟措施还包括正压送风机、排烟风机、送风阀及排烟阀,以及防火卷帘门、防火门等设备与消防控制主机的联动功能,并在消防主机上显示各设备的运行情况,可进行连锁控制和就地控制;根据火灾情况打开有关排烟道上的排烟口,启动排烟风机,降下有关防火卷帘门及防烟垂壁,打开安全出口的电动门,关闭有关防火阀及防火门,停止有关防烟分区内的空调系统;同时打开送风口、关闭送风机等。

6. 火灾报警系统

城市轨道交通客运车站火灾报警系统中,设置火灾自动报警、控制系统的目的是,将火灾消灭在萌芽状态,最大限度地减少火灾损失,满足轨道交通防火安全的需要。一旦轨道交通发生火灾，其火灾报警系统应能及时探测、鉴别、判定其信号，并能自动启动消防设施，自动关闭不必要的电力系统，启动防排烟系统，并与车站自动控制系统配合，实现火灾工况联动，同时，应将火警信息联网通信。

（四）FAS 和 BAS 在火灾工况的运行控制

车站一旦发生火灾，车站工作人员要及时了解火灾情况，采取正确的方法扑灭火灾，如果火势无法控制要及时报警，将车站设备正确地调整到灭火状态，疏散乘客并参与灭火。

1. 车站公共区域火灾

（1）假定某轨道交通车站的火灾区域一般可划分为七个：
①站厅北端设备用房火灾区域。
②站厅公共区域火灾区域。
③站厅南端设备用房火灾区域。
④站台北端设备用房火灾区域。
⑤站台公共区域火灾区域。
⑥站台南端设备用房火灾区域。
⑦站台下（电缆层）火灾区域。

（2）当车站公共区域发生火灾，如果车站 FAS、BAS、通风设备等处于正常的自动位置，会自动调整到火灾工况，不需要人进行操作。只有发生设备故障时才需要人工调整到火灾工况。

（3）车站火灾状态下送排风系统的运行：车站某个区域发生火灾时，不能向该区域送风以免火势扩大，该区域应采取集中排风措施。

（4）火灾工况的调整原则：（远送近排）使火灾区域形成负压。

（5）站厅公共区域火灾工况：站厅送风阀关、站厅排风阀开、站台送风阀开、站台排风阀关、回风防火阀关。空调季节要关闭车站冷水机组。

（6）车站公共区域发生火灾，电器设备用气体灭火器灭火，非电器设备可用消火栓灭火。

（7）防火卷帘门、防火门等常用来分割防火分区。火灾时为防止火灾蔓延，将防火卷帘门、防火门等关闭。可尽量缩小火灾范围，减少火灾损失。

（8）车站发生火灾时应关闭站台门，停站列车以通过方式驶离发生火灾的车站（并不让列车在本站停靠）。

2. 设备和管理用房火灾

（1）没有自动气体灭火装置的房间发生火灾时：送风防火阀关、排风防火阀开、该房间的排风机开。

（2）装有自动气体灭火装置的房间发生火灾时：送风防火阀关、排风防火阀关（系统正常自动调节，灭火后打开防火阀排烟）。

3. 列车停站时发生火灾

（1）列车停站产生的热量或停站列车火灾产生的烟雾由车站两端的排热风机排除。

（2）列车停站发生火灾应对排热系统风阀进行手动调节。如果火灾列车停在上行侧，应关闭下行侧的上下排热风管上的风阀，使排热风机集中排火灾发生侧的烟雾。如果火灾列车停靠下行侧,应关闭上行侧的上下排热风管上的风阀。

4. 列车在区间发生火灾

当地铁列车在区间隧道内发生火灾时,必须用设在车站两端的事故风机向隧道内输送新风。向隧道内输送新风的原则是:使乘客向迎新风方向疏散。车站开启事故风机必须根据控制中心环控调度的命令执行,一般由近火灾点的车站送风。

三、任务实施

工作任务:城市轨道交通 FAS。

制作 PPT,阐述轨道交通建筑系统的火灾特点、防火要求、FAS 的组成、FAS 和 BAS 在火灾工况的运行控制。

四、任务评价

城市轨道交通 FAS 任务评测表如表 3-13 所示。

表 3-13 城市轨道交通 FAS 任务评测表

项目任务		城市轨道交通 FAS			
班级		姓名		评价时间	
考核内容					
考核项目	考核标准			分值(分)	得分(分)
火灾特点、防火要求	阐述轨道交通建筑系统的火灾特点、防火要求			15	
FAS 组成、FAS 和 BAS	阐述 FAS 的组成、FAS 和 BAS 在火灾工况的运行控制			10	
	实地考察,图片展示,以当地(或指定)城市地铁站为例进行火灾演练			25	
制作内容	制作能清晰展示的 PPT			15	
	要求分析准确,文字流畅			15	
	做到业务熟练、图文并茂			20	
指导教师意见:					

说明:1. 建议采用四级评分制(如 90%~100%,80%~90%,60%~80%,60%以下);
2. 主要采用小组互评的方式进行评价,教师最后进行参考评分

任务七　城市轨道交通客运车站其他系统

一、任务导入

城市轨道交通客运车站其他系统,主要包含车站照明系统、水系统等。

二、知识准备

(一) 城市轨道交通客运车站照明系统

城市轨道交通客运车站照明系统包括正常照明、应急照明和广告照明。由于轨道交通车站大部分为地下车站，且运营时间较长，地下车站和地面车站夜间照明均由车站正常照明提供光源；应急照明是当车站正常照明发生故障时，为疏散乘客提供的必要照明，通常由蓄电池提供，当正常照明失电，应急灯立即启用，一般可维持30分钟左右。

1. 城市轨道交通客运车站照明灯

照明作为地下车站的唯一光源，对车站的正常运营具有重要的作用。照明按类型划分为一般照明和事故照明。一般照明要求达到一定的亮度和均匀度，普遍采用了日光灯，局部也由节能灯作为一般照明；事故照明要求在事故状态下仍保持最低的照度，此时由直流电流供电，因此照明灯能适应交、直流两种电源，一般采用白炽灯作为光源。随着技术的进步和节能要求的提高，一种半导体固体发光器件——LED，作为光源逐步进入车站。

(1) 日光灯。

日光灯与白炽灯相比，具有耗电省、光效高、寿命长的特点，现在已作为一般家庭、商场、办公楼及公共场所的照明光源之一。

(2) 节能灯。

节能灯是采用三基色稀土元素的新型光源，具有高效、节能、舒适、亮丽、长寿的特点。与白炽灯相比，具有与普通日光灯一样的高效、节能、长寿的优点；与日光灯相比，具有显色性好、舒适、亮丽的优点。由于管径细，一般设计成紧凑形式，体积小。LED作为节能灯的一种，更能体现节能、长寿、高亮度的特点。

(3) 安全导向灯。

安全导向灯是在发生意外紧急情况时，仍需保持点亮的灯，可以引导人群向安全方向撤离，因此，要求在失去正常供电电源后仍能维持指示作用。主要采用两种供电方式：第一种由车站直流屏提供220伏直流电，此类灯以采用白炽灯为主。第二种由灯具自带的备用直流电源经逆变装置供电，此类灯一般由小功率灯具组成，以尽量延长紧急状态时的照明时间。目前车站大部分使用场致发光板形式的导向灯，场致发光板具有光线柔和、寿命长、功耗低等特性。

知识拓展：场致发光，又称电致发光，是固体发光材料在电场激发下发光的现象，是1920年德国学者古登和波尔发现的，在某些物质加电压后会发光。1923年苏联的罗塞夫发现了SiC中偶然形成的p-n结中的光发射。1936年，德斯垂发现掺入荧光粉ZnS的蓖麻油一加上电场就会发光。1947年，美国学者麦克玛斯特发明了导电玻璃，利用它可以制作平面光源，但亮度不够高。1955年美国的沃尔夫在GaP上观测到Ⅲ~Ⅴ族半导体发出的可见光。1962年美国的潘可夫从GaAs中获得了红外光。20世纪70年代后，由于薄膜晶体管技术的发展，场致发光在寿命、效率、亮度、存储上的缺点得到了部分克服，成为大型显示技术三大最有前途的发展方向之一。

2. 供电与配电方式的选择

供电方式的选择：供电方式主要考虑照明的类型，一般照明由降压变电所400伏供电柜供电。但对于公共区域、设备房照明尽可能分开供电，同时照明不宜使用大容量开关供电而应采用小容量多回路供电，以减小设备故障引起的影响。事故照明的交流电源经直流屏切换回路输出供电。安全导向灯电源为防止交流换电后引起备用直流电源过放电，必须接入不断电电源，即一般照明中的节电照明回路。

配电方式的选择：由于照明回路在配电室无双电备用系统，采用在照明区域上解决双电源供电的方案。当某一回路故障或某一段电源失电时，在区域内仍有一半照明可以维持，只是，照度降低。但照明的均匀度基本还可以保持。事故照明的配电方式是在一区域内由多个开关回路供电。在关键部位设置保证照明，对一般区域发生事故时，只要达到最低照度即可。

3. 城市轨道交通客运车站供电系统的控制方式

车站照明控制可分为就地控制和车站控制室遥控两种方式。

（1）就地控制。

就地控制又分分散控制和集中控制。

分散控制：各设备及管理用房进门处设有就地开关箱或盒，可控制相应设备及管理用房的一般照明。区间照明由隧道内照明控制箱控制。

集中控制：照明配电室内设有相应照明场所的照明配电箱，可在室内集中控制相应场所的一般照明、事故照明和广告照明。同时，在降压站内可对各类照明根据需要进行集中的控制。

（2）车站控制室遥控。

车站控制室设有一般照明控制盘，通过按钮控制降压站内照明柜可以实现对站台、站厅一般照明、节电照明和区隧道照明的集中控制，在正常情况下，下级配电开关均全部处于合闸位置，通过车控室遥控方式实现对车站场所的照明控制。当需局部变动照明状态时才对下级开关做相应的调整。

通过对车站低压电器及照明系统各设备的正确操作和管理，保障设备处于安全受控状态，使设备达到优质、高效的运行工况、实现系统的正常功能，为车站正常运营提供必要的基础条件。

（二）城市轨道交通客运车站水系统

城市轨道交通水系统主要包括给水系统、排水系统和水消防系统三个子系统，它为城市轨道交通运营提供所必需的生活、生产、消防用水；收集排出生产、生活、消防等产生的废水、污水以及地下结构渗漏水、雨水等；为轨道交通运营提供完整的水消防系统，保证城市轨道交通的安全、快捷运行。

城市轨道交通地下车站的生活废水、冲洗废水、生产废水、消防废水、雨水、污水（污水仅指厕所污水）、地下结构渗漏水等均由各排水泵站提升后排出车站，排水泵设备好坏将直接影响到城市轨道交通运营安全。其区间排水泵设备好坏则直接影响到城市轨道交通列车在区间内的运行安全。城市轨道交通各条线地下车站的消火栓系统管道通过区间相互间接通，区间管道和消防设备漏水也将直接影响到城市轨道交通列车的运行安全。

1. 给水系统

城市轨道交通给水系统包括车站给水系统和基地给水系统。地下车站水系统示意图如图3-27所示。

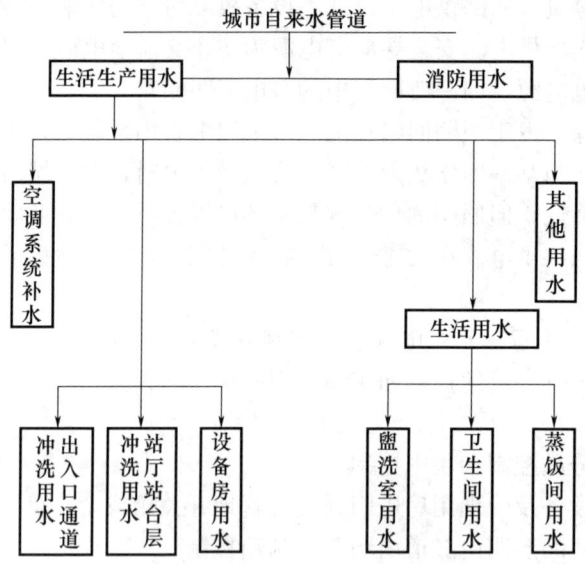

图3-27 地下车站水系统示意图

城市轨道交通客运车站给水系统可分为车站生活、生产给水系统和车站消防给水系统。

城市轨道交通综合基地给水系统，负责基地内车辆维修工厂、车辆停车库、基地设备维修部门等单位的生活、生产、消防供水，以及为个别城市轨道交通地面站提供生活、生产、消防用水。

2. 消防水系统

城市轨道交通客运车站消防系统由城市自来水管网二路给水。地下车站和地面车站、基地设有消火栓系统和自动喷水灭火系统。地面车站和高架车站一般仅设有消火栓系统。

3. 排水系统

城市轨道交通客运车站的废水有生活废水、冲洗废水、生产废水、消防废水、雨水、地下结构渗漏水等。车站的污水仅指厕所污水。城市轨道交通地下车站的排水方式主要有以下6个独立系统：

(1) 地下车站废水。

由设在车站站厅、站台层的地漏将废水排入车站轨道两侧明沟和站台下排水沟，汇集至车站端头废水池内，由废水泵提升排入地面市政排水管道。

(2) 污水。

由厕所的下水管道汇集至污水池，然后由污水泵提升排入地面市政污水管道或地面化粪池。

(3) 出入口雨水。

出入口雨水汇集至出入口处的集水池，由排水泵提升排入地面市政排水管道。

(4) 集水池。

地下结构渗漏水和车站井的雨水汇集于就近的集水池，由排水泵提升排入地面市政排水管道。

(5) 区间排水泵站。

城市轨道交通的地下车站设计为高位站台,所以两个车站之间的区间隧道中点地势最低,因此在区间隧道中点地势最低处设有区间排水泵站。区间隧道内的结构渗漏水、生产废水和消防废水等沿着车辆轨道两侧明沟汇集至区间排水泵站的集水池,由排水泵提升排入地面市政排水管道或排入车站端头废水池内。

(6) 敞开式洞口排水泵站。

在区间隧道的敞开式出入口(区间隧道的敞开式洞口)处均设有排水泵站,将流入隧道的雨水由排水泵提升排入地面市政排水管道。区间排水泵示意图如图3-28所示。

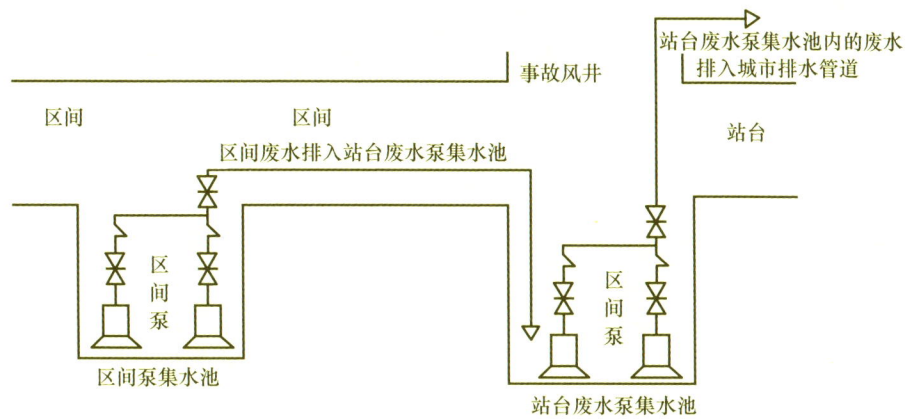

图3-28 区间排水泵示意图

4. 给排水系统设备

生产、生活给水系统由水源(城市自来水)、水池、水泵、水塔(水箱)、气压罐、管道、阀门、水龙头等组成。

地下车站和地面基地设有消火栓系统和自动喷水灭火系统,地面车站和高架车站一般仅设有消火栓系统。消防给水系统由水源(城市自来水)、消防地栓、水泵接合器、消防水泵、管道、阀门、消水栓(喷头)、水流指标器等组成。

地面车站和高架车站一般仅设有变电站电缆层排水泵站,自动扶梯机坑设有排水泵。车站污水排放系统主要由集中井、压力井、化粪池等组成,车站废水排放系统主要由集中井、压力井等组成。

三、任务实施

工作任务:城市轨道交通客运车站其他系统

制作PPT,阐述城市轨道交通客运车站照明系统、水系统。

四、任务评价

城市轨道交通客运车站其他系统任务评测表如表3-14所示。

表 3-14 城市轨道交通客运车站其他系统任务评测表

项目任务	城市轨道交通客运车站其他系统			
班级		姓名		评价时间	

考核内容			
考核项目	考核标准	分值（分）	得分（分）
车站照明系统	阐述城市轨道交通客运车站照明系统	15	
车站水系统	阐述城市轨道交通客运车站水系统	10	
	以当地（或指定）城市地铁站为例画出车站照明、水系统布置图	25	
制作内容	制作能清晰展示的 PPT	15	
	要求分析准确，文字流畅	15	
	做到业务熟练、图文并茂	20	

指导教师意见：

说明：1. 建议采用四级评分制（如 90%～100%，80%～90%，60%～80%，60%以下）；
   2. 主要采用小组互评的方式进行评价，教师最后进行参考评分

项目四　城市轨道交通客运车站岗位

项目背景

车站作为城市轨道交通运营企业与乘客联系的主要环节,其核心任务就是安全、便捷地组织客流集散,并做好行车组织工作。基于对车站工作岗位分工基本遵循原则的把握,本项目通过对城市轨道交通客运车站岗位、岗位职责、客运工作流程进行的系统阐述,既强化了车站岗位目标的学习理解,又为客运组织管理基本原则、方式方法与应知应会的理解掌握明确了基本的知识、技能与素质要求。

项目任务书

城市轨道交通客运车站岗位项目任务书如表 4-1 所示。

表 4-1　城市轨道交通客运车站岗位项目任务书

名称		城市轨道交通客运车站岗位
学习目标	知识目标	1. 熟悉轨道交通车站管理模式; 2. 掌握站长、值班站长、行车值班员、客运值班员、站务员岗位职责; 3. 熟悉值班站长、行车值班员、客运值班员、站务员岗位作业程序; 4. 了解站长、值班站长、行车值班员、客运值班员、站务员能力要求,对站长、值班站长、行车值班员、客运值班员、站务员岗位有正确的认知
	技能目标	1. 能够正确复述站长、值班站长、行车值班员、客运值班员、站务员岗位职责; 2. 能够正确复述值班站长、行车值班员、客运值班员、站务员岗位作业程序; 3. 能够正确复述站长、值班站长、行车值班员、客运值班员、站务员能力要求
	素质目标	1. 具有良好的社会公德、职业道德和爱岗敬业基本素质,立德树人贯穿课程始终; 2. 具有良好工作态度、严谨细致的专业作风; 3. 具有良好的沟通协调能力、语言表达能力、班组管理能力; 4. 培养团结协作、热情有礼、认真细心、沉着冷静、遇乱不惊的职业素养
学习内容		知识准备:学习任务内容。 任务一:城市轨道交通客运车站站长。 工作任务:阐述城市轨道交通客运车站站长岗位职责、岗位作业程序。 任务二:城市轨道交通客运车站值班站长。 工作任务:阐述城市轨道交通客运车站值班站长岗位职责、岗位作业程序。 任务三:城市轨道交通客运车站行车值班员。 工作任务:阐述城市轨道交通客运车站行车值班员岗位职责、岗位作业程序。 任务四:城市轨道交通客运车站客运值班员。 工作任务:阐述城市轨道交通客运车站客运值班员岗位职责、岗位作业程序。 任务五:城市轨道交通客运车站站务员。 工作任务:阐述城市轨道交通客运车站站务员岗位职责、岗位作业程序。

续表

名称	城市轨道交通客运车站岗位
任务实施要求	1. 将授课班级学生分组，5~8人为一个学习团队； 2. 每个学习团队组织学习，进行项目任务分析、任务分配、制定班组工作任务分配表； 3. 资料学习、相关知识准备，完成项目的资讯环节； 4. 学习团队讨论，编制项目任务知识点学习计划书； 5. 学习团队现场实践，制订现场实践的实施方案； 6. 学习团队按任务分配表制作项目任务的汇报演讲稿，派代表上台演讲； 7. 制定该项目任务的评价表，考核要素，进行小组互评
任务实施要点	1. 教学资源收集与整理； 2. 确认任务学习的重点与难点； 3. 任务学习计划制订，小组任务分工，汇报PPT制作，小组交流演讲； 4. 学习团队进行讨论，可让教师参与讨论，通过班组合作获取问题的解决
任务拓展	1. 会收集具有国内外领先水平的具有代表性的城市轨道交通客运车站岗位的相关资料； 2. 按"准员工"的要求来学习，结合本城市的情况，组织团队成员去现场学习； 3. 能够进行城市轨道交通客运车站岗位的相关资料的查找与整理； 4. 会制作任务书要求的PPT
任务下发人	日期： 年 月 日
任务执行人	日期： 年 月 日

任务一 城市轨道交通客运车站站长

一、任务导入

站长代表城市轨道交通运营企业在车站行使属地管理权，全面负责车站的现场管理，负责本站的行车、施工、票务、服务、消防、安全、治安、培训及人员管理等工作。通过学习站长岗位介绍，掌握站长岗位职责，了解站长岗位能力要求。

二、知识准备

（一）车站管理模式

作为城市轨道交通重要客运场所——车站，车站日常运作工作范围包括行车管理、施工组织、客运组织、票务管理、设备管理、安全管理、物资管理等，同时也要做好车站员工日常培训工作，进行员工队伍管理及班组建设，打造安全整洁的乘车环境和良好的乘车秩序，为乘客提供优质服务。

城市轨道交通客运车站的管理模式取决于运营设备自动化程度和客流量的大小，也与整个运营单位管理模式密切相关。按其隶属层次和管理权限不同，车站的管理模式略有不同，一般分为两种，一种为自然站管理模式，另一种为中心站管理模式。

在自然站管理模式下,以一个车站为一个单位进行日常工作组织和管理。岗位体系实行层级负责制,由上至下依次为站长、值班站长、值班员(行车值班员、客运值班员)、站务员。每个自然站下设4个班组,每个值班站长管理着一个班组。城市轨道交通客运车站管理架构如图4-1所示。

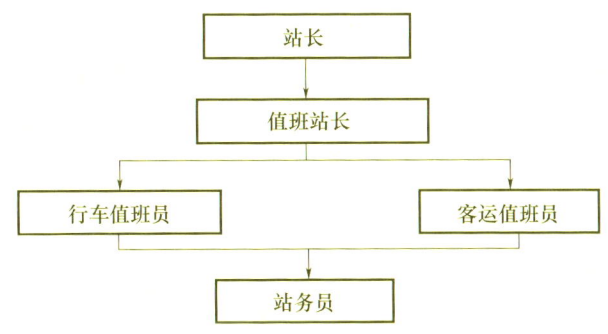

图 4-1 城市轨道交通客运车站管理架构

在中心站管理模式下,以几个车站为一个单位进行日常工作组合管理。岗位体系实行层级负责制,由上至下依次为:中心站长、副站长(站长助理)、值班站长、值班员(行车值班员、客运值班员)、站务员。国内部分城市轨道运营企业采用中心站管理模式,在自然站设置一名中心站长,以便于更好地加强车站生产组织与协调,城市轨道交通中心站一般管辖4~5个自然站,每个自然站下设4个班组,每个值班站长管理着一个班组。城市轨道运营企业中心车站管理架构如图4-2所示。

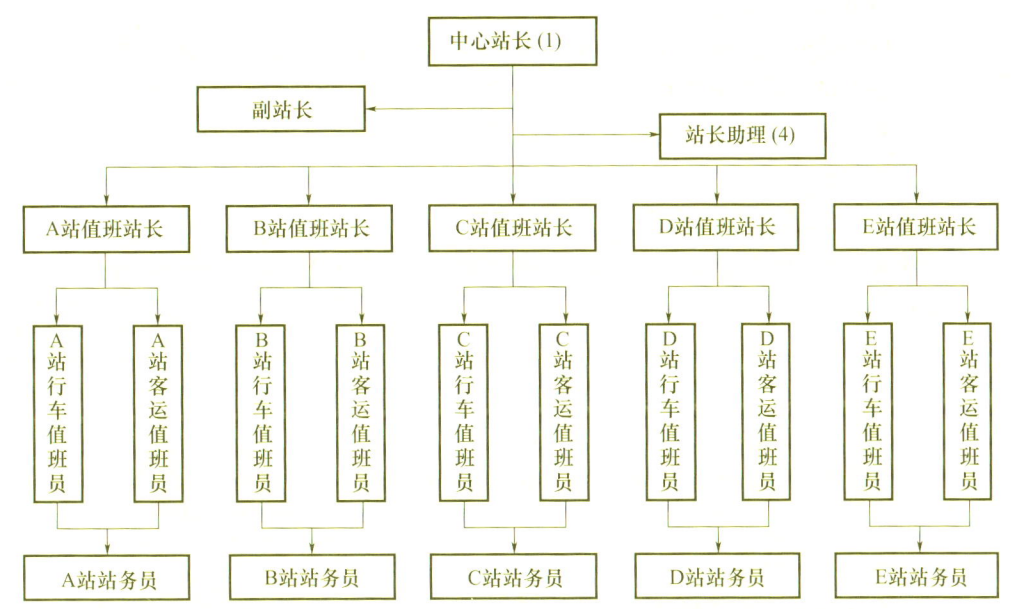

图 4-2 城市轨道交通运营企业中心车站管理架构

虽然不同管理模匹配出不同岗位设置,但是车站的客运组织工作原则是一样的,按照统一领导、分级管理的原则,通过不断地建立健全各项工作制度,规范车站秩序,提高工作效率,提升服务质量。

（二）站长岗位介绍

站长代表城市轨道交通运营企业在车站行使属地管理权，全面负责车站的现场管理，负责本站的消防、安全、治安、行车、施工、票务、服务和人员管理等工作；根据上级的要求计划、组织、指挥、控制、协调车站日常工作，开展车站其他各岗位工作讲评。

站长的作息通常采用常规日班制，但当车站发生突发性的大客流或紧急情况时，站长需要及时到站进行盯控或指挥，对于轨道交通运营单位而言，在重要的节假日期间或有个别活动的双休日休息时间，站长仍然需要上班值守，保障地铁运营安全，处理突发情况。

（三）站长岗位职责

1. 全面管理车站行车工作
（1）根据行车组织工作流程规定，对车站行车岗位作业关键点进行检查、监督。
（2）定期对车站行车工作进行计划、检查、总结。
2. 根据上级下达的计划，完成客运任务
（1）制定本车站的客运管理细则、作业程序和实施措施。
（2）根据客流量变化，及时协调和组织车站的客流引导、组织和疏散工作。
3. 带领车站不断提升服务水平
监督车站乘客服务工作，处理乘客投诉、来信、来访、纠纷。
4. 对车站的安全工作负责
（1）根据企业安全制度，建立车站安全网络，执行企业的治安、消防工作要求。
（2）加强对员工的安全教育。
（3）落实安全检查和分析制度，定期进行安全生产检查，定期对发现的各类问题和隐患进行分析整改。
5. 对车站设备管理工作负责
（1）及时了解和掌握车站有关设施设备的使用、保养情况，发现损坏故障情况，立即上报和协调维修，并跟踪落实处理情况。
（2）对车站装修、土建工程、服务设施情况、广告牌设置等，提出合理的改善建议。
6. 及时处理车站突发事件
对客伤、恶劣天气、大面积设施设备故障等情况进行应急处理。
7. 负责车站员工的日常管理
（1）全面做好车站员工的排班、考勤、休假等管理工作。
（2）定期开展员工绩效考核、绩效反馈及辅导等工作。
（3）根据生产需要和员工技能水平，制定和组织相应的技能培训项目和措施，定期检查培训效果，进行培训总结。
8. 结合运营实际，做好车站对外的协调联络工作
（1）协调车站与公安、保安、保洁、商铺、银行等组织的沟通合作。

(2) 负责车站综合治理工作，组织召开综合治理会议。

(四) 站长具备能力要求

1. 计划能力

(1) 能独立、有效地定义、策划、运营和管理生产相关的具体项目。

(2) 能监控计划的关键路径和风险，并能制定解决问题的措施。

(3) 能带领车站员工规划运作具体的项目活动。

2. 管理能力

(1) 在组织班组正常运作实现既定目标的同时，能关注员工的绩效及个人发展。

(2) 能够描述当前班组的特点，并对班组成员提供各方面的指导。

(3) 能保证每一位班组成员在岗位上齐心协力向同一方向前进。

(4) 能公开、直接地与人交谈关于他人绩效表现的话题，给予必要的关注与指导。

(5) 善于总结分析，在任务完成之后与员工一同分析经验和教训。

(6) 能鼓励下属独立解决问题，提高工作能力。

3. 服务能力

(1) 关注乘客满意度，能够发现服务差距，定期反馈、沟通、协调。

(2) 能够描述出在保持乘客满意度方面的成功范例。

(3) 能组织并实施乘客满意度相关问题与要求的讨论。

(4) 能够识别乘客期望与实际服务水平之间的差距。

4. 安全能力

(1) 有发现和消除安全隐患的能力，并帮助辅导班组成员处理安全问题。

(2) 能有效发现生产中的安全隐患，并制定防范措施。

(3) 熟悉安全操作的方法，监督检查安全规章的执行。

(4) 辅导和培训他人处理安全与环境问题，帮助车站员工采取适当的安全防范措施。

(5) 定期沟通安全和环境方面的问题，并将解决安全问题作为需要优先考虑的事情。

5. 谈判能力

(1) 以理性的态度，有策略地进行谈判，并能评估可能需要做出的让步妥协条件。

(2) 评估可能需要做出的牺牲或妥协条件。

(3) 以非防御性的态度使争论保持对事不对人的氛围。

6. 抗压能力

(1) 在各种较大的压力环境下能保持冷静，专注于工作。

(2) 能灵活运用各种手段，缓解外界压力。

(3) 面对他人的愤怒或失控，或面对投诉和抱怨时保持冷静。

(4) 在时限迫近的时候仍保持效率。

【媒体链接】

地铁站长揭秘车站运转　31 个人撑起一个站

再过一个多月，青岛地铁 3 号线北段将正式"服役"，山东省首条地铁线路终于要闪亮登场。很多好奇的网友给青岛新闻网留言，询问地铁车站是如何运作、试运营期间车站里的工作人员都在干什么。带着这些问题，2015 年 11 月 8 日，青岛新闻网记者来到青岛地铁 3 号线地铁大厦站，在站长刘畅的带领下，为网友揭秘地铁车站的运转流程。

七大岗位串联起运营工作

青岛地铁车站内的岗位有很多，包括站长、值班站长、行车值班员、客运值班员、厅巡岗、站台岗、票亭岗，每个岗位分工明确。青岛地铁 3 号线地铁大厦站站长刘畅告诉青岛新闻网记者："列车运行时段，站务人员全日候为乘坐地铁的乘客服务。运营时间结束后，他们还会有更繁忙的票务营收、设备施工、列车调试等工作任务。"

据刘畅介绍，青岛地铁 3 号线地铁大厦站目前一共有 31 名站务人员，大部分是"90 后"。站务人员轮班上岗工作，平均一班有 7~8 名站务人员同时在岗。这 7~8 名站务人员便要撑起整个车站的运行工作。地铁 3 号线试运行伊始，地铁大厦站的站务人员就正式上岗了。他们严格按照地铁正式运行后的标准来对待试运行，每日准点上班、准点到岗，按时完成当日的工作。此外，还要参加各种培训和演练。所以正式运行前夕，站务人员格外忙碌。城市轨道交通客运车站站长如图 4-3 所示。

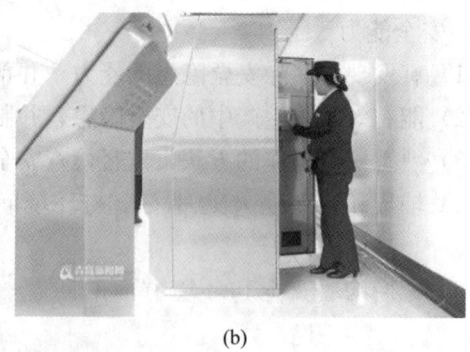

(a)　　　　　　　　　　　　　　(b)

图 4-3　城市轨道交通客运车站站长

据刘畅介绍，地铁车站站长是一个兵头将尾的角色，要对整个车站进行全面管理。她每日 8：00 前就要到岗，先参加交接班会，检查站务人员仪容，对当日工作做好安排。8：30 左右，她要到车站的各个角落巡查硬件损伤、卫生情况等。巡查结束后，站长还要作汇报、总结等工作。

值班站长的职责是组织当班的客运服务工作，及时处理站内外发生的紧急情况。地铁大厦站车辆控制室内，行车值班员紧盯电脑屏幕，查看进站列车的上下客情况。行车值班员是地铁车站内很重要的一个岗位，职责是在车辆控制室内通过监控设备，监视车站站厅层及站台层的实时情况，及时发现列车车门夹人、夹物等紧急情况，并随时上报。

在地铁大厦站自动售票处,一位客运值班员在对TVM进行例行检查,确保售票机正常运行。客运值班员的职责是参与组织车站的票务营收工作,按时对车站内的票务设备设施进行检查、报修,及时处理TVM卡币、卡票等应急情况,确保票务工作有序开展。地铁大厦站站台层上,一名站台岗站务员站在安全门边,准备接车。站台岗工作人员在运营时间内,时刻在岗,主要负责站台的安全巡视、接发列车和乘客服务。青岛地铁3号线每个车站的站台上都有两名站台岗工作人员,列车上下行时均需立岗接车。在青岛地铁3号线地铁大厦站客服中心,一名站务员站在自己的岗位上。票亭岗是与乘客直接接触的岗位,主要职责是处理乘客事务,为乘客提供咨询服务,兼顾部分票务工作等。

——青岛新闻网 2015年11月9日

三、任务实施

工作任务:城市轨道交通客运车站站长。

制作PPT,以小组为单位进行城市轨道交通客运车站站长岗位的讨论,并结合实际学习如何掌握城市轨道交通客运车站站长职责及作业程序、能力要求。

四、任务评价

城市轨道交通客运车站站长任务评价表如表4-2所示。

表4-2 城市轨道交通客运车站站长任务评价表

项目任务		城市轨道交通客运车站站长		
班级		姓名		评价时间	

考核内容			
考核项目	考核标准	分值(分)	得分(分)
车站站长	清晰复述城市轨道交通客运车站站长岗位介绍	10	
车站站长职责及能力要求	以小组为单位进行城市轨道交通客运车站站长岗位职责讨论	20	
	以小组为单位进行城市轨道交通客运车站站长能力要求讨论	20	
制作内容	制作能清晰展示的PPT	15	
	要求类型分析图形准确,文字流畅	15	
	做到业务分析熟练、图文并茂	20	
指导教师意见:				

说明:1. 建议采用四级评分制(如90%~100%,80%~90%,60%~80%,60%以下);
      2. 主要采用小组互评的方式进行评价,教师最后进行参考评分

任务二　城市轨道交通客运车站值班站长

一、任务导入

值班站长在车站站长领导下，负责本班组当班期间内站务人员的管理，监控当班期间的车站行车、票务、服务等工作，以保障车站的正常运作。通过学习值班站长岗位介绍，掌握值班站长岗位职责及作业程序，了解值班站长岗位能力要求。

二、知识准备

（一）值班站长岗位介绍

站长是车站的全面管理责任人，而值班站长仅负责其当班期间的车站管理工作。在车站站长领导下，负责对当班期间本班组内站务人员的管理，监控当班期间的车站行车、票务、服务等工作，以保障车站的正常运作。

值班站长的工作作息，一般采用四班两运转（白、夜、休、休）模式，也有个别城市轨道交通客运车站采用三班两运转（中、早、休）模式。城市轨道交通客运车站需要 24 小时值班工作，白天车站主要以对外乘客服务为主，夜间除了进行部分时段的乘客服务工作外，运营结束后还需要配合施工作业人员施工，进行票款清点以及次日运营前的准备工作等。

（二）值班站长岗位职责

1. 负责本班组的行车作业管理

掌握列车运行情况，安排本班次车站行车组织工作，检查和监督行车组织的作业关键点。

2. 做好本班组的车站票务管理

（1）加强票务管理，负责本班组车站的车票现金安全及票款的解行。

（2）检查、监督本班次票务流程的执行情况和票务系统的运作情况。

（3）处理票务紧急情况及乘客票务纠纷，并及时上报相关部门或单位。

（4）做好票务管理相关通知、规定的传达、监督执行和检查。

3. 严格执行车站巡视制度

（1）根据实际情况制定车站的巡视时间，并按要求定时巡视。

（2）在巡视过程中，全权负责监督车站内部员工标准化作业的执行情况，并密切注意出入口情况及公共区各种设备的运作情况，乘客的动态，线路、施工场所是否有异常，设备区内管理用房是否按规定管理、使用等，并将具体情况记录在登记本上。

（3）在巡视中发现问题，如能够立即处理的应立即做出处理。

4. 灵活有效地做好服务管理

（1）负责监控当班整体服务工作，巡视并检查当班员工在语言、形体、着装等方面是否符合服务标准，指正员工服务工作不足，确保本班服务质量。

（2）要快速赶到现场处理乘客问题，如接到通知后预计不能及时赶到，必须马上安排有能力处理的员工代理。

（3）根据车站客流变化、设施运转情况，及时解决好客流引导、乘客排队购票等服务问题。

（4）以礼为先、客观、公平、公正处理乘客投诉或纠纷等事务。

5. 严格做好生产安全控制

（1）认真落实车站安全管理职责，具体落实为每日工作标准。

（2）及时对生产组织、设施设备安全隐患进行报告和有效处理。

6. 车站施工管理

负责当班期间监控和管理站内的施工安全和防护。

7. 认真履行与其他班次交接班手续

（1）核对交接事项，对于突发事件或特殊情况，严格做好记录和传达。

（2）对上一班次记录问题要及时跟进和处理。

8. 认真执行突发问题应急处理程序

面对突发、紧急情况，组织全站员工按要求逐项处理，担任现场负责人，负责恢复车站正常运作；对发生问题要反馈及时，处理得当。城市轨道交通客运车站值班站长如图 4-4 所示。

(a)　　　　　　　　　　　　　　(b)

图 4-4　城市轨道交通客运车站值班站长

（三）值班站长作业程序

车站值班站长作业程序如表 4-3 所示。

表 4-3　车站值班站长作业程序

时间	作业内容	备注
班前时间	1. 上岗前到车控室签到，进行班前巡视并与前一班值班站长进行交接； 2. 检查、清点钥匙、行车备品、对讲设备以及文书、票据等备品； 3. 认真检查相关台账内容并做好交接； 4. 检查文件、通知、电子邮件，核实上一班完成或未完成的工作，在接班中模糊、有疑点的问题要问清楚； 5. 完成交接后要在"值班站长日志"上签名。签名后如出现因交接不清导致的问题由接班值班站长负责	

续表

时间	作业内容	备注
班中时间	1. 安排好各岗位的工作。突发事件、事故发生时及时到现场了解清楚后处理，需要时报告行调，并按信息汇报程序向站长及上级领导汇报。 2. 巡站： （1）按要求巡视车站（一般每次间隔不得超过 2 小时），检查、指导各岗位的工作，及时帮助各岗位完成工作任务； （2）巡视检查各岗位工作情况，落实"两纪一化"和确保各岗位职责的执行，填写相关台账，做好本班组的考核记录和考核工作。 3. 四检查： （1）检查边门进出及登记情况； （2）检查行车值班员等台账是否漏填，检查本班票务工作，审核上一班报表； （3）检查指导安全、行车、票务、乘客服务工作； （4）早班车到站前 20 分钟巡视全站，重点检查站台及车站轨行区。 4. 八注意： （1）按要求处理好车站工作和当班事务并做好记录，属于本班处理工作不留到下一班； （2）做好车站员工的班后总结、文件学习和培训工作； （3）整理文档，做好车站内务工作，监督文明办公和车站卫生，监督其他部门员工在车站的工作情况； （4）整理总结本班工作，有条理地记录需交接的事项，做到不漏项。对一些需下一班完成的工作和注意事项要重点注明； （5）下班前与接班值班站长进行工作交接，交接清楚、完整后签名； （6）交代好日班施工及晚班施工的注意事项； （7）督促保洁做好站台、站厅、出入口等卫生工作； （8）及时与驻站公安进沟通和协调，互通有无，信息共享	
班后时间	1. 做好本班的班后总结，组织本班员工学习文件，开展培训和演练； 2. 检查本班所填写的台账； 3. 组织召开班后总结会，到车控室在"车站工作人员签到簿"上签名下班	

（四）值班站长具备能力要求

1. 安全能力

（1）有发现和消除安全隐患的能力，并帮助和辅导班组成员处理安全问题。

（2）能有效发现生产中的安全隐患，并制定防范措施。

（3）熟悉安全操作的方法，监督检查安全规章的执行。

（4）辅导和培训他人处理安全与环境问题，帮助本班组员工采取适当的安全防范措施。

（5）定期沟通安全和环境方面的问题，并将解决安全问题作为需要优先考虑的事情。

2. 管理能力

（1）在组织本班组正常运作实现既定目标的同时，能关注本班组员工的绩效及个人发展。

（2）能够描述当前班组的构成情况，并评价每一班组成员才能、工作风格及贡献。

（3）向下属分配工作时，清晰地解释工作的目标及其逻辑关系。

（4）比较清晰地界定班组成员的优点和局限，能给予必要的关注与指导。

3. 服务能力

（1）当班期间关注乘客满意度，能够发现服务差距，定期反馈和沟通。

(2) 能够描述出在保持乘客满意度方面的成功范例。
(3) 组织并实施乘客满意度相关问题与要求的讨论。
(4) 能够识别乘客期望与实际服务水平之间的差距。

4. 抗压能力
(1) 在各种较大的压力环境下能保持冷静，专注于工作。
(2) 能灵活运用各种手段，缓解外界压力。
(3) 面对他人的愤怒或失控，或面对投诉和抱怨时保持冷静。
(4) 在时限迫近的时候仍保持效率。

5. 流程管理能力
(1) 对车站运作的各模块业务流程、各个环节及存在的问题有所认识。
(2) 能够分析和描述工作流程的关键点所在。
(3) 对员工在业务流程中的瓶颈，提出改善方案。

【实例链接】

某城市轨道交通客运车站值班站长一日工作流程如表4-4所示。

表4-4 某城市轨道交通客运车站值班站长一日工作流程

时间	工作流程
8：40	到站签到，换好制服，和夜班值班站长在车控室先进行口头上的交接
8：50—9：10	准时到达会议室，夜班值班站长组织交接班会议，传达重点事项，白班值站长布置白班培训、检查当班人员是否到岗以及仪容仪表
9：10—11：00	1. 对前面班组打印的文件进行传阅，确保当班人员及时签阅。 2. 确定白班巡站人员（每2小时一次）。 3. 监督行车值班员的行车工作、施工请销点工作以及其他岗位的在岗情况。 4. 查阅车站办公软件、邮箱信息，有信息及时记录。 5. 对车站出入口、站台、站厅、设备区进行巡视，发现问题及时记录并汇报，做好消防/综合安全巡查记录
11：00—13：00	顶替行车值班员、站务员吃饭以及自己吃午饭
13：00—15：00	1. 完成每周本日固定上交的表格。 2. 完成本日上级下发需要完成的文件。 3. 对车站出入口、站台、站厅、设备区进行巡视，发现问题及时记录并汇报，做好消防/综合安全巡查记录
15：00—17：00	1. 根据本周培训周计划，安排相关知识较扎实的人员对其他人员进行任务、规章文本的学习。 2. 随机对当班人员进行规章抽问，并在"值班站长日志簿"中体现
17：00—19：00	顶替行车值班员、站务员吃饭以及自己吃晚饭
19：00—19：40	1. 检查白班相关台账的填写情况。 2. 对车站出入口、站台、站厅、设备区进行巡视，发现问题及时记录并汇报，做好消防/综合安全巡查记录
19：40—19：50	和夜班接班值班站长在车控室进行口头上的交接

续表

时间	工作流程
19：50—20：10	所有人员（除车控室留一名白班行车值班员）到会议室，由白班值班站长组织召开交接班会议，就一日工作内容以及当班作业完成情况进行总结。未完成事项传达给接班班组，重要事项传达至夜班班组，并由夜班班组进行再传达，确保所有班组知晓
20：10—24：00	完成票务收机、清点等工作
24：00—次日 4：00	1. 组织除行车值班员、站台岗以外的其他人员进行本日桌面/跑位演练，做好各岗位情况的观察。 2. 完成本日桌面/跑位演练报告和参加人员的演练个人记录表。 3. 协助、监督行车值班员做好施工的请销点登记，并进行车站巡查
次日 4：00—次日 5：00	接行调调令，进行车站运营前检查，并填写车站运营前安全检查记录簿
次日 7：00—次日 8：30	1. 检查夜班相关台账的填写情况。 2. 组织对各房间卫生进行打扫

三、任务实施

工作任务：城市轨道交通客运车站值班站长

制作 PPT，以小组为单位进行城市轨道交通客运车站值班站长岗位的讨论，并结合实际学习如何掌握城市轨道交通客运车站值班站长职责及作业程序、能力要求。

四、任务评价

城市轨道交通客运车站值班站长任务评价表如表 4-5 所示。

表 4-5　城市轨道交通客运车站值班站长任务评价表

项目任务	城市轨道交通客运车站值班站长		
班级		姓名		评价时间	
考核内容			
考核项目	考核标准	分值（分）	得分（分）
值班站长岗位及职责	清晰复述城市轨道交通客运车站值班站长岗位介绍及职责	20	
值班站长作业程序及能力要求	以小组为单位进行城市轨道交通客运车站值班站长能力要求讨论	10	
	结合实际讨论如何执行城市轨道交通客运车站值班站长作业程序	20	
制作内容	制作能清晰展示的 PPT	15	
	要求类型分析图形准确，文字流畅	15	
	做到业务分析熟练、图文并茂	20	

指导教师意见：

说明：1. 建议采用四级评分制（如 90%~100%，80%~90%，60%~80%，60% 以下）；
　　　2. 主要采用小组互评的方式进行评价，教师最后进行参考评分

任务三 城市轨道交通客运车站行车值班员

一、任务导入

行车值班员在值班站长的领导下主要负责监控列车运行、设备运转及客流情况，同时负责信号设备故障情况下的车站行车组织和协调。通过学习行车值班员岗位介绍，掌握行车值班员岗位职责及作业程序，了解行车值班员岗位能力要求。

二、知识准备

（一）行车值班员岗位介绍

在值班站长的领导下，主要负责监控列车运行、设备运转及客流情况，同时负责信号设备故障情况下的车站行车组织和协调。

行车值班员的工作作息，一般采用四班两运转（白、夜、休、休）模式。城市轨道交通客运车站行车值班员如图 4-5 所示。

(a)

(b)

图 4-5 城市轨道交通客运车站行车值班员

（二）行车值班员岗位职责

（1）负责车站行车工作。

（2）服从行调指挥，执行行调命令，正确填写行车日志、相关台账；在信号设备正常情况下，严格按列车运行图组织行车，信号设备故障时，按照行调指示，主要负责车站的行车组织、应急处置和协调。

（3）负责车站施工作业登记、施工安全监控等工作。

（4）严格执行作业程序，监控和操作列车自动监控系统（Automatic Train Supervision，ATS）系统、FAS、BAS、IBP 等设备。

（5）控制车站广播，并密切关注闭路电视监控系统（Closed-Circuit Television，

CCTV),实时监视各区域情况。

(6) 负责监控站级 AFC 系统设备运行情况,发现报警提示,及时提醒客运值班员或值班站长。

(7) 保管行车设备备品、保管车站日常钥匙及部分票务钥匙等。

(8) 负责车站设备故障的报修及登记工作。

(9) 负责车站信息的接收及转达等。

(三)行车值班员作业程序

车站行车值班员作业程序如表 4-6 所示。

表 4-6 车站行车值班员作业程序

时间	作业内容
班前时间	1. 上岗前到车控室签到,检查行车备品状态及数量,清点钥匙,填好交接班簿,登记进入 ATS 系统; 2. 认真检查相关台账内容,并做好交接
班中时间	1. 正常情况下监控 ATS 系统和 CCTV; 2. 运营前 30 分钟组织检查线路出清情况并及时报告行调(如红闪灯有无撤除等); 3. 按要求的模式打开环控设备并检查运行情况; 4. 首班载客列车到达前 15 分钟打开车站照明,与客运值班员联系,确认 AFC 系统设备、电扶梯已开启; 5. 全面负责车站行车组织、负责车站广播播放、文件收发; 6. 做好各项施工请销点登记手续,做好施工和工程车开行的安全防护措施; 7. 检查、管理对讲机、应急灯、红闪灯等需要充电设备的充电情况; 8. 末班车开出前 5 分钟通知客运值班员关闭 TVM、进站闸机;客服中心站务员停止兑零和售票工作,并做好广播; 9. 末班车开出后按时广播,关闭一般照明、广告照明、协助值班站长清客关站; 10. 做好车站的钥匙借出、使用登记手续; 11. 发生突发事件时第一时间内报告 OCC 行调和值班站长,并按指示逐步处理
班后时间	1. 检查相关台账是否漏填、错填,做好交接班; 2. 注销退出 ATS 系统,在"车站工作人员签到簿"上签名下班

(四)行车值班员具备能力要求

1. 安全能力

关注达成结果的过程与因素,寻求提高质量效率的方法。

2. 流程管理能力

(1) 熟知与自己工作相关的操作标准和程序。

(2) 清晰明确地解释自己的工作流程。

(3) 能够分析和描述车站行车组织工作流程的关键点所在。

3. 抗压能力

(1) 在各种较大的压力环境下能保持冷静,专注于工作。

(2) 在困境中沉着应对,控制好情绪。

【媒体链接】

地铁行车值班员：上班的每一分钟都在接收、处理信息，不能有一丝差错！

地铁行车值班员，对大多数市民来说，都是陌生的。他们每日目不转睛地盯着控制台，密切关注着进站的每一趟列车；他们每日接几十次电话，每一分钟都在接收、处理信息，为车站运营安全保驾护航。透过车站控制室的玻璃窗，看着每日来来往往的乘客，心中就多了一份责任。

我叫吕赟，是大连地铁西安路站的一名行车值班员，我的工作内容，简单来说，就是与地铁行车有关的一切工作，如图4-6所示。

(a)   (b)

图4-6　大连地铁西安路站行车值班员吕赟

我们一上班就坐在乘客看不到的大玻璃里面，很多人都好奇大玻璃内的人都在干什么，除了每日监控着列车的运行情况和车站所有设备的使用情况，乘客们直接能够感受到的就是，遇到突发事件时我们会及时处理并播放广播安抚乘客情绪；乘客丢失物品或者与家人走散时都是我们与各车站联系，挨个车站寻找；如果有需要特殊照顾的乘客，也是我们与乘客到达车站联系，再通知站务人员做好接应……简单来说，行车值班员是车站的纽带，是一个"上传下达"的使者。

我们在工作中，不仅要观察车站的情况、乘客的情况，同样也需要观察每位同事的做事风格和习惯，了解大家的做事风格，彼此了解，才能更好地配合，才能在各岗位间相互协调，有效地避免事故的发生。

——搜狐网　2017年12月20日

三、任务实施

工作任务：城市轨道交通客运车站行车值班员。

制作PPT，以小组为单位进行城市轨道交通客运车站行车值班员岗位的讨论，并结合实际学习如何掌握城市轨道交通客运车站行车值班员职责及作业程序、能力要求。

四、任务评价

城市轨道交通客运车站行车值班员任务评价表如表4-7所示。

表 4-7 城市轨道交通客运车站行车值班员任务评价表

项目任务	城市轨道交通客运车站行车值班员			
班级		姓名		评价时间
考核内容				
考核项目	考核标准		分值（分）	得分（分）
车站行车值班员岗位及职责	清晰复述城市轨道交通客运车站行车值班员岗位介绍及职责		20	
车站行车值班员作业程序及能力要求	以小组为单位进行城市轨道交通客运车站行车值班员能力要求讨论		10	
	结合实际讨论如何执行城市轨道交通客运车站行车值班员作业程序		20	
制作内容	制作能清晰展示的PPT		15	
	要求类型分析图形准确，文字流畅		15	
	做到业务分析熟练、图文并茂		20	

指导教师意见：

说明：1. 建议采用四级评分制（如90%～100%，80%～90%，60%～80%，60%以下）；
　　　2. 主要采用小组互评的方式进行评价，教师最后进行参考评分

任务四　城市轨道交通客运车站客运值班员

一、任务导入

客运值班员在值班站长的领导下，主要负责车站票务、服务，同时负责设备故障情况下的客流组织、应急处置和协调。通过学习客运值班员岗位介绍，掌握客运值班员岗位职责及作业程序，了解客运值班员岗位能力要求。

二、知识准备

（一）客运值班员岗位介绍

在值班站长的领导下，客运值班员主要负责车站票务、服务，同时负责设备故障情况下的客流组织、应急处置和协调。根据车站业务分工，部分城市地铁运营单位对车站的票务汇总处理工作设置专人处理，即由客运值班员来完成，也有部分城市地铁运营单位将此部分工作纳入值班站长的工作范畴内，由值班站长来完成车站的票务汇总处理工作，而不单独设岗。

客运值班员的工作作息，一般采用四班两运转（白、夜、休、休）模式。

（二）客运值班员岗位职责

（1）及时将相关数据输入票务系统，及时填写、上交报表。

（2）做好售票员的票款配备和结算工作。

(3) 巡视车站，监督指导客运及票务工作，检查售票员工作情况，进行必要的复核，监督票务政策的执行。

(4) 协助值班站长做好车站客流组织与控制，处理相关客运、票务、乘客事务、票务设备故障的报修及失物处理、乘客投诉等工作。

(5) 保持 AFC 系统票务室及客服中心整洁，并检查是否有车票、现金遗漏，检查发票使用情况。

(6) 协助值班站长处理车站内务。

(7) 按程序及值班站长指示开关站，运营结束后更换钱箱、票箱，回收闸机，清点后将相关数据录入票务；填写报表，按要求封装车票、现金；在规定的解行时间内做好解行工作。

(8) 遇突发事件、事故时，根据值班站长指示执行相应的应急处理程序。

（三）客运值班员作业程序

城市轨道交通客运车站客运值班员作业程序如表 4-8 所示。

表 4-8　城市轨道交通客运车站客运值班员作业程序

时间	作业内容	备注
班前时间	1. 上岗前到车控室签到，检查车票、现金、钥匙、票务设备、备品情况； 2. 认真检查相关台账内容，并做好交接； 3. 检查票务、乘客服务的文件通知是否有要注意的重点工作； 4. 与交班客运值班员交接清楚后签名； 5. 检查上一班的票务报表	
班中时间	1. 审核报表，准时做车站报表、车票申报计划； 2. 检查客服中心站务员工作情况，进行必要的复核、查账、监督票务政策的执行，每班至少详细抽查一次各客服中心的工作； 3. 及时交报表、更换钱箱和票箱、开钱箱、结账，按时完成解行或准备好解行尾箱； 4. 协助值班站长处理车站内务； 5. 巡视车站，检查指导站务员工作； 6. 搞好票务室卫生，交班时与接班客运值班员进行交接； 7. 统计好本班的车票、现金、发票及票务设备备品情况，并在相关台账上记录； 8. 收车后做报表，按要求封好要加封的车票、现金； 9. 运营结束后关闭 AFC 系统设备，检查对讲设备，到客服中心检查电器电源等； 10. 到客服中心检查卫生内务，检查有没有遗漏的车票、现金； 11. 夜班客运值班员开启车站 AFC 系统设备，并对所有 AFC 系统设备进行功能测试； 12. 首班列车到站前 15 分钟前配好票，并检查客服中心服务员到岗情况	
班后时间	1. 签阅文件； 2. 注销退出 SC 系统，到车控室在"车站工作人员签到簿"上签名下班	

（四）客运值班员具备能力要求

1. 安全能力

(1) 掌握并遵守各项安全规章制度。

(2) 掌握基本的安全知识及应急措施。

(3) 以适当的紧迫感应对安全问题。

2. 流程管理能力

(1) 熟知与自己工作相关的操作标准和程序。

(2) 能清晰明确地解释自己的工作流程。

(3) 能够分析和描述车站票务、服务工作流程的关键点所在。

3. 服务能力

(1) 对乘客的困难和期望有一定敏感度，发现和解决一般乘客关注的问题。

(2) 能够关注服务承诺的履行，并保持目标与行动的一致。

(3) 及时对乘客问题进行总结和分析，并采取措施避免出现类似的问题。

(4) 能够为工作失误或客观困难而真诚道歉或表示遗憾。

4. 细节能力

(1) 仔细检查关键信息及工作成果的准确性。

(2) 将信息或沟通的重要细节记录下来以免被丢失或遗忘。

(3) 按照流程和规范处理工作，并能考虑工作当中的细微环节。

5. 抗压能力

(1) 在各种较大的压力环境下能保持冷静，专注于工作。

(2) 避免冲动的行为。

(3) 面对投诉和抱怨时能理性对待。

【媒体链接】

员工风采｜地铁车站正常运作　离不开他们的日夜坚守

地铁车站里的中流砥柱——值班员，车站值班员分为客运值班员与行车值班员。客运值班员。城市轨道交通客运值班员如图 4-7 所示。

(a)

(b)

图 4-7　城市轨道交通客运值班员

他们是票务设备的维护者，票款钱财的大管家。票务室是他们的寄居地，奔走于站厅站台出入口是他们的常态。他们为站务员配发备用金与单程票，修复因故障而暂停服务的票务设备，处置站务员所遇到的难以解决的事务问题，协助值班站长处理车站内的突发事件。

行车值班员，是行车业务的监控者，行车台账的记录人。驻守在茫茫设备环绕的车站控制室，每一次报警铃响，都牵扯着他们敏感的中枢神经。此起彼落的对讲机信号，不可松懈的显示屏，每一趟列车的进出站，每一次的开关车门，CCTV 的监视都不可忽视。

为做好"大比武、大练兵、大演练"活动，全面提升车站值班员应急处置业务水平，近日，市轨道集团运营分公司开展站务序列值班员应急处置技能比武活动，来自客运一部、客运二部的9名参赛选手经过层层选拔同台竞技。城市轨道交通客运车站值班员竞赛如图4-8所示。

(a)

(b)

图4-8 城市轨道交通客运车站值班员竞赛

此次比赛内容以值班员日常重点工作为基础，涵盖"默画线路图""突发事件值班员应急处置""西安地铁线网施工管理规定"三方面知识点，以此考验车站值班员综合业务储备，从而保障地铁行车安全。

一、默画线路图

日常行车过程中如遇紧急情况，常需要人工排列进路及现场施工防护，牢记线路图则有助于站务员快速设置行车进路及现场的安全卡控，确保突发情况下的行车组织安全。

二、突发事件值班员应急处置

车站在发生突发应急事件时，需行车值班员快速响应，在车控室内完成相关应急操作，及时传达现场情况及行调指令，确保运营安全。

三、西安地铁线网施工管理规定

为确保日常施工作业安全，车站值班员需严格按照西安地铁线网施工管理规定，进行施工请销点、施工作业安全卡控等工作，密切监控施工人员作业标准，确保现场不出纰漏。

经过现场激烈角逐，最终来自大雁塔站的李月取得此次应急处置技能比武活动第一名，安远门站的魏向东、李家村站的严宜静分别获得此次比武第二名和第三名的好成绩。

车站值班员岗位责任重大，丰富的业务储备和扎实的经验积累有助于应对在岗期间的各种突发情况。此次活动的开展，积极营造了地铁员工"比学赶帮超"的良好氛围，强化值班员岗位安全责任意识，有力保障地铁平安运营。

——看西安 2020年9月4日

三、任务实施

工作任务：城市轨道交通客运车站客运值班员。

制作PPT，以小组为单位进行城市轨道交通客运车站客运值班员岗位的讨论，并结合实际学习如何掌握城市轨道交通客运车站客运值班员职责及作业程序、能力要求。

四、任务评价

城市轨道交通客运车站客运值班员任务评价表如表4-9所示。

表 4-9　城市轨道交通客运车站客运值班员任务评价表

项目任务		城市轨道交通客运车站客运值班员		
班级		姓名		评价时间
考核内容				
考核项目	考核标准		分值（分）	得分（分）
车站客运值班员岗位及职责	清晰复述城市轨道交通客运车站客运值班员岗位介绍及职责		20	
车站客运值班员作业程序及能力要求	以小组为单位进行城市轨道交通客运车站客运值班员能力要求讨论		10	
	结合实际讨论如何执行城市轨道交通客运车站客运值班员作业程序		20	
制作内容	制作能清晰展示的PPT		15	
	要求类型分析图形准确，文字流畅		15	
	做到业务分析熟练、图文并茂		20	

指导教师意见：

说明：1. 建议采用四级评分制（如90%～100%，80%～90%，60%～80%，60%以下）；
　　　2. 主要采用小组互评的方式进行评价，教师最后进行参考评分。

任务五　城市轨道交通客运车站站务员

一、任务导入

站务员在值班站长的领导下，协助值班员做好站台接发车、站厅巡视和客服中心服务等工作，具体又分为站台岗、客服中心岗、厅巡岗。通过学习站务员岗位介绍，掌握站务员岗位职责及作业程序，了解站务员岗位能力要求。

二、知识准备

（一）站务员岗位介绍

在值班站长的领导下，站务员协助值班员做好站台接发车、站厅巡视和客服中心服务等工作。根据工作具体要求可以分为站台岗（站台）、票亭岗（票亭）、厅巡岗（站厅），在当班期间可以由站长或值班站长根据需要进行灵活调整。

站务员的工作作息，一般采用四班两运转（白、夜、休、休）模式。城市轨道交通客运车站站务员如图4-9所示。

（二）站务员岗位职责

根据车站工作具体要求可以分为站台岗、票亭岗、厅巡岗，各个岗位职责如下：

1. 站台岗站务员职责

（1）巡视站台区域消防设备设施状态，站台门状态，扶梯运行状态，扶梯、站台门等各类安全警示标志的设置情况。

(a)

(b)

图 4-9　城市轨道交通客运车站站务员

（2）发现携带违规物品的乘客时，劝其改乘其他交通工具，并及时报车控室，发现可疑人员和可疑物品及时处置，并报车控室。

（3）在巡视过程中若遇列车进站，须按站台岗接发列车的作业标准接发列车，监视列车运行状态、监控乘客上下车，处理在接发列车过程中发生的突发事件。

（4）巡视站台，对站台候车秩序、卫生和乘客安全负责，确保站台门及以内区域的安全有序。

（5）遇乘客物品掉落轨行区时，立即确认掉落物品是否影响行车安全并报车控室，如影响行车安全立即按压紧急停车按钮，协助值班站长做好拾物工作并做好乘客安抚。

（6）负责维持站台乘客上下车秩序，引导候车乘客按地面指示标志排队候车。

（7）遇突发事件、事故时，根据值班站长指示执行相应的应急处理程序。

2. 票亭岗站务员职责

（1）对待乘客要热心、耐心、细心，做好乘客服务工作。

（2）按"一收、二唱、三操作、四找零"的程序进行作业。

（3）负责车站客服中心当班的售票工作。

（4）保管当班报表、单据、现金、车票、票务钥匙等相关备品，并负责其安全。

（5）完成相应票务报表的填写。

（6）协助处理票务紧急情况。

3. 厅巡岗站务员职责

（1）负责站厅巡视工作，检查电扶梯运行情况，TVM、闸机运作情况等，及时主动向有需要的乘客提供服务。

（2）引导乘客正确操作票务设备。

（3）检查乘客车票的有效性，及时回收乘客遗留车票。

（4）协助处理票务紧急情况。

（5）及时向值班站长、值班员报告异常情况和问题。

（三）站务员作业程序

1. 站台岗站务员作业程序（表 4-10）

表 4-10 站台岗站务员作业程序

时间	作业内容	备注
班前时间	1. 上岗前到车控室签到，由值班站长交代工作注意事项； 2. 领取工作钥匙，领取对讲机，并登记在台账上； 3. 到岗后，检查备品是否齐全完好，与上一班交接完毕向车控室汇报	
班中时间	1. 站台岗来回巡视站台、引导乘客按排队箭头候车、上下车； 2. 按照站台岗作业标准监视列车到发，列车进站时应于扶梯口靠近紧急停车按钮附近站岗，车门即将关闭时，提醒乘客不要冲上车，以防夹伤； 3. 主动疏导聚集在一端的乘客到较空的地方候车，关注乘客动态； 4. 发现站台发生异常情况（包括列车到站时间不正常），影响到车站的正常运作时，马上报车控室，并按指示逐步处理； 5. 接完最后一趟载客列车后，负责将站台乘客清上站厅，并通知厅巡大约人数	
班后时间	1. 与下一班交接班，归还工作备品，并在相应台账上记录； 2. 参加班后总结会； 3. 阅读完当日文件或规章，到车控室在"车站工作人员签到簿"上签名下班	

2. 票亭岗站务员作业程序（表 4-11）

表 4-11 票亭岗站务员作业程序

时间	作业内容	备注
班前时间	1. 上岗前到车控室签到，了解当日工作注意事项和票务、服务通知后，领取对讲机，到票务室领取车票、备用金、钥匙、发票等，并预计车票、备用金、报表等数量是否足够。 2. 早班客服中心站务员在首班列车到站前到客服中心，做好开窗准备： （1）检查对讲设备能否正常使用； （2）检查票务设备、备品的状态、数量（如验钞机、票盒、发票等）； （3）检查客服中心卫生，客服中心外栏杆、立柱的摆设； （4）检查客服中心内有无来历不明的现金、车票； （5）发现异常情况立即报告值班站长或值班员； 3. 开窗售票	
班中时间	1. 工作中注意事项： （1）保持客服中心的整洁，票证、报表、钱袋摆放整齐； （2）当报表、硬币、车票将不足时，提前报客运值班员； （3）锁好门，不能让非当班人员随意进出； （4）严格按"一收、二唱、三操作、四找零"售票作业程序工作； （5）发现站厅异常情况（如乘客携带"三品"，乘客纠纷，老、病、伤、残等特殊乘客进闸等）及时通报相关岗位或车控室。 2. 交班程序： （1）退出 BOM，报告车控室； （2）将抽屉里的钱和车票整理放入票盒； （3）将硬币清理好装回硬币袋； （4）将本班验钞机关掉并拿走； （5）拿走本班的钱袋； （6）回票务室结账。 3. 接班程序： （1）登记进入 BOM； （2）摆放好车票； （3）叠放好一盘硬币，将备用金放入抽屉； （4）将本班验钞机投入使用。 4. 最后一趟载客列车到站前 5 分钟停止兑零、售票； 5. 清站后，摆好"服务停止"牌，并搞好客服中心卫生，整理好客服中心内务； 6. 退出 BOM	

续表

时间	作业内容	备注
班后时间	1. 到票务室结账； 2. 参加班后总结会； 3. 结账完毕到车控室处报到，在"车站工作人员签到簿"上签名下班	

3. 厅巡岗站务员作业程序（表4-12）

表4-12　厅巡站务员作业程序

时间	作业内容	备注
班前时间	1. 上岗前到车控室签到，由值班站长交代工作注意事项； 2. 领取工作钥匙，领取对讲机，并登记在台账上； 3. 带齐工作备品准时到岗，与上一班交接完毕向车控室汇报	
班中时间	1. 引导乘客正确操作AFC系统设备，及时处理AFC系统设备故障，解答乘客咨询，如遇解决不了的问题马上报车控室； 2. 按规定巡视出入口，发现有违反地铁管理条例的行为要制止，巡视后将出入口相关情况报车控室； 3. 按照车站排班要求打扫会议室、站务员室、更衣室，然后到站台顶岗； 4. 按要求更换出闸机票箱； 5. 在上/下行尾班车到站前5分钟在TVM上悬挂相应告示牌； 6. 最后一趟载客列车开出后，负责站厅的清客工作； 7. 关闭车站出入口	
班后时间	1. 与下一班交接班，把工作备品如票务钥匙、通道门匙、扶梯钥匙，对讲机交还车控室行车值班员，并在相应台账上注销； 2. 参加班后总结会； 3. 阅读完当日文件或规章，到车控室在"车站工作人员签到簿"上签名下班	

（四）站务员具备能力要求

1. 安全能力

关注达成结果的过程与因素，寻求提高质量效率的方法。

2. 流程管理能力

（1）熟知与自己工作相关的操作标准和程序。

（2）清晰明确地解释自己的工作流程。

（3）能够分析和描述车站行车组织工作流程的关键点所在。

3. 抗压能力

（1）在各种较大的压力环境下能保持冷静，专注于工作。

（2）在困境中沉着应对，控制好情绪。

【媒体链接】

地铁十二时辰——站务篇

十二时辰是古人将一日分成十二个时辰，每个时辰里饱含着古人对天时、地利、人事的智慧解读，古往今来，当古老的智慧与地铁站务人的一日碰撞时，会产生什么样的火花呢？

卯时·日出（05：00—07：00）在太阳冉冉升起的时刻，旭日东升，光耀大地，石家庄地铁经过一夜的沉淀，也将迎来新一日的运营。临近开站，值班人员动作麻利地完成补币补票、配票款工作，开启设备设施、车站出入口，所有员工准备就位，以饱满的热情开站迎客。

辰时·食时（07：00—09：00）辰时，也是神话群龙行雨之时，这个时间正值上班的高峰期。行车值班员聚精会神盯控ATS系统，保障行车安全；客运值班员熟练处理故障的TVM，保证乘客正常购票；站台上，站务员加强引导，帮助乘客有序上下车，避免客流积压。

巳时·日中（09：00—11：00）接近中午，艳阳高照，一日之中的黄金时期。与今日的白班接班，开交接班会，交代上班未完成事项，强调本班重点事项，并与银行完成上日票款的解行。

午时·隅中（11：00—13：00）正午时分，班组长对当班员工进行每日的培训。票亭岗耐心处理乘客问询等事务，站台接车人员一日上百次的四面转体接车。身在车站的我们虽然错过了此刻的明媚阳光，但过往乘客满意的笑容就是我们眼中最美的风景。

未时·日仄（13：00—15：00）"美人帐中午睡起，钗横鬓亸慵添妆"，客流逐渐退去，车站里的工作人员还在忙碌，有时可能来不及吃午饭就被对讲叫走处理突发状况。

申时·哺时（15：00—17：00）又名日晡，白居易曾写过，"但惜春将晚，宁愁日渐晡。"在夕阳西下之前，抓住一日中这大好时光。在车站中，我们做得最多的就是巡视，及时发现车站存在的隐患，帮助有需要的乘客；为残疾人等弱势群体提供力所能及的帮助，尽最大努力帮乘客找回遗失物。

酉时·日入（17：00—19：00）日入，意为太阳落山之时，日出而作，日入而息。此时，地铁站迎来了这一日的晚高峰，车站加强对站台的监控，同时在出站闸机处做引导服务，为乘客的出行多加一层保障。

戌时·黄昏（19：00—21：00）夕阳无限好，只是近黄昏，大家在这黄昏时段享受着一日当中的惬意时光，地铁站的工作人员也到了交接班的时刻。工作了一日的售票员下班结算，夜班的站务人员将继续为乘客服务。

亥时·人定（21：00—23：00）从此无心爱良夜，任他明月下西楼，地铁运营结束。工作人员关闭电扶梯、垂直电梯等设施，售票机暂停服务，清点钱票后录入系统，行车值班员办理施工请点，漫漫长夜就此开始。

子时·夜半（23：00—次日01：00）子时，意为孕育，此时的天空，黑得纯粹，而我们地铁车站内却是另一番风景，行车值班员依然在坚守着他的岗位，为施工人员进行请销点作业，同时监控着车站设备的运行，是地铁的守夜者。

丑时·鸡鸣（01：00—03：00）愿我如星君如月，夜夜流光相皎洁，丑时，人们在熟睡中，梦却飘向了远方，田野，或是海边。此时车站员工进行培训学习和应急演练，旨在不断提升业务，熟练应对突发事件。

寅时·平旦（03：00—05：00）又称黎明，太阳虽然还未出地平线，但是遥远的天际已显现一线生机，熬过了黑夜，迎来了晨光。行车值班员根据行调的指令，开始准备运营前检查，为新一日的安全运营做准备。

乘客的一纸车票将家与远方连在一起，石家庄地铁人用心在每段旅途中为乘客提供优质服务。十二时辰，周而复始，每一刻都是地铁人的坚守，每一时都是地铁人的奉献，没有轰轰烈烈，只有暖心陪伴。"站好每一班岗，做好每一件事，服务好每一位乘客。"是每一位站务人员的心声，也是向广大乘客的庄严承诺！

——澎湃新闻 2019 年 9 月 16 日

三、任务实施

工作任务：城市轨道交通客运车站站务员

制作 PPT，以小组为单位进行城市轨道交通客运车站站务员岗位的讨论，并结合实际学习如何掌握城市轨道交通客运车站站务员职责及作业程序、能力要求。

四、任务评价

城市轨道交通客运车站站务员任务评价表如表 4-13 所示。

表 4-13 城市轨道交通客运车站站务员任务评价表

项目任务	城市轨道交通客运车站站务员			
班级		姓名	评价时间	
考核内容				
考核项目	考核标准		分值（分）	得分（分）
车站站务员岗位及职责	清晰复述城市轨道交通客运车站站务员岗位介绍及职责		20	
车站站务员作业程序及能力要求	以小组为单位进行城市轨道交通客运车站站务员能力要求讨论		10	
	结合实际讨论如何执行城市轨道交通客运车站站务员作业程序		20	
制作内容	制作能清晰展示的 PPT		15	
	要求类型分析图形准确，文字流畅		15	
	做到业务分析熟练、图文并茂		20	

指导教师意见：

说明：1. 建议采用四级评分制（如 90%～100%，80%～90%，60%～80%，60%以下）；
　　　2. 主要采用小组互评的方式进行评价，教师最后进行参考评分

项目五　城市轨道交通客运车站运作管理

项目背景

城市轨道交通客运车站是为乘客提供乘运服务不可或缺的集散节点和生产单元。本项目对城市轨道交通客运车站管理、日常运作、行车组织、施工管理等制度规定、流程规范、操作规定的系统学习，对于加快加深学生认知客运车站内部运作规律，强化城市轨道交通客运"安全、优质、便捷"服务意识，掌握城市轨道客运车站内部管理规章制度执行要领，提高管理服务能力水平至关重要。

项目任务书

城市轨道交通客运车站运作管理项目任务书如表 5-1 所示。

表 5-1　城市轨道交通客运车站运作管理项目任务书

名称		城市轨道交通客运车站运作管理
学习目标	知识目标	1. 理解城市轨道交通客运车站管理制度； 2. 了解城市轨道交通客运车站日常运作； 3. 掌握城市轨道交通客运车站行车组织； 4. 掌握城市轨道交通客运车站施工管理
	技能目标	1. 具备复述城市轨道交通客运车站有关管理制度的能力，以及城市轨道交通客运车站管理能力； 2. 具备城市轨道交通客运车站日常运作能力； 3. 具备城市轨道交通客运车站行车组织能力； 4. 具备城市轨道交通客运车站施工管理能力
	素质目标	1. 具有良好的社会公德、职业道德和爱岗敬业基本素质，立德树人贯穿课程始终； 2. 具有良好工作态度、严谨细致的专业作风； 3. 具有良好的沟通协调能力、语言表达能力、班组管理能力； 4. 培养团结协作、热情有礼、认真细心、沉着冷静、遇乱不惊的职业素养
学习内容		知识准备：学习任务内容。 任务一：城市轨道交通客运车站管理制度。 工作任务：阐述城市轨道交通客运车站管理制度。 任务二：城市轨道交通客运车站日常运作。 工作任务：阐述城市轨道交通客运车站日常运作。 任务三：城市轨道交通客运车站行车组织。 工作任务：阐述城市轨道交通客运车站行车组织。 任务四：城市轨道交通客运车站施工管理。 工作任务：阐述城市轨道交通客运车站施工管理

续表

名称	城市轨道交通客运车站运作管理
任务实施要求	1. 将授课班级学生分组，5~8人为一个学习团队； 2. 每个学习团队组织学习，进行项目任务分析、任务分配，制定团队工作任务分配表； 3. 资料学习、相关知识准备，完成项目的资讯环节； 4. 现场教学、资源利用，完成项目的实施演练环节； 5. 学习团队讨论，编制项目任务知识点学习计划书； 6. 学习团队现场实践，制订现场实践的实施方案； 7. 学习团队按任务分配表制作项目任务的汇报演讲稿，派代表上台演讲； 8. 制定该项目任务的评价表，考核要素，进行小组互评
任务实施要点	1. 教学资源收集与整理； 2. 确认任务学习的重点与难点； 3. 任务学习计划制订，小组任务分工，汇报PPT制作，小组交流演讲； 4. 学习团队进行讨论，可让教师参与讨论，通过团队合作获取问题的解决
任务拓展	1. 会收集具有国内外领先水平的具有代表性的城市轨道交通客运车站运作管理的资料； 2. 按"准员工"的要求来学习，结合本城市的情况，组织团队成员去现场学习； 3. 能够进行城市轨道交通客运车站运作管理相关资料的查找与整理； 4. 会制作任务书要求的PPT
任务下发人	日期： 年 月 日
任务执行人	日期： 年 月 日

任务一　城市轨道交通客运车站管理制度

一、任务导入

城市轨道交通客运车站需要建立一套严密、规范、完整的车站管理制度，以保障城市轨道交通客运车站正常运营秩序，更为有效地服务乘客。其中包括排班制度、交接班制度、车站钥匙管理制度、文件管理制度、车站控制室管理制度等相关管理制度，通过学习城市轨道交通客运车站管理制度，理解车站运行管理相关规定，掌握车站内部管理规范。

二、知识准备

（一）排班制度

城市轨道交通客运车站基本是24小时作业，运营期间是运输乘客，非运营期间需要进行设备设施保养、维修等施工作业。因此，按照工作需要，对车站岗位实行定岗定员，一般采用轮班制，车站人员根据排班表的安排上岗。排班时要注意符合国家劳动法相关规定要求，采用综合工时制计算，每月要确保员工休息时间符合国家规定。车站车控室24小时有人值守。城市轨道交通客运车站值班员如图5-1所示。

1. 相关概念

（1）工作时间。

工作时间又称劳动时间，是指法律规定的劳动者在一昼夜和一周内从事劳动的时间。工作时间的长度由法律直接规定，或由集体合同或劳动合同直接规定。劳动者或用人单位若不遵守工作时间的规定或约定，则要承担相应的法律责任。

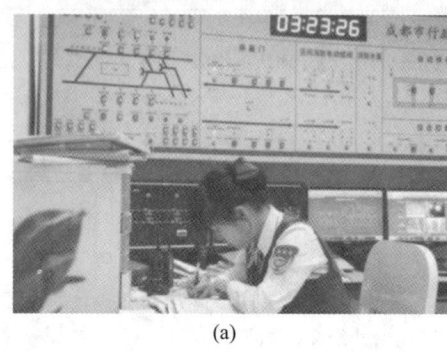
(a)

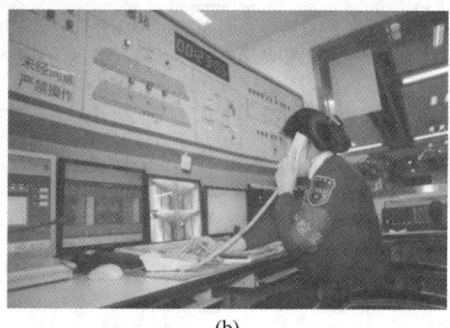
(b)

图 5-1　城市轨道交通客运车站值班员

（2）标准工时制。

标准工时制是指在法律规定的一般情况下统一实行的标准长度工作时间。在我国，标准工作时间为每日工作 8 小时、每周工作 5 天共 40 小时。《中华人民共和国劳动法》规定劳动者每日工作时间不超过 8 小时，平均每周工作时间不超过 44 小时。用人单位应当保证劳动者每周至少休息一日。

（3）综合工时制。

综合工时制是指分别以周、月、季、年等为周期，综合计算工作时间，但其平均工作日时间和平均周工作时间应与法定标准工作时间基本相同。

2. 排班原则

为了使城市轨道交通客运车站排班更加规范化、合理化，通常车站在排班过程中应遵循以下原则：

（1）遵守国家相关法律法规，按照公司相关规定进行排班。

（2）充分考虑车站情况、岗位设置、人员配置情况、运营服务时间等因素组织排班。

（3）保证工作时间和休息时间的最优结合，轮班时间应均匀，倒班时有足够的休息时间，出退勤时间要固定明确。

（4）结合员工上一周期末的工时累计超缺情况，以及本周期的标准工时进行合理排班。上周期末累计超工时或缺工时的，应及时安排调休或补班。

（5）保证早、晚高峰等客流较大时段在岗人员充足，平峰期人员适度减少，以精简人员、提高效率。

3. 排班方式

目前，国内各城市轨道交通客运车站的排班方式有多种，下面介绍其中四种。

（1）四班两运转。

四班两运转，指在城市轨道交通运营企业不间断生产运作中，把全部员工分为四个班组，各班组按照白班、夜班、休息、休息的顺序依次轮流上班，四天为一个周期。这个排班方式是大多数城市轨道交通运营企业常用排班方式。

（2）四班三运转。

四班三运转，指在城市轨道交通运营企业不间断生产运作中，把全部员工分为四个班组,各班组按照早班、中班、夜班、休息的顺序依次轮流上班,四天为一个周期。

(3) 五班三运转。

五班三运转,指在城市轨道交通运营企业不间断生产运作中,把全部员工分为五个班组,各班组按照早班、中班、夜班、休息、休息的顺序依次轮流上班,五天为一个周期。

(4) 六班四运转。

六班四运转,指在城市轨道交通运营企业不间断生产运作中,把全部员工分为六个班组,各班组按照早班、早班、中班、夜班、休息、休息或者早班、早班、中班、中班、休息、休息的顺序依次轮流上班,六天为一个周期。

(二) 交接班制度

城市轨道交通客运车站交接班制度是为了保证车站各组班工作之间的连续性,在交班和接班之间所建立起来的一种工作制度,是一种规范车站班组交接管理,清晰、明确的交接班制度,明确交接班原则、内容,清晰阐述双方责任和权利,有助于提高城市轨道交通运营企业员工的工作效率和工作责任心,促使员工养成良好的职业习惯,确保运营生产稳定、连续、安全运行。疫情期间城市轨道交通客运车站站务员交接班场景如图5-2所示。

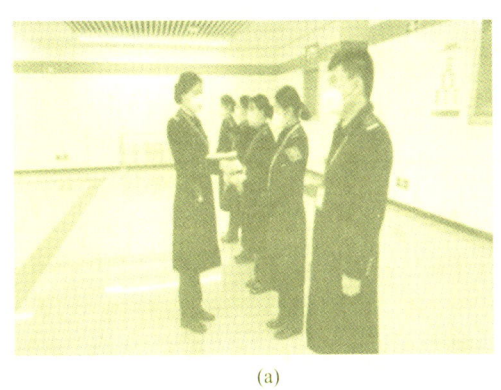
(a)

(b)

图5-2 疫情期间城市轨道交通客运车站站务员交接班场景

1. 交接班原则

(1) 清楚明了、重点突出,尽可能做到接班人员能从"值班人员登记表"中清楚了解上一班工作情况,重要事项不得遗漏并交接清楚,一般事务则简明扼要。

(2) 在交接班时发生的问题由交班人员负责,接班人员协助处理。

(3) 交接完毕,交接双方签认后出现因交接不清而产生的问题时由接班人员负责;如交班事项有遗漏而产生的问题由交班人负责。

(4) 班中会议内容。

①根据本日运营计划及设备维修施工计划等布置本班工作并做好预想工作。

②根据车站客流和设备状况做好防范措施。

③传达学习上级有关文件及指示精神。

④落实培训或演练工作及其他相关要求。

2. 各岗位交接班内容

某城市轨道交通运营企业车站各岗位交接班内容如表5-2所示。

表 5-2 某城市轨道交通运营企业车站各岗位交接班内容

序号	岗位	交接内容	不允许交接班的情况	备注
1	值班站长	岗位人员情况；车站设备设施、工器具、备品状态；钥匙、备品借用情况、列车运行情况；车站施工情况；车站票务工作；消防设施情况；核实上一班完成或未完成的工作；其他需特别说明的情况	（1）因设备故障按站间电话闭塞法办理行车使用路票等书面凭证尚未交付司机时不交。 （2）遇信号设备发生故障需人工准备进路进行折返作业，列车尚未进入上行（下行）站台停安时不交。 （3）一次折返作业未完成不交。 （4）一次票务纠纷未处理完不交。 （5）设备、备品、票据、钱款等不清不交。 （6）遇设备故障等影响车站正常运营时不交。 （7）接班人员未到岗时不交。 （8）岗位卫生不洁不交	组织班前会
2	行车值班员	进路开通及信号设备工作状态；车站控制室 SC 系统、安防系统（CCTV、门禁等）、广播系统、电话系统、PIS、ISCS、FAS 等的运行情况；列车运行情况；车站设备设施、工器具、备品状态；行车备品情况（数量及状态），钥匙、备品借用情况；车站施工情况；消防设施情况；核实上一班完成或未完成的工作；其他需特别说明的情况		
3	客运值班员	AFC 系统设备、AFC 系统钥匙、工器具、备品备件及对讲设备情况；备用金、票款及车票数量；发票数量；核对票务报表；其他需特别说明的情况		
4	站务员（票亭岗）	票务备品、工器具及对讲设备；钥匙（客服中心钥匙、BOM 现金屉钥匙、边门钥匙等）；登录 BOM，检查 BOM 状态；其他需特别说明的情况		
5	站务员（厅巡岗）	对讲设备及钥匙（AFC 系统票务钥匙、自动扶梯钥匙等）；设备、设施状况；其他需特别说明的情况		

（三）车站钥匙管理制度

车站的结构布局通常比较复杂，设置数间设备房间用于满足正常的需要。为了保障设备正常运行，防止其他闲杂人员进入，通常都有严格的专人负责、专人锁门的管理要求。日常工作中设备维修人员及设备使用人员经常需要进出设备房间，因此要保证车站设备房间的钥匙正常、良好。车站任何房间的开启需要经车站同意，由使用人员向车站借用钥匙，用完及时归还记录。城市轨道交通客运车站控制室钥匙牌保管箱如图 5-3 所示。

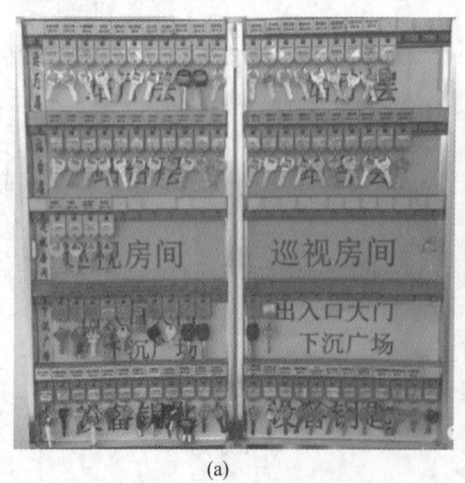
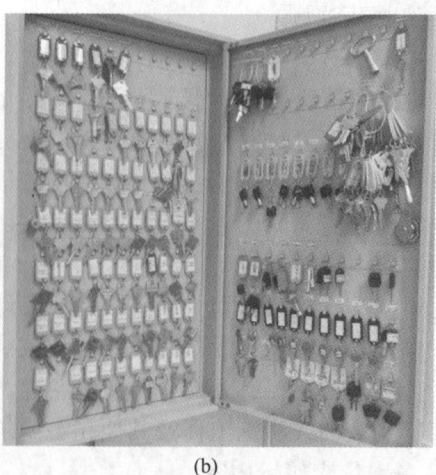

(a)　　　　　　　　　　　　(b)

图 5-3　城市轨道交通客运车站控制室钥匙牌保管箱

1. 车站钥匙保管要求

车站钥匙由站长统一管理。日常使用钥匙存放于车站控制室由行车值班员负责交接、保管,备用钥匙存放于站长室,由当班值班站长管理,交接班时应确认钥匙良好、齐全。

2. 车站钥匙的使用管理规定

(1) 站长室存放的钥匙仅供特殊情况下借用。

(2) 运营分公司员工凭员工卡到车站控制室办理借用手续,经行车值班员同意后在"车站钥匙借用登记簿"上登记予以发放,车站钥匙的借/还均由行车值班员办理。每次借出、归还都要在"车站钥匙借用登记簿"上登记。

(3) 车站钥匙只能借给该设备或房间所属专业的运营分公司员工,非本专业人员或外单位人员需借用钥匙时,必须由运营分公司相关专业人员办理借用、归还手续。借出的钥匙不得带离车站,用完立即归还并在"车站钥匙借用登记簿"上注销。

(4) 借用钥匙的人员不得将钥匙转借给非本专业或外单位人员使用。借用的钥匙需妥善保管,若出现遗失、损坏、状态不良等情况时,按车站钥匙管理办法有关要求及时做好相应处理。

(5) 调出、辞职员工须归还所有领用的钥匙。

(6) 车站钥匙借用的其他要求、票务钥匙借用按照相关要求执行。

3. 车站钥匙借用/归还程序

(1) 在车站控制室填写"车站钥匙借用登记簿"。

(2) 行车值班员签认,并发放钥匙。

(3) 归还时在"车站钥匙借用登记簿"归还栏填写。

(4) 行车值班员收回钥匙检查状态后签认。

(四)文件管理制度

文件是城市轨道交通车站日常管理中涉及内容最多的一项,也是生产信息传递的重要形式。为规范车站文件的分类、归档、更新以及保管和使用等内容,城市轨道交通客运车站通常设置专门规章制度,由车站人员负责分类、归档管理等工作。城市轨道交通客运车站控制室文件箱如图5-4所示。

(a)   (b)

图5-4 城市轨道交通客运车站控制室文件箱

（1）当班值班站长或行车值班员负责下载当日部门下发的文件，重要文件进行打印并交站长批示处理。

（2）需全员阅知的文件要求在一周内传阅完毕，站长或值班站长对每班员工传阅文件的学习情况进行跟踪，对没有在规定时间内学习文件的员工进行考核。

（3）文件归档要求。

①车站指定专人负责文件分类、归档管理工作。

②属于规章、规定或长期使用的文件，须按照文件分类表进行分类，并存档至相应文件盒内，填写卷内目录索引，并用铅笔在文件右上角注明序号，便于查找。其他属于时效性通知（如会议、推迟考试、培训等通知）无须归档，处理完毕后统一存放至"已处理文件盒"，某城市轨道交通运营企业车站文件分类如表5-3所示。

表5-3　某城市轨道交通运营企业车站文件分类

序号	类别	文件内容	备注
1	安全管理文件	安全管理类文件、安全分析通报、各级安全检查通报、其他安全相关通知、运行图通知等	
2	演练管理文件	运营分公司、部、室下发的演练评估总结、计划、演练相关的文件	
3	客运管理文件	客服月度分析报告、客服相关文件等	
4	票务管理文件	各类票务违章事件分析、票务管理类文件、票务违章违纪通报等	
5	培训管理文件	培训类相关文件、培训计划、培训总结、培训教材、技术比武相关资料、保安保洁培训记录及资料等	各类事故及事件的学习（含记录）
6	设备设施管理文件	物资类文件、车站导向及其他服务设备设施文件、规范等	
7	人事管理文件	各类人事制度、相关人事通报及通知等	
8	综合管理文件	车务工作分析报告及其他综合文件、各级会议纪要、管理类通报等	
9	党群宣传文件	党、团等各类文件，计划生育及工会通知等	

某城市轨道交通运营企业车站卷内目录索引如表5-4所示。

表5-4　某城市轨道交通运营企业车站卷内目录索引

序号	来文日期	文号	名称	归档日期
1	2021年1月9日	车务部〔2021〕1号	《关于加强关站清客作业标准的通知》	2021年1月11日
2	2021年2月10日	车务部〔2021〕2号	《关于环境卫生专项检查问题的通报》	2021年2月12日
3	2021年4月4日	车务部〔2021〕3号	《关于规范母婴室清洁及管理要求的通知》	2021年4月7日
4	2021年5月28日	车务部〔2021〕4号	《关于明确特殊人群乘车服务要求的通知》	2021年5月30日
……	……	……	……	……
……	……	……	……	……
n	……	……	……	……

(五)车站控制室管理制度

车站控制室是车站的行车重地、车站的信息收发中转中心及车站相关重要设备、设施的集中地,必须严格管理。启用的车站控制室是 24 小时值守的重要场地。因工作原因进入车站控制室必须携带有效证件并说明原因,车站控制室的值班人员(行车值班员)作为车站控制室的主要负责人,必须负责好车站控制室运行安全。某城市轨道交通客运车站控制室如图 5-5 所示。

图 5-5 某城市轨道交通客运车站控制室

(1)车站控制室门应保持关闭状态。

(2)应保持车站控制室内安静,不得喧哗,确保工作的有序进行。

(3)除当班值班站长外,其他工作人员因非工作原因不得随意进出车站控制室;其他人员在未经车站控制室内行车值班员允许情况下,一律不准擅自进入车站控制室,且进入车站控制室之前需填写"车站控制室出入登记表"。

(4)为避免影响行车值班员的工作,确保行车作业的安全,因工作需要,如遇突发事件,行车值班员有权拒绝其他人员进入车站控制室的请求或限制进入车站控制室的人数。

(5)行车值班员在车站控制室内为施工人员办理施工登记。

(6)未经行车值班员准许,严禁擅自动用任何设备。

(7)不得进行对行车安全造成隐患的工作或举动。

(8)不得与当班人员聊天,打扰行车值班员的工作,做与工作无关的事情。

(9)未经值班站长准许,不得在车站控制室内拍照、复制或带走任何文件。

(10)关于车站控制室值班人员(行车值班员)的工作规定要求。

①应保持良好的精神状态,精神集中,坐姿端正。不得做与工作无关的事情,如聊天、吃东西、玩手机等或将与工作无关的物品(书刊、报纸、音像制品等)带入车站控制室。

②行车值班员为车站控制室当班卫生负责人,应随时保持车站控制室的干净整洁,物品摆放整齐有序。

③因工作需要(如处理突发事件)或发现其他进入车站控制室的人员有危及运营安全或干扰行车值班员工作时,有权责令其立即离开车站控制室。

【实例链接】

各地铁车站排班模式

排班模式主要是指车站各岗位倒班的模式,有四班两运转、四班三运转等,并非车站实际的排班表。以广州地铁、深圳地铁、京港地铁、沈阳车站、苏州地铁、郑州地铁车站各岗位的排班模式为例,仅做参考。

1. 值班站长

值班站长的排班都采用四班两运转模式。

2. 值班员

上述几家地铁的值班员排班模式与值班站长一样,都采用四班两运转模式。

3. 站务员

上述几家地铁的站务员排班模式如下:

(1) 广州地铁。

广州地铁主要采用四班三运转模式,站务员设置客服岗、站台岗、厅巡岗,广州地铁倒班时间如表5-5所示。

表5-5 广州地铁倒班时间

班次	上班时间	下班时间
早班	7:00	15:00
中班	14:30	22:30
夜班	21:30	次日7:30

(2) 深圳地铁。

深圳地铁主要采用四班两运转模式,站务员设置客服岗、站台岗、厅巡岗,深圳地铁倒班时间如表5-6所示。

表5-6 深圳地铁倒班时间

班次	上班时间	下班时间
白班	9:00	20:00
夜班	20:00	次日9:30

(3) 京港地铁。

京港地铁主要采用弹性排班制,按车站日常客流需求安排人员数量,高峰人多,低峰人少。上下班时间分多种,每日上班会安排两个以上的岗位,如一个时间段客服岗,下一个时间段站台岗,再下一个时间段厅巡岗。京港地铁倒班时间如表5-7所示。

表5-7 京港地铁倒班时间

班次	上班时间	下班时间
早班	7:00/8:00	14:00/18:00/19:00
中班	12:00/13:00/17:00	21:00/22:00/23:00
夜班	18:00/18:30/21:00	次日8:00/8:30

(4) 沈阳地铁。

沈阳地铁站务员主要采用四班两运转排班模式，站务员设置客服岗、站台岗、厅巡岗，沈阳地铁倒班时间如表5-8所示。

表5-8 沈阳地铁倒班时间

班次	上班时间	下班时间
白班	8：30	17：30
夜班	17：30	次日8：30

(5) 苏州地铁。

苏州地铁站务员不同岗位采用不同的倒班模式，站台岗采用六班四运转模式；客服岗采用四班两运转；厅巡岗只有白班，苏州地铁倒班时间如表5-9所示。

表5-9 苏州地铁倒班时间

班次	上班时间	下班时间
站台岗早班	7：00	14：00
站台岗中班	14：00	22：00
客服岗白班	8：30	19：00
客服岗夜班	19：00	次日9：00
厅巡岗白班	8：30	19：00

(6) 郑州地铁。

郑州地铁站务员采用六班四运转倒班模式，按照早早中中休休和早早中夜休休相结合的方式倒班，站务员设置客服岗、站台岗、厅巡岗，郑州地铁倒班时间如表5-10所示。

表5-10 郑州地铁倒班时间

班次	上班时间	下班时间
早班1	7：30	15：00
早班2	7：30	15：00
中班1	14：00	21：30
中班2	14：00	21：30
夜班	20：00	次日8：00

三、任务实施

工作任务：城市轨道交通客运车站管理制度。

制作PPT，以小组为单位进行城市轨道交通客运车站管理制度的讨论，并结合实际学习如何贯彻执行城市轨道交通客运车站管理制度。

四、任务评价

城市轨道交通客运车站管理制度任务评价表如表5-11所示。

表 5-11　城市轨道交通客运车站管理制度任务评价表

项目任务	城市轨道交通客运车站管理制度				
班级		姓名		评价时间	
考核内容					
考核项目	考核标准		分值（分）	得分（分）	
排班制度及交接班制度	清晰复述轨道交通排班制度及交接班制度		20		
钥匙管理、文件管理及控制室管理制度	以小组为单位进行车站钥匙管理制度及车站控制室管理制度的讨论		20		
	结合实际如何进行文件管理制度的讨论		10		
制作内容	制作能清晰展示的 PPT		15		
	要求类型分析图形准确，文字流畅		15		
	做到业务分析熟练、图文并茂		20		

指导教师意见：

说明：1. 建议采用四级评分制（如 90%～100%，80%～90%，60%～80%，60%以下）；
　　　2. 主要采用小组互评的方式进行评价，教师最后进行参考评分

任务二　城市轨道交通客运车站日常运作

一、任务导入

城市轨道交通客运车站是供乘客乘降、换乘和候车的场所，应保证乘客使用方便、安全、快捷地进出车站。因此，城市轨道交通客运车站的日常运作，影响城市轨道交通运营企业的正常运营。通过学习车站开站、车站关站、车站巡视、车站边门及乘客遗失物品运作规范，掌握车站日常运作及管理要求。

二、知识准备

（一）车站开站

城市轨道交通客运车站的开站工作是指车站每日初将车站运营工作准备妥当，迎接乘客的到来。某城市轨道交通客运车站入口如图 5-6 所示。

（1）在车站开站前，车站必须确保以下情况：

①所有站台端门/站台门已完全关闭和妥善锁定。

②所有消防设备的性能良好并妥善固定。

③接触网或接触轨带电。

④车站公共区不存在安全隐患。

⑤各项设备设施功能正常。

⑥车站人员到岗、环境清洁卫生干净。

(a)   (b)

图 5-6　某城市轨道交通客运车站入口

(2) 车站开站的主要流程，如下所述。

在开站前车站人员确认以下工作：

①首班车到站前××分钟。

a. 按规定试验道岔，夜间开启车站前巡视。

b. 试验开关站台门。

c. 检查站台和线路出清情况，确保所有工程领域或影响车站运营的工作都已撤销，所有物品及人员都已撤离轨道，并汇报行车调度员。

②首班载客列车到站前××分钟。

a. 开启车站环控系统，并检查其运行情况。

b. 确认已完成对 TVM 的补币、补票。

c. 领取票卡和备用金。

d. 确认各岗位人员到岗。

③首班车到站前××分钟。

a. 开启照明。

b. AFC 系统设备开启。

c. 全站巡视完毕。

d. 出入口大门扶梯开启。

e. 向乘客广播候车的注意事项。

(3) 开启车站出入口注意事项。

①一般情况下，车站出入口必须在首班载客列车到达车站前 10 分钟开放。

②需要时，可提前开启车站出入口，方便乘客购票，开门前要做好运营准备。车站和车站出入口必须在运营时间内开放，除非存在如下因素。

a. 实施车站管制而有必要暂时关闭车站和车站出入口。

b. 发生紧急情况不满足出入口开启条件。

c. 在获得上级授权的情况下（必须通知行车调度员）。

某城市轨道交通运营企业开站时各岗位工作内容如表 5-12 所示。

表 5-12 某城市轨道交通运营企业开站时各岗位工作内容

序号	时间	工作内容	岗位人员
1	每日 4：30 后（或行车调度员通知）	根据要求进行运营前检查工作，在运营前检查工作结束后向行车调度员汇报运营线路空闲、施工结束、线路出清、接触网、供电系统及环控系统运作正常，行车设备、备品齐完好，道岔功能正常，站台无异物侵入限界，站台门开关正常，并在"值班人员登记表"做好检查记录	值班站长、行车值班员
2	首班车到站前 30 分钟	做好 AFC 系统设备加币、加票工作，并及时输入 SC 系统	客运值班员
3	首班车到站前 15 分钟	人员到岗	保安
4	首班车到站前 15 分钟	确认照明正常开启	行车值班员
5	首班车到站前 15 分钟	在客运值班员处领票、款后到岗，填写"车站客服中心交接班本"	售票员
6	首班车到站前 10 分钟	开启车站出入口、自动扶梯（仅站务人员操作），开始运营	厅巡员、保安
7	首班车到站前 10 分钟	开启所有 TVM、AVM 及闸机	行车值班员
8	开站后	按要求开启环控设备（节能模式），向乘客广播候车的注意事项	行车值班员

某城市轨道交通运营企业车站开站作业标准如表 5-13 所示。

表 5-13 某城市轨道交通运营企业车站开站作业标准

序号	作业项目	作业步骤及标准
1	作业条件	（1）首班车到达车站前，由当班值班站长组织进行。 （2）运营前检查完毕
2	作业工器具	（1）各出入口钥匙、客服中心门钥匙。 （2）自动扶梯钥匙、垂梯钥匙、AFC 系统设备钥匙
3	安全要点	（1）防止员工开启自动扶梯、AFC 系统票务设备时夹伤、碰伤等伤害。 （2）防止由于车站设备设施故障导致客伤。 （3）防止因开站延误导致乘客投诉
4	AFC 系统设备加币、加票	首班车到站前 30 分钟，客运值班员及另一名站务人员负责完成 AFC 系统设备加币、加票工作，并及时输入 SC 系统
5	开启 AFC 系统设备	（1）开启设备：首班车到站前 10 分钟，行车值班员在车控室 SC 系统工作站上依次开启 TVM、闸机，确认所有 AFC 系统设置正常服务、闸机图标为正常服务状态。 （2）确认状态：首班车到站前 10 分钟，客运值班员负责检查站厅所有 AVM、TVM、闸机状态，确认 AVM、TVM 显示正常服务，后门锁闭，闸机进出站状态箭头显示正确
6	照明	确认状态：检查站厅、站台照明正常开启，确认无故障灯具；行车值班员通过 CCTV 查看站厅、站台照明正常开启，无故障灯具。如未正常开启，则手动开启相应照明模式
7	开启自动扶梯、垂直电梯	（1）开启设备：首班车到站前 10 分钟，站务人员（需经过培训合格）携带钥匙完成自动扶梯、垂直电梯的开启工作并试乘，开启前须确认自动扶梯梯级上无人、无杂物；开启前检查梯级踏板、扶手带、梳齿板和裙板与梯级间的间隙是否有异物。除去夹在间隙内的异物，确保乘梯环境良好。确认自动扶梯周围的安全设施无破损等异状。确认自动扶梯周围，踏板和梯级上无人。 （2）确认状态：检查自动扶梯无异常声响，运行方向正确，垂直电梯升降正常。垂梯位于正常层位，通风、照明模式正常，召援电话正常可用
8	开启出入口卷闸门	（1）开启设备：首班车到站前 10 分钟，站务人员或保安（如保安操作，站务人员应进行监督）携带钥匙在现场完成各出入口卷闸门的开启。 （2）确认状态：检查卷闸门完全打开，出入口无障碍物，导轨正常无异物，卷帘门控制盒钥匙已拔下

(二) 车站关站

城市轨道交通客运车站一般夜间停止运营，主要考虑到：一是夜间乘客数量不多，不需要大运量的城市轨道交通系统来解决运输问题；二是城市轨道交通自身的维护、检修、保养需要利用晚间停运期间进行。因此，城市轨道交通客运车站需要进行关站工作。由于不同城市轨道交通的客流不同，关站时间也存在不同。例如：石家庄地铁 22：00 结束运营，北京地铁大多线路是 23：00 结束运营。

1. 末班车开车前，车站关站前车站人员必须确保的情况

（1）换乘站的列车接驳按编定的安排进行，获行车调度员特别指示的情况除外。

（2）车站内乘客已登上该末班车。

（3）列车司机收到"末班车"的手信号。

（4）所有人员必须离开车站范围，获授权留下的人员则不在此限。

（5）要确定个别人员是否获授权于非行车时间内留在车站，必须向行车调度员查询。

（6）锁上所有出入口前，值班站长必须确保最后一名乘客已离开车站。

（7）末班车离站后，必须关闭和锁上所有车站的出入口，防止闲杂人员进入。

（8）所有出入口必须在整段非行车时间内关闭。

（9）有关员工或获授权的工作队必须从指定的出入口进入车站。

（10）开启该出入口需使用其个人获发的钥匙或通行卡，或向获授权的人员借用钥匙或通行卡。

（11）不允许非所属站区非当班员工在车站留宿。

2. 车站关站程序

车站关站程序如下所述：

（1）末班车到达前××分钟，值班站长应确认播放末班车广播，检查站厅、站台等岗位情况，站务员应在进站闸机前摆放停止服务告示牌。

（2）末班车到达前××分钟，行车值班员应播放停止售票广播，关闭 TVM，并通知停止售票和进站检票工作。值班站长应确认所有 TVM、入闸机已关闭，停止售票广播。

（3）末班车开出前，站务人员应进行检查，确认站台乘客均已上车，向司机显示"末班车"手信号。

（4）末班车开出后，票亭岗站务员应收拾票、钱，整理票亭岗备品，注销 BOM，回票务室结账。

（5）车站客运值班员应与票亭岗站务员结账。

（6）运营结束后，值班站长应清站，厅巡岗站务员确认出入口关闭，扶梯、照明、AFC 系统设备全部关闭。

某城市轨道交通运营企业车站关站作业标准如表 5-14 所示。

表 5-14　某城市轨道交通运营企业车站关站作业标准

序号	时间与作业项目	工作内容	岗位人员
1	最后一班车开出前 10 分钟	开始广播	行车值班员、值班站长
2	最后一班车开出前 5 分钟	暂停 TVM，通知售票员停止售票，暂停进站闸机，并广播	行车值班员
3	最后一班车开出前	进行检查，确认站台乘客均已上车，无异常情况	行车值班员
4	最后一班车开出后	清站，关闭车站自动扶梯和出入口	厅巡员/保安
5	停止服务后	收拾票、款，整理客服中心备品，注销 BOM，回 AFC 系统票务室结算，填写"车站客服中心交接班本"	售票员
6	关站后	与售票员结算，填写"车站客服中心交接班本"，根据"车站票务管理手册"相关规定做好车站运营结算工作	客运值班员
7	运营结束后	确认车站照明模式正常	行车值班员
8	作业条件	最后一班车开出前 10 分钟开始，由值班站长组织当班员工进行	
9	作业工器具	(1) 各出入口钥匙、客服中心门钥匙。 (2) 自动扶梯钥匙、垂梯钥匙、AFC 系统设备钥匙	
10	安全要点	(1) 防止关站过程中发生客伤。 (2) 防止关站后未将乘客全部清离车站	
11	播放广播	(1) 单方向末班车广播：上行方向或者下行方向末班车开出前 10 分钟，行车值班员确认该方向的末班车广播正常播放。 (2) 关站广播：最后一班车开出前 5 分钟，行车值班员确认关站广播正常播放	
12	售票窗口服务	(1) 停止进站服务：最后一班车开出前 5 分钟，售票员提供除售票以外乘客服务。 (2) 关闭售票窗口：清客完毕后，售票员停止服务，做好边门录入工作并注销 BOM（关闭显示屏）、对讲设备，摆放好"暂停服务"牌，收拾好钱、票、工器具，锁闭客服中心门，回票务室进行结算	
13	关闭 AFC 系统设备	(1) 关闭设备：最后一班车开出前 5 分钟，行车值班员在车控室 SC 系统工作站上对 TVM、进站闸机等设置暂停服务。 (2) 确认状态：厅巡员/保安现场检查确认进站闸机、TVM、AVM 已设置暂停服务，显示暂停服务；行车值班员利用 CCTV 确认车站范围内进站闸机、TVM、AVM 处于暂停服务状态	
14	清客	清客：最后一班车开出前，行车值班员确认站台乘客均已上车，无异常情况；最后一班车开出后，值班站长组织员工进行全站清客，确认无乘客及闲杂人员逗留车站（尤其注意垂直电梯及洗手间等重点区域）	

续表

序号	时间与作业项目	工作内容	岗位人员
15	关闭自动扶梯（垂梯）	（1）关闭设备：清客完毕后，站务人员（需经过培训合格）携带钥匙到现场关闭自动扶梯、垂直电梯。 （2）确认状态：自动扶梯关闭后现场工作人员确认无报警信息，运行状态显示为禁止信号（车控室设备显示正常状态），发现异常情况立即上报	
16	关闭照明	确认状态：现场厅巡员/保安确认站厅、站台工作照明是否正常关闭，节电照明模式执行是否成功；行车值班员利用CCTV确认站厅、站台照明已执行节能模式	
17	关闭出入口卷闸门	（1）关闭设备：清客完毕后，站务人员或保安（如保安操作，站务人员应进行监督）携带钥匙在现场关闭各出入口卷闸门。 （2）确认状态：工作人员现场确认卷闸门全部关闭，未留有空隙，卷闸门开关按钮盒已锁闭，钥匙已拔下	

3．非运营时间内进入车站，应遵循的规定

（1）获发紧急入口钥匙的员工，通过指定的入口直接进入车站，无须得到值班站长的预先批准；进入车站后立即向值班站长报告。

（2）没有钥匙的员工，应首先联系值班站长（需要授权才能进入）。

（3）对于在车站有专门作业、已经获授权的承包人，值班站长应根据其提供的相关信息（工作部门、进站目的等）判断是否准许其进入。

（三）车站巡视

城市轨道交通客运车站运营时段，需要车站开站巡视巡查工作，查看站内是否存在不安全、不正常的情况，及时发现安全隐患并有效排除，并信息上报。城市轨道交通客运车站巡视如图5-7所示。

(a)　　　　　　　　　　　　　　(b)

图5-7　城市轨道交通客运车站巡视

1．车站公共区包保制度

（1）包保原则。

①根据车站客流规律、AFC系统设备分布情况及车站运作实际情况，结合各岗位

工作特点，合理划分责任区，合理安排当班人数及各岗位班中轮岗和间休，落实各项工作和职责。

②各责任区主要由公共区固定岗工作人员（厅巡岗站务员、售票员、站厅岗站务员和站台保安等）包保，值班站长、客运值班员作为公共区机动岗人员负责对各责任区进行巡视和检查，掌握各区责任人工作动态，如有需要可临时顶岗或参与站厅责任区包保。

（2）包保要求。

①各区责任人须按职责要求坚守岗位、尽职尽责，因故离开须经车控室同意，并应在规定时间内返回岗位，返回岗位时须向车控室报到，当班行车值班员要如实做好记录。

②各区责任人无故不得在车站车控室、会议室、票务室和更衣室等管理用房逗留。

2. 巡视方式

（1）现场巡视：各车站负责管理区域的巡视工作，主要对车站的各出入口、通道、重点区域、人流较少及 CCTV 监控不到的盲区等位置进行重点巡视。

（2）CCTV 巡视：各车站由值班人员通过 CCTV 查看各出入口、通道及各重点区域，在车站台账上做好记录并签名确认，原则上对规定区域的查看周期为 1 次/小时。

3. 巡视周期

（1）运营期间：员工按每两小时 1 次进行常规巡视，值站当班期间至少完成 3 次车站全面巡视，并填写"车站巡视记录表"；保安按每小时 1 次进行常规巡视。

（2）非运营期间：员工至少完成 2 次车站全面巡视（关站后、运营前检查时各 1 次），保安按每两小时 1 次进行常规巡视；除了规定的巡视周期外，在恶劣天气等特殊情况下，各车站应加大巡视密度。

4. 各岗位巡视范围

城市轨道交通客运车站各岗位巡视范围如表 5-15 所示。

表 5-15 城市轨道交通客运车站各岗位巡视范围

序号	岗位人员	巡视范围
1	值班站长	全站、各出入口外面 5 米范围内、车站风亭、冷却塔等
2	客运值班员	客服中心、站厅、各通道、各出入口
3	站务员	出入口、站厅、站台、楼梯、自动扶梯、垂直电梯等
4	车站保安	全站、各出入口外面 5 米范围内、车站风亭、冷却塔等
5	站台工作人员	站台区域

5. 巡视内容

（1）乘客动态及乘车秩序。

（2）设备设施状态及运作。

（3）车站范围内的施工作业情况。

（4）可疑人和可疑物等异常情况。

（5）城市轨道交通运营企业设施防护情况。

（6）车站卫生情况。

(7) 安全隐患排查。
(8) 其他对车站运营安全、客服质量有影响的情况。

6. 巡视要求

(1) 认真：巡视人必须以认真负责的态度去巡视所管辖的范围。
(2) 细致：从细微处着手，做到防微杜渐。
(3) 周全：岗位内的设备、设施、人员等都必须检查。
(4) 及时：巡视及时、汇报及时、记录及时、处理及时。

7. 填写巡视台账的要求

如实填写巡视台账，发现问题须详细记录、做好跟进，并签名确认。

（四）车站边门

车站边门是指车站站厅进出付费区，除 AFC 系统闸机设备以外，供特殊情况使用的通道。为方便一些特殊乘客（如免费乘车人员、坐轮椅的乘客）、大件行李进出及应急情况下快速进出付费区，城市轨道交通运营企业车站在付费区与非付费区之间设置一道管理通道门。城市轨道客运车站边门如图 5-8 所示。

(a)

(b)

图 5-8　城市轨道交通客运车站边门

1. 边门使用原则

在保证车站正常运营秩序的前提下，车站站长/当班值班站长根据实际情况，合理使用边门。

2. 管理流程及要求

车站边门在运营时间内不使用时，处于关闭状态，边门钥匙在车控室统一保管，车站站务人员负责边门的现场管理，若有损坏及时向维修部门报修。凡符合边门使用条件的人员，应服从车站工作人员指引，按以下流程办理边门使用登记手续，登记使用台账。

3. 边门使用规定

(1) 乘客服务需要。
①办理了团体票乘车的团体。
②残疾军人、残疾警察乘车。
③残疾人（含盲人）乘车。
④乘坐轮椅或推婴儿车等不方便通过闸机的乘客。

⑤携带大件行李乘客，且行李符合规定尺寸。
（2）内部工作需要。
①使用手推车或票箱运送车票、票款等大件物品，无法通过闸机时。
②运送大的备品备件、生产工器具、生产物资和办公用品等进出付费区时。
③参观接待时。
④新闻媒体采访。
⑤临时施工（本站作业及本站请销点作业进出）。
⑥工作证件损坏不能通过闸机。
⑦引导员进出车站。
⑧车站付费区内商铺工作人员进出车站（本站进出）。
⑨城市轨道交通运营企业相关合同、协议中明确需提供交通便利的外单位作业人员或新线测试配合人员。
（3）特殊情况需要。
①警务人员执行紧急任务。
②国家安全局工作人员执行紧急任务时。
③突发性工程抢修、抢险。
④发生紧急情况（如票务设备故障、列车晚点、清客、越站）。
⑤突发性采访。
（4）边门使用手续。
①乘客服务。
a. 符合边门使用条件的乘客，应在车站"车站边门进出登记本"上进行登记。
b. 残疾军人、残疾警察或残疾人、盲人乘客（不能独立通过闸机者），凭其证件办理登记后使用边门。
c. 乘坐轮椅或推婴儿车等不方便通过闸机的乘客（不能独立通过闸机）乘车，由车站工作人员登记后可使用车站边门，并监督乘客将车票投入闸机。
d. 乘客购买行李票后，若其行李未能通过闸机，进行登记后可使用边门，并监督乘客将车票检票或投入闸机。
②内部工作。
a. 符合边门使用条件的人员需要出示有效证件。
b. 由使用人进行登记，并由车站工作人员确认签名。
c. 参观接待，凭相关证明、接待方案办理登记后，方可使用车站边门进站；出站时，凭相关证明、接待方案重新办理登记出站。如团体参观人数较多，由团体负责人一人在"车站边门进出登记本"登记情况，在备注栏注明进/出总人数即可，车站工作人员负责监督并及时签名确认。
d. 新闻媒体采访，凭城市轨道交通运营企业内部开具的相关证明办理登记后，方可使用边门进站；出站时，凭相关证明重新办理登记出站。
e. 临时施工，施工单位人员凭有效出入证件、有效施工作业令登记后，方可使用车站边门，且只能本站施工或本站请销点作业人员及物品进出，不能作为乘车的凭证。
f. 工作证件损坏，员工需填写"车站边门进出登记本"，同时出示工作证件（黑名单的工作证件不予使用边门），厅巡人员予以确认，方可使用车站边门。

g. 引导员凭有效证件进行登记后，方可使用车站边门。

h. 车站付费区内商铺工作人员凭本人有效工作证件登记后，方可使用车站边门，且只能本站进出，不能作为乘车的凭证。

③特殊情况。

a. 警务人员执行紧急任务，凭警察证可使用车站边门。

b. 国家安全局工作人员执行紧急任务，凭国家安全局工作证可使用车站边门。

c. 突发性工程抢修、抢险，凭行车调度员或维修调度员授权发布的调度命令方可使用车站边门。

d. 发生紧急情况，如票务设备故障、列车晚点、清客、越站等，按照各级应急处理预案要求，使用车站边门进行客流疏导。

e. 重大接待任务，按接待方案执行使用车站边门。

f. 突发性采访，需根据党群工作部的通知使用车站边门进站。

（五）乘客遗失物品

遗失物品指在城市轨道交通运营企业属地管理范围内乘客遗失或乘客、工作人员捡到的物品。

1. 乘客遗失物品管理

（1）工作人员、乘客在车站、列车内捡到遗失物品，一律交车站处理，车站须妥善保管。城市轨道交通客运车站乘客遗失物品如图5-9所示。

(a)　　　　　　　　　　　(b)

图 5-9　城市轨道交通客运车站乘客遗失物品

（2）遗失物品清点需由至少2名员工共同进行。

（3）车站需建立专项台账进行登记。

（4）手机、钱包、现金等贵重物品保存时间为5天，逾期无人认领的，交由上级相关部门或公安部门统一管理。

（5）衣物等一般物品保存时间为1个月，逾期无人认领的，交由上级相关部门统一管理；超过一年无人认领的，轨道交通单位可通过公开捐赠等方式处理。

（6）食物、饮品等失物招领期限为2天，逾期无人认领的，车站自行处理；对于无包装及易腐食品,车站当日自行处理。

2. 失物信息发布

(1) 车站捡到物品要立即上报上级业务部门,需报拾获人、时间、车站、拾获位置及物品简单描述信息。

(2) 捡到遗失物品后车站要及时寻求失主,并通过各种手段,如城市轨道交通运营企业官网、微博、报纸等对外发布。

(3) 城市轨道交通运营企业相关部门要对遗失物品进行定期清点整理,并通过社会媒体等渠道统一集中发布,提高认领率。

(4) 失物被认领后,车站需将认领信息及时上报上级部门备案。

3. 失物认领程序

(1) 乘客得知遗失物品信息后可到负责保管的车站认领。

(2) 失主认领失物时,车站应对物品的名称、数量和特征进行认真核对,情况属实即可办理认领手续。

(3) 认领失物时,失主须出示本人身份证或其他有效证件。若失主委托他人领取,被委托人需携带本人的身份证,并提供物品详细信息,经车站工作人员核实确认后,返还失物给被委托人。

(4) 城市轨道交通运营企业工作人员冒领、挪用、侵吞、损毁遗失物品的,除返还原物或赔偿经济损失外,视情节严重程度,给予不同类别的处分、处罚或移交公安机关处理。乘客认领丢失的贵重物品及证件场景如图 5-10 所示。

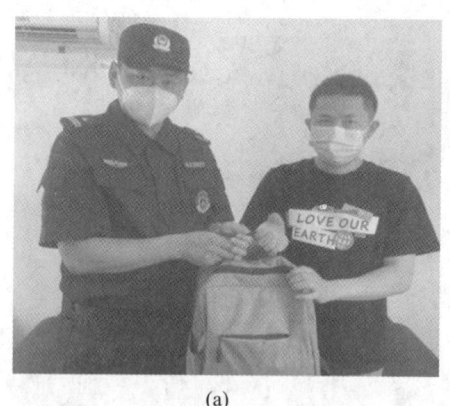
(a)

(b)

图 5-10　乘客认领丢失的贵重物品及证件场景

三、任务实施

工作任务:城市轨道交通客运车站日常运作。

制作 PPT,以小组为单位进行城市轨道交通客运车站日常运作的讨论,并结合实际学习如何贯彻执行城市轨道交通客运车站管理制度。

四、任务评价

城市轨道交通客运车站日常运作任务评价表如表 5-16 所示。

表 5-16　城市轨道交通客运车站日常运作任务评价表

项目任务	城市轨道交通客运车站日常运作				
班级		姓名		评价时间	
考核内容					
考核项目	考核标准			分值（分）	得分（分）
车站开关站	阐述车站开站时间、开站作业程序及开站时各岗位工作内容； 阐述车站关站时间、关站作业程序及关站时各岗位工作内容			20	
车站巡视、边门、乘客遗失物品	阐述车站公共区包保制度，车站巡视周期、方式、范围、内容； 阐述边门使用原则、管理流程及要求、边门使用规定及使用手续			15	
	阐述乘客遗失物品管理、失物信息发布、失物认领程序			15	
制作内容	制作能清晰展示的PPT			15	
	要求类型分析图形准确，文字流畅			15	
	做到业务分析熟练、图文并茂			20	

指导教师意见：

说明：1. 建议采用四级评分制（如90%～100%，80%～90%，60%～80%，60%以下）；
　　　2. 主要采用小组互评的方式进行评价，教师最后进行参考评分

任务三　城市轨道交通客运车站行车组织

一、任务导入

城市轨道交通客运车站日常运输工作的目标是确保乘客运输安全，合理运用技术设备，按列车运行图接发列车，质量良好地完成客运任务。车站行车组织工作在实现上述目标的过程中起着核心作用。学习理解行车组织基本概念、列车运行控制介绍，熟悉车站行车组织的基本要求，掌握车站的正常行车组织、车站的非正常行车组织工作内容。

二、知识准备

（一）行车组织基本概念

（1）正常情况下列车应按双线、右侧单方向运行。

直线形线路行车方向以自西向东、自南向北为上行，以自东向西、自北向南为下行；环形、半环形线路以外环（逆时针方向）为上行，以内环（顺时针方向）为下行。对角线方向线路应按照东西方向及南北方向线路区段所占比重，以比重较大的区段方向

判定上下行。

(2) 行车组织方法由高至低包括移动闭塞法、准移动闭塞法、进路闭塞法、电话闭塞法等。行车调度人员应根据信号系统具备的功能层级，由高至低使用相应的行车组织方法。

移动闭塞法及准移动闭塞法的行车凭证均为车载允许信号，列车按照信号系统给定的移动授权信息运行，控制列车安全运行间隔和行驶速度。其中，移动闭塞法和准移动闭塞法分别以前方列车尾部和所占有区段末端为追踪点进行计算授权，控制列车安全运行间隔和行驶速度。进路闭塞法的行车凭证为地面信号机显示的允许信号，列车运行间隔为进路始端信号机至相邻下一架顺向信号机，一条进路内两个相邻信号机间只允许一班列车占用（列车救援时除外）。电话闭塞法是当上述更高级别的行车闭塞法不能使用时，由区间两端车站利用站间行车电话以发出电话记录号码的方式办理闭塞的一种方法，启用前应确认所有列车停妥，准确掌握实施电话闭塞区域内所有列车位置且进路准备妥当；电话闭塞法应使用纸质行车凭证，一站一区间或车辆基地至相邻车站只允许一班列车占用（列车救援时除外）；启用电话闭塞法时，首班列车运行速度不应高于25千米/小时。

(3) 各车站的行车工作由行车调度员统一指挥。

（二）列车运行控制介绍

目前城市轨道交通采用的主要列车运行方式是行车指挥自动化控制系统。它利用计算机技术对列车实行自动指挥和自动运行监护，并利用列车自动防护系统（Automatic Train Protection，ATP）系统保护列车运行安全。信号系统能够根据列车运行图自动排列车站的接发车进路，列车按照列车自动驾驶（Automatic Train Operation，ATO）模式自动运行。正常情况下由控制中心ATS系统进行自动控制，实现调度集中控制。当发生故障可转化为控制中心人工个人模式；控制中心ATS系统发生故障，可转化为车站就地控制。有道岔的车站设ATS系统分机（联锁站），负责本站和邻站的接发车作业，并接发和储存控制中心的列车运行计划。当车站ATS系统分机被激活后，可在站区范围内实现自动监控，如不能激活，就应变成人工控制。

车站的列车运行控制是由信号系统的列车运行控制方式所决定的。

(1) 在实现行车指挥自动化的情况下，控制中心的计算机系统（中央ATS系统）能根据计划列车运行图及列车运行实际情况，自动办理与实时控制车站上的列车接发工作，即与接发列车有关的进路办理和信号开放工作均能由计算机控制完成。在调度集中控制的情况下，由行车调度员直接指挥车站上的列车接发工作，行车调度员可在调度控制台上操纵车站的道岔和信号机。因此，在上述两种设备条件与控制方式下，车站行车值班员的职责是在车站控制台上监控进路办理、信号开放是否正确，列车运行状态是否正常、其他工作安排等。

(2) 控制中心因故无法对列车的运行进行集中控制时，则由车站进行控制，有集中控制设备的车站（联锁站）负责进行列车的折返、进路排列等人工作业。

(3) 在非正常情况下，车站根据行车调度员命令，按规定的作业办法要求负责列车在车站接、发、调车等作业。

（三）车站行车组织的基本要求

（1）执行命令听从指挥。车站行车组织指挥工作，必须在保障安全生产的前提下，贯彻高度集中、统一指挥、逐级负责的原则。车站严格执行单一指挥制，车站行车组织工作由车站当班值班站长统一负责，值班站长必须服从行车调度员的统一指挥，执行行车调度员命令。

（2）遵章守纪按图行车。认真执行行车规章制度，遵守各项劳动纪律。办理作业正确及时、严防错办和忘办、严禁违章作业，当班必须精神集中，服饰整洁佩戴标志，保证车站安全，不间断地监控列车运行。

（3）作业联系及时准确。联系各种行车事宜时，必须用语规范、内容完整、简明清楚，严防误听、误解和臆测行事。

（4）接发列车目迎目送。接发列车严肃认真，姿势端正。列车进站前，对车站进行巡视检查，发现影响行车的因素及时汇报并采取有效措施，列车到站时组织乘客迅速上下车，查看站台门等设备运行状态，列车出站时目送列车出清确保列车运行安全。

（5）行车表报填写齐全。行车表报包括各种行车凭证、行车日志和各种登记簿。行车凭证有路票、调度命令等。应按规定内容、格式认真填写各种行车表报，保持表报完整、整洁。

（四）车站的正常行车组织

当中央 ATS 系统正常，车站不需要取得联锁控制权后使用本地 ATS 系统监控。城市轨道交通客运车站控制室如图 5-11 所示。

(a)   (b)

图 5-11 城市轨道交通客运车站控制室

（1）每日车站投入运营前，按照行车调度员的指令进行运营前的准备工作，各车站值班站长须认真组织当班员工进行运营前检查工作。

（2）各联锁站值班站长/行车值班员通过车站信号系统监视本联锁区列车运行情况。

（3）各站值班站长/行车值班员根据列车运行情况，对照当日"运营时刻表"列车的到发时刻，通过 CCTV 监控列车进出车站；监视站台乘客候车秩序，确保站台安全。

（五）车站的非正常行车组织

当中央 ATS 系统故障或必要时，车站取得联锁控制权后使用本地 ATS 系统监控，行车值班员/值班站长加强监视列车在该联锁区的运行情况，发现问题按规定处理并及时报告行车调度员。当 ATS 系统不能自动排列进路时，行车调度员应立即人工介入操作，站控时由行车值班员人工操作。非安全相关命令可在中央 ATS 系统上操作，安全相关命令执行前经行车值班员进行安全确认后操作。非联锁站应加强站台监控，发现问题及时报告所属联锁站及行车调度员。当根据行车调度员命令停止使用基本闭塞法，改用电话闭塞法行车，实行车站控制时，由于无设备控制，为保证列车运行安全，在同一时间、同一区间内只准有一班列车运行。

电话闭塞法是基本闭塞设备不能使用时，根据列车调度员命令所采用的代用闭塞法。为了防止因疏忽向占用区间发车，造成同向列车追尾，车站行车值班员在接发列车工作中的首要作业程序是办好接发列车进路，再向临站请求闭塞，在承认或解除闭塞前，应确认接车区间空闲和接车进路准备妥当。接车站承认闭塞应向发车站发出电话记录号码作为依据。确认区间是否空闲的根据是发车站通知的，向本站发出列车是否已经到达本站。

接车进路是指列车在车站上到、发或通过所需占用的一段站内线路。确认接车进路是否准备妥当的主要内容是接车进路空闲、接车进路道岔位置正确。进路上道岔位置不正确列车就有可能进入线路造成列车冲突、脱轨等事故。车站行车值班员只有在列车进路准备妥当、闭塞手续办理完毕后，才能填发列车占用前方区间凭证，给列车发车信号，准许列车发车。

1. 执行电话闭塞法行车时的车站行车作业办理程序

（1）车站接收行车调度员发布启用电话闭塞法命令。

（2）车站（故障区域内联锁站）向行车调度员申请办理接发车进路，优先使用车站 ATS 系统/本地控制工作站（Local Control Workstation，LCW）对进路上的道岔加锁。

（3）列车发车办理。

①向前方站请求闭塞。

②获得同意闭塞后填写行车日志、路票，经核对路票无误后交予司机，向司机显示发车手信号。

③列车启动后向相邻站报点。列车发车电话闭塞场景如图 5-12 所示。

(a) 调度中心行车调度　　(b) 车站控制室行车值班员　　(c) 列车司机执行电话闭塞

图 5-12　列车发车电话闭塞场景

（4）列车接车办理。

①收到后方站请求闭塞，确认接车进路准备妥当、接车线路空闲后同意闭塞，向后

方站发出电话记录号码。

②收到后方站列车出清报点后通知站台岗接车。

③列车到达后收回路票、记录到达时间点、组织乘客上下车。

(5) 接收行车调度员发布取消电话闭塞法行车组织命令后恢复正常行车。

2. 执行电话闭塞法行车时的车站作业要求

(1) 行车调度员发布电话闭塞法组织行车的命令前，行车指挥权在行车调度员，任何人员进入轨行区均须得到行车调度员同意。行车调度员发布电话闭塞法组织行车的命令后，采用电话闭塞法行车的区段内，行车指挥权在车站，除进路准备人员外，其他人员进入轨行区须得到行车调度员同意。

(2) 采用电话闭塞法，每一个闭塞区段（一个闭塞区段指一站两区间）内只允许一班列车占用，发车凭证为路票（路票的填写内容包括车次、电话记录号、区间、行车专用章、日期，各站发出首列车须在路票左上方标明）及车站发车信号，采用电话闭塞法行车的各车站不得办理通过列车，相邻车站间办理接发车作业程序时需使用行车专用电话。

(3) 首次人工准备进路须按照由近及远地摇岔、由远及近、双人确认的原则进行。折返站后续办理列车折返，只需确认反复转换道岔开通位置正确即可。

(4) 闭塞区段：闭塞区段为一站一区间。

(5) 区段占用：每一个闭塞区段内只允许一班列车占用。

(6) 行车凭证：行车凭证为路票（司机在车站须拿到路票后凭"好了"信号动车）。某城市轨道交通运营企业路票模板如图 5-13 所示。

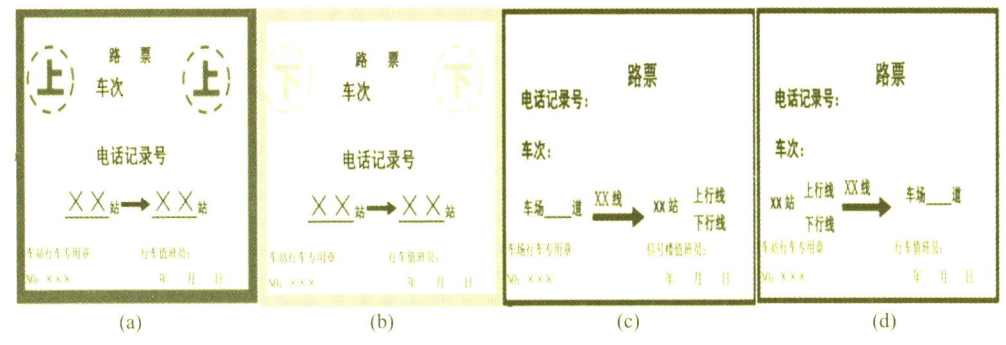

图 5-13　某城市轨道交通运营企业路票模板

(7) 驾驶模式和限速：闭塞区间内列车采用非限制驾驶模式驾驶，执行电话闭塞法行车的车站上下行发出的首班列车均限速 25 千米/小时，同方向后续列车限速 45 千米/小时。

(8) 折返方式：执行电话闭塞法组织行车的区段内，办理列车折返时，车站人员确认线路安全及道岔位置正确后于安全避让位置向司机显示道岔开通手信号，司机凭车站人员道岔开通手信号进行折返作业，折返过程中可用 400 兆对讲机做好联控保证安全。

(9) 执行电话闭塞法时根据行车调度员指令采用固定折返股道进行折返。

(10) 当折返站两侧站台均停有列车时，须按照正线运行方向优先组织列车发车再办理列车折返，列车折返时须保证折返线及另一侧站线空闲。

(11) 列车折返后须变更车次号。

(12) 执行电话闭塞法期间车站各岗位须做好客服及乘客解释工作。

(13)执行电话闭塞法期间各站站台人员须加强站台监控，发现危及行车及乘客安全时及时显示紧急停车手信号并汇报车控室，车控室接报后立即汇报行车调度员。

3. 人工排列进路

(1) 人工准备进路的作业程序。

①需要人工准备进路时，车控室人员负责召集人员，相关人员到位后应做好人工排列进路准备工作。

②车控室值班人员应按要求向准备进路人员布置任务。

③人工准备进路须不少于两人，其中一人岗位职务必须是车站值班员及以上，另一人岗位职务必须是站务员及以上。人工准备进路人员穿上荧光衣，戴好手套，携带对讲设备（800兆和400兆无线便携台）和工具包按照规定赶赴现场。工具包内须有红闪灯、信号灯（红/绿）、手摇把、蝶形钥匙、钩锁器（另有存放要求除外）、尖嘴锤、锁具及其钥匙（钥匙通用）、手电筒（另有要求除外）。

④行车值班员确认隧道工作照明和紧急照明开启。

⑤人工准备进路人员到指定地点（尽可能接近下轨行区的位置）待命，行走途中应与行车调度员取得联系，告知其800兆无线便携台号码，确认有关道岔和列车进路。人员进入轨行区必须请示行车调度员并得到行车调度员许可（行车调度员发布改用电话闭塞法组织行车后，人员进入轨行区的时机由车站自行负责，但首次进入轨行区时仍需征得行车调度员同意）。

⑥人工准备进路时防护红闪灯在来车方向距故障道岔约15米处设立；当道岔距离列车不足15米时，可在来车方向合适位置设置。

⑦人工准备进路时必须确认进路上所有故障道岔开通位置正确。如一条进路有多副道岔故障，从车站方向由近及远人工准备进路，返回时由远及近确认整条进路是否正确。

⑧人工准备进路人员由职务较高者负责现场统一指挥。

⑨人工准备进路人员既要分工明确，又要相互配合默契。现场确认道岔，需要转向时应一人操作，两人共同确认。确认道岔位置正确后，用钩锁器锁定（折返站需经常转换的道岔钩锁器锁可只挂不锁）。

⑩一条进路上有多副道岔，摇岔人员仅对故障道岔按照规定进行处理。其他正常道岔不需做任何处理（行车调度员另有指示除外）。

⑪人工准备进路人员确认道岔位置开通正确、线路出清后，在安全位置（根据作业要求进入安全避让点或回到站台）通过800兆无线便携台（或其他法定通信方式）向行车调度员汇报。行车调度员接到进路准备好、线路出清的报告后指示车站接（发）列车。采取电话闭塞法组织行车时，确认道岔位置开通正确后，准备进路人员向车控室汇报（通过无线便携台或轨旁电话）。车控室接到进路准备好、线路出清的报告后，指示接发列车人员接（发）列车。某城市轨道交通运营企业人工准备进路演练如图5-14所示。

(2) 手摇道岔的作业程序。

手摇道岔工作必须严格执行"手摇道岔六步曲"，即一看、二开、三摇、四确认、五加锁、六汇报。

①一看：查看道岔尖轨及辙叉心是否有异物；查看道岔开通位置是否正确。

②二开：打开盖孔板（如转辙机处于通电状态，必须先切断转辙机电源）及钩锁器

的锁,拆下钩锁器(如位置正确则转到第四步,位置不正确则执行第三步)。

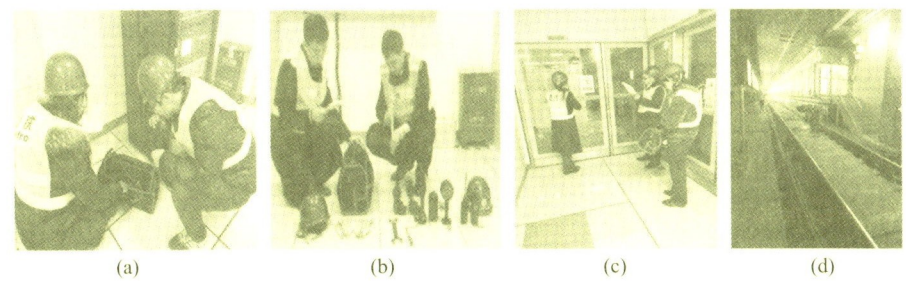

图 5-14 某城市轨道交通运营企业人工准备进路演练

③三摇:将手摇把插入手摇把孔,摇道岔转向所需的位置,在听到"咔嚓"的落槽声后停止(如听不到落槽声,确认尖轨密贴即可)。

④四确认:两人共同确认尖轨密贴。一人手指尖轨,口述"×号(道岔编号最后两位号码,下同)道岔开通定(或反)位,尖轨密贴",另一人共同确认。

⑤五加锁:用钩锁器锁定道岔尖轨,并将钩锁器加锁(钩锁器的位置应在尖轨锁闭杆所在位置)。折返站需经常转换的道岔钩锁器锁可只挂不锁。

⑥六汇报:道岔故障时向行车调度员汇报进路准备情况。

【媒体链接】

地铁 21 号线朱村站至钟岗站开展信号联锁区故障演练

演练模拟车站发现信号联锁故障,无法正常排列进路,不能开放信号,影响列车正常运行。为尽快恢复正常运营,OCC 调度中心决定在故障区段内的各车站按照电话闭塞法组织行车,组织首趟列车限速 25 千米/时,安排人员添乘。演练中,车站站务人员有条不紊地准备行车备品、摆放告示、播放应急广播、下线路排列进路,并按照降级行车规定组织各次列车进出车站。司机严格遵守《21 号线行车组织规定》驾驶列车。经过信号人员的抢修,信号联锁区故障恢复,OCC 调度中心发布取消电话闭塞法组织行车。在各岗位人员的共同努力下,顺利完成了此次信号联锁区故障演练。某城市轨道交通运营企业信号检修工手摇道岔作业如图 5-15 所示。

图 5-15 某城市轨道交通运营企业信号检修工手摇道岔作业

——增城日报 2018 年 11 月 8 日

三、任务实施

工作任务：城市轨道交通客运车站行车组织。

制作 PPT，以小组为单位进行城市轨道交通客运车站行车组织的讨论，并结合实际学习如何贯彻执行城市轨道交通客运车站行车组织。

四、任务评价

城市轨道交通客运车站行车组织任务评价表如表 5-17 所示。

表 5-17 城市轨道交通客运车站行车组织任务评价表

项目任务		城市轨道交通客运车站行车组织		
班级		姓名		评价时间	
考核内容				
考核项目	考核标准		分值（分）	得分（分）
行车组织概念	阐述列车运行控制、车站行车组织的基本要求		15	
车站行车组织	阐述车站的正常行车组织		15	
	阐述车站的非正常行车组织		20	
制作内容	制作能清晰展示的 PPT		15	
	要求类型分析图形准确，文字流畅		15	
	做到业务分析熟练、图文并茂		20	
指导教师意见：				

说明：1. 建议采用四级评分制（如 90%～100%，80%～90%，60%～80%，60%以下）；
2. 主要采用小组互评的方式进行评价，教师最后进行参考评分

任务四 城市轨道交通客运车站施工管理

一、任务导入

城市轨道交通的维修施工作业具有时间短、要求高、作业空间相对集中、绝大部分为夜间作业等特点，必须科学合理地组织时间和空间的立体化施工作业，要求有关部门密切配合，最大限度地利用较短的施工时间，良好地完成施工任务，确保设备安全、可靠运行。学习理解施工管理基本概念、施工计划分类，掌握施工请销点程序、施工作业红闪灯防护、施工作业中车站人员职责、运营期间内特殊情况下施工组织重点内容。

二、知识准备

城市轨道交通的维修施工作业原则上安排在运营结束后的非运营时间内进行，并在

运营开始前预留一定时间作为运营前的准备时间。在运营中遇行车设备故障影响列车继续运行时，须组织抢修施工，并应遵循"先通后复"的原则。对故障设备临时处理恢复行车后，维持运行到运营结束后再对该设备进行全面修复。某城市轨道交通运营企业线路检修作业如图 5-16 所示。

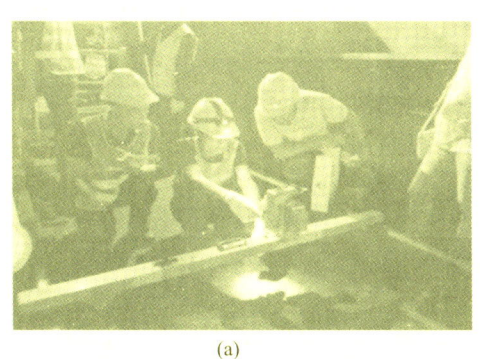
(a)

(b)

图 5-16 某城市轨道交通运营企业线路检修作业

（一）施工管理基本概念

（1）施工负责人：负责在主站办理进场作业登记和该项作业的组织、安全和管理的人员。

（2）施工责任人：同一施工项目在多个作业点进行，该施工项目除配备施工负责人外，各点（辅站）的施工需配备施工责任人，施工责任人在辅站办理进场作业登记和负责该作业点施工的组织、安全和管理。

（3）影响行车的施工：指进行该项施工作业时，如果当日或次日线路上有列车、工程车运行，行车会受其影响的施工。

（4）主站：施工负责人持"施工进场作业令"到某个车站登记请点施工的车站称为主站。

（5）辅站：同一线路同一施工项目多站进行时，施工责任人到其作业区域包含的各站（除主站外）登记请点的车站称为辅站；同一施工项目安排主站和辅站总数原则上不超过 6 个。

（6）施工进场作业令：是允许在城市轨道交通运营公司所辖设备和范围内进行施工的一种凭证。

（7）施工区域出清：指在施工区域范围内施工结束后，施工负责人或施工责任人确认所有作业有关人员已撤。

（8）外单位：指除城市轨道交通运营公司以外的单位。

（9）影响客运的施工：指进行该项施工作业时，车站的客运服务设备设施功能降低、影响客流组织、服务质量的施工。

（二）施工计划分类

1. 按时间划分

（1）周计划。

计划性施工一般是以周为单位。各施工部门根据所负责的设备设施的运营状态，汇总一周的设施设备施工、检修、维护及工程车、电客车开行的计划，于本周规定的时间内向施工计划管理部门提交下周施工计划的申请。由施工计划管理部门协调各施工部门最终形成统一的周计划发布至各部门。

(2) 日补充计划。

因设备检修需要，对在周计划里未列入的需要进行补充的计划或周计划中需调整变更的计划，称为日补充计划。

(3) 临时补修计划。

临时补修计划是因故未能在规定的时间内上报计划申请的施工项目或无法预料的施工需求（如运营中设备突发故障需要抢修）不能在每周的施工计划内申报的施工项目。

2. 按施工作业地点和性质划分

按照施工地点和作业性质划分的施工计划如表 5-18 所示。

表 5-18 按施工作业地点和性质划分的施工计划

类别	描述	详细分类	
A类	影响正线以及正线配线行车的施工	A1	在正线，需要开行工程车、电客车的施工
		A2	在正线，不需要开行工程车、电客车的施工
		A3	在车站、主变电所、控制中心范围内，影响正线行车设备运行的施工
B类	影响车场线行车的施工	B1	车场线开行电客车、工程车的施工（不含电客车、工程车检修）
		B2	不需要开行电客车、工程车，但需要进入车场线路限界内，或影响接触网、信号等设备运行，或在车场线路限界外 3 米内种植乔木、搭建相关设施，或需要动火等影响行车的施工
C类	在车站、主变电所、控制中心、车场等范围内不影响行车的施工	C1	大面积影响客运、影响消防设备正常使用、需要动火或设备设施维护检修等施工
		C2	局部影响客运但经采取措施影响不大；不影响任何设备运行的巡视检查、清扫、测试；动用简单设备（如动用 220 伏及以下的电力、钻孔等，不违反安全规定）等施工

(三) 施工请销点程序

1. A1 类施工组织程序

(1) 请点登记：施工负责人提前到主站、辅站进行登记，填写"车站施工登记本"。

(2) 主站向行车调度员请点：主站确认当施工条件达到后由车站向行车调度员请点。

(3) 行车调度员批准请点：行车调度员确认符合条件后批准请点，需要封锁作业区时及时发布线路封锁命令；如该项作业涉及车辆段时，行车调度员须征得场调同意后方可批准请点。

(4) 车站设置防护：车站确认行车调度员批准请点后，组织相关车站设置红闪灯防护，确认红闪灯设置完毕后由车站通知施工负责人可以开始施工，并负责开启相应端墙门，需要交付线路封锁命令时由车站及时交给工程车、调试车司机。

(5) 接触网配合挂/拆地线：需要配合挂/拆地线时，施工负责人组织接触网配合人员挂接地线；施工负责人确认地线已经挂接后，方可开始作业。某城市轨道交通运营企业接触网施工登记表及施工作业如图 5-17 所示。

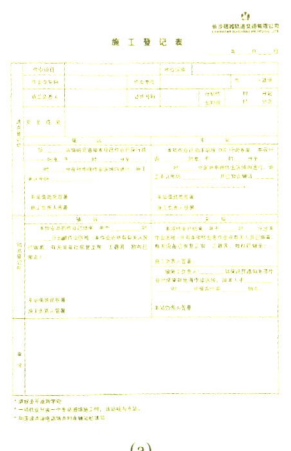
(a)

(b)

图 5-17　某城市轨道交通运营企业接触网施工登记表及施工作业

(6) 施工完毕后，施工负责人组织接触网配合人员拆除接地线。

(7) 销点登记：施工结束后施工负责人确认线路出清、设备恢复正常、接地线已经拆除后，到销点站销点登记，销点站负责向施工负责人核实线路出清及设备恢复情况。

(8) 车站撤除防护：销点站确认符合销点条件后，按规定组织相关车站撤除红闪灯防护。

(9) 销点站向行车调度员销点：销点站确认施工作业区域线路出清及防护撤除完毕后向行车调度员销点。

(10) 行车调度员批准销点：行车调度员与销点站确认线路出清后批准销点，需要解除作业区封锁时及时发布线路开通命令。

(11) 施工结束：销点站确认行车调度员批准销点后通知施工负责人施工结束。

2. A2、A3 类施工组织程序

(1) 请点登记：施工负责人、施工责任人提前到主站、辅站进行登记请点。

(2) 主站向行车调度员请点：主站确认当施工条件达到后由车站向行车调度员请点。

(3) 行车调度员批准请点：当施工条件符合施工要求后由行车调度员批准请点，如该项作业涉及车辆段时，行车调度员须征得场调同意后方可批准请点。

(4) 开始施工：行车调度员批准请点后，主站通知施工负责人可以开始施工；辅站向主站办理请点得到批准后，通知施工责任人可以开始施工，车站负责开启相应端墙门。

(5) 接触网配合挂/拆地线：需要配合挂/拆地线时，施工负责人组织接触网配合人员挂接地线；施工负责人确认地线已经挂接后，方可开始作业。

(6) 施工完毕后，施工负责人组织接触网配合人员拆除接地线。

(7) 销点登记：施工结束后施工负责人、施工责任人确认线路出清、设备恢复正常、接地线拆除后，分别到主站、辅站进行销点登记，主站、辅站分别负责向施工负责人、施工责任人核实线路出清及设备恢复情况。

(8) 销点站向行车调度员销点：销点站向主站确认所有辅站销点、施工结束、施工作业区域线路出清、设备恢复正常及防护撤除完毕后向行车调度员销点。

（9）行车调度员批准销点：行车调度员确认线路出清后批准销点。

（10）施工结束：销点站得到行车调度员批准销点的信息后，告知主站。主站确认批准销点后通知各辅站，由销点站、辅站分别通知施工负责人、施工责任人施工结束。

（11）凡需要在异站销点的施工，施工负责人在车站履行施工登记手续时，应向该站行车值班员申明，并记载在车站施工登记本内。车站值班员接到施工负责人要求在异站销点的申请后，应核对施工内容，对需要异站销点的施工，电话通知施工销点站行车值班员，受理该施工项目的销点。但对于施工后需进行设备试验的项目，严禁异站销点。

3.C类施工组织程序

（1）请点登记：施工负责人、施工责任人提前到相关车站进行请点登记。

（2）批准请点：由车站值班员（值班站长）直接批准请点。

（3）进场施工：请点完成后，施工人员自行进入正确的作业区域；作业令上注明"作业前联系环控调度员（电力调度员）"的，作业过程中影响到相关设备运行时，施工人员必须先与环控调度员（电力调度员）联系，取得环控调度员（电力调度员）同意，方可操作。未提前联系取得同意施工的，由施工负责人承担全部责任。

（4）销点登记：施工结束后施工负责人、施工责任人确认施工区域出清后，到车控室进行销点登记。

（5）批准销点：确认施工区域出清后，由车站行车值班员（值班站长）直接批准销点。

4.施工作业区域同时包含正线及车场线路的特殊施工的组织规定

（1）遇到此类施工时，将车场视为车站，按A类请销点程序执行。

（2）正线和车场必须同时满足施工要求时，方可批准请点，需要正线和车场接触网停电（带电）时，批准请点前必须确认正线和车场的接触网状态均符合施工要求。

（3）遇此类计划需要施工列车配合时，行车调度员封锁区域为正线区域。

（4）如果施工列车需要反复进出车辆段时，工程车或调试车司机在进入车辆段区域前必须得到信号楼值班员的授权，进入正线封锁区域前必须得到行车调度员的授权。

（四）施工作业红闪灯防护

（1）A1类施工作业由车站在作业区域两端及防护区域端点的轨道中央并排（与轨道方向垂直）放置两盏红闪灯。施工作业请点批准后，由请点车站通知作业区两端车站及防护区域端车站值班员设置红闪灯防护。施工单位作业结束后，销点车站通知相关车站撤除红闪灯防护后办理销点手续。站后停车场的红闪灯，由施工负责人/施工责任人组织设置。下列情况除外。

①组织工程车或调试车出/回场、列车转到其他线路时，运行线路两端不需要设置红闪灯。

②当工程车或调试车作业区域的一端属于尽头线时，不需在尽头线端设置红闪灯。

③全线开行工程车或调试车作业时，不需在作业区域两端设置红闪灯防护。

④涉及联络线的施工作业，由施工负责人组织在联络线临近作业区一端设置一盏红闪灯。

（2）A2类施工作业由施工人员在施工过程中实施必要的防护；设置红闪灯时，必须在作业现场两端轨道中央各设置一盏红闪灯，遇多个作业需要在同一地段设置红闪灯时，相邻两个红闪灯之间至少有1米以上的距离（移动式作业设置移动式红闪灯，随身携带设置，接触网步行巡检、巡道作业不需设置，安全措施由维修部门自行规定）。

(3) 红闪灯设置方案示意图如图 5-18 所示。

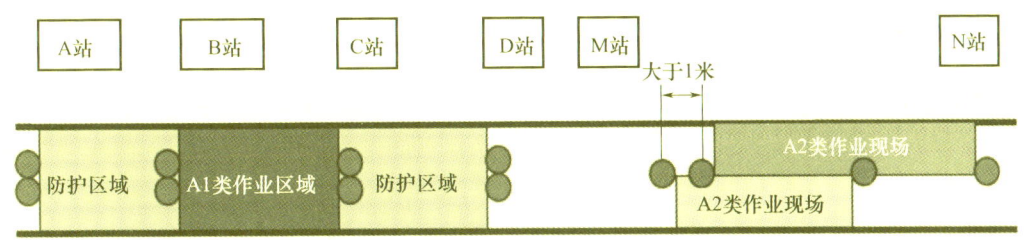

图 5-18 红闪灯设置方案示意图

（五）施工作业中车站人员职责

地铁车站施工作业中车站人员的职责如下：
(1) 负责查验施工作业人员和施工负责人/施工责任人的相关证件。
(2) 负责办理施工作业登记申请和销点手续。
(3) 负责在站台端墙处线路设置和撤销区间作业的施工防护。
(4) 负责为下线路施工作业人员开启站台门、端墙门，并将施工作业人员带到相应的端墙门。
(5) 负责监督施工负责人和配合人员清点进出作业区域的施工作业人员。
(6) 负责监督车站施工作业安全。
(7) 负责与施工负责人配合人员确认施工区域线路出清。某城市轨道交通运营企业车站施工作业请点场景如图 5-19 所示。

(a) (b)

图 5-19 某城市轨道交通运营企业车站施工作业请点场景

（六）运营期间内特殊情况下施工组织

1. 正线、配线发生设备故障、事故，需封锁区间抢修的规定

(1) 行车调度员负责组织故障、事故情况下的降级运行，需要开行工程车或救援车时按值班主任的要求执行。
(2) 值班主任及时发布抢修命令，行车调度员向维修调度员及有关车站发布线路封锁命令。

（3）电力调度员根据现场抢修人员的要求，做好停送电及挂拆地线工作。

（4）维修调度员组织封锁区间内的抢修工作，并记录现场指挥的姓名和联系方式。

（5）车站值班站长任先期处置负责人，下线路确认故障前，与行车调度员办理下轨行区的手续（录音电话）。先期进入轨行区人员，车站要派人员随同前往，方便现场指引及协调。

（6）先期到达人员及现场总指挥到达后，通过站台端墙门处进行人数登记后直接进入抢修封锁区域，车站人员要做好记录和告知工作，现场总指挥到达现场，与先期处理人员交接后，及时与维修调度员联系，现场指挥变更时需要及时报告维修调度员；原则上值班站长在抢修全过程应在现场配合抢修。

某城市轨道交通运营企业控制中心封锁区间抢修线路场景如图 5-20 所示。

(a)

(b)

图 5-20　某城市轨道交通运营企业控制中心封锁区间抢修线路场景

（7）故障、事故处理完毕，现场指挥将线路出清、设备及行车条件恢复情况报告给维修调度员。

（8）行车调度员发布线路开通命令，组织受影响区域恢复正常行车。

2. 运营期间正线行车设备故障，需要利用行车间隔边运营边抢修的规定

（1）是否实施边运营边抢修，由值班主任最终批准。

（2）先期到达人员先报告行车调度员，并通过车站与行车调度员办理下轨行区的手续。车站值班站长全程陪同，专门负责向行车调度员报告现场出清、避让情况及向抢修人员传达行车调度员命令。

（3）现场总指挥到达后，在车站做好登记，由车站人员引导至现场，值班站长负责组织抢修人员进入及出清轨行区。车站值班站长携带行车专用电台，专门负责向行车调度员报告现场出清、避让情况及向抢修人员传达行车调度员命令。

（4）行车调度员负责开往故障区域列车的扣停和放行，行车调度员放车进入抢修区域前必须通知现场人员进行避让，并确定人员进入安全区域及出清设备限界，同时通知现场人员下一班列车已经扣停。

（5）列车司机在故障区域运行过程应加强瞭望、注意安全。

（6）抢修人员接到行车调度员命令后必须迅速出清设备限界并避让到安全区域，抢修人员确认列车通过抢修区域且后续列车已经扣停后即可进行抢修工作。

（7）抢修结束后，值班站长与行车调度员联系，根据行车调度员的安排出清轨行区，现场总指挥到车站向行车调度员销点。某城市轨道交通运营企业车站机电设备抢修

现场如图 5-21 所示。

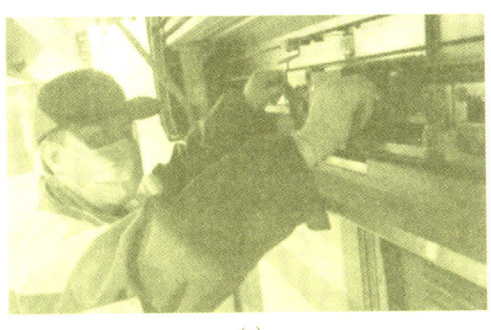

(a)   (b)

图 5-21　某城市轨道交通运营企业车站机电设备抢修现场

三、任务实施

工作任务：城市轨道交通客运车站施工管理。

制作 PPT，以小组为单位进行城市轨道交通客运车站施工管理的讨论，并结合实际学习如何贯彻执行城市轨道交通客运车站施工管理。

四、任务评价

城市轨道交通客运车站施工管理任务评价表如表 5-19 所示。

表 5-19　城市轨道交通客运车站施工管理任务评价表

项目任务		城市轨道交通客运车站施工管理		
班级		姓名		评价时间
考核内容				
考核项目	考核标准		分值（分）	得分（分）
车站施工管理	阐述城市轨道交通客运车站施工管理基本概念及施工计划的分类		15	
施工作业过程、施工组织	阐述城市轨道交通客运车站施工请销点程序；阐述城市轨道交通客运车站、区间施工作业红闪灯防护		20	
	阐述施工作业中车站人员职责、运营期间内特殊情况下施工组织		15	
制作内容	制作能清晰展示的 PPT		15	
	要求类型分析图形准确、文字流畅		15	
	做到业务分析熟练、图文并茂		20	

指导教师意见：

说明：1. 建议采用四级评分制（如 90%～100%、80%～90%、60%～80%、60% 以下）；
　　　2. 主要采用小组互评的方式进行评价，教师最后进行参考评分

项目六　城市轨道交通客流组织

项目背景

随着城市轨道交通网络的日益完善和城市建设的快速发展，城市居民乘坐城市轨道交通出行的需求迅即满增。这对城市轨道交通乘运实现"安全高效、便捷舒适"的客流组织提出了新的工作要求。针对城市轨道交通客流不同时间、不同空间所呈现的不同特点，本项目通过对城市轨道交通日常客流组织、大客流组织、突发事件客流组织任务的系统分析，明确了不同工作场景下客流组织的基本原则和具体应对措施，突出了岗位职责专业知识、专业技能与职业素养的深化学习，为学员胜任和做好城市轨道交通客流组织各项工作打下了良好的专业基础。

项目任务书

城市轨道交通客流组织项目任务书如表 6-1 所示。

表 6-1　城市轨道交通客流组织项目任务书

名称		城市轨道交通客流组织
学习目标	知识目标	1. 知道城市轨道交通客流的基本概念及其影响因素； 2. 掌握城市轨道交通日常客流组织； 3. 掌握城市轨道交通大客流组织； 4. 掌握城市轨道交通突发事件客流组织
	技能目标	1. 具备城市轨道交通客流的认知能力； 2. 具备城市轨道交通日常客流组织能力； 3. 具备城市轨道交通大客流组织能力； 4. 具备城市轨道交通突发事件客流组织能力
	素质目标	1. 具有良好的社会公德、职业道德和爱岗敬业基本素质，立德树人贯穿课程始终； 2. 具有良好工作态度、严谨细致的专业作风； 3. 具有良好的沟通协调能力、语言表达能力、班组管理能力； 4. 培养团结协作、热情有礼、认真细心、沉着冷静、遇乱不惊的职业素养
学习内容		知识准备：学习任务内容。 任务一：城市轨道交通客流概述。 工作任务：阐述城市轨道交通客流的基本概念及其影响因素。 任务二：城市轨道交通日常客流组织。 工作任务：进行城市轨道交通日常客流组织。 任务三：城市轨道交通大客流组织。 工作任务：进行城市轨道交通大客流组织。 任务四：城市轨道交通突发事件客流组织。 工作任务：进行城市轨道交通突发事件客流组织

续表

名称	城市轨道交通客流组织
任务实施要求	1. 将授课班级学生分组，5～8人为一个学习团队； 2. 每个学习团队组织学习，进行项目任务分析、任务分配，制定团队工作任务分配表； 3. 资料学习、相关知识准备，完成项目的资讯环节； 4. 现场教学、资源利用，完成项目的实施演练环节； 5. 学习团队讨论，编制项目任务知识点学习计划书； 6. 学习团队现场实践，制订现场实践的实施方案； 7. 学习团队按任务分配表制作项目任务的汇报演讲稿，派代表上台演讲； 8. 制定该项目任务的评价表，考核要素，进行小组互评
任务实施要点	1. 教学资源收集与整理； 2. 确认任务学习的重点与难点； 3. 任务学习计划制订，小组任务分工，汇报PPT制作，小组交流演讲； 4. 学习团队进行讨论，可让教师参与讨论，通过团队合作获取问题的解决
任务拓展	1. 会收集具有国内外领先水平的具有代表性的城市轨道交通客流组织的资料； 2. 按"准员工"的要求来学习，结合本城市的情况，组织团队成员去现场学习； 3. 能够进行城市轨道交通客流组织相关资料的查找与整理； 4. 会制作任务书要求的PPT
任务下发人	日期： 年 月 日
任务执行人	日期： 年 月 日

任务一　城市轨道交通客流概述

一、任务导入

学习城市轨道交通客流概述，掌握城市轨道交通客流分类，理解客流影响因素，学会客流的时间、空间分布特点分析，换乘站与终点站客流特点分析，为进一步学习城市轨道交通客流组织打好坚实基础。

二、知识准备

客流是指在单位时间内，城市轨道交通线路上乘客流动人数和流动方向的总和。客流的概念既表明了乘客在空间上的位移及其数量，又强调了这种位移带有方向性和具有起讫位置。

断面客流量是在单位时间内（一小时或全日），通过轨道交通线路某个地点的客流量。显然，通过某个断面的客流量就是通过该断面所在的区间客流量。

最大断面客流量是指在单位时间内，通过轨道交通线路各个断面的客流一般是不相等的，其中的峰值称为最大断面客流量。轨道交通线路上下行方向的最大断面客流量一般不在同一个断面上。某城市轨道交通客运车站大客流如图6-1所示。

(a)

(b)

图6-1 某城市轨道交通客运车站大客流

（一）城市轨道交通客流的不同划分

1. 以出行目的划分

（1）工作客流：是因工作和学习产生的客流，由上班流和学生流组成。特点是时间集中、客流量大、规律性强、高峰期短、稳定性高，是高峰时客流的主要来源，是全日客流量的主要部分。

（2）日常客流：由人们的日常活动构成，如探亲、访友、购物、就医、娱乐、体育、出游等。这种客流在一日中持续的时间长，受气候变化和季节变化影响较大。

2. 以出行时间划分

（1）平时客流：主要是星期一至星期五的客流，比较稳定，每个时间段的客流情况容易掌握。

（2）特殊日客流：主要是指双休日客流和节假日客流，流量变化大，发生时间突然，每周或者每年的情况都会有所差异。

3. 以乘距长短划分

（1）城市客流：起始点和目的地都在市内的客流，乘距短、流量大、时间性强，高峰低谷明显，起伏变化大，换乘交替频繁。

（2）市郊客流：流量相对较小、乘距长、早晚方向差异大，早晨主要从市郊流向市内，傍晚从市内流向市郊。

4. 按照客流真实性划分

（1）实际客流：通过城市轨道交通自动检票设备及人工检票计算得出的实际客流量。

（2）预测客流：通过一定的客流及影响客流因素调查后预测得出的未来一段时间的客流量，预测客流与真实客流存在一定误差。

5. 按照客流来源划分

（1）基本客流：轨道交通线路既有客流加上按照正常增长率增加的客流。

（2）转移客流：由于轨道交通具有快速、准时、舒适等优点，原来经由常规公交和自行车出行转移到经由轨道交通出行的这部分客流。

（3）诱增客流：轨道交通线路投入运营后，促进沿线土地开发、住宅区形成规模、商业活动繁荣所诱发的新增客流。

6. 按照客流时间分布特征划分

(1) 全日客流：指每日轨道交通线路输送的客流量。

(2) 全日分时段客流：指一日内轨道交通线路各小时输送的客流量。

(3) 高峰小时客流：指轨道交通线路早晚高峰及节假日高峰小时内输送的客流量。

7. 按照客流空间分布特征划分

(1) 断面客流：指通过轨道交通线路各区间的客流。

(2) 车站客流：指在轨道交通线路车站上下车和换乘的客流。

城市轨道交通线路图如图6-2所示。

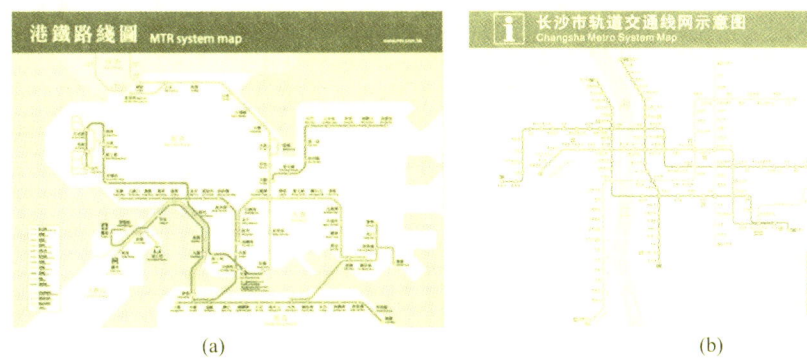

图 6-2 城市轨道交通线路图

(二) 城市轨道交通客流的影响因素

1. 轨道交通沿线土地利用情况

土地利用涉及城市各个区域的功能定位、地上建筑物的类型及地上社会经济活动的类型等多个方面。轨道交通沿线土地利用情况与客流之间是"源"与"流"的关系。沿线土地利用对轨道交通客流规模存在着举足轻重的影响，如果轨道交通线路行经的区域能将城市的主要居住区和商务区覆盖，那么其客流就有了基础的保障。例如在香港，大约50%的居民和约55%的职业岗位距离轨道交通车站约10分钟的步行距离，强有力的客流支撑是其获得收益、成功运营的一个重要原因。

2. 城市布局发展模式

土地利用规划对城市布局发展模式有着重要的影响，在城市由单中心布局发展到单中心加卫星城镇布局，又进一步发展到多中心布局的过程，通常伴随着客流的大幅增长。以北京为例，2000年北京地铁有两条线路，客流年增长幅度并不大，当时日均客流量为120万人次。到2008年以后，随着6条新线路的开通，沿线土地开发强度的增强，新市民纷纷迁入新建成的住宅区，商业、餐饮业也发展起来，日均客流量也随之快速增长。2008年的日均客流量为333万人次；2009年为390万人次；2017年，北京地铁公司所辖15条线路的日均客运量达780多万人次。

3. 城市人口规模与出行率

城市中的出行量与人口规模、出行率之间存在密切的关系，因此除了分析常住人口、暂住人口和流动人口的数量外，还应分析人口的年龄、职业、出行目的、居住区域等特征。根据出行调查资料，不同人群的出行率存在差异，一般规律是：常住人口中，中青年人群的出行率高于幼年与老年人群的出行率，上班、上学人群的出行率高于退休人群的出行率，市区人口的出行率高于郊区人口的出行率；暂住人口、流动人口中，旅游人群的出行率高于民工人群的出行率；流动人口的出行率高于常住人口的出行率等。

4. 票价

票价是影响客流的重要因素，票价的变动会对沿线客流数量和运营公司的票务收入产生综合影响。票价与市民的消费能力和收入水平直接相关，轨道交通的客源主要来自中低收入人群，而中低收入人群对票价变动比较敏感，低收入、高票价的组合对客流的吸引最为不利。当轨道交通票价支出占收入水平的比例较大时，选择轨道交通方式出行的客流量就会下降。在分析票价对客流的影响时，还应注意到乘客会权衡各种出行方式的票价高低及性价比来选择出行方式。在收入水平一定的情况下，只有在轨道交通的性价比高于其他出行方式或替代服务的性价比时，轨道交通才具有吸引客流的优势。例如，北京地铁在2014年12月28日开始实行新票价，由以往的全程两元变成计程收费的模式，地铁客流量出现了下降的情况，2015年首个工作周的双休日，相比调价前下降了160万人次，降幅16%左右。

5. 城市轨道交通服务水平

随着市民收入水平的提高，可选择的出行方式也逐渐增多。城市轨道交通服务的安全性、舒适性、经济性、换乘便利性以及列车的运行间隔、运送速度、正点率等多项指标也逐渐成为市民选择出行方式时考虑的因素。城市轨道交通运营企业的服务水平已成为影响客流及发展潜在客运需求的关键因素。

6. 政府的交通运输政策

大城市确立以公共交通为主、个体交通为辅的交通运输政策，优先发展公共交通、大力发展轨道交通、控制私人汽车的发展，对引导市民出行利用公共交通与轨道交通具有重要意义。而要实现这一交通运输政策，首先是加快公共交通设施的建设，如加大轨道交通线网的密度、建立大型换乘枢纽等；其次是优化现有交通资源的利用，如完善轨道交通与常规公交、自行车、私人汽车的衔接换乘，减少与轨道交通线路走向重复的常规公交线路等。例如2001年，上海因打浦路过江隧道能力饱和，取消了几条经隧道开往浦东的常规公交线路，为引导乘客乘地铁2号线过江，推出了在黄浦江两侧乘坐地铁4站以内，优惠票价为1元的调控措施，地铁2号线客流得到大幅度的增加。

7. 交通网的规模与布局

多层次的轨道交通线网、合理的线路布局及走向和功能完善的换乘枢纽对实现城市中心区45分钟交通圈、增大轨道交通对出行者的吸引力、提高轨道交通在公共交通中的运量分担比例具有重要的作用。此外，从土地利用与运输系统互动、运输需求与运输供给互动的角度，国外学者提出了通过建设交通运输走廊来推动车站周边地区土地开发利用的交通导向开发（Transit-Oriented Development，TOD）规划模式。由于轨道交通具有运能大、速度快、能源消耗和空气污染低的优势，TOD规划模式在轨道交通建设领域得到了较多应用。国外的研究发现，根据车站附近地区的土地利用情况，TOD

规划模式可降低小汽车车流量的5%～20%，而轨道交通的客流则相应增加。

8. 私人交通工具的拥有量

在客运需求一定的情况下，利用私人交通工具出行越多，通过公共交通出行的人数就越少。在发展个体交通，还是发展公共交通的问题上，国外的经验教训值得借鉴。西方国家大城市过去曾对私人汽车的发展不加控制，结果在破坏城市生态环境的同时，出现了严重的道路拥挤和出行难问题，最后不得不又转向发展公共交通和轨道交通的道路上来。因此，从优化出行方式结构、提高公共交通的客运比例出发，应有序地控制私人汽车的发展。在出行快捷、方便和舒适等方面，私人汽车出行无疑优于公共交通出行，但私人汽车的发展应考虑道路网能力是否适应，不能以降低大部分市民的快捷、方便和舒适为代价。对私人汽车的使用应通过经济杠杆进行适度控制，鼓励并创造条件让私人汽车使用者以停车、换乘方式进入城市中心区。

（三）城市轨道交通客流时间特点的分析

1. 某站一日各小时客流特点

一日各小时客流量用以确定城市轨道交通出入口、通道等设备容量，是计算全日行车计划和车辆配备计划的参考基础。小时客流量随着人们的生活节奏和出行特点而变化，一般清晨与夜间的乘客较少，上班、上学时段客流达到最高峰，高峰过后逐渐进入低谷，傍晚下班和放学时段客流再次达到高峰，进入晚间客流又逐渐减少。

城市轨道交通线路走向、站点周边土地开发情况、城市轨道交通所处交通走廊特点、城市轨道交通运能、城市轨道交通服务水平是影响城市轨道交通客流时段分布的主要因素。总结不同运能轨道交通的不同类型车站，可归纳出以下五种客流小时分布类型：

（1）单向峰型。城市轨道交通线路所处的交通走廊具有明显的潮汐特征，或车站周边地区用地功能性质单一，车站客流分布集中，有早晚错开的一个上车高峰和一个下车高峰，上午上学、上班形成早高峰，下午放学、下班形成晚高峰，其他时段是客流平峰期。郊区线路、通往市区外围的居住和工业区线路路段，如北京地铁13号线北部的龙泽、霍营、回龙观站等，其客流容易出现这种单向峰型形式。某城市轨道交通客运车站单向高峰客流如图6-3所示。

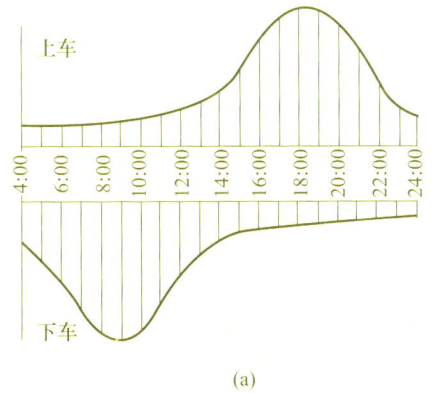

(a)

(b)

图6-3 某城市轨道交通客运车站单向高峰客流

单向峰型在早晚高峰出现乘降客流的潮汐现象,主要有以下两种情况:

①车站位于居住区为主的客流发生区,主要表现为早高峰上客量明显比较大,下客量明显比较小;晚高峰则反之。

②车站位于以就业区为主的客流吸引区,主要表现为早高峰下客量比较大,上客量比较小,晚高峰则反之。

(2) 双向峰型。车站位于综合功能用地区位,客流分布与其他交通方式的客流分布一致,有两个配对的早晚上下车高峰。例如,广州地铁1号线连接广州旧城区和新开发区,商业中心位于旧城区,高档写字楼云集,吸引了很多年轻白领在此上班,而其中大部分人选择了在房价相对低廉的新开发区居住;同时旧城区居住的居民有很多在新开发的工业园区就业。因此,在早晚上下班时段形成了轨道交通客流的双向高峰。某城市轨道交通客运车站双向高峰客流如图6-4所示。

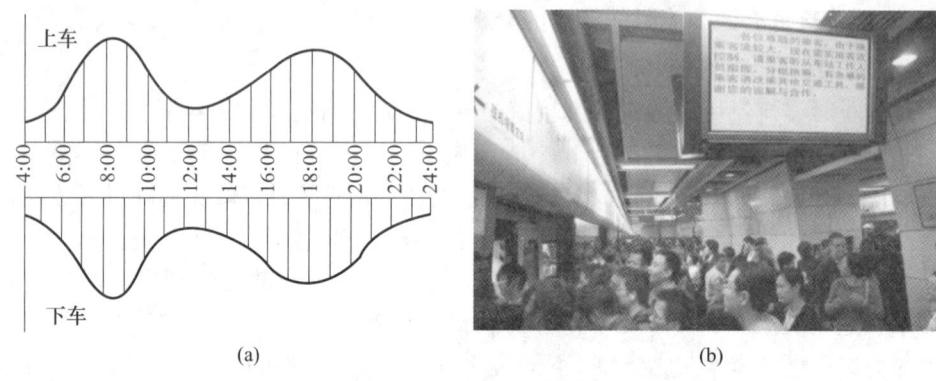

图 6-4　某城市轨道交通客运车站双向高峰客流

(3) 全峰型。城市轨道交通线路位于用地已高度开发的交通走廊,或车站位于公共建筑和公用设施高度集中地CBD区,客流分布无明显的低谷,双向上下车客流全日都很大,此种客流分布较少。北京地铁2号线某些站便是全峰型客流,如西直门、复兴门、东直门站等,它们是换乘车站或者综合交通枢纽站,其沿线土地利用程度本身很高,沿线分布了写字楼、住宅、大型商品市场或购物中心等,土地利用类型多样化,既有生产性客流,也有生活性客流,因此全日客流在上下行方向都是高峰。某城市轨道交通客运车站全峰客流如图6-5所示。

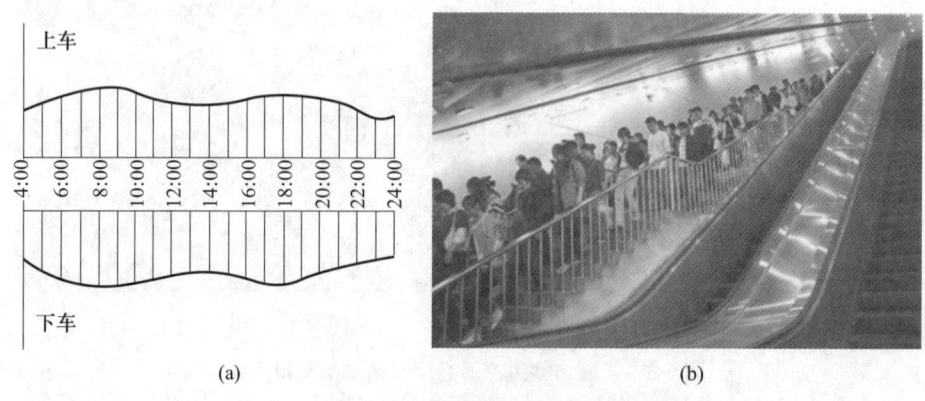

图 6-5　某城市轨道交通客运车站全峰客流

（4）突峰型。车站位于体育场、影剧院等大型公用设施附近，演出节目或体育比赛结束时，有一个持续时间较短的突变的上车高峰。一段时间后，其他部分车站可能有一个突变的下车高峰。在 2008 年奥运会时，北京地铁 5 号线、10 号线等的某些站，经常出现这种突峰型客流。突峰型客流及北京地铁 5 号线车厢内乘客如图 6-6 所示。

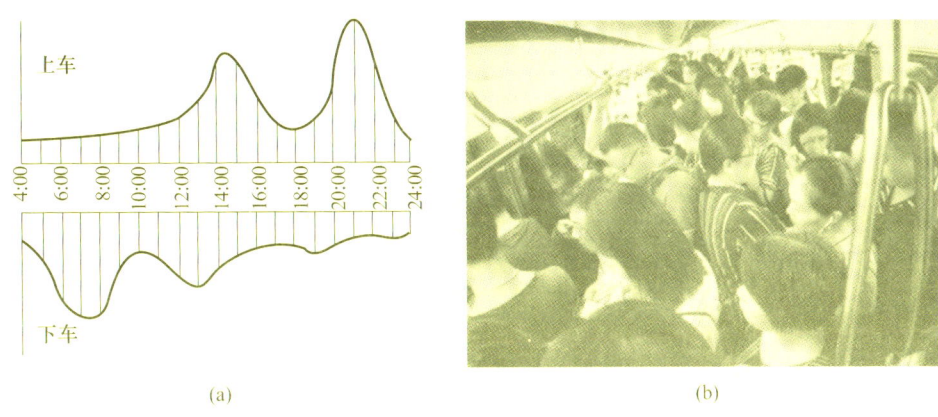

图 6-6　突峰型客流及北京地铁 5 号线车厢内乘客

（5）无峰型。当城市轨道交通本身的运能比较小或车站位于用地还没有完全开发的地区时，客流无明显的上下车高峰，双向上下车客流全日都较小。无峰型客流及某城市轨道交通偏远车站如图 6-7 所示。

图 6-7　无峰型客流及某城市轨道交通偏远车站

2. 一周每日客流特点分析

一周每日客流情况不同，星期一至星期五以上下班为主，星期六、星期日客流以休闲、娱乐、购物为主。由于人们的工作与休息是以周为周期循环进行的，这种活动规律性必然会反映到一周内各日客流的变化上来。在连接商业网点、旅游景点的轨道交通线路上，双休日的客流会有所增加，而在以通勤、上学客流为主的轨道交通线路上，双休日的客流会有所减少。

另外，星期一与节假日后的早高峰小时客流和星期五与节假日前的晚高峰小时客流，都会比其他工作日早晚高峰小时客流要大。根据全日客流在一周内分布的不均衡和有规律的变化，从运营经济性考虑，轨道交通系统常在一周内实行不同的全日行车计划和列车运行图。

3. 季节性或短期性客流特点

在一年内，客流还存在季节性的变比，如由于梅雨季节和学生复习迎考等原因，6月的客流通常是全年的低谷。另外，在旅游旺季，城市中流动人口的增加又会使城市轨道交通线路的客流增加。短期性客流激增通常发生在举办重大活动或遇到天气骤然变化的时候。根据相关调查发现，季节性的轨道客流规律与节日特点密切相关，7—9月与学生假期有关，10—12月与"十一"长假期、元旦节日活动有关。

4. 节假日客流特点分析

国内节假日大客流的特点如下：

（1）国庆节是旅游、购物黄金周，大批游客的到来以及市民在节假日期间出行购物、休闲等会使地铁的客流大幅上升，特别是商业区或旅游景点附近的车站，客流的冲击会很大。

（2）春节前后大批外地劳务人员返乡，将对客运站附近的地铁车站造成较大冲击，但春节期间的客流会相对稳定，不会有太大影响。

（3）元旦、清明、端午、中秋、劳动节假期短，游客不会对城市轨道交通的客流变化产生较大影响，但市民出行、购物会使商业区附近的车站产生较大客流，同时其他车站的客流也会比平常有所上升。

（四）城市轨道交通客流空间特点的分析

客流的空间不均衡性主要分为同一条线路上下行不均衡、各个断面客流不均衡、分时客流不均衡、各条线路不均衡及各车站乘降人数不均衡。

1. 各条线路客流分布特点

城市轨道交通线网的各条线路因其所在的城市客流走廊带不同、沿线用地性质不同，其客流规模和分布规律各异。可以通过运营期间的客流统计数据分析各条线路的客流特征。各条线路客流的不均衡性，包括现状客流分布的不均衡和客流增长的不均衡两个方面。例如上海轨道交通各条线路的客流分布差异较大，经过市中心商业繁华区、文化聚集区、客流集散点的线路（如地铁1号线、2号线）一般汇集了上下班、读书、公务、商业和旅游等客流，工作日客流量达到80万～100万人次，客流强度较大；市郊结合、以上下班客流为主的线路（如地铁3号线），客流量居中；郊区线路（如地铁5号线、6号线、9号线）客流量最低。

2. 上下行方向客流分布特点

在城市轨道交通线路上，由于客流的流向原因，同一线路上下行方向在同一时段内客流具有两种特征：双向型（上下行的运量数值接近相等，市区线路多为此种类型）、单向型（上下行的运量数值差异较大，特别是通向郊区或工业区的线路，多属于单向型）。在放射状的轨道交通线路上，早晚高峰小时的上下行方向客流不均衡尤为明显。

3. 各个断面的客流分布特点

在城市轨道交通线路上，由于线路行经区域的用地开发性质不同，所覆盖的客流集散点的规模和数量不同，因而出现线路各个车站乘降人数不同，线路单向各个断面的客流不均现象是不可避免的。断面客流分布通常有阶梯形和凸字形两种情形，阶梯形是指线路上各个区间的断面客流为一头大、一头小，凸字形是指线路上各个区间的断面客流为中间大、两头小。

合理的列车交路计划能改变这种状况，既提高列车和车辆运用效率，又能给予乘客较大的方便。因此不同列车交路相结合的列车运行方式，能使行车组织做到经济合理。列车交路主要有长交路、短交路及混合交路等几种方式。

4. 各个车站乘降人数分布特征

城市轨道交通线路各个车站的乘降人数是不均衡的。一些城市在不少线路上，全线各站总的乘降量主要集中在少数几个车站，新的居民住宅区形成规模和新的城市轨道交通线路投入运营，也会使车站乘降量发生较大的变化及带来不均衡的加剧或新的不均衡。车站乘降人数的不均衡决定了各个车站的客运工作量、设备容量或能力的配置、客运作业人员的配备，以及日常运营管理的重点。总结不同类型城市轨道交通线路，各个车站乘降人数空间分布特征可归纳为以下五类：

（1）均等型。当城市轨道交通线路呈换线布置或沿线用地已高密度开发成熟时，各车站上下车客流接近相等，沿线客流基本一致，不存在客流明显突增路段。

（2）两端萎缩型。当城市轨道交通线路两端延伸至还没有完全开发的城市边缘地区或郊区时，线路两端路段的客流小于中间路段的客流。

（3）中间突增型。当城市轨道交通线路途经大型的对外交通枢纽、高密度开发地区或者车站利用常规公交线路辐射吸引范围广阔时，位于该区位车站的上下客流明显偏大，线路客流存在突增的路段。

（4）逐渐缩小型。当城市轨道交通线路首末车站位于大型对外交通枢纽附近或接近城市中心CBD地区时，随着线路向外延伸，线路客流逐渐减小。

（5）组合型。当城市轨道交通线路结合了以上多种特点时，城市轨道交通线路乘降人数反映出的特征无具体规律，主要受车站周边土地利用影响。

5. 车站内客流分布特点

分析城市轨道交通客运车站内乘客流向及行程轨迹发现，车站内客流在空间分布上也存在不均衡现象，它们包括经由不同出入口的客流不均衡、各个换乘方向的客流不均衡、通过不同收费区的客流不均衡、通过同一收费区不同检票机的客流不均衡和上下行方向的乘降客流不均衡等。

（五）城市轨道交通换乘站与终点站客流特点分析

1. 换乘站客流特点分析

乘客在城市轨道交通线网内通过换乘车站实现不同线路之间的换乘。不同线路之间的换乘常采用的换乘形式可分为同站台换乘、节点换乘、站厅换乘、通道换乘等基本形式。

（1）同站台换乘。

同站台换乘一般适用于两条线路平行交织且采用岛式站台的车站形式，乘客换乘时，由岛式站台的一侧下车，横过站台到另一侧上车。这种换乘方式比较方便，但是存在部分客流换乘距离较大的缺陷。

(2) 节点换乘。

节点换乘是在两线交叉处，将两线隧道重叠部分的结构做成整体的节点，并采用楼梯将两座车站站台直接连通的换乘形式，一般有十字形、T字形、L字形等几种形式。该种换乘方式下乘客通过楼梯进行换乘，较为方便，但存在客流交叉的问题，若换乘设施设置不当，会造成换乘客流交叉拥堵。该种换乘方式客流组织的关键是注意上下楼的客流组织，避免进出站客流和换乘客流的交织紊乱。

(3) 站厅换乘。

站厅换乘为两线或多线共同设置共用站厅，乘客下车后，无论是出站还是换乘，都必须经过公用站厅，再根据导向标志出站或进入另一个站台继续乘车。由于下车客流只朝着一个方向流动，客流组织简单，减少站台上人流的交织。乘客行进速度快，在站台上滞留时间短，可避免站台拥挤，同时又可减少楼梯等升降设备的总数量，从而增加了站台的有效使用面积。此种换乘方式下，换乘乘客必须先上（下）后下（上），换乘总量大。另外，由于出站客流和换乘客流一起经过站厅，站厅内客流导向和指示标志以及各种信息显示屏等换乘指引系统设施的设置显得尤为重要，它们是保证乘客有序流动必备的硬件条件。另外城市轨道交通运营单位应在换乘线路上设置一定的导流、隔离装置，当换乘客流较大时，在一些重要位置增加人工引导。

(4) 通道换乘。

通道换乘是在两线交叉处，用通道和楼梯将两车站连接起来，属于一种间接换乘形式，乘客换乘步行距离长，换乘能力有限，有时需要出付费区换乘（需要重新购票），但是此类换乘布置灵活，连接通道可以设置于两站站厅之间，也可直接设置在站台上。

2. 终点站客流特点分析

由于城市轨道交通终点站一般位于城市的外围区，土地开发利用比较单一，终点站的高峰时段与平峰时段存在较大的差异，主要有以下几种情况的客流分布特征：

(1) 终点站位于以居住区为主的客流发生区，主要表现为早高峰上客量明显比较大，下客量明显比较小；晚高峰则相反，即早高峰以进站客流为主，晚高峰以出站客流为主，在车站常出现早晚高峰乘降客流的潮汐现象。

(2) 终点站位于以旅游区或就业区为主的客流吸引区，主要表现为上午下客量明显比较大，上客量明显比较小，晚上则相反。即上午以出站客流为主，晚上以进站客流为主。

(3) 终点站位于对外交通枢纽区，这种类型的终点站既是客流发生区，也是客流吸引区。客流时间分布表现为随机性，上下客量呈现出不规律性，与对外交通到发时间密切相关，如与火车站直接换乘的枢纽车站，城市轨道交通客运车站客流会表现出明显的波峰型，当某趟火车到站后，将有大量乘客涌入地铁站乘车，波峰客流持续到这趟火车的客流疏散完毕。

三、任务实施

工作任务：城市轨道交通客流概述。

制作PPT，以小组为单位进行城市轨道交通客流概述的讨论，并结合实际学习城市轨道交通客流概述。

四、任务评价

城市轨道交通客流概述任务评价表如表 6-2 所示。

表 6-2 城市轨道交通客流概述任务评价表

项目任务	城市轨道交通客流概述		
班级		姓名	评价时间
考核内容			
考核项目	考核标准	分值（分）	得分（分）
客流划分、客流影响	阐述城市轨道交通客流划分；阐述城市轨道交通客流的影响因素	15	
客流时间特点、客流空间特点	进行城市轨道交通客流时间特点的分析；进行城市轨道交通客流空间特点的分析	20	
	进行城市轨道交通换乘站与终点站客流特点分析	15	
制作内容	制作能清晰展示的 PPT	15	
	要求类型分析图形准确，文字流畅	15	
	做到业务分析熟练、图文并茂	20	

指导教师意见：

说明：1. 建议采用四级评分制（如 90%～100%、80%～90%、60%～80%、60% 以下）；
2. 主要采用小组互评的方式进行评价，教师最后进行参考评分

任务二　城市轨道交通日常客流组织

一、任务导入

通过学习城市轨道交通日常客流组织，了解城市轨道交通客流组织原则、工作宗旨，城市轨道交通客运车站客流组织内容，熟练掌握车站日常客流组织方法。

二、知识准备

（一）城市轨道交通客流组织原则

城市轨道交通客流组织工作必须实行集中领导、统一指挥的原则。OCC 负责全线的客流组织工作，车站的客流组织由车站站长或当班值班站长负责。

城市轨道交通客流工作的核心是保证客流运送的安全，保持客流运送过程的畅通、

减少乘客出行时间，避免拥挤，保证大客流发生时及时疏散。

1. 在车站客流组织中应贯彻执行的客流组织原则

（1）防止客流对冲、减少客流交叉原则。

（2）合理设置导向指引标志，优化导向系统。

（3）客流流线组织贯彻"右行原则"。

（4）考虑乘客"就近习惯"原则。

（5）拓宽消除客流"瓶颈"原则。

（6）贯彻"出站优先"原则。

（7）换乘衔接一体化原则。

2. 在车站布置售检票设备时应当遵循的原则

（1）售检票位置与出入口、楼梯应保持一定距离。售检票位置一般不设置在出入口、通道内，并尽量保持与出入口、楼梯有一定的距离，从而保证出入口和楼梯的畅通。

（2）保持售检票设备位置前通道宽敞。售检票设备一般选择在站厅内宽敞位置设置，以便于售检票设备位置前客流的疏导；售检票设备位置应适当保持一定距离，避免排队时拥挤。

（3）售检票设备位置根据出入口数量相对集中。因轨道交通车站一般有多个出入口，为了减少乘客进入车站后的走行距离，一般设置多处售检票设备，但过多设置售检票设备的位置容易造成设备使用的不平衡，降低设备使用效率，并且不利于管理，因而售检票设备应根据车站客流的大小相对集中布置。

（4）应尽量避免客流的对流及交叉。客流的对流减缓了乘客出行的速度，同时也不利于车站的管理，因此车站一般对进出客流须进行分流，使进出车站检票设备分开设置，保持乘客经过出入口和售检票设备位置的线路不至于发生对流。

（二）城市轨道交通客流组织工作宗旨

（1）安全准时：保证乘客进站、出站和乘车的安全，确保列车按运行图规定的时间运行。

（2）方便迅速：导向标识清晰准确，售检票设备操作方便，确保乘客快速到达目的地。

（3）热情周到：耐心、正确地解答乘客询问，主动、热情地为乘客服务。

（三）城市轨道交通客运车站客流组织内容

城市轨道交通客运车站客流组织的主要内容包括：车站售检票设备位置的设置，车站引导标识的设置，车站自动扶梯、隔离栏杆、车站广播导向等设备设施的设置，各种设备数量及工作人员的配备，应急措施的制定与实施等。

影响车站客运组织的因素较多，不同类型的车站的客运组织内容有着较大的区别，中小车站的客运组织比较简单，而大车站、换乘站因客流较大、客流方向比较复杂，其客流组织也比较复杂。侧式站台的车站相对于岛式站台的车站容易将不同方向的客流分开，但不利于乘客的换乘，且售检票设备位置设置较分散，不利于车站管理。无论是何种形式的车站，其乘客进站乘车流程图如图6-8所示（虚框表示可以省略的环节）。

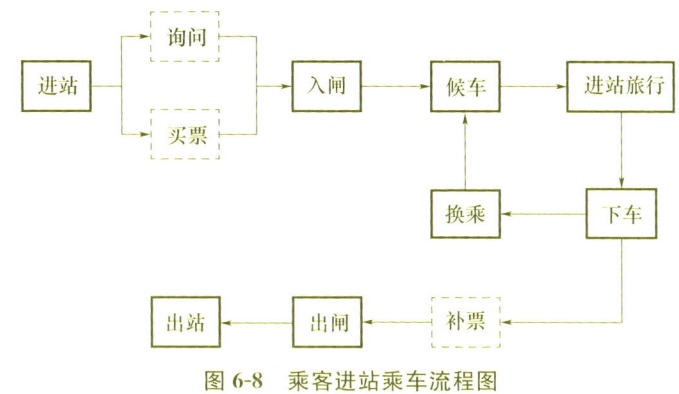

图6-8 乘客进站乘车流程图

（四）车站日常客流组织办法

车站日常客流组织主要由进站客流组织、出站客流组织、换乘客流组织三部分组成。

1. 进站客流组织

（1）进入车站。

组织乘客进站的注意事项及客流组织措施如下：

①组织引导乘客经出入口、楼梯、自动扶梯（或垂直电梯），通过通道进入车站站厅层非付费区。该部分客流组织的关键环节是出入口客流组织。地下车站出入口一般均设置电扶梯和楼梯，电扶梯的方向可以根据需要进行调整，如果只有一部电扶梯，一般将该部电扶梯调为向上方向，为出站乘客提供便利、避免出站乘客爬楼梯，并利于出站乘客快速疏散。楼梯根据宽度和该出入口客流大小设置相应的隔离栏杆。出入口客流组织应结合实际的客流量大小，当车站设施能够满足客流需求时，采用正常的客流组织方法，各个出入口全部开放，进出站客流不需隔离分流，进出站乘客在楼梯上可混合行走。当出入口客流较大时，在出入口楼梯通向站厅层的通道内设置分流隔离设施，确保进出站客流不相互干扰，不发生客流冲突。

②对于经过通道与站厅连接的出入口，当客流较大时，可在通道内组织排队，当客流过大时，需采取在出入口限流，分批放行乘客进站或临时关闭出入口。在预测客流较大的出入口设置限流栏杆，通过限流栏杆可减缓乘客的进站速度，并便于限流措施的实施。城市轨道交通客运车站出入口限流栏杆如图6-9所示。

(a)

(b)

图6-9 城市轨道交通客运车站出入口限流栏杆

③对于与商场、物业连接的出入口，应考虑客流组成和出行特征，当客流较大时，应根据双方协议与相关单位共同制定的措施组织客流。与商场物业结合的出入口通道需与接入物业方商谈确定出入口开关时间，签订双方认可的协议，便于物业结合出入口的统一管理。

（2）购票。

组织乘客购票的注意事项及客流组织措施如下：

①组织引导部分需要购买单程票的乘客到 TVM、互联网自动售票机（Internet Ticket Vending Machine，ITVM）、票亭半自动售票机（BOM）或临时票亭购票。购票客流组织的关键环节是通过合理导流设施设置，使乘客有序排队购票，并且购票队伍不影响正常进出站客流。

②在 TVM、ITVM、票亭前组织乘客有序排队购票、充值。车站一般可利用导流带、铁马等隔离设施进行排队组织，排队方向应不影响其他正常乘客通行为宜。当排队乘客较多时，可在站厅非付费区加开临时票亭，安排人工售卖预制单程票，同时需做好广播宣传和引导，将购票乘客进行分散。

③在组织 TVM、ITVM、临时票亭购票时，要尽可能充分利用各类售票点，使乘客分散购票，避免乘客大量集中于少量售票点处。当需要乘客排队购票时，可利用迂回隔离栏杆在站厅客流较少的空间组织乘客排队。临时票亭前组织排队迂回栏杆如图 6-10 所示。

(a)   (b)

图 6-10 临时票亭前组织排队迂回栏杆

④在单程票售票量较大的车站，运营前需将 TVM 票箱加满，运营期间通过车站级票务计算机实时监控 TVM 内票箱票卡数量，利用客流低峰时段，对车票较少的票箱进行填补，在票亭半自动售票机上预处理车票，高峰时就不用再更换票箱和预处理车票，减少对高峰期购票速度的影响。

（3）检票进闸。

组织乘客检票进闸的注意事项及客流组织措施如下：

①当乘客购票后，引导已经购票乘客和部分持储值卡、计次票的乘客直接通过进站闸机刷卡检票进入付费区。

②乘客刷卡进站时，应宣传指引乘客右手持卡（单程票），站在闸机通道外，排队按次序刷卡进闸。

③对于无票乘客，引导其至 TVM、BOM、ITVM 前购票，再检票进闸。

④当有大量乘客进闸时,车站需宣传组织进闸乘客有序进闸,防止乘客聚集在一起,出现争抢进闸现象,这容易导致乘客误刷卡进不了站或出不了站的情况发生。

⑤在乘客排队进闸过程中,队伍不得影响出闸乘客,排队不能阻挡出站客流,以确保出站乘客的顺利出站。

⑥对持有大件行李的乘客,应引导其走宽通道闸机或协助其将行李通过车站边门进入。

⑦对于携带儿童(不需购票)的乘客,应宣传引导儿童走在大人前面通过闸机或大人将儿童抱起通过闸机,避免闸机开关伤到儿童。

⑧车站根据进出站客流实际情况,可对双向闸机的方向进行调整,以便于更好地组织客流,调整时须保证优先满足出站客流的需求,同时尽量减少进出站客流的交叉,提高客流组织效率。

(4) 至站台候车,乘客站台候车如图6-11所示。

(a)   (b)

图6-11 乘客站台候车

组织乘客候车的注意事项及客流组织措施如下:

①乘客进入付费区后,通过导向标志、告示、隔离栏杆等措施组织引导乘客通过楼梯、自动扶梯(垂直电梯)进入站台层候车,在地铁车站站厅层设置伸缩导流栏杆,引导进入付费区的乘客快速到达站台候车(新开通城市轨道交通试运营初期)。自扶梯下方设置铁马导流,其作用一是可以减少乘客拥挤在电扶梯口,将乘客疏散引导至站台均匀候车,避免电扶梯处产生拥挤堵塞,二是防止乘客抢上抢下。地铁车站伸缩导流栏杆与铁马导流如图6-12所示。

(a)   (b)

图6-12 地铁车站伸缩导流栏杆与铁马导流

②乘客到达站台，通过导向标志和乘客信息显示系统指引乘客选择乘车方向和了解列车到站时间，为确保站台乘客候车安全，广播宣传组织乘客在安全区域候车。

③站台设有站台门，在列车到站之前，车站工作人员需提示乘客远离站台门，不要越过安全区域，引导乘客在安全区域按箭头方向排队（若有站台门故障，组织乘客到其他站台门对应的安全区域处排队候车）。站台工作人员疏导聚集在一端的乘客到乘客较少的地方候车，关注乘客动态，提醒乘客不要倚靠站台门。列车到站乘客站台上车如图 6-13 所示。

(a)　　　　　　　　　　　　　　(b)

图 6-13　列车到站乘客站台上车

④对于没有站台门的车站，应广播宣传"请乘客站在黄色安全线内候车，不要探身瞭望，以免发生危险"。

⑤站台候车区域需加强安全管理，站台岗站务员工作中要加强站台巡视，注意候车乘客动态，发现有可疑情况，携带各种危险品危及乘客和行车安全的情况，必须及时处理和上报。站台无车时，站台岗要来回巡视站台，重点检查站台门及端墙门状态、消防器材、电扶梯运转情况、轨行区（有无漏水、异物等），同时引导乘客到人数较少的地方候车，监控站台门状态，发现站台门异常动作等危及行车安全的情况时，站台工作人员立即按压紧急停车按钮并上报。

⑥对于楼梯边缘与站台边缘较近的区域，应尽量疏导乘客不要在此处滞留，保证足够的通行空间，防止此处拥挤发生意外事件。

⑦当有乘客物品掉入轨行区时，要阻止乘客跳下站台捡拾物品，及时向乘客做好解释和安抚，并报告行车调度员，经行车调度员同意后使用专用工具（拾物钳）将物品从轨行区捡起后交予乘客。

（5）乘降客流组织。乘客站台上车、站台岗位接发列车如图 6-14 所示。

组织乘客乘降的注意事项及客流组织措施如下：

①列车进站时，站台工作人员在紧急停车按钮处立岗接车。

②列车停稳开门乘客乘降时，站台工作人员在扶梯口或楼梯口等人较多的地方，提醒乘客先下后上，注意脚下安全，对下车乘客迅速疏导出站。

③列车关门时（关门提示铃响、提示灯闪烁），站台工作人员及时阻止乘客抢上抢下，劝乘客等待下次列车，防止车门、站台门夹伤乘客或影响列车晚点，加强瞭望，及时处理突发事件。

项目六 城市轨道交通客流组织

图 6-14 乘客站台上车、站台岗位接发列车

④列车关闭车门、站台门后，要观察车门、站台门的关闭状况，当发现车门、站台门未正常关闭时，若由于乘客或物品被车门夹住，应呼叫司机，重新开启车门、站台门后，将乘客所夹物品取出，若为车门、站台门本身设备故障，按照相应站台门应急处理程序处理。

⑤列车关门动车时，站台工作人员需在紧急停车按钮处立岗，目送列车出站，列车在出站过程中，发现异常危及行车安全时站台工作人员立即按压紧急停车按钮、呼叫司机并报车控室。

2. 出站客流组织

（1）验票出闸。

组织乘客验票出闸的注意事项及客流组织措施如下：

①乘客下车后到达站台，组织引导乘客通过楼梯、自动扶梯（或垂直电梯）进入站厅层付费区。引导乘客乘坐电扶梯进出站及乘客验码通过闸机如图 6-15 所示。

图 6-15 引导乘客乘坐电扶梯进出站及乘客验码通过闸机

②站厅付费区设有导向标志，付费区出站导向标志提示各出入口周边环境建筑设施、道路信息，乘客根据出站指引导向标志，选择正确的出闸方向通过出站闸机验票出闸。当乘客使用票卡时，指导乘客右手持卡，在闸机通道外刷卡出闸。当乘客使用单程票时，指导乘客右手持票，将车票投入回收口，验票通过闸机。当大量乘客集中出闸时，要组织乘客有序出闸。必要时可采用限流措施减缓出站速度，避免多人争抢出闸造成卡票、误刷卡等情况。对进闸客流与出闸客流共用区域的车站应减小进站客流对出站

客流的负面影响，优先保证出站客流快速顺畅出站。

③当乘客不能正常出闸时，组织引导车票车资不足、无效车票或无票乘车的乘客到票亭办理相关乘客事务，待乘客办理完毕后方可组织出站。

（2）出站。

组织乘客出站的注意事项及客流组织措施如下：

乘客通过出站闸机（单程票出闸时将其回收）或人工检票出闸（人工回收），进入站厅层非付费区，站厅层非付费区设有导向标志（各个出入口周边道路、大型建筑设施、单位），通过导向标志或人工问询服务组织乘客找到所要到达目的地的出入口，经通道出入口楼梯、自动扶梯（或垂直电梯）出站。出站客流组织应坚持尽快疏散乘客出站为原则，防止出站与进站客流产生明显对冲和交叉，为使乘客较快疏散和方便乘客出站，出入口电扶梯一般调为向上方向。

为防止出站口及出站通道内人员滞留影响正常疏散，在出入口上方及通道避免摆摊、宣传等活动，车站工作人员需定期巡视检查，发现通道及出入口有摆摊、宣传、卖艺等人员时及时驱赶出车站，如有不听劝阻者报告城市轨道交通公安等执法部门。

3. 换乘客流组织

换乘站一般客流比较大，同时客流流线复杂，客流组织相对于其他车站较为复杂。换乘站根据不同的换乘方式在客流组织管理上应注意采用不同的方法，总体的客流组织原则是组织好换乘客流、缩短换乘路径、减少换乘客流与进出站客流的交叉、干扰。

（1）按照换乘的地点区分，客流换乘主要有两种。

①付费区换乘。乘客到达换乘站下车后，不需通过出站闸机，直接在付费区内根据换乘导向标志指引经楼梯、自动扶梯（或垂直电梯）、换乘通道或换乘平台等到达另一站台层换乘候车。付费区换乘一般包括同站台平面换乘、站台立体换乘及通道换乘。这种换乘组织要求有良好的导向标志和通道设计，在容易出错地点安排工作人员引导，保证乘客尤其是初乘者安全顺利完成换乘，在客流组织措施中还应尽量避免换乘客流与进出站客流产生对冲和交叉。

②非付费区换乘。乘客到达换乘站下车后，根据换乘导向标志指引，经楼梯、自动扶梯（或垂直电梯）到达站厅层付费区，通过出站闸机进入非付费区或出站，到另一条线路重新进入付费区或进站换乘。这种换乘组织需要最大限度缩短乘客的走行距离，要有良好的衔接引导标志，并且避免这部分客流与其他客流的交叉、干扰。该种换乘形式需要出闸并再次购票进站，换乘手续烦琐耗时较长，一般较少采用，因线网规划不合理或后期线网改造等情况需要采用此类换乘形式时，换乘沿线醒目、合理的导向标志至关重要。

（2）按照换乘方式区分。换乘客流主要有站台换乘、站厅换乘、通道换乘、站外换乘和组合换乘等五种方式。乘客换乘示意图如图 6-16 所示。

①站台换乘客流组织。站台换乘有两种方式：同站台换乘和上下层站台换乘。

一是同站台换乘。同站台换乘是指两条不同线路的站线分设在同一站台的两侧，乘客可同站台换乘。这种换乘方式适用于两条平行交织的线路，为方便客流组织宜采用岛式站台设计，要求站台能够满足换乘高峰客流量的需要，乘客无须换乘行走，换乘时间最短，但换乘方向受限。双岛式站台只能实现 4 个换乘方向的客流在同站厅换乘，单岛式站台每一层只能实现 2 个方向的换乘客流,其余换乘方向的乘客仍然要通过站厅或自动扶梯、楼梯进行换乘,换乘时间相应增加。在所有换乘方式中,同站台换乘的换乘能力最大,适用于优势方向换乘客流较大的情形。这种换乘方式的主要制约因素是站台的宽度与列车行车间隔,因此客流的合理组织还与站台宽度及列车行车间隔密切相关。例如,北京地铁郭公庄站是 9 号线和房山线的换乘站,同时也是地铁 9 号线的南端终点站。该站为地下车站,站厅位于地下一层,为两线共用站厅;站台位于地下二层,为双岛式站台设计;站台层共有四条轨道,内侧两条为 9 号线的轨道,外侧两条为房山线的轨道,两条线路同台换乘。9 号线国家图书馆方向与房山线东管头南方向站台共用东侧站台,乘坐房山线至本站的乘客步行至站台对面即可登上 9 号线开往国家图书馆方向的始发车;9 号线终点站与房山线阎村东方向共用西侧站台,乘坐 9 号线至本站的乘客在郭公庄站下车后步行至站台对面即可乘坐房山线开往阎村东方向的列车。北京地铁郭公庄站 9 号线与房山线同站台换乘示意图如图 6-17 所示。

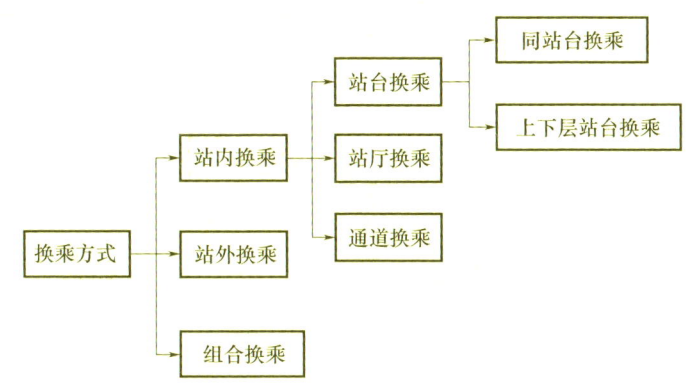

图 6-16 乘客换乘示意图

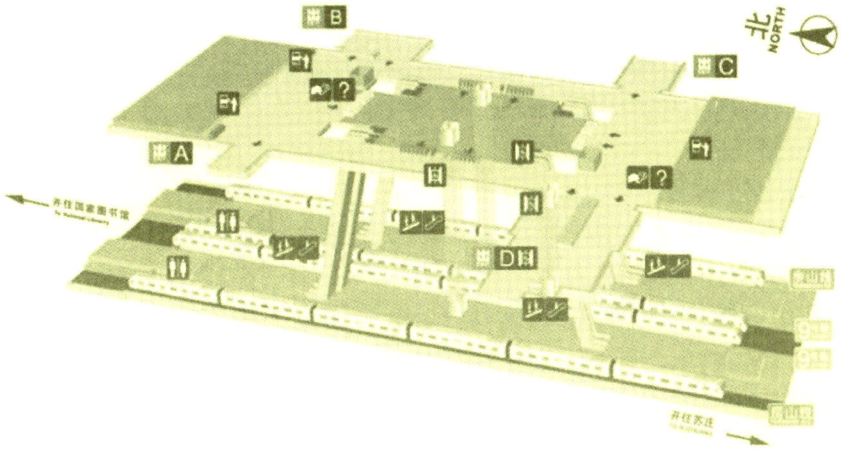

图 6-17 北京地铁郭公庄站 9 号线与房山线同站台换乘示意图

二是上下层站台换乘。上下层站台换乘是指乘客由一个站台通过楼梯或自动扶梯到另一个站台直接换乘。根据地铁线路交叉的情况及两车站的位置,可形成站台与站台的十字换乘、T 形换乘、L 形换乘和平行换乘模式。城市轨道交通客运车站十字换乘模式如图 6-18 所示。

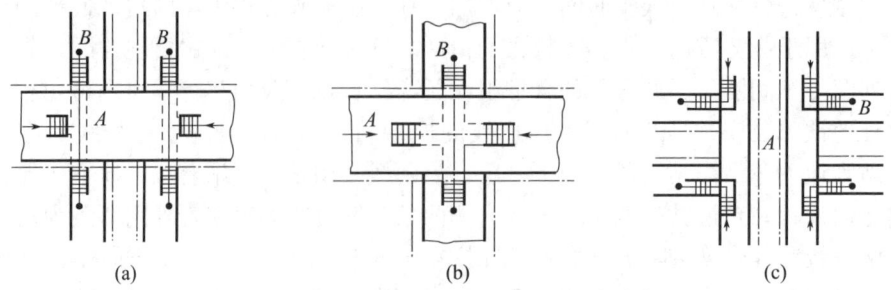

图 6-18　城市轨道交通客运车站十字换乘模式

城市轨道交通客运车站 T 形、L 形、平行换乘模式如图 6-19 所示。

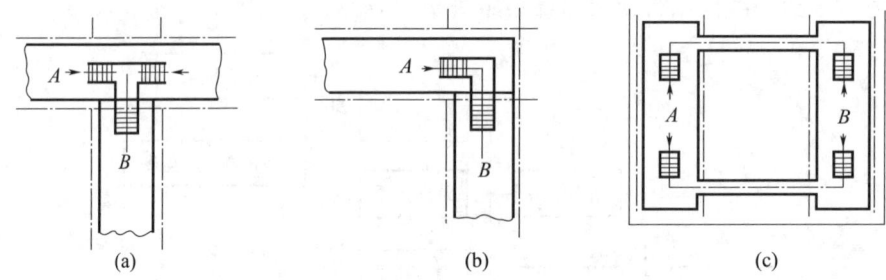

图 6-19　城市轨道交通客运车站 T 形、L 形、平行换乘模式

上下层站台换乘的关键在于楼梯或自动扶梯的宽度，该宽度往往受岛式站台总宽度的限制，使其通行能力不能满足乘客流量的需要。这种换乘方式要求换乘楼梯或自动扶梯应有足够的宽度，以免高峰客流时发生乘客堆积和拥挤。在所有换乘方式中，这种换乘方式的换乘能力最小，其制约因素是自动扶梯（楼梯）的运量。在上下层站台配置的组合中，线路的交叉点越少，则换乘能力就越小。实践中，通过增加站台宽度以扩大交叉面积，是提高上下层换乘能力的基本途径。例如，北京地铁海淀黄庄站是 4 号线和 10 号线的换乘站，该站台主体呈十字形岛-侧式相交形式，为地下两层车站。东西向是 10 号线车站，上层为侧式站台，下层东西两端头是站厅；南北向为 4 号线车站，上层南北两端是其站厅，下层是岛式站台。上层南北两端 4 号线站厅与东西方向的 10 号线侧式站台之间共设 4 条弧形换乘通道，以实现两条线地铁车站之间的换乘。海淀黄庄站两线换乘采用"站厅+通道"双向通行方式，4 号线换乘 10 号线需先从站台两端扶梯向上至站厅层，再由通道前往 10 号线站台；而 10 号线换乘 4 号线时，先由通道到达 4 号线站厅层，再由扶梯向下至 4 号线站台。北京地铁海淀黄庄站 4 号线与 10 号线换乘示意图如图 6-20 所示。

②站厅换乘客流组织。

站厅换乘是指乘客由一个站台通过楼梯或自动扶梯到达另一个车站的站厅或两站共用站厅，再通过站厅前往另一站台乘车的换乘方式。站厅换乘一般用于相交车站的换乘，换乘距离比站台直接换乘要长。若换乘过程中需要进出收费区，检票口的能力成为制约因素。

项目六　城市轨道交通客流组织

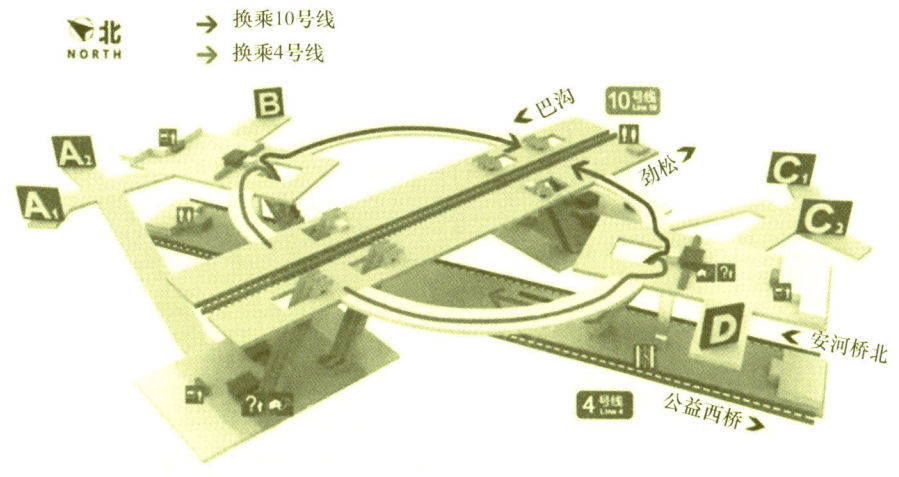

图 6-20　北京地铁海淀黄庄站 4 号线与 10 号线换乘示意图

站厅换乘方式中，乘客换乘线路必须先上（或下）再下（或上），换乘总高度落差大。若站台和站厅之间是自动扶梯连接，可改善换乘条件。这种换乘方式有利于各条线路的分期修建。例如北京地铁宣武门站为 2 号线和 4 号线的换乘站，宣武门站有 4 个分离站厅，东西两个连接 2 号线，南北两个连接 4 号线。站厅之间互不连通，乘客需要根据出口，选择站厅出站。2 号线站台在上，4 号线站台在下，两线站台十字交叉，均为岛式站台，2 号线站台上有两条换乘通道，分叉后均连接 4 号线的南北站厅。西侧的通道供 2 号线换乘 4 号线使用，东侧的通道供 4 号线换乘 2 号线使用。2020 年 12 月 31 日，2 号线换乘 4 号线由原来的 1 条换乘通道增至 2 条；4 号线换乘 2 号线由原来的 1 条换乘通道增至 3 条，乘客在高峰时段从 4 号线换乘 2 号线所需时间将由原来 8 分钟减少至 3 分钟以内，方便周边居民出行。北京地铁宣武门站 4 号线与 2 号线换乘示意图如图 6-21 所示。

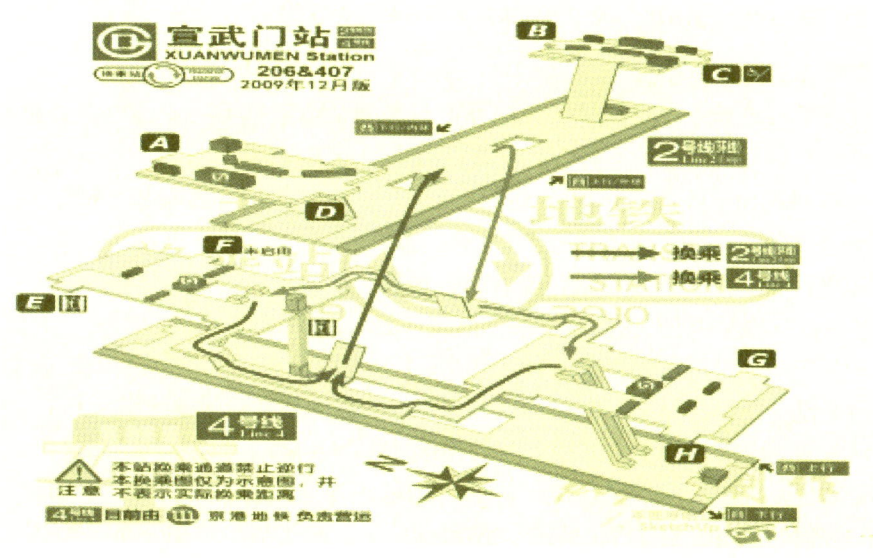

图 6-21　北京地铁宣武门站 4 号线与 2 号线换乘示意图

187

③通道换乘客流组织。

通道换乘是指在两个或几个单独设置的车站之间设置联络通道等换乘设施，方便乘客完成换乘的方式。通道可直接连接两个站台，这种方式换乘距离较近，换乘时间较短。通道还可连接两个站厅收费区，换乘距离相对较远，换乘时间较长。一般情况下，换乘通道长度不宜过长，换乘通道的宽度可根据客流状况加宽。这种换乘方式最有利于两条线路工程分期实施，预留工程量最小，后期线路位置调节有较大的灵活性。例如，北京地铁东单站为1号线和5号线的换乘站，两条线的车站均为地下车站，地下一层为站厅层，地下二层为站台层，都采用岛式站台设计，5号线车站在1号线王府井—东单区间上方。5号线与1号线换乘时，乘客需要通过车站东北出入口南边以及东南出入口北边进入换乘通道。东单站换乘距离较长，其中北通道为174米，南通道为153米。为解决旅客换乘距离长的问题，有关方面在换乘通道内安装了水平自动步道，乘客不费力就可以在两分钟内完成换乘。北京地铁东单站1号线与5号线换乘示意图如图6-22所示。

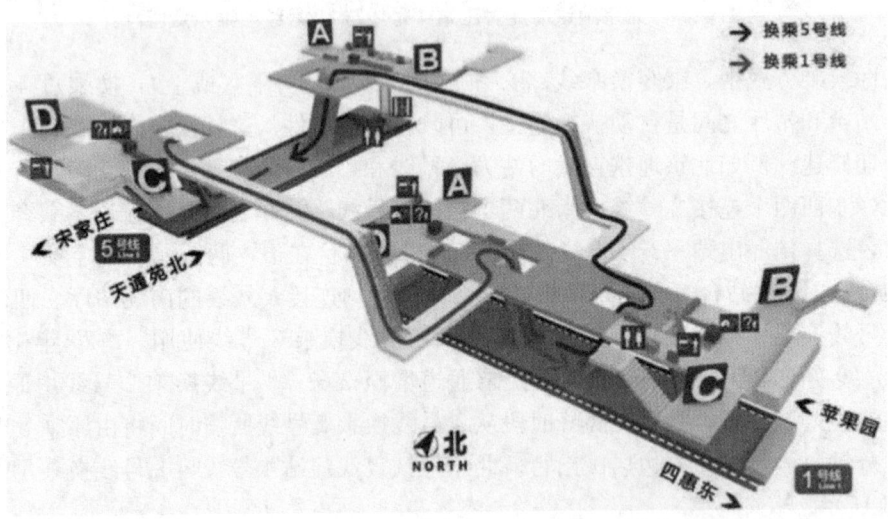

图6-22　北京地铁东单站1号线与5号线换乘示意图

④站外换乘客流组织。

站外换乘是指乘客在车站付费区以外进行换乘，换乘至另一条线时需要重新购票，实际上没有专门换乘设施的换乘方式，其在以下情况下可能会出现：

a. 高架线与地下线之间换乘，因条件所限，不能实现在付费区内换乘。

b. 两条线路交叉没有换乘车站或两车站相距较远。

c. 规划设计不周，已建成线路未做换乘预留，增加换乘设施十分困难。

上述情况往往是因当时客观条件不允许、规划设计不当造成的，因此产生这种换乘方式。乘客换乘路线可分割为出站行走、站外行走及进站行走。该换乘方式需要在站外换乘路线上设置连续的换乘导向标志，并在沿途道路上搭建遮风避雨的顶棚，为乘客尽可能提供方便。在所有换乘方式中，站外换乘所需的换乘时间和换乘距离最长，给乘客的换乘带来很大不便，应尽量避免。例如，北京地铁三元桥站是10号线与首都机场线换乘站，该站为地下二层车站，双岛式站台设计。三元桥站的站厅中部设置有一条联络通道，要换乘首都机场线的乘客得从10号线站厅通过连接非付费区的双向通道进入首都机场线站厅，通道距离只有 40 米左右。北京地铁三元桥站 10 号线与机场线换乘示意图如图 6-23 所示。

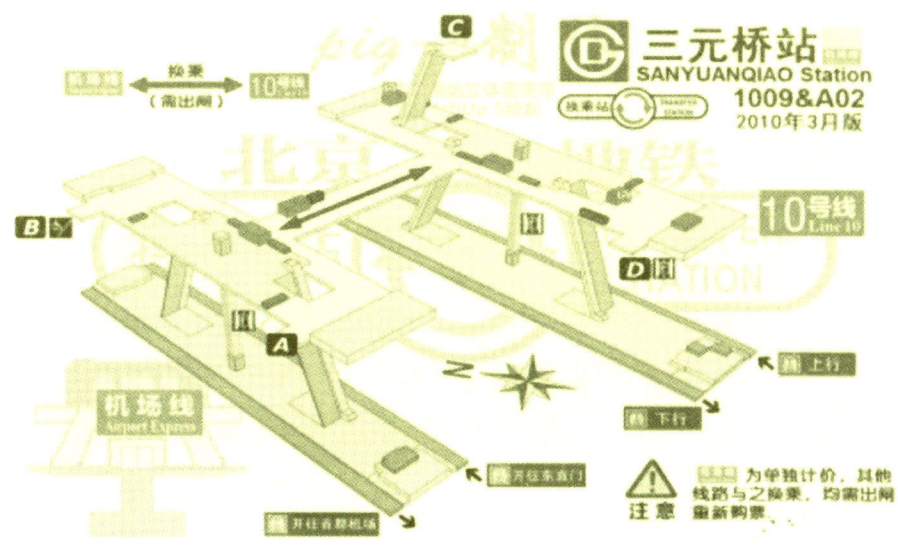

图 6-23　北京地铁三元桥站 10 号线与机场线换乘示意图

d. 组合换乘客流组织。

组合换乘是上述两种及以上换乘方式组合而成的一种换乘方式，实践中往往是几种换乘方式的组合以便使所有换乘方向的乘客均能实现换乘。例如，同站台换乘方式辅以站厅或通道换乘方式，可使所有的换乘方向都能换乘；站厅换乘方式辅以通道换乘方式，可以减少预留的工程量。组合换乘可进一步提升换乘通过能力，同时还具有较大的灵活性，工程实施也比较方便。例如，北京地铁复兴门站为 1 号线和 2 号线的换乘站，复兴门站共有地下四层，其中地下一层为 2 号线站厅层，站厅是双端头式站厅，分为南厅、北厅，互不相连；地下二层为 1 号线站厅层，站厅是单端头式站厅，位于车站东侧；地下三层为 2 号线站台层，站台是岛式站台；地下四层为 1 号线站台层，站台为岛式站台。复兴门站 1 号线和 2 号线车站之间呈 T 字形分布，采用岛-岛换乘模式。其中 1 号线换乘 2 号线的乘客需由 1 号线站台层上至 1 号线站厅层，再向北或向南行进，由坡面换乘通道上至对应的 2 号线站厅层，最后由 2 号线站厅层下至 2 号线站台层；2 号线换乘 1 号线的乘客可直接由 2 号线站台中部的楼梯下至 1 号线站台层。北京地铁复兴门站 1 号线与 2 号线换乘示意图如图 6-24 所示。

(2) 换乘站客流组织原则。

①随时掌握客流变化规律，经常统计分析客流量，监视客流量的骤变，同时密切注视乘客的安全状况。

②合理设计乘客流动路线，在站台、楼梯、大厅处尽量减少客流交叉和对流，并设计路线，要求乘客在楼梯和扶梯上尽量靠右行走和站立，有序上下。

③在客流容易混行的区域，如大厅或楼梯等处，需设置必要的安全线或栅栏隔离，以免流向不同的乘客互相干扰。

④引导乘客在换乘通道内单向流动，以免双方向大客流相互冲击。

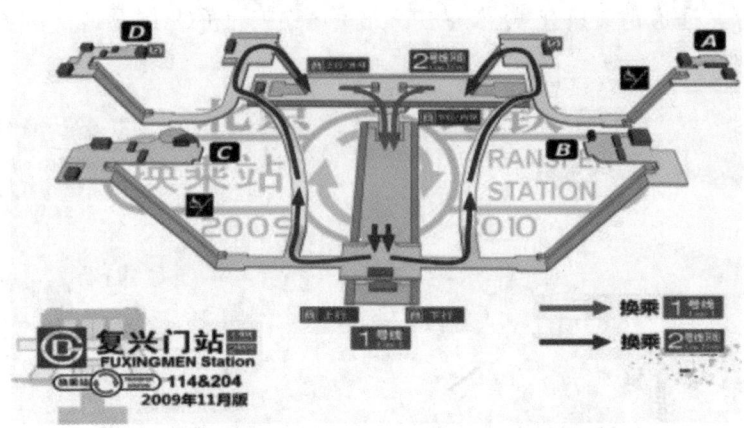

图 6-24 北京地铁复兴门站 1 号线与 2 号线换乘示意图

⑤完善统一导向标识系统,准确快速地分散客流,避免乘客交叉聚集和拥挤。
⑥应尽量为乘客提供方便,减少进出站、换乘的时间及距离。
⑦应有站内空气、温度调节设备,并设置无障碍通道。
⑧应建立完善的突发事件应急客流组织和统一的调度指挥系统。
(3) 改善换乘客流组织的措施。

根据城市轨道交通换乘系统的构成,改善换乘客流组织的措施可以分为空间资源整合与时间效益优化两类。

空间资源整合是通过对各种换乘设施进行优化设计,缩短换乘走行距离,减少换乘流线间的干扰,优化换乘导向标志,使得人流在换乘站有序、安全、畅通地流动,换乘衔接紧密。时间效益优化主要是通过对轨道交通模式内和模式间换乘占用的时间资源进行优化设计,利用计算机系统和信息技术,进行列车时刻表的协调和优化,减少换乘等待时间。同站台换乘是空间资源整合措施的典范,而定时换乘系统则是时间效益优化的代表。

【媒体链接】

深圳地铁 1 号线高新园站试行智能客流监测预警系统

深圳地铁 1 号线高新园站是早晚高峰的常态化大客流车站。为了有效提升乘客进站效率、进一步保障乘客出行安全,深圳地铁在高新园站试点上线了智能客流监测预警系统,可有效提升车站的客流组织效率和突发事件的响应速度,还能指引乘客更快地进站乘车。深圳地铁大客流监测及预警系统如图 6-25 所示。

据了解,目前高新园站在出入口、通道、站厅、站厅等公共区域增设了高清摄像头。这些摄像头可通过视频画面分析实时统计客流数据,并在车控室后台显示出可视化图表,相比以往通过闸机进出统计客流的方式更为细化。同时,当客流增加时该系统也能实时提醒客服人员,方便车站及时进行客流疏导。

"以往面对通勤大客流,我们采用人工观察站厅和通道的标记的方式来确认乘客排队的长度,来判断是否启动或取消客流管控。而通过大客流监测及预警系统可让车站更快速、准确地研判客流情况,更高效地组织客流,从而提升乘客的进站乘车效率。"深圳地铁相关负责人介绍,该系统还能记录一年内的客流数据,帮助车站分析不同时间段、出入口、车站区域的客流特征,从而不断优化高新园站常态化客流管控措施。

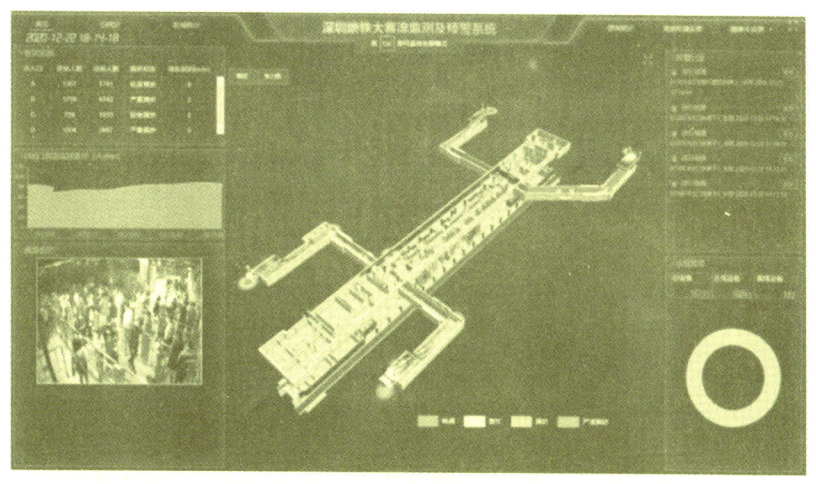

图 6-25　深圳地铁大客流监测及预警系统

——深圳特区报 2021 年 4 月 1 日

三、任务实施

工作任务:城市轨道交通日常客流组织。

制作 PPT,以小组为单位进行城市轨道交通日常客流组织的讨论,并结合实际学习城市轨道交通日常客流组织概述。

四、任务评价

城市轨道交通日常客流组织任务评价表如表 6-3 所示。

表 6-3　城市轨道交通日常客流组织任务评价表

项目任务	城市轨道交通日常客流组织			
班级		姓名		评价时间	
考核内容				
考核项目	考核标准		分值(分)	得分(分)
客流组织原则	阐述城市轨道交通客流组织原则		15	
客流组织工作宗旨、车站日常客流组织	阐述城市轨道交通客流组织工作宗旨;阐述城市轨道交通客流组织内容		20	
	阐述车站进站客流组织、出站客流组织、换乘客流组织		15	
制作内容	制作能清晰展示的 PPT		15	
	要求类型分析图形准确,文字流畅		15	
	做到业务分析熟练、图文并茂		20	
指导教师意见:				
说明:1. 建议采用四级评分制(如 90%~100%,80%~90%,60%~80%,60%以下); 2. 主要采用小组互评的方式进行评价,教师最后进行参考评分				

任务三　城市轨道交通大客流组织

一、任务导入

通过学习城市轨道交通大客流组织，了解大客流分类及特点，理解车站大客流组织的影响因素，掌握大客流定义、大客流组织措施、特大客流控制原则及措施、车站大客流组织应急预案，不断提高应对车站大客流的处置能力。

二、知识准备

城市轨道交通线路的走向一般都是客流集中的交通走廊，连接着重要的客流集散点，如铁路车站、汽车客运站、航空港、航运港等交通枢纽，大型商业经济活动中心、体育场、博览会、大剧院等重要文体活动中心，以及规模较大的住宅区等。正因为如此，某些特殊车站会不定期地遇到大客流。为了保证乘客的安全和正常的运营秩序，这些车站在客流组织方面应备有完善的运营组织预案和措施。这些预案及措施在一定程度上可以弥补硬件设施的缺陷。

（一）大客流定义

大客流是指车站在某一时段集中到达的客流量超过车站正常客运设施或客运组织措施所能承担的客流量时的客流。

一般来说，大客流出现的时间具有规律性，如每日由通勤原因引起的早晚高峰：大城市上班高峰在7：30—9：30；下班高峰在4：30—6：30。同时还应预见外界因素引起的大客流，如节假日伴随的旅游高峰期；举办重大活动（大型体育竞赛、文艺表演等）或遭遇风雨雪等恶劣天气时，都可能引起客流的大幅度增加。

（二）大客流分类及特点

1. 按大客流产生的影响和后果划分

根据大客流产生的影响和后果，可分为一级大客流和二级大客流。

一级大客流的判定标准：各车站根据本站的正常乘客数量进行比较，站台聚集人数达到或大于站台有效区域的80%，并且持续时间大于实际行车间隔时间。这种情况给乘客及轨道运营安全造成影响，存在明显的安全隐患。

二级大客流的判定标准：各车站根据本站的正常乘客数量进行比较，站台聚集人数达到站台有效区域的70%，并有持续上升的趋势。这种情况下，乘客的正常出行和轨道交通所提供的服务水平受到一定程度的影响，车站比较拥挤，乘客感觉比较压抑，但尚未对乘客及轨道交通运营安全造成影响。

2. 按大客流的时效性划分

（1）可预见性大客流。

（2）突发性大客流。

3. 按产生原因划分
(1) 节假日大客流。
(2) 暑期大客流。
(3) 大型活动大客流。
(4) 恶劣天气大客流。

其中 (1) (2) (3) 为可预见性大客流，(4) 为突发性大客流。

(1) 节假日大客流的特点：元旦假期短，与国庆节、春节假期较为接近，游客不会对城市轨道交通的客流变化产生太大影响，但市民出行购物会造成商业区附近的车站产生较大客流，同时其他车站的客流也会比平常有所上升，将会造成列车比较拥挤。春节假期较长，节前大批外地劳务人员返乡，对火车站、长途汽车站附近的城市轨道交通客运车站造成较大冲击，节后又有大批人员返城务工，再次对相应城市轨道交通客运车站形成大的冲击，但春节期间的客流会相对稳定，不会有太大影响。劳动节、国庆节旅游、购物外出游客较多，大批游客的到来以及市民在节假日期间出行购物、休闲等会使城市轨道交通的客流大幅上升，特别是位于商业区或旅游景点附近的车站，客流的冲击会很大。

(2) 暑期大客流的特点：暑期大客流主要由购物休闲、旅游观光和放暑假的学生等乘客构成，每年7月、8月各车站客流较平时有明显增加。大客流高峰时段一般集中在每日的8：00—16：00。

(3) 大型活动大客流的特点：城市轨道交通沿线附近举行大型活动入场前和活动结束散场后，在短时间内会有大批的乘客涌入附近的城市轨道交通客运车站，给活动附近的城市轨道交通客运车站造成很大压力。此类活动多在双休日、节假日举行，所产生的大客流的时间、规模等特点可以预见，影响范围较小，通常对该活动地点附近的车站影响较大。

(4) 恶劣天气大客流的特点：主要指在出现大雨、雪等恶劣天气的时候，地面交通受到较大影响，很多市民会改乘城市轨道交通，造成车站客流普遍增大。此类客流对某个车站的冲击不会太大，但列车会比较拥挤，乘客上下车比较困难。

（三）车站大客流组织的影响因素

城市轨道交通运营企业会根据每个车站的具体位置、站台形式、设备配置方式、客流特点等因素，有针对性地编制该车站客流组织方案。车站大客流组织主要考虑下列影响因素：

1. 车站出入口及通道的设置

车站出入口及通道的数量、规模和位置在设计之初已经确定，一般不能再改变。车站大客流的组织应根据车站进出客流的方向和数量，灵活选择关闭或开放车站出入口的数量和位置，同时可以改变或限定通道内乘客流动的方向，达到限制乘客进站数量和流动速度的目的。从运输安全和消防疏散的角度考虑，每个车站必须保持开通两个以上出入口及通道。

2. 站厅的面积

根据城市轨道交通客流组织经验，站厅容纳率一般为2~3人/平方米。

3. 站台的面积

站台主要供列车停靠时乘客上下车使用，站台的设计应满足远期预测客流的需要，且站台的宽度应满足高峰小时客流量的需要。根据实际客流组织的经验，站台容纳率一一般为 2～3 人/平方米。

4. 楼梯与通道的通过能力

楼梯与通道设计参数如表 6-4 所示。根据城市轨道交通设计规范规定，为保证通过能力，楼梯宽度不小于 1.8 米，通道的最小宽度不小于 2.5 米。单向行走时楼梯的通过能力一般按 70 人/分钟（下行）、63 人/分钟（上行）及 53 人/分钟（混行）计算。若采用自动扶梯，通过能力可达 100～120 人/分钟。通道的通过能力则按照每米 88 人/分钟（单向）、70 人/分钟（双向）计算。

表 6-4　楼梯与通道设计参数

序号	名称	每小时通过人数（人次）	楼梯宽度
1	单向通道	5000	1 米宽通道
2	双向通道	4000	1 米宽通道
3	单向下楼	4200	1 米宽楼梯
4	单向上楼	3700	1 米宽楼梯
5	双向混行	3200	1 米宽楼梯
6	自动扶梯	8100	1 米宽自动扶梯
7	自动扶梯	9600	1 米宽自动扶梯

5. AFC 设备的通过能力

以某城市轨道交通自动售检票设备为例，每台 AFC 设备的通过能力如表 6-5 所示。

表 6-5　每台 AFC 设备通过能力　　　　　　　　单位：人/分钟

序号	条件	自动售票机	进站闸机	出站闸机
1	引导充分时	3～4	12～15	12～15
2	乘客自助时	1～2	8～9	8～10

6. 列车输送能力

列车输送能力是车站大客流组织的主要影响因素，而影响列车输送能力的两大因素则是行车间隔和车辆荷载。列车行车间隔越小，车辆满载率越高，对车站客流组织的压力越大。

综上所述，车站大客流组织主要受车站出入口及通道、车站站厅的面积、车站站台的面积、车站楼梯（自动扶梯）、AFC 设备的通过能力以及列车输送能力等因素的影响。根据实际运营经验，车站大客流组织的瓶颈主要体现在出入口、进出站闸机以及站厅到站台的自动扶梯口等处。在车站的客流组织过程中，只有抓好这些设备的薄弱环节，才能做好车站的客流组织工作。

（四）大客流组织措施

1. 增加列车运能

可根据预测客流量，提前编制针对大客流特殊情况下的列车运行图，从运能上保证大客流的运营组织。在大客流发生时，根据大客流的方向，利用就近的折返线、停车线组织列车运行方案，增开临时列车，从而保证大客流的疏散。增加列车运能是大客流组织的关键。

2. 客运设备设施的准备

（1）售检票设备的准备。在大客流发生前，设备的维护人员应事先对车站全部售检票设备进行维护、检修,确保在大客流发生时售检票设备能正常使用。

(2) 车票和零钞的准备。车站应根据客流预测和以往大客流所消耗的车票及零钞数,在大客流发生前,向票务部门申领和储备充足的车票和零钞。

(3) 临时售票厅的准备。车站可根据大客流的进出方向,选择在进站客流较集中的位置设置临时售票厅。站厅面积较小的车站,可考虑将临时售票厅设置在进站客流较多的通道内。

(4) 自动扶梯和垂直电梯的准备。车站需事先通知厂商对车站全部的自动扶梯和垂直电梯进行维护、检修。重点检查自动扶梯的毛刷、梳齿板和扶手带,确保大客流三级控制时自动扶梯能正常开启和转换。

(5) 临时导向标识和隔离设备的准备。车站需储备一些临时导向标识、告示牌和铁马、伸缩铁围栏、隔离带等隔离设备。在大客流发生前,车站应根据大客流进出方向和客流组织要求,选择适当位置张贴和摆放临时导向标识、告示牌和铁马、伸缩铁围栏、隔离带。

(6) 其他客运设备设施的准备。大客流发生前车站还需准备人工语音广播和语音合成广播词、PIS(发布信息)及急救药品、担架等,并根据车站工作人员的增加情况,相应增加手提广播、对讲机等客运设备。

3. 做好进站客流组织工作

可根据站台是否还能容纳和承受更大的客流,分两种情况来进行进站客流组织。

(1) 当站台还能容纳和承受更大的客流时,可以采取以下措施:

①增加售检票能力。准备好足够的车票和零钞,在地面、站厅增设临时售票点,增设临时售检票位置或增加自动售票设备的投入。

②加开进站方向的闸机。

③加开通往站台方向的扶手电梯。

④适当延长列车停站时间。在站台上做好乘客上下车的引导工作,在保障安全的前提下,争取让更多的乘客上车,增加本次列车的运能。

(2) 当站台不能容纳和承受更大的客流时,可以采取以下措施:

①暂停或减缓售票速度,关闭部分 TVM。

②暂时关闭局部或全部进站方向闸机。

③更改扶手电梯方向,将部分或全部扶手电梯调整为向站厅层及出口方向运行,延缓乘客进站速度。

④延长列车停站时间,尽可能让更多的乘客上车。

⑤采取进出分流导向措施,将部分出入口设置成只能出不能进,限制乘客进入,延长站台层大客流的疏散时间。可在公安人员的配合下关闭出入口,暂停客运服务,安排人员到出入口做好乘客服务和解释工作,并张贴车站关闭的通告。

4. 做好出站客流组织工作

出站客流组织工作的指导思想是保证乘客出站线路的畅通,加快出站速度,使其安全、快速、有序地离开车站。站务人员可以采取以下措施:

(1) 更改扶手电梯方向,将部分或全部扶手电梯方向调整为向站厅层及出口方向运行。

(2) 将部分或全部双向闸机更改为出站闸机。

（3）紧急情况时，可以采取票务应急处理模式，如采取进站免检模式、AFC 系统紧急放行模式等。

5. 采取临时疏导措施

在大客流的组织中，临时合理的疏导是一项很重要的组织措施，主要包括车站出入口、站厅层的疏导，电动扶梯以及站台层的疏导。车站出入口、站厅层的疏导主要是根据临时售检票位置的设置，引导、限制客流的方向。临时售检票位置宜设置在站外、站厅层较空旷的位置，应为排队购票的乘客留出充分的空间，确保通道的畅通和出入口、站厅客流的秩序。电动扶梯以及站台层的疏导主要是为了尽量保证客流均匀上下扶梯和尽快上下列车，保证站台安全。站务人员应在靠近楼梯、扶梯处站岗并分散在站台的前、中、后部疏导乘客。采取的疏导措施主要有设置临时导向标识、设置警戒绳或隔离栏杆、采取人工引导及通过广播宣传引导等。某市城市轨道交通运营企业根据工作早晚期间大客流情况，为避免出现严重的换乘通道处客流对冲现象而采用一种限时段的换乘客流组织方式（顺时针换乘）。在工作日早高峰（7：30—9：30）和晚高峰（16：30—18：30），将原来南北两条双向换乘通道改为单向通道，形成顺时针单向换乘的客流组织方式，减少不同方向的客流对冲。其采取的方式为：在 A 处设立临时禁止护栏，阻止客流逆向流动；在 B 处外设置单向门，引导客流由北向南单向流动；封锁 5 号出口。某市城市轨道交通运营企业临时疏导示意图如图 6-26 所示。

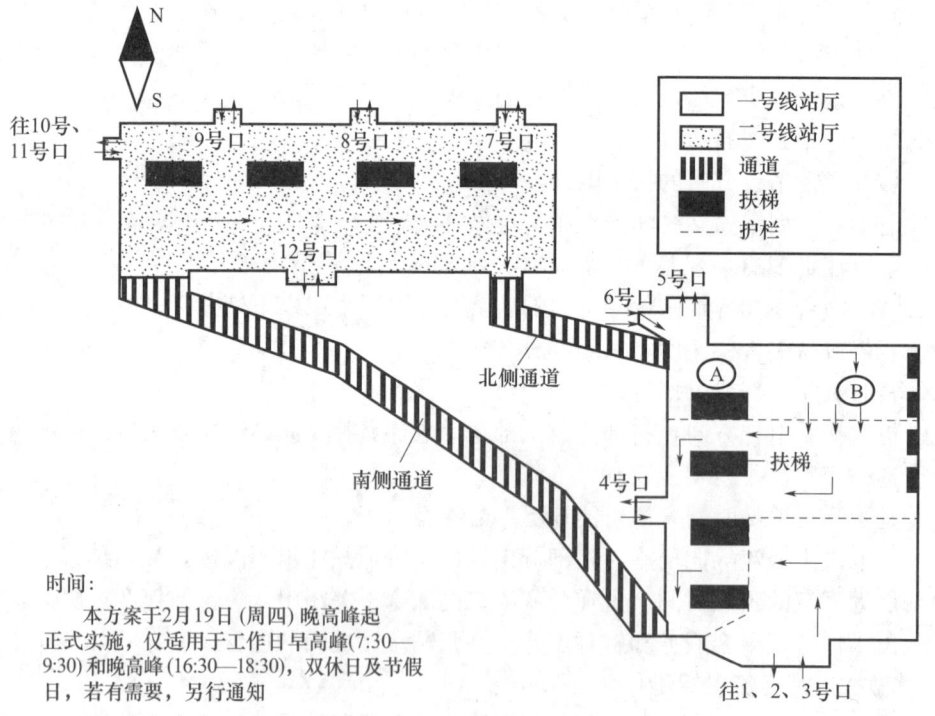

图 6-26　某市城市轨道交通运营企业临时疏导示意图

（五）特大客流控制原则及措施

当车站遇到特大客流时，应遵照客流三级控制原则，合理组织安排，缓解车站压力，避免发生意外。

1. 特大客流三级控制原则

(1) 应遵循"由下至上、由内至外"的客流控制原则。在车站出入口、进站闸机、站厅与站台的楼梯、电扶梯处对进站客流进行重点控制，组织乘客上车。

(2) 坚持点控和线控的原则。控制中心负责全线的客流控制，车站站长或值班站长负责本站的客流控制。

(3) 坚持集中领导、统一指挥的原则。车站在实施三级客流控制之前，需向行车调度员报告。

2. 特大客流三级控制措施

当车站遇到特大客流时，应采取站台客流控制、站厅付费区客流控制、出入口（站厅非付费区）客流控制的三级客流控制方法。

(1) 第一级——控制站台客流，控制点可设在站厅与站台的楼梯、电扶梯入口处，站务人员应分散在站台的各部，维持候车和出站秩序，协助驾驶员开关车门，确保乘客安全上下车。常用措施为站厅与站台的电扶梯改为向上方向。设置铁马迂回实现站台慢下快上如图 6-27 所示。

(a)　　　　　　　　　　　(b)

图 6-27　设置铁马迂回实现站台慢下快上

(2) 第二级——控制付费区客流，控制点设在进站闸机处，站务人员确保有序、快捷的进站秩序，及时处理票务问题。常用措施为关停部分 TVM，关停进站闸机，双向闸机设为只出不进。站务员拦截乘客分批入闸，实现付费区慢进快出，如图 6-28 所示。

(a)　　　　　　　　　　　(b)

图 6-28　付费区慢进快出

(3) 第三级——控制非付费区客流，控制点设在车站出入口，可在站外设置迂回的限流隔离栏杆，延长进站时间，最大限度缓解站台层客流压力。常用措施为人为控制进站速度，关闭部分出入口。设置只出不进、只进不出的单向出入口，实现出入口慢进快出如图 6-29 所示。

(a)　　　　　　　　　　　　　　(b)

图 6-29　出入口慢进快出

(六) 车站大客流组织应急预案

各城市轨道交通运营企业制定的大客流组织应急预案各不相同，大致工作流程如下：

(1) 行车值班员（值班站长）及时报告行车调度员，行车调度员通过监控系统加强对车站客流情况的监控。

(2) 车站应加强现场的疏导工作，增加工作人员，利用隔离带、铁马做好秩序维护和服务组织工作。

(3) 车站应在适当位置增设临时售票点，出售预制票，避免 TVM 前乘客排长队购票的情况出现。

(4) 车站根据现场情况，利用告示牌、临时导向标识、车站控制室广播设备、手提广播，适时做好乘客的宣传、引导工作。

(5) 车站行车值班员应通过监控系统，加强对现场情况的监控。

(6) 车站应加强对出入口、站厅、站台客流的监控及疏导，避免站厅非付费区内人员过度拥挤或流通不畅。

(7) 车站应根据客流情况，实行楼梯和自动扶梯、闸机、出入口三级控制。

(8) 当站台发生拥挤时，车站应采取关闭部分 TVM、进站闸机的措施，以减缓乘客购票进站速度，控制进站客流，或在某些出入口实行单向疏导方式，缓解站内客流压力。

(9) 站台保安应密切注意站台和列车情况，一旦发现列车上乘客拥挤、乘客上车有困难时，车站应立即向控制指挥中心请求加开列车。

(10) 列车驾驶员发现有乘客上不了车或影响车门、站台门关闭时，应及时报告行车调度员，并通过广播引导乘客有序上车。

【媒体链接】

如何应对不可预见性大客流

应对大客流的目的就在于：限制地下有限空间人员密度，防止踩踏事件的发生。在面对不可预测的突发性大客流时，为了乘客能安全、有序地搭乘地铁，武汉地铁会根据客流量大小及运输能力，实行车站控制、线路控制、线网控制。

车站内客流控制

车站内客流控制分为三级，由低到高逐级加强控制。

第三级，延缓售票及安检速度，在进站闸机处对客流进行引导，在站厅付费区楼梯口限制进入站台的客流。

第二级，在安检点控制进入付费区客流，关停部分TVM、进站闸机或将闸机设为只出不进，换乘站视情况控制换乘客流。

第一级，在出入口设置隔离栏杆，关停进站方向电扶梯、无障碍电梯及所有售票系统，将出入口设置为只出不进，禁止乘客进入车站，必要时申请关闭车站。某城市轨道交通客运车站客流三级控制示意图如图6-30所示。

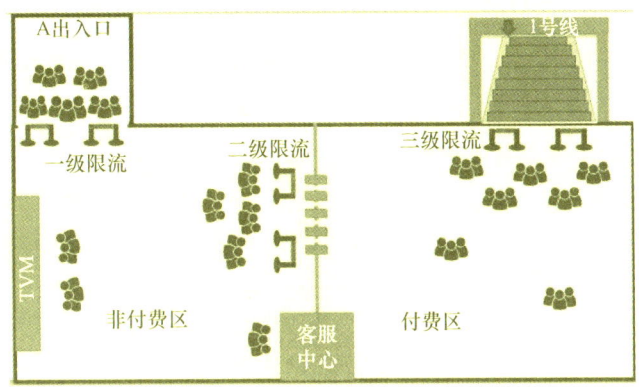

图 6-30　某城市轨道交通客运车站客流三级控制示意图

当车站控制不能缓解大客流时，选取同线路部分站点配合实施客流控制，以缓解该站大客流压力。某城市轨道交通客运车站大客流线路控制场景如图6-31所示。

图 6-31　某城市轨道交通客运车站大客流线路控制场景

当A站发生大客流时，对B站、C站实施客流控制，让列车在进A站时，车内有较多的载客空间，让A站更多的乘客能够上车，从而缓解A站的客流压力。某城市轨道交通大客流线网控制示意图如图6-32所示。

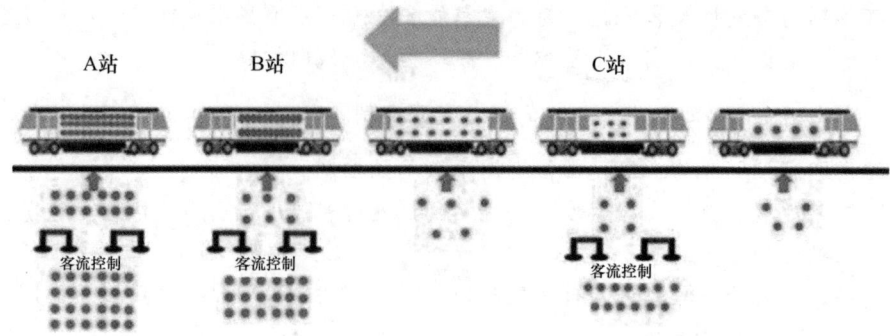

图 6-32　某城市轨道交通大客流线网控制示意图

当线路控制仍不能缓解大客流时，则由线网运营指挥中心协调邻线、加开列车、联系公交集团进行公交接驳等方式实施客流控制。

——搜狐新闻　2021 年 11 月 15 日

单日客流 121.92 万　青岛地铁多举措保障客流有效疏运

青岛新闻网记者从青岛地铁集团获悉，五一长假第二天，青岛地铁线网总客运量为 121.92 万人次，较假期第一天增幅 15.79%，各线路具体客流数据为：1 号线北段 8.99 万人次，2 号线 40.99 万人次，3 号线 51.36 万人次，8 号线北段 4.89 万人次，11 号线 9.33 万人次，13 号线 6.35 万人次。线网部分重点换乘车站五四广场站、青岛北站、李村站的单日客运量分别达到了 20.72 万人次、14.22 万人次、8.87 万人次。为有效应对五一假期客流，青岛地铁提前谋划准备，通过收集分析相关交通旅行信息，精准预测地铁假期客流变化趋势，采取增加线路运力、多备上线备用车、招募客流组织志愿者等方式，应对地铁线网客流疏运、引导工作。5 月 2 日，线网部分重点车站青岛北站、青岛站、中山公园站等启动站级客流控制，采用站厅铁马绕行、改变车站出入口进出组织方式、间歇性调整换乘通道通行方式等措施控制、疏导客流，相关线路采取加开备用车、组织列车在站多停等方式缓解客流压力，其中 3 号线组织加开备用车 8 列次。另外，地铁线网指挥中心还及时对接地铁公安指挥中心，以协助大客流车站做好客流控制工作。城市轨道交通大客流继续增加场景如图 6-33 所示。

(a)　　　　　　　　　　　(b)

图 6-33　城市轨道交通大客流继续增加场景

——青岛新闻网　2021 年 5 月 3 日

三、任务实施

工作任务：城市轨道交通大客流组织。

制作 PPT，以小组为单位进行城市轨道交通大客流组织的讨论，并结合实际学习城市轨道交通大客流组织概述。

四、任务评价

城市轨道交通大客流组织任务评价表如表 6-6 所示。

表 6-6　城市轨道交通大客流组织任务评价表

项目任务		城市轨道交通大客流组织		
班级		姓名		评价时间	
考核内容				
考核项目	考核标准	分值（分）	得分（分）
大客流定义、分类及特点、车站大客流组织的影响因素	阐述大客流定义、大客流分类及特点、车站大客流组织的影响因素	15	
大客流的组织措施、控制原则及措施	阐述大客流的组织措施、大客流控制原则及措施	15	
	根据大客流组织应急预案制订某车站大客流应急处理方案	20	
制作内容	制作能清晰展示的 PPT	15	
	要求类型分析图形准确，文字流畅	15	
	做到业务分析熟练、图文并茂	20	

指导教师意见：

说明：1. 建议采用四级评分制（如 90%～100%，80%～90%，60%～80%，60% 以下）；
　　　2. 主要采用小组互评的方式进行评价，教师最后进行参考评分

任务四　城市轨道交通突发事件客流组织

一、任务导入

通过学习城市轨道交通突发事件客流组织内容，掌握乘客疏散、清客有关知识点，了解隔离知识内容，不断提升面对突发事件应急能力。

二、知识准备

突发事件是指在没有任何征兆的情况下，在城市轨道交通客运车站内、列车上或其他设备设施内突然发生的危及人身安全的事件，如地震、火灾、恐怖袭击、爆炸、疫

情、大面积停电等。

突发事件客流是指突发事件发生时在车站内或列车上的客流。城市轨道交通各车站应根据本站具体情况，建立切实可行的突发事件客流组织预案，合理安排各岗位和地点的具体工作，迅速疏散客流，避免意外发生、扩大和蔓延。当发生突发事件时，车站可根据实际情况采用不同的客流组织办法疏导乘客，主要有乘客疏散、清客、隔离三种办法。

（一）乘客疏散

乘客疏散是指在发生紧急情况时，城市轨道交通工作人员利用通道和出口迅速将乘客从危险区域转移到安全区域，包括车站疏散和区间隧道疏散。某城市轨道交通客运车站火灾紧急疏散演练如图 6-34 所示。

(a)   (b)

图 6-34　某城市轨道交通客运车站火灾紧急疏散演练

1. 车站疏散

车站出现火灾、大面积停电、设备故障等突发事件可能导致乘客伤害时，车站工作人员必须第一时间组织疏散乘客，争取在最短的时间内尽快将乘客疏散至安全位置。城市轨道交通运营企业需编制各类突发事件的应急预案，并定期组织演练和培训，确保突发事件发生后，工作人员能够有序、妥善处理。在乘客疏散中，车站各个岗位必须密切高效配合，各岗位的客运组织应急处理程序如表 6-7 所示。

表 6-7　各岗位的客运组织应急处理程序

序号	岗位	应急处置程序内容
1	值班站长	（1）接到紧急情况信息报告后，迅速赶往现场确认实际情况； （2）宣布执行相关应急处理程序，担任事故处理负责人，调集车站所有资源、人员快速组织疏散乘客； （3）现场组织疏散乘客，督促各岗位执行应急处理关键环节； （4）乘客疏散完毕后，检查车站内是否有滞留乘客，并关闭出入口，报告 OCC； （5）当事件危及车站员工时，及时组织员工通过消防疏散通道或出入口到达安全区域； （6）需要火警、急救中心等外部力量支援时，安排保安或员工至出入口接应
2	行车值班员	（1）及时将现场情况向 OCC 报告，与行车调度员保持联系； （2）视车站突发事件程度，向城市轨道交通公安、火警、急救中心报告； （3）需要疏散公共区乘客时，按压闸机释放按钮，使闸机处于常开状态，并将 TVM 设置为暂停服务状态； （4）播放疏散广播； （5）将信息上报站长及上级领导； （6）根据事件蔓延情况，带好手持台等相关通信工具视情况撤离车控室至安全区域

续表

序号	岗位	应急处置程序内容
3	客运值班员	（1）收好钱款，锁闭票务管理室，到车控室协助行车值班员操作相关环控设备，如果环控设备中央级执行不成功，负责操作车站级环控设备； （2）到站厅、站台、设备区组织疏散乘客和其他维修巡检人员； （3）有乘客受伤时及时协助伤者到达安全区域，视情况对伤者进行急救； （4）根据值班站长安排在出入口拦截乘客进站、关闭部分出入口
4	厅巡岗站务员	（1）打开边门将乘客疏散出站； （2）根据电扶梯的运行方向，将向下的电扶梯关闭，将向上的电扶梯视情况关闭； （3）根据客运值班员或值班站长安排在出入口拦截乘客进站，迎接外部支援力量
5	票亭岗站务员	（1）收好票款，锁闭票亭； （2）疏散乘客出站，根据客运值班员或值班站长安排张贴告示、拦截乘客进站，迎接外部支援人员进站
6	站台岗站务员	（1）按照值班站长命令，执行应急处理程序，疏散站台层乘客，站台乘客疏散完毕后，协助疏散站厅层乘客； （2）乘客疏散完后，到现场协助处理应急事件
7	保安、保洁	协助车站工作人员疏散乘客和救助受伤乘客

2. 区间隧道疏散

列车在区间发生火灾无法行驶至前方车站或设备发生故障被迫停在区间，需要区间疏散乘客时，执行区间乘客疏散办法。对于隧道发生火灾、爆炸等紧急事件及设备发生故障，区间疏散乘客具有不同的要求，以下分别进行阐述。城市轨道交通区间发生火灾紧急疏散乘客如图 6-35 所示。

(a) (b)

图 6-35 城市轨道交通区间发生火灾紧急疏散乘客

（1）区间隧道发生火灾时乘客疏散。

当隧道发生火灾或列车在隧道发生火灾无法运行至前方车站时，需要尽快疏散列车上的乘客，根据列车着火位置及火势大小，选择正确的乘客疏散方向（当列车头部着火时，组织将乘客从列车尾端疏散；当列车尾部着火时，组织将乘客从列车头端疏散；当列车中部着火后，若火势较大，无法通过着火区域时，组织乘客向两端疏散），确保乘客人身安全。在接到行车调度员需要区间疏散命令后，车站各个岗位必须密切高效配合。区间隧道乘客疏散应急处置程序如表 6-8 所示。

表 6-8　区间隧道乘客疏散应急处置程序

序号	岗位	应急处置程序内容
1	值班站长	（1）接到区间疏散通知后，立即通知厅巡岗站务员、保安带齐应急物品到站台做好灭火、区间疏散乘客准备工作； （2）确认列车在区间不能运行时，宣布执行列车区间火灾应急处理程序，担任事故处理负责人指挥厅巡岗、保安等做好防护，得到行车调度员的同意后进入列车所在区间引导乘客疏散、灭火； （3）组织乘客疏散，确认隧道没有遗留乘客，报车站控制室； （4）消防队员到达后，将灭火工作交给消防队员，确认乘客疏散完毕后，回到车控室； （5）确认火灾扑灭、公安取证完毕、设备抢修结束、人员出清线路后报告行车调度员，向行车调度员请求恢复运营
2	行车值班员	（1）接到行车调度员或列车司机通报火警后，立即报值班站长； （2）报告行车调度员并报城市轨道交通公安、火警、急救中心；播放紧急疏散广播；按压 AFC 系统紧急按钮；关闭广告灯箱电源；向部门相关领导报告； （3）与行车调度员、值班站长保持联系； （4）严格控制救援人员进入区间时机，进入区间前要得到行车调度员的同意； （5）所有人员出清区间后向行车调度员汇报； （6）准备恢复运营服务，并向行车调度员报告
3	客运值班员	（1）得知发生火灾后，锁好票务管理室门，到车控室协助行车值班员工作，中央级控制不能实现时，按控制中心指令操作车站级环控系统； （2）执行列车在区间火灾应急处理程序，关闭所有 TVM，到站厅组织员工疏散乘客； （3）组织站厅乘客疏散，确认站厅乘客全部疏散出站后报告车控室，救助受伤乘客
4	厅巡岗站务员	（1）接到通知后立即带备品到站台待命； （2）听从值班站长指挥做好防护，到区间疏散乘客、灭火，组织乘客向站台疏散； （3）消防人员到后，将灭火工作交给消防人员
5	票亭岗站务员	（1）收好票款、执行应急处理程序，关停站台层向下运行的扶梯； （2）组织疏散乘客
6	站台岗站务员	（1）列车在区间疏散乘客时，打开端墙门，组织疏散乘客并清点人数； （2）站台乘客疏散完毕后报车控室； （3）根据车控室指示严格控制进入区间进行救援的时机； （4）接到恢复运营的通知后，检查站台客运设施情况，为恢复运营服务做准备
7	保安、保洁	（1）协助执行紧急疏散命令，视情况关停站厅层出口的扶梯，拦截乘客进站，根据车站工作人员安排张贴暂停服务告示； （2）协助接应外部支援力量； （3）协助救助、安抚受伤乘客等候急救中心救援人员到来

（2）列车迫停于区间时乘客疏散。

因车辆、接触网、供电系统等设备发生故障，导致列车被迫停在区间，需要区间疏散乘客时，车站根据行车调度员命令组织乘客有序疏散出区间，尽量避免乘客在区间受伤。列车迫停于区间乘客疏散应急处置程序如表 6-9 所示。

项目六 城市轨道交通客流组织

表 6-9 列车迫停于区间乘客疏散应急处置程序

序号	岗位	应急处置程序内容
1	值班站长	（1）接到列车区间疏散的信息后，根据行车调度员指令组织厅巡岗站务员、保安穿好荧光服，携带手提广播、照明灯（应急灯）、对讲机等进入区间，前往列车停留位置，引导乘客安全撤离到站台； （2）疏散完毕后按原路返回，负责确保乘客及工作人员全部安全到达站台； （3）确认线路出清后，报告车控室线路已出清
2	行车值班员	（1）接到行车调度员列车区间疏散的命令后，立即报告值班站长，并打开隧道照明灯； （2）与行车调度员、值班站长保持联系，及时传递信息； （3）播放广播安抚候车乘客； （4）区间乘客全部疏散完毕后及时向行车调度员报告
3	客运值班员	收好钱款，锁闭票务管理室，根据值班站长安排组织疏散区间乘客
4	厅巡岗站务员	（1）接到通知后立即带备品到站台待命； （2）听从值班站长指挥做好防护，到区间疏散乘客、灭火，组织乘客向站台疏散； （3）消防人员到后，将灭火工作交给消防人员
5	票亭岗站务员	（1）收好票款，执行应急处理程序，关停站台层向下运行的扶梯； （2）组织疏散乘客
6	站台岗站务员	在车站端墙处接应从区间里疏散来的乘客，对乘客做好安抚解释工作
7	保安、保洁	（1）协助值班站长下线路疏散乘客； （2）协助车站人员对乘客做好解释安抚工作
8	司机	（1）接到行车调度员列车区间清客的命令后，等车站人员到达后打开应急疏散门，播放"列车清客广播"，组织乘客有序撤离； （2）列车上乘客疏散完毕后，检查列车情况并将情况报行车调度员，按照行车调度员的命令执行

（二）清客

当城市轨道交通运营企业在遇到运营设备故障，列车暂时中止服务或行车组织发生变更调整时，需要将列车上乘客或车站乘客从某一区域转移到另一区域，包括列车清客和车站清客。清客与乘客疏散的区别在于疏散是在紧急状况下的客运组织方式，是为了保证乘客安全，尽快将乘客转移到安全位置，而清客是暂停行车服务的客运组织方式。城市轨道交通客运车站清客如图 6-36 所示。

(a)   (b)

图 6-36 城市轨道交通客运车站清客

1. 列车清客

列车在车站需清客时,车站人员根据行车调度员指示进行列车清客,列车区间故障或牵引供电中断等突发情况需要清客时,由行车调度员指定车站值班站长担任事故处理负责人并带领其他工作人员进入区间,将乘客组织疏散到距离事发地较近的车站或安全区域。列车清客各岗位应急客流组织流程如表 6-10 所示。

表 6-10 列车清客各岗位应急客流组织流程

序号	岗位	应急客流组织流程内容
1	值班站长	(1) 组织站务员引导乘客安全撤离列车,并做好乘客解释工作; (2) 检查车厢有没有滞留乘客,清客完毕后,及时向车控室报告
2	行车值班员	(1) 接到行车调度员列车在站清客的命令后及时通知值班站长,并播放列车清客广播; (2) 清客完毕后,及时向行车调度员报告
3	客运值班员	协助值班站长清客,对不主动配合的乘客进行劝导和解释,引导乘客离开列车
4	保安、保洁	协助车站工作人员清客,对不主动配合乘客进行劝导和解释,引导乘客离开列车
5	司机	(1) 接到行车调度员列车在站台清客的命令后打开车门、站台门,播放列车清客广播; (2) 确认车厢没有乘客滞留,关门并报行车调度员按照行车调度员指令执行

2. 车站清客

夜间末班车终到站清客、车站退出服务、特殊情况终止服务时,车站内所有乘客必须全部离开车站。为避免乘客误上列车进行站台清客,如列车发生故障需要在车站清客或有重要接待需要进行站台清客。车站清客各岗位应急客流组织流程如表 6-11 所示。

表 6-11 车站清客各岗位应急客流组织流程

序号	岗位	应急客流组织流程内容
1	值班站长	(1) 宣布执行车站清客处理程序组织车站员工对车站乘客进行清客,引导乘客进行票务处理; (2) 待乘客全部出站后,检查车站是否有滞留乘客,关闭出入口,派人在出入口张贴告示; (3) 集合车站工作人员,协助设备故障处理,等待恢复运营; (4) 将情况向站长报告并做好详细记录
2	行车值班员	(1) 接到上级暂停服务清客的命令后通知各岗位本站暂停服务,执行清客程序; (2) 播放清客广播和票务政策广播,将 TVM 设置为暂停服务; (3) 通知城市轨道交通公安到现场维持秩序
3	客运值班员	(1) 引导乘客办理退票一卡通更新及出站,向乘客做好解释; (2) 根据需要为售票员配备零钱; (3) 统计退票数量并将回收单程票封好后上交票务室
4	其他岗位	(1) 厅巡岗站务员打开车站边门,引导乘客退票或出站(持一卡通乘客通过边门出站,车站免费更新); (2) 售票员负责办理退票和一卡通更新; (3) 站台及保安引导乘客出站,根据客运值班员或值班站长安排张贴告示

(三) 隔离

隔离是指采用某种方式或设备人为隔开人群或封闭某个区域。根据造成隔离原因,隔离的客运组织方法分为:

(1) 非接触纠纷隔离。

乘客发生口头纠纷时，离现场最近的车站工作人员要立即上前调解纠纷，必要时把纠纷双方分别带到人少的地方或办公区会议室，进行劝说和解，如有其他乘客围观，应及时劝离现场，维持好车站工作秩序。

(2) 接触纠纷隔离。

乘客发生打架时，离现场最近的工作人员要立即赶到现场，与车站保安人员一起把打架双方隔开，并通知城市轨道交通公安到达现场。车控室通知值班站长赶到现场处理，将肇事双方移交城市轨道交通公安处理。车站要及时疏散围观乘客，并寻找目击证人，记录事件经过。

(3) 疫情隔离。

城市发生疫情传播，车站发现有人晕倒或疑似传染疫情时，必须及时采取隔离措施，报告公司防疫指挥中心及市防疫指挥中心，根据上级要求进行清客，关闭出入口，列车不停站通过，对与疑似人员接触过的物品、人员进行消毒、隔离观察。城市轨道交通客运车站突发疫情隔离如图 6-37 所示。

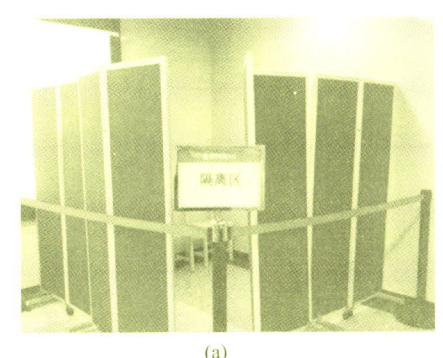
(a)

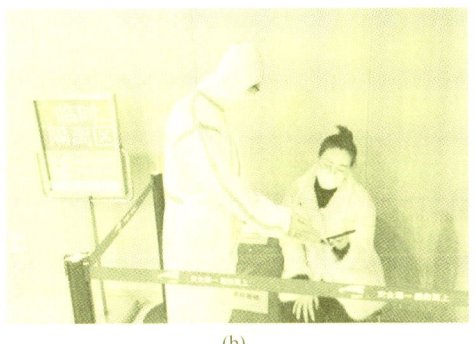
(b)

图 6-37　城市轨道交通客运车站突发疫情隔离

(4) 客流流线隔离。

当车站某一端排队购票队伍与进出站客流发生交叉干扰时，车站工作人员利用提前准备好的伸缩栏杆、隔离带、铁马等设备将不同方向的客流分隔开，保持进出站、换乘客流顺畅，并利用手提广播引导乘客到 TVM 前人少的一端购票。城市轨道交通客运车站突发疫情客流流线隔离如图 6-38 所示。

图 6-38　城市轨道交通客运车站突发疫情客流流线隔离

三、任务实施

工作任务：城市轨道交通突发事件客流组织。

制作 PPT，以小组为单位进行城市轨道交通突发事件客流组织的讨论，并结合实际学习城市轨道交通突发事件客流组织概述。

四、任务评价

城市轨道交通突发事件客流组织任务评价表如表 6-12 所示。

表 6-12　城市轨道交通突发事件客流组织任务评价表

项目任务		城市轨道交通突发事件客流组织		
班级		姓名		评价时间	
考核内容					
考核项目	考核标准		分值（分）	得分（分）
紧急疏散	能够根据城市轨道交通车站发生灾害紧急疏散程序组织乘客紧急疏散		15	
清客、隔离	能够根据城市轨道交通客运车站发生灾害清客程序进行列车、车站清客		20	
	能够根据城市轨道交通客运车站突发疫情隔离方法实施车站隔离		15	
制作内容	制作能清晰展示的 PPT		15	
	要求类型分析图形准确、文字流畅		15	
	做到业务分析熟练、图文并茂		20	

指导教师意见：

说明：1. 建议采用四级评分制（如 90%～100%，80%～90%，60%～80%，60%以下）；
　　　2. 主要采用小组互评的方式进行评价，教师最后进行参考评分

项目七　城市轨道交通客运车站票务组织

项目背景

城市轨道交通客运车站票务组织是轨道运营方为服务乘客快捷优惠出行，合理配置乘运服务资源（运营设备、运营模式），制定票价运营策略，进行票务收入管理，监控轨道交通运营与管理状况而建立的一套高效的轨道交通运营管理组织系统。本项目通过对城市轨道交通票务系统架构及 AFC 系统终端设备功用、票卡制作、票卡出售、入站检票、出站检票、补票、罚款等各售检票服务管理、票务收益结算及财务分析的深入解剖学习，为学生全面认知城市轨道交通票务组织，培养既具备轨道交通票务处理能力，又兼具轨道交通票务运营管理能力的轨道交通实用型高技能人才奠定良好基础。

项目任务书

城市轨道交通客运车站票务组织项目任务书如表 7-1 所示。

表 7-1　城市轨道交通客运车站票务组织项目任务书

名称		城市轨道交通客运车站票务组织
学习目标	知识目标	1. 掌握城市轨道交通票务系统架构及 AFC 系统终端设备功能和结构； 2. 掌握城市轨道交通票务职责及工作流程； 3. 掌握城市轨道交通车票、现金管理、票务钥匙管理； 4. 掌握城市轨道交通票务处理
	技能目标	1. 具备城市轨道交通票务系统架构及 AFC 系统终端设备的认知能力； 2. 具备城市轨道交通票务工作能力； 3. 具备城市轨道交通车票、现金管理、票务钥匙管理能力； 4. 具备城市轨道交通票务处理能力
	素质目标	1. 具有良好的社会公德、职业道德和爱岗敬业基本素质，立德树人贯穿课程始终； 2. 具有良好工作态度、严谨细致的专业作风； 3. 具有良好的沟通协调能力、语言表达能力、班组管理能力； 4. 培养团结协作、热情有礼、认真细心、沉着冷静、遇乱不惊的职业素养
学习内容		知识准备：学习任务内容。 任务一：城市轨道交通票务系统概述。 工作任务：阐述城市轨道交通票务系统架构及 AFC 系统终端设备功能和结构。 任务二：城市轨道交通票务职责及工作流程。 工作任务：阐述城市轨道交通票务职责及工作流程。 任务三：城市轨道交通车票及现金管理。 工作任务：阐述城市轨道交通车票及现金管理。 任务四：城市轨道交通票务备品及钥匙管理。 工作任务：阐述城市轨道交通票务备品及钥匙管理。 任务五：城市轨道交通票务处理。 工作任务：阐述城市轨道交通票务处理

续表

名称	城市轨道交通客运车站票务组织
任务实施要求	1. 将授课班级学生分组，5~8人为一个学习团队； 2. 每个学习团队组织学习，进行项目任务分析、任务分配，制定团队工作任务分配表； 3. 资料学习、相关知识准备，完成项目的资讯环节； 4. 现场教学、资源利用，完成项目的实施演练环节； 5. 学习团队讨论，编制项目任务知识点学习计划书； 6. 学习团队现场实践，制订现场实践的实施方案； 7. 学习团队按任务分配表制作项目任务的汇报演讲稿，派代表上台演讲； 8. 制定该项目任务的评价表，考核要素，进行小组互评
任务实施要点	1. 教学资源收集与整理； 2. 确认任务学习的重点与难点； 3. 任务学习计划制订，小组任务分工，汇报PPT制作，小组交流演讲； 4. 学习团队进行讨论，可让教师参与讨论，通过团队合作获取问题的解决
任务拓展	1. 会收集具有国内外领先水平的具有代表性的城市轨道交通客运车站票务组织资料； 2. 按"准员工"的要求来学习，结合本城市的情况，组织团队成员去现场学习； 3. 能够进行城市轨道交通客运车站票务组织相关资料的查找与整理； 4. 会制作任务书要求的PPT
任务下发人	日期： 年 月 日
任务执行人	日期： 年 月 日

任务一 城市轨道交通票务系统概述

一、任务导入

通过学习城市轨道交通票务系统概述，了解票务系统的定义、业务特点、作用，理解票务系统业务管理，掌握票务系统与AFC系统的关系，以及票价制式。

二、知识准备

（一）城市轨道交通票务系统的介绍

1. 城市轨道交通票务系统的定义

城市轨道交通票务系统是城市轨道交通运营企业为方便乘客快捷、优惠地出行，通过有效的票务收入管理，合理配置运营系统（运营设备、运营模式）资源而建立的一套满足城市轨道交通票务管理需求的系统。

2. 术语

（1）自动售检票（Automatic Fare Collection，AFC）系统。

基于计算机、通信、网络、自动控制等技术，实现自动售票、检票、计费、收费、统计、清分、管理等全过程的自动化系统。

（2）中央清分（AFC Clearing Center，ACC）系统。

轨道交通网络化运营 AFC 系统的管理与服务机构，是连接轨道交通各条线路中心 AFC 系统的纽带，是实现轨道交通联网收费系统的核心。

（3）线路计算机（Line Central Computer，LC）系统。

管理与控制城市轨道交通线路 AFC 系统的计算机系统。

（4）车站计算机（Station Computer，SC）系统。

用于车站级票务处理、运行管理和客流统计的计算机。

（5）半自动售票机（Booking Office Machine，BOM）。

用于现场人工辅助发售、赋值有效车票，具备补票、退票、查询、更新等票务处理功能的设备。

（6）自动售票机（Ticket Vending Machine，TVM）。

用于车站向乘客提供自助购票并赋值有效车票的功能，并具备自动处理支付和找零功能的设备。

（7）自动检票机（闸机，包含进闸机、出闸机和双向闸机）（Automatic Gate Machine，AGM）在付费区出入口处自动检验车票的有效性并为乘客放行的设备。

（8）自动充值机（Add Value Machine，AVM）。

用于车站向乘客提供储值票自助充值功能，并具备信息查询功能的设备。

（9）车站终端设备（Station Level Equipment）。

用于各轨道交通线路车站进行车票发售、进出站检票、充值、验票分析等读写交易处理的终端设备。

（10）单程票（Single Journey Ticket）。

不具有充值功能，具有单程一次进站一次出站应用，简称单程票。

（11）预赋值单程票（A One-way Ticket Prefabricated）。

预赋值单程票是指一种在特殊情况下使用的单程票，是经过编码分拣机或 BOM 预先赋值的单程票。

（12）纪念票（Commemorative Ticket）。

纪念票是为纪念重大事件或宣传特定事物而发行的票卡。

（13）编码票（Encoding Ticket）。

编码票是指经过编码分拣机编码且未赋值的车票。

（14）废票（Invalid Device）。

由车站回收的无效票经编码分拣机无法重新编码赋值的车票以及其他不能正常使用的车票。

（15）无效票（Invalid Ticket）。

经 BOM 检验无法更新且系统无法读取数据的车票；TVM 和人工回收箱中的车票以及票面损坏的车票与其他不能正常使用的车票。

（16）公务卡（Official Ticket）。

公务卡是向职工或业务相关单位员工发行的在轨道交通使用的车票。

公务卡可设置多种使用权限，形成不同的卡种，包括员工卡、劳务派遣卡、外服卡等。

(17) 票卡注销 (Cancel The Ticket)。

票卡注销是指对于无法正常使用及因商业原因需要退出使用的城市轨道交通票卡,在票务管理系统中对系统内信息进行注销操作。

(18) 编码分拣机 (Encoderand Sorter, E/S)。

用于对车票进行批量的编码和分拣处理的设备。

(19) 参数 (Equipment Operation Data)。

设备运营参数。

(20) 票样。

票样是指厂家送来做物理特性、车票质量鉴定的车票版本。

(21) 样票。

样票是指在发行各种新版面车票时,按规定领取一定数量未赋值的车票,用于存档、设计参考、营销推广等。

(22) 新票。

新票是指由采购部门负责采购的未经 E/S 编码的车票。

(23) 一票通。

一票通是指城市轨道交通运营企业发行的轨道交通专用车票。

(24) 卡内余额。

卡内余额是指在储值类车票中,除去押金部分,乘客实际可使用的金额。

3. 城市轨道交通票务系统的业务特点

城市轨道交通票务系统业务的主要内容有票务政策制定、收益管理、车票管理、车站票务组织管理、票务系统设备设施管理等。随着系统功能的外延,城市轨道交通票务系统也承担着对运营状态进行监控管理的职责。

随着各项技术的发展,城市轨道交通票务系统已发展成为自动化程度高、功能完备的 AFC 系统。AFC 系统是基于计算机、通信、网络、自动控制等技术,实现轨道交通售票、检票、计费、收费、统计、清分、管理等全过程的自动化系统。

4. 城市轨道交通票务系统的作用

本着"快捷、方便""以人为本"的宗旨,城市轨道交通票务系统具有以下作用:

(1) 有利于提升城市轨道交通行业的社会形象和服务区域形象。

(2) 有利于提高运营管理水平,保障票务收益。

(3) 有利于管理责任落实,保证交易数据和票务信息的安全。

(4) 有利于简化操作,方便出行,提高乘客的出行效率。

(5) 有利于提供准确的客流及票务统计分析数据。

(6) 有利于减少现金交易、人工记账及统计工作,提高准确率和效率。

(二) 城市轨道交通 AFC 系统构架

AFC 系统是通过对计算机、生计、财务等专业知识的综合运用,来实现轨道交通的售票、检票、计费、收费、统计、清结算和运行管理等全过程的自动化系统。AFC 系统能简化操作,方便出行,提高乘客的出行效率,可以大大降低工作人员的劳动强度,使乘车收费更趋于合理,减少逃票现象,提高地铁运营效率和收益。同时,还能大大减少现金交易、人工记账及统计工作,提高准确率和效率,有利于管理责任的落实,保证交易数据和票务信息的安全。能提供准确的客流及票务统计分析数据,提升客流分析预测的能力,合理调配资源,提高运营企业的运营管理水平。AFC 系统有利于提升轨道交通行业的社会形象和服务区域形象。

AFC 系统由五层构成,分别为 ACC 层、线路中央计算机系统层 LC、SC 系统层、车站终端设备层和车票层,如图 7-1 所示。ACC 主要负责各线路票款收入的清分,各线路中央计算机系统主要负责管理本线路的 AFC 系统,SC 系统主要负责管理本线路的 AFC 系统,车站终端设备主要包括 TVM、BOM、检票机、自动增值机、手持验票机,它们分别为乘客提供售票、检票等功能服务,使乘客能够顺利地入闸乘车。车票为乘客可以使用 AFC 系统的媒介,也是乘车的凭证。

1. ACC——城市轨道交通清分结算系统

主要功能是对各线路上传的交易数据进行汇总、分析、处理,确保实现各运营线路的独立核算。对运营网络内各线路中央计算机系统下传清分数据、黑名单等信息,对线网内所有车票进行管理、编码、定义、分拣和调配,进行数据挖掘,辅助各业务部门进行分析决策。

2. 线路中央计算机系统层 LC

线路中央计算机系统就是各条线路 AFC 系统的管理控制中心,安装各线路的运营控制中心。主要有以下功能。

(1) 票务管理功能。

车票交易数据处理;车票发售收益统计;运营收益统计;运营报表处理;票务对账结算;车票发售现金收入管理。

(2) 运营管理功能。

系统运营参数管理;在线设备状态监控;系统运营模式管理;客流统计与分析;车票分拣;票卡库存管理;系统通信监测。城市轨道交通智能化系统中 AFC 系统如图 7-1 所示。

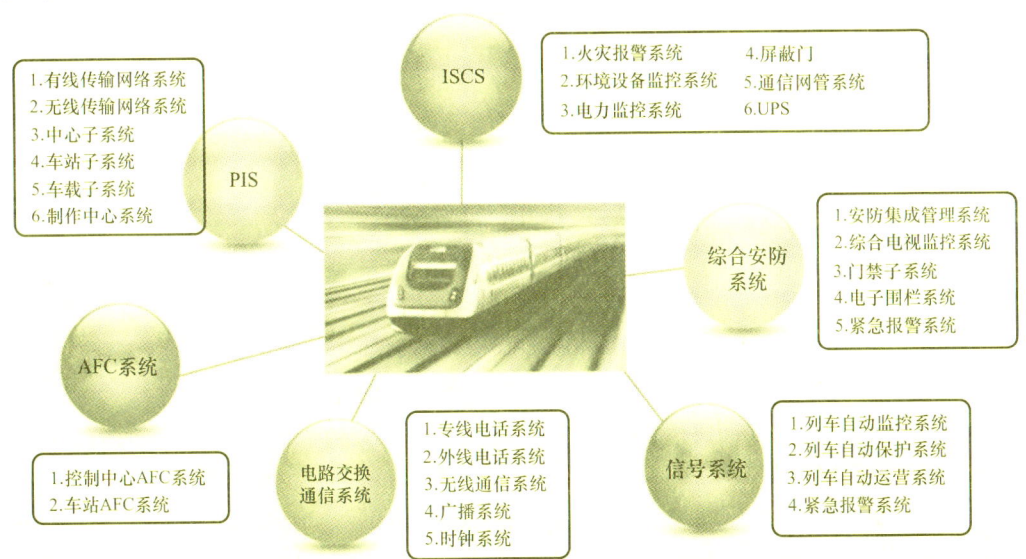

图 7-1 城市轨道交通智能化系统中 AFC 系统

(3) 系统维护功能。

系统用户管理；权限管理；数据归档和备份；系统数据恢复；系统时钟管理；系统日志管理。

3. SC 系统层

SC 系统大都安装在车控室和票务室，其主要有以下功能：

(1) 采集和储存车站终端设备的车票交易数据、寄存器数据、状态数据、收益管理数据和维护管理数据等，并将数据传送给线路中央计算机系统。

(2) 接收和储存中央计算机系统下达的系统运行参数和控制指令，并下传至车站终端设备。

(3) 实时监控车站自动检票系统设备和网络运行情况，具有系统自动诊断、设备控制和故障警告等功能。

(4) 对本车站的客流的毛票和现金收益进行统一管理，具有报表统计分析、相关故障查询和报表打印等功能。

(5) 负责车站级系统参数的维护和系统动作模式的控制。

(6) 紧急情况下，可按下紧急按钮或通过操作车站计算机来启动紧急运行模式，控制所有进出站闸机，便于乘客快速疏散。

4. 车站终端设备层

车站终端设备是指装在各站台、站厅，直接为乘客提供售检票服务的设备。其主要功能包括进出站自动检票、车票发售、补票、充值、查询，可接收车站计算机下达的命令参数和文件，存储交易数据，并上传到车站计算机。

5. 车票

车票是乘客进出站的凭证，其形式主要分为单程票和储值票。

（三）城市轨道交通票务系统业务管理

在城市轨道交通运营管理中，票务系统管理对车票流向、票款收入和 AFC 系统的运行情况进行总的监视、控制、协调、指挥和调度。票务系统管理工作直接影响到运营公司的收入和经济效益，因此必须重视票务管理工作，应将其定位为运营组织管理的核心。票务系统的业务管理主要包括六个方面的内容。

1. 规则管理

制定一套科学、严密的规则和流程是票务系统能够在多部门和多环节高效运行的保证。票务系统管理的规则和流程主要包括以下几项内容：

(1) 计价方式。城市轨道交通采用的票价计价方式有很多种，具体见后面的相关内容。

(2) 乘车时限。城市轨道交通是一种安全、快速、便捷和准时的交通工具，为避免乘客在列车上或车站付费区内长时间逗留，造成不必要的拥塞，城市轨道交通运营单位往往会对乘客入闸至检票出闸的时间进行限制，这就是乘车时限。超过乘车时限，即为滞留超时。对滞留超时的乘客，运营单位往往会对其收取一定金额的费用。

(3) 乘车限制。为保证车站乘车秩序、环境及乘客的安全，城市轨道交通运营单位往往会对乘客携带的物品做出规定，允许乘客携带一定质量和体积的行李，对质量或体积在规定范围内的行李给予免费通行或收取费用。另外，车站禁止乘客携带易燃、易爆及有毒等危险物品入站，同时也不允许携带较大、较重或较长的物品入站。此外，为保证单程票的正常循环，运营单位也会对单程票的使用做出一些限制。以上的相应规定统称为乘车限制。

乘客需凭有效车票进入轨道交通付费区，车票实行一人一票制。

（4）乘客携带品处理。各城市轨道交通运营企业对乘客的携带品范围都有自己的规定。例如，某城市轨道交通运营企业规定乘客携带质量为20～30千克或者体积为0.06～0.1立方米的物品时，须加购同程车票一张；凡质量超过30千克或长度超过1.6米或体积超过0.1立方米的物品，一律不得携带进站乘车。

（5）车票有效期。对车票有效期的规定，根据各个城市轨道交通的具体情况不同而有所区别。

（6）超程处理。超程处理是指乘客使用的车票（主要是单程票）不足以支付所到达车站的实际车费时，须补缴超程车费。

（7）进出站次序错误的数据更新。

①进站次序错误（乘客在非付费区）。若车票上次进站车站是本站且上次使用时间与更新时间的时间间隔在系统规定的时间段以内，则免费对乘客车票进行数据更新。若车票上次使用时间与更新时间的时间间隔超过系统规定的时间段，则持单程票的乘客须重新买票；持储值票的乘客须按票种最低票价支付上次票款，因城市轨道交通方面原因导致的错误除外。

②出站次序错误。根据乘客反映的进站车站情况免费对车票进行数据更新。

（8）优惠乘车规定。各城市轨道交通对特殊乘客群体乘车都给予不同程度的优惠，如有些城市对年龄超过65岁的老人给予免费乘车的优惠；对学生发售有折扣的学生票。还有些城市轨道交通实行月票、季票、团体票等票制。对儿童的优惠一般以身高为依据实行不同的票制，如某城市轨道交通运营企业对儿童的乘车规定为：一名成年乘客可以免费带一名身高不足1.2米的儿童乘车；超过一名的，按超过人数购成人全票。

2. 信息管理

信息化是城市轨道交通票务系统的一个基本特征。为进行有效的管理和为决策提供可靠的信息，需对系统收集的基础数据进行深度挖掘、加工，开展统计分析并发布信息。

3. 账务管理

财务管理就是对系统内的票务收入进行汇缴、清算、入账等过程的管理，包括账户设置、票款汇缴、登账稽核、收益清算、资金划拨和对凭证进行有效管理等。

车站票务报表包括手工填写和计算机打印出来的报表。报表是了解车站票务收入和车票售卖情况的重要依据，也是进行票务收益核对的重要依据。车站票务报表种类较多，需要根据不同岗位填写不同的报表。因各个城市轨道交通运营企业的管理模式和要求不同，故其票务报表的类型也有所不同。

4. 车票管理

车票就是乘客使用的车票，用于记载乘客的出行和费用信息，是乘车的有效凭证。车票管理就是对车票的发行、使用、更新等全过程进行的有效管理。

5. 运营监督

运营监督就是通过系统设备及所具有的完整、严密、及时的信息流对运营状况进行实时跟踪监督，以提高运营质量和服务水平。它包括信息传输状况监督、客流状况监督、车票调配监督、收款监督及收益监督等。

6. 模式管理

模式管理就是针对不同的运营状况、条件所做出的相应操作行为的选择和实施，包括正常模式、降级模式及配套的运营管理。

（四）票务系统与 AFC 系统的关系

城市轨道交通票务系统是 AFC 系统的必要环境和基础；AFC 系统是城市轨道交通票务系统的实现手段之一，并且能有效提高城市轨道交通票务系统的管理水平和效益。

AFC 系统作为城市轨道交通系统向公众提供服务的窗口，是城市轨道交通系统运营服务的核心子系统。其具备高度的智能化设计，扮演着票务员、检票员、会计、统计、审计等角色，通过数据收集和系统控制实现了票务管理的高度自动化，同时还为城市轨道交通运营企业的各业务部门提供了业务辅助分析决策服务。

城市轨道交通票务系统是 AFC 系统的载体，只有通过安全、可靠和完备的 AFC 系统，才能有效地实施票务的结算和清分。AFC 系统的使用可大量减少票务管理人员人数，并且提高城市轨道交通系统的运营效率和效益；同时，该系统通过对客流量、票务收入等综合业务信息的汇总分析，可以强化客流分析预测能力，提高票务系统工作的效率，进而提高网络化运营管理水平。

票务系统与 AFC 系统的对应关系主要表现在客流、票制、统计与结算、车票处理等方面。

1. 客流

AFC 系统可根据交易信息为决策或规则提供客流信息。AFC 系统通过其良好的票务管理水平和高效的客流信息处理能力，成功实现低成本、高效率的系统运作。

提高信息利用率、增强 AFC 系统的决策分析能力是 AFC 系统的发展方向之一。应强化系统整理分析原始数据和信息的能力，将票务系统与其他信息管理系统相结合，通过票务系统的信息挖掘，可以进一步了解区域客流特征，为管理提供量化的决策依据，也可以为相关的经济行为提供客流行为支持，提高服务和管理决策的针对性和准确性。

2. 票制

AFC 系统根据票务政策的计费原则和计费方式进行售票、检票、统计，应结合不同的票制原则以及相应的优惠措施制订执行方案。

3. 统计与结算

票务统计与结算的基础是交易数据。线路每日的客流量是该线路各站的单程票、储值票及特种票的进站数及换乘至该站人数之和。各线日车票收入，以单线各站的单程票发售收入与储值票的出站扣值及当日票补收入之和，减去退票款后，按乘客线路乘坐的情况核算。AFC 系统可以对客流量、票务收入及单程票的使用进行统计和分析，并编制相应的报表。

AFC 系统对不同线路或不同收益载体进行票务收入清分,对路网系统与其他兼容系统进行清分,并可通过银行结算系统进行及时结算。

4. 车票处理

车票处理包括对单程票、储值票和特种票的处理。一般情况下,单程票是当日当站使用的车票,通常要制定退票规则,包括是否允许退票、退票时间要求、手续费的收取等。储值票有记名和不记名之分;不记名票通常不办理挂失、退票。当储值票不能正常使用时,由车站受理,交专门部门进行查询、分析并做相应处理。特种票不能正常使用时,由专门部门进行查询、分析并做相应的处理。

(五) 城市轨道交通票价制式

城市轨道交通行业采用的票价制式主要有基本票价制和辅助票价制。城市轨道交通票价制式如图 7-2 所示。

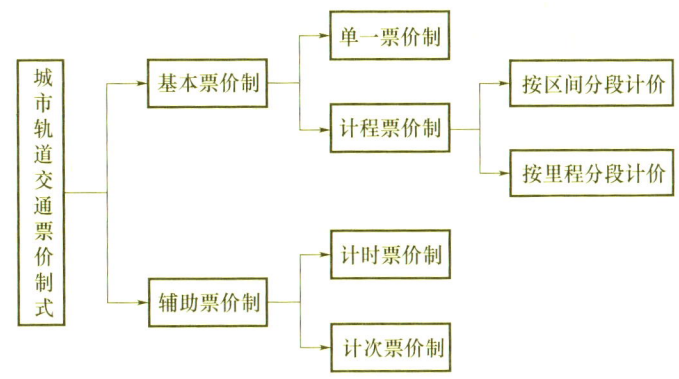

图 7-2 城市轨道交通票价制式

1. 基本票价制

基本票价制主要有单一票价制和计程票价制。

(1) 单一票价制。单一票价制是指不论乘客乘坐里程长短或站点数多少都实行一种价格的票价制度。

(2) 计程票价制。计程票价制又分为按区间分段计价和按里程分段计价两种。

①按区间分段计价。按区间分段计价是指按乘客乘坐的车站区间数量实行多级票价,根据设定的基本起步价、起价区间、每个计价段所包含的区间数、每个计价段价格等进行票价的计算。

②按里程分段计价。按里程分段计价是指按乘客乘坐的运营里程长短实行多级票价,根据设定的基本起步价、起价里程、每个计价段所包含的里程数、每一计价段价格等进行票价的计算。单一票价制与计程票价制的比较如表 7-2 所示。

表 7-2 单一票价制与计程票价制的比较

基本票价制	优点	缺点
单一票价制	票制单一,易于管理和操作,服务人员相对较少	长、短途客流费用支出不合理,无法充分体现企业的经济效益

续表

基本票价制		优点	缺点
计程票价制	按区间分段计价	考虑了长、短途客流的需求，票价相对合理，可根据乘坐的区间数计算票价	不适用于站间距有较大差异的线网
	按里程分段计价	充分考虑了长、短途客流的不同需求，按乘坐里程与票价的关系制定合理的票价，适用于站间距有较大差异的线网	管理难度较大，对 AFC 系统提出了更高的要求

2. 辅助票价制

辅助票价制主要有计时票价制和计次票价制。

（1）计时票价制。计时票价制是按照乘客在轨道交通系统中停留的时间计费的票价制，可用来在不同的时间段实行不同的收费价格。其一般不单独使用，常与计程票价制结合起来使用，即计程计时票价制。

（2）计次票价制。计次票价制是按照乘客通过轨道交通系统验票口的次数计费的票价制，一般不单独使用，常与计时票价制结合起来用。

三、任务实施

工作任务：城市轨道交通票务系统概述。

制作 PPT，以小组为单位进行城市轨道交通票务系统概述的讨论。

四、任务评价

城市轨道交通票务系统概述任务评价表如表 7-3 所示。

表 7-3　城市轨道交通票务系统概述任务评价表

项目任务		城市轨道交通票务系统概述		
班级		姓名		评价时间
考核内容				
考核项目	考核标准		分值（分）	得分（分）
票务系统认知	阐述城市轨道交通票务系统组成及城市轨道交通 AFC 系统构架		15	
票务系统管理	以小组为单位进行城市轨道交通票务系统业务管理、票务系统与 AFC 系统的关系等讨论		20	
	结合实际阐述所在城市采用的票价制式及票价		15	
制作内容	制作能清晰展示的 PPT		15	
	要求类型分析图形准确，文字流畅		15	
	做到业务分析熟练、图文并茂		20	

指导教师意见：

说明：1. 建议采用四级评分制（如 90%～100%，80%～90%，60%～80%，60%以下）；
　　　2. 主要采用小组互评的方式进行评价，教师最后进行参考评分

任务二　城市轨道交通票务职责及工作流程

一、任务导入

通过学习城市轨道交通票务职责及工作流程，掌握车站各岗位票务职责，熟悉车站各岗位票务工作流程，掌握知晓运营结束车站票务工作流程，理解清空、清点设备钱箱相关规定，了解巡视车站 AFC 系统设备工作流程。

二、知识准备

（一）车站各岗位票务职责

城市轨道交通客运车站各岗位票务职责如表 7-4 所示。

表 7-4　城市轨道交通客运车站各岗位票务职责

序号	岗位	各岗位票务职责
1	站长	（1）总体负责车站的票务管理工作，确保车站的票务运作顺畅。 （2）负责车站的车票、现金、票务备品安全。 （3）处理票务紧急情况。 （4）检查、监督、指导、落实车站员工的票务工作；必要时，处理乘客的票务纠纷。 （5）保管部分备用票务钥匙。 （6）定期召开车站票务工作例会，查找问题，制定预防补救措施，向客运部、票务部提出票务工作的建议
2	值班站长	（1）负责车站票务运作管理，检查、督促、指导、协助客运值班员开展相关票务工作，确保本班的票务运作顺畅。 （2）处理票务紧急情况，并及时上报相关部门或单位。 （3）必要时，处理乘客的票务纠纷。 （4）保管部分票务钥匙。 （5）负责票务管理相关通知、规定的传达、监督执行和检查。 （6）向站长汇报票务工作，反映票务工作的真实情况，提出票务工作建议。 （7）执行紧急情况下的票务运作模式
3	客运值班员	（1）负责在运营开始前开启车站 AFC 系统设备，并监控 SC 系统的运作。 （2）负责安排 TVM、AVM、（BOM）钱箱、票箱的更换、补币、补票工作。 （3）保管车站的车票、现金、票务备品、部分票务钥匙，并负责其安全和完整性。 （4）完成本班的票务报表、账册，并复核上一班的报表。 （5）负责车票、报表的接收、上交等工作。 （6）负责钱箱、票箱清点的工作。 （7）负责车站票款的解行。 （8）负责每月报表的装订和存档。 （9）安排并监督售检票人员的票务工作。 （10）处理与乘客相关的票务事宜。 （11）处理简单的 AFC 系统设备故障。 （12）协助值班站长处理票务紧急情况。 （13）执行紧急情况下的票务运作模式
4	行车值班员	（1）负责 AFC 系统设备运作状态的监控。 （2）负责 AFC 系统设备故障的报修。 （3）负责部分票务钥匙的保管。 （4）执行紧急情况下的票务运作模式

续表

序号	岗位	各岗位票务职责
5	票亭岗站务员	(1) 负责当班票款收益安全及乘客事务处理。 (2) 负责当班报表、单据、现金、车票、票务钥匙及票务备品的管理,确保客服中心门随时处于锁闭状态。 (3) 完成相关票务工作。 (4) 执行紧急情况下的票务运作模式
6	厅巡岗站务员	(1) 负责车站 AFC 系统设备运作状态的巡视。 (2) 引导乘客正确操作票务设备。 (3) 负责简单 AFC 系统设备故障的处理。 (4) 及时回收闸机退票口乘客遗留车票。 (5) 负责车站乘客用票和公务卡使用情况的检查。 (6) 协助完成相关票务工作。 (7) 执行紧急情况下的票务运作模式

(二) 车站各岗位票务工作流程

1. 值班站长日常票务工作

(1) 负责保管钱箱钥匙。

(2) 钱箱清点和解行票款的监督及确认。

(3) 组织车站人员及时做好补币、补票工作。

(4) 监督指导日常票务运作。

2. 客运值班员工作流程

(1) 开站准备工作。

①开站前 30 分钟完成 AFC 系统设备的补币、补票工作(双人操作),并在 SC 系统上录入相关数据并保存。

②开站前 15 分钟给早班售票员配发好开窗所需车票、找零备用金等。

(2) 客运值班员与售票员的交接规定。

①售票员与客运值班员当面清点所领车票以及找零备用金。同时客运值班员需在 SC 系统上录入相关配发票、款信息,并打印单据与售票员签字确认,交由售票员保管。

②早班售票员领取客服中心的钥匙、BOM 收银箱钥匙、交接班小钱箱钥匙,并进行登记。

③运营过程中,客运值班员追加给售票员的找零备用金(或车票)应双人在 AFC 系统票务室监控范围内清点确认并及时登记,并由客运值班员在 SC 系统上录入所追加的相关数据,打印单据,售票员清点现金、车票无误后签章确认。

④运营过程中,售票员如需离开客服中心(上洗手间、吃饭等),须通知客运值班员,退出 BOM 操作界面并锁好自己的钱箱;客运值班员根据情况决定是否安排顶班。如需安排人员顶班,客运值班员需配票、款给顶班人员,顶班人员使用自己的钱箱,并用本人的工号和密码登录 BOM 操作界面,严禁私自兑换零钞、信用交接或使用他人的工号进行售票,顶班人员结束顶班后须退出 BOM 操作界面,带齐自己的物品回 AFC 系统票务室。顶班人员须在下班前与客运值班员结账。

⑤运营过程中,由车站值班站长及以上层级根据客流、设备、车站实际运作情况决

定是否售卖预赋值单程票。

⑥客运值班员每次完成对票务系统的操作后，必须人工退出票务系统。

（3）售票员结账程序。

①售票员下班时需退出 BOM 系统，并用电话或对讲设备通知客运值班员及以上人员 BOM 已退出登录，客运值班员及以上人员再次对售票员进行提醒（所操作的 BOM 桌面、钱箱抽屉、键盘下及客服中心等容易遗留现金的地方进行全面检查）。

②售票员售票结束后立即携带本班所有现金、车票及各类报表回 AFC 系统票务室。售票员必须在摄像监控范围内打开交接班小钱箱，将交接班小钱箱内所有车票、现金、报表放在监控范围内。客运值班员应与售票员共同确认交接班小钱箱内无遗留现金、车票、报表。

③售票员与客运值班员双人共同清点所有现金，将确认后的备用金、票款金额填写在"售票员结算单"上。

④售票员与客运值班员双人共同清点所有车票，将车票清点数量填写在"售票员结算单"上。

⑤售票员与客运值班员双人共同确认当班纸质报表填写正确、完整后客运值班员将纸质报表数据录入 SC 系统（售票员 BOM 退出 15 分钟后方可在 SC 系统结算）。双人共同确认 SC 系统"售票员下班上交票款清单"正确并签字确认，生成"售票员结算单"。一般对于 20 元以下的长短款车站应自行查找原因，并将原因在报表上备注；20 元及以上的长短款，车站需及时查找原因在报表上备注事件详情，同时将长短款情况报相关票务管理工程师。清点过程中发现车票数量有差异也需将情况报相关票务管理工程师。对无法查明原因且数据异常的长短款和车票差异按规定上报。

⑥售票员待本班车站票务管理系统结算完毕后，方可下班离开。

⑦售票员结算后出现长短款时，长款随当日票款解行，短款由票务部核对完毕后，下发 SC 系统"短款补款通知单"，客运值班员通知售票员补交短款。

⑧晚班售票员下班后须交还客服中心钥匙、BOM 收银箱钥匙、交接班小钱箱钥匙，并在"票务钥匙使用记录表"上进行登记。

（4）客运值班员之间交接的工作流程。

①交班客运值班员根据库存实际车票数量、备用金金额、本班收入、上日实际解行金额、票务备品备件等如实填写"车站票务交接班记录表"。若发现交接票、款有长短现象（账实不符）应及时报当班值班站长，核查情况属实后在相应报表备注栏记录，并即时报站长；如为备用金短款，须由交班客运值班员当场补齐。

②客运值班员交班，发现交接现金与 SC 系统数据不一致时，需立即通知当班值班站长到现场，共同对车站所有的票款、备用金进行清点确认并查看本班所有系统录入及配票补币等情况。若实点金额比报表金额小，则由交班人员即时补缴相应差额；若实点金额比报表金额大，则多出金额计入当日营收日报中"异常票款"的其他栏。多出金额录入 SC 系统"异常票款"。以上情况车站均需在系统"异常票款"及相关台账备注账实差额及差额处理情况。

③对于车站出现交接长短款且送行金额发生错款的情况，若车站当日已在相关报表上注明，则可申请特殊退款；若当日未按规定在报表备注差额，原则上不办理特殊退款。符合办理特殊退款条件的，退款金额根据车站所补款项情况及银行实际清点金额情

况进行比较后确定。

④接班客运值班员应依据"车站票务交接班记录本"上的记录,当面点清库存现金、车票、票务钥匙及工器具等无误后,签章确认。

⑤交班客运值班员要将需要申请上交或配发的车票对接班客运值班员说明,在"车站票务交接班记录本"上做好记录并签收。

⑥交接班时若发现站存车票、现金有误,接班人应立即报当班值班站长进行核查,将核查后的情况及时报站长及票务部门。

⑦车站当日有上交车票,客运值班员做好交班,并在"车站票务交接班记录本"上做好记录。

⑧对于车站当日票务方面的通知及其他需要交班传达的情况,当班客运值班员应记录在"车站票务交接班记录本"上,交接传达到位。

3. 票亭岗站务员(售票员)售票流程

(1) 票亭岗站务员(售票员)售票的相关规定。

①售票地点:各车站的客服中心或临时售票亭。

②时间:一般是开站前10分钟到岗至末班车开出前5分钟停止售票工作。

③服务业务:兑零、咨询、增值、退票、验票、乘客事务处理等。

④注意事项。

a. 运营时间内,车站必须确保至少1个客服中心有售票员当值,当值售票员未经许可不得擅自离开工作岗位,离开工作岗位需摆放"暂停服务"牌。

b. 售票员严禁携带私人票、款(员工票除外)进入客服中心。

c. 客服中心应随时保持锁闭状态。

(2) 开窗售票。

①开启客服中心票务设备,登录BOM操作界面。

②开始办理业务,城市轨道交通客运车站售票工作分为收、唱、操作、找零等四个步骤,开窗售票找零四部如表7-5所示。

表7-5 开窗售票找零四部曲

步骤	程序	工作内容
1	收	收取乘客购票的票款
2	唱	讲出票款金额,重复乘客要求的购票张数和车票类型,如未听清乘客的要求应主动礼貌地询问
3	操作	正确、迅速地操作:检验钞票的真伪,如钞票为伪钞,则要求乘客重新更换钞票;在BOM上选择相应的功能键进行操作
4	找零	清楚说出找赎金额和车票张数,将车票和找赎零钱一起礼貌地交给乘客

a. 售票时必须遵守"一收、二唱、三操作、四找零"的工作标准。

b. 车票在交给乘客之前,必须使用BOM进行分析,确保每一张车票的有效性,并请乘客确认。

c. 在售票时,不接受外币和支票。

d. 若车票、备用金不足,售票员须提前通知客运值班员增配。

e. 售票员应认真鉴别收取的人民币，发现假币时应要求乘客更换，如误收假币，由售票员补齐。

f. 乘客事务处理涉及的异常车票须用信封单独加封，与BOM打印单据和"乘客事务处理单"一并上交票务部门，信封由当班售票员与客运值班员及以上共同加封并注明加封信息（票种、ID号、日期、站名、加封人）。如上交收益组的车票与实际数量不符，由加封人负责。

g. 售票员当班期间所有涉及设备取出直接退还乘客的卡币退款、学生卡撤销新办/补办、非即时退款乘客事务等无BOM小单的业务均需填写"乘客事务处理单"，且原则上所有需确认的乘客事务均需值班员及以上层级现场签名确认，情况属实后办理。若因特殊情况无法及时到现场签名确认，须通过对讲机同意票亭岗办理，事后进行补签。

h. 特殊情况下的乘客事务办理，售票员无法处理时应及时通知客运值班员及以上层级到现场处理。客运值班员及以上层级接到通知后应及时赶到现场处理，避免造成乘客投诉。

（3）售票结束。

①退出BOM操作界面，收齐本班所有的票、款及各类报表，客运值班员到客服中心确认，并陪同售票员回AFC系统票务室（因其他情况客运值班员无法到场时，售票员通过电话或对讲通知客运值班员，客运值班员提醒）。

②晚班售票员在运营结束后负责在BOM相关界面录入本车站当日各类免费人群数量。

③晚班售票员下班后须与早班售票员交接客服中心内的票务工器具。

④晚班售票员下班后须将客服中心钥匙、BOM收银箱钥匙、交接班小钱箱钥匙交回客运值班员。

（4）BOM出售单程票的规定。

正常情况下，BOM不出售单程票；必要时，由站长（站长不在可授权当班值班站长）及以上层级可决定在BOM上出售单程票。

（5）出售预赋值单程票的规定。

车站全部（部分）TVM故障致使车站TVM无法出售单程票或车站出现大客流，必须经值班站长及以上层级人员批准在临时售票亭或客服中心出售，相关领用、发售情况记入"售票员结算单"，预赋值单程票出售时应适当配备一定数量的零钱；车站一般不得出现排队15人以上，持续10分钟不安排售卖预赋值单程票现象。车站严禁混淆不同票价、不同有效期的预赋值单程票。对于不同有效期的预赋值单程票，应先使用即将到期的预赋值单程票。

（三）运营结束车站票务工作流程

（1）一般在本站末班车出发前5分钟，TVM停止服务，进站闸机关闭，客服中心提供除售票以外乘客服务。

（2）在运营结束后，车站必须更换回收所有AFC系统终端设备内的钱、票箱；运营结束后TVM不进行关机断电操作，保持暂停状态。车站更换回收钱、票箱如图7-3所示。

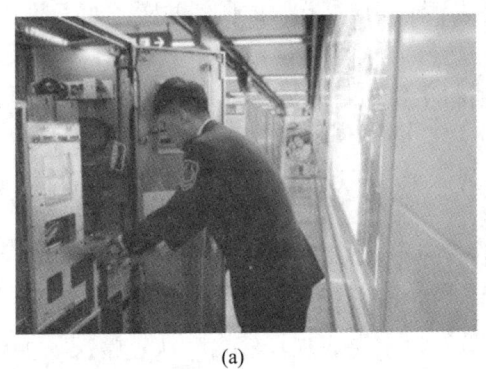 

(a) (b)

图 7-3 车站更换回收钱、票箱

(3) TVM、闸机单程票的清理。

①回收 TVM 车票，现场在"TVM 补票/回收记录表"记录无效票数和车票结余数。回收闸机票箱，站务人员现场在"车站闸机回收车票记录表"记录每个票箱的"机器读数""票箱号码"。

②TVM 票箱更换数据无法归零时，将设备重启，若数据仍未归零，通知 AFC 系统生产调度，AFC 系统维修人员现场处理。

③废票回收箱。

a. 每日运营结束后，在系统结算时间前客运值班员或票务工作人员必须将所有废票取出录入系统。

b. 客运部、票务部要做好日常废票的监控和管理。

(4) 回收 TVM、AGM、人工回收箱内单程票相关规定。

①站务员负责回收出站闸机内车票填写"车站闸机回收记录表"，客运值班员及以上与一位当班车站站务员工（包括车站站务员、值班员、值班站长和站长）共同负责回收 TVM 内所有票箱、人工回收箱内的车票。

②在回收 TVM 内废票或运营结束清空票箱时，先登记 TVM 设备号和票箱内结存车票的原始数（运营统计机读数），清点后再填写 TVM 废票和结存单程票的实际数量。

③人工回收箱的车票每日运营结束后需由客运值班员进行回收双人清点，客运值班员将回收车票录入 SC 系统"异常票款"车票（有效），涉及现金填写在"异常票款登记表"［TVM 外部拾到现金（备注现金来源），同时录入 SC 系统"异常票款"，此票只用于 TVM 循环使用］。

④车站清点完所有回收回来的单程票后，加入 TVM 票箱并加锁或双人加封分区保管，城市轨道交通客运车站回收现金和单程票清点如图 7-4 所示。

⑤废票：车站晚班客运值班员在运营结束后清点 TVM 废票箱的废票数量，并双人加封后归入 AFC 系统票务室车票上交区保管。

(5) 清点、封装无效票相关规定。

客运值班员和另一站务人员负责清点本班除乘客事务处理以外的无效票，双人用信封封装并盖章（客运值班员及站务员以上），归入 AFC 系统票务室上交区保管。车票加封前双人清点，确认无误后共同签名加封。车票加封（包含票据）可用票盒、信封、砂纸加封，加封效果必须保证一经破封无法复原。

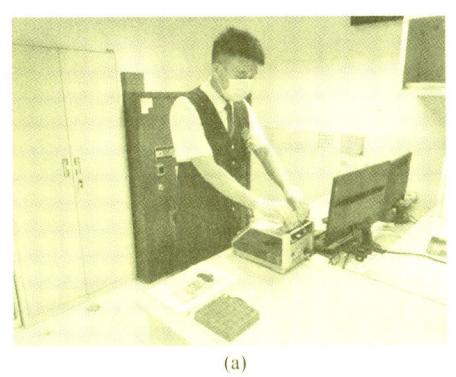

图 7-4　城市轨道交通客运车站回收现金和单程票清点

（四）清空、清点设备钱箱相关规定

（1）清点钱箱时，双人在监控区域按规定清点（其中一人为客运值班员，另一人为站务员及以上），原则上参与清点的人数不得超过两人（含客运值班员），且清点人须全程参与，中途不得随意更换清点人。

（2）每个硬币钱箱清点完毕后，必须双人确认，若实点数与机读数不符，须进行再次清点，以此类推，以两次清点金额一致为实点金额。

（3）清点硬币钱箱发生洒币时，须再次清点。凡出现洒币，清点人必须寻找，如确实找不到，必须通知值班站长到现场与客运值班员共同清点该袋洒币硬币差额，票务系统按实点数录入，并在报表内备注此异常情况。

（4）系统数据录入须由客运值班员根据纸质 TVM（AVM）钱箱更换清点记录内容进行录入，另一清点人负责复核并签章确认。

（5）双人在监控区域按规定清点（其中一人为客运值班员），并以实际清点金额填写"TVM（AVM）钱箱更换清点记录表"后签章确认。次日 4:00 后系统将自动生成"设备票款差异日报"，客运值班员须将报表打印并签章确认，须对报表中产生的差异查找原因，并做好相关备注，与手工报表一同上交收益组。车站值班站长与客运值班员共同将报表打印并签章确认如图 7-5 所示。

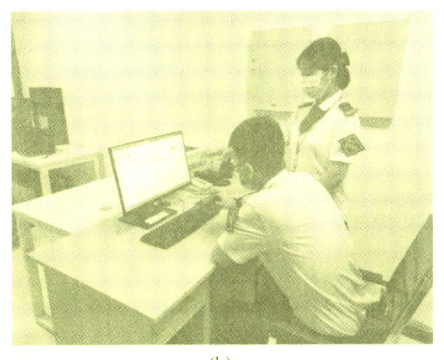

图 7-5　车站值班站长与客运值班员共同将报表打印并签章确认

（五）巡视车站 AFC 系统设备工作流程

每日运营开始前、运营中和运营结束后，由值班站长自查并安排站务人员进行巡站检查车站 AFC 系统设备情况，发现设备异常情况时车站及时报修，并做好记录。巡站内容为：

(1) 检查站厅层各 AFC 系统设备的机壳是否完好无损。

(2) 检查站厅层各 AFC 系统设备的钥匙孔有无杂物堵塞。

(3) 检查站厅层各 AFC 系统设备的显示灯是否正常，有无不显或忽明忽暗。

(4) 检查站厅层各 AFC 系统设备的乘客显示屏显示是否正常。

(5) 检查站厅层各 AFC 系统设备的出入票口有无杂物堵塞。

(6) 检查 TVM 的投币口、出币口是否有杂物堵塞。

(7) 检查闸机的闸门是否正常。

三、任务实施

工作任务：城市轨道交通票务职责及工作流程。

制作 PPT，以小组为单位进行城市轨道交通票务职责及工作流程的讨论，并结合实际学习如何贯彻执行城市轨道交通票务工作流程。

四、任务评价

城市轨道交通票务职责及工作流程任务评价表如表 7-6 所示。

表 7-6　城市轨道交通票务职责及工作流程任务评价表

项目任务		城市轨道交通票务职责及工作流程		
班级		姓名	评价时间	
考核内容				
考核项目	考核标准		分值（分）	得分（分）
票务工作职责	阐述车站各岗位票务职责、车站各岗位票务工作流程		15	
票务工作流程	以小组为单位进行城市轨道交通票务职责的讨论，结合运营结束车站票务工作阐述车站各岗位票务工作职责		15	
	结合实际学习如何贯彻执行城市轨道交通票务工作流程，阐述清空、清点设备钱箱相关规定、巡视车站 AFC 系统设备工作流程		20	
制作内容	制作能清晰展示的 PPT		15	
	要求类型分析图形准确，文字流畅		15	
	做到业务分析熟练、图文并茂		20	
指导教师意见：				

说明：1. 建议采用四级评分制（如 90%～100%，80%～90%，60%～80%，60%以下）；
　　　2. 主要采用小组互评的方式进行评价，教师最后进行参考评分

任务三　城市轨道交通车票及现金管理

一、任务导入

通过学习城市轨道交通车票及现金管理，理解车票、现金管理有关内容，掌握车站车票、现金管理规定。

二、知识准备

（一）车票管理

1. 车票管理的相关概念

（1）车票标准名称。车票标准名称是指被票务部门规范化的、运营单位统一采用的车票名称。

（2）车票要素。车票要素是指车票名称、票面设计、发行方式、发行数量、车票售价、销售时间、销售有效期等要素。

（3）车票注销。车票注销是指对生命周期即将到限的车票，通过编码分拣机在 AFC 系统中进行操作来结束其生命周期。注销后的车票不能在 AFC 系统中再次使用。

（4）车票销毁。车票销毁是指在使用过程中产生的不可再循环使用的车票需集中进行物理销毁。

2. 车票的状态

根据不同的分类方式，车票可以分为不同的状态，主要分类方式如下：

（1）按车票出入站的状态分，车票可分为"未进站"和"已进站"。

① "未进站"是指车票初始化后，经车站 TVM、BOM 发售后，还未经过进站闸机刷卡使用时的状态，只有出售信息，还未写入进站信息。该状态的车票在符合条件时，可以退票。

② "已进站"是指车票在进站闸机刷卡后的状态，已被写入了进站码等进站信息。该状态的车票不发能进行退票。

（2）按发售和回收情况分，车票可分为"未售""已售""回收"。

① "未售"是指车票经过初始化后配发到车站，还未被发售前所处的状态。

② "已售"是指车票在车站经 TVM、BOM 发售后所处的状态，其中预制单程票经过票初始化后配发到车站就已处于该状态。

③ "回收"是指单程票由出站闸机回收后所处的状态，或者售出后被退票后所处的状态。储值票经过退票处理后也处于该状态，处于该状态的单程票可以进行循环使用。

3. 车票运作流程

城市轨道交通专用车票采购回来后，须经初始化后才能正常使用，一般情况下车票运作流程如图 7-6 所示。

4. 车票使用规则

（1）单程类车票。

购买：在 TVM、客服中心或临时售票亭售卖。

回收：出站时由出站闸机回收（纪念单程票除外）。

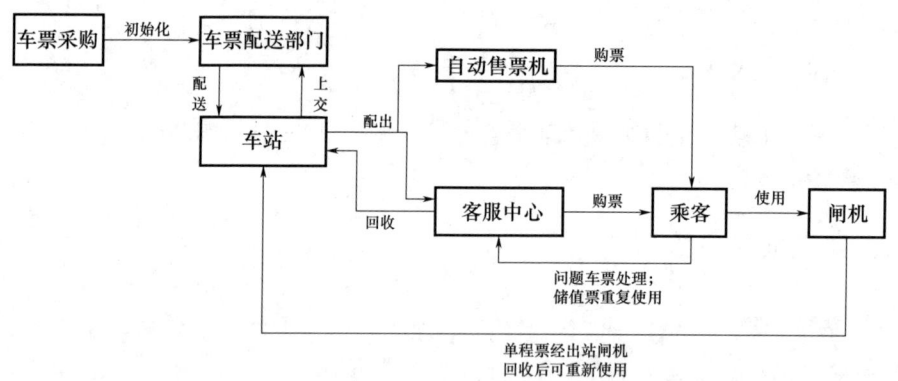

图 7-6 一般情况下车票运作流程

a. 普通单程票。

适用于所有乘客。正常情况下，单程票仅限于在发售车站当日使用，限单人、单次、限时使用，进出闸机进行进出站次序检查，出站进行费率和超时检查，乘客持票超程或超时出站，需按规定补票出站。

b. 出站票。

出站票是为乘客不能正常出站时发行的车票，根据不能出站的原因，发售出站票可分为付费出站票和免费出站票。出站票在发出后仅限发售车站当站使用，出站不进行进出站次序检查和费率检查，但进行超时检查，出站回收。

c. 纪念单程票。

车票规定的有效期，使用该车票在规定城市轨道交通客运车站进站乘车，车票进行进出站次序检查，不进行费率检查，出站不回收，仅供单人单次使用。

d. 预赋值单程票。

为应对法定节假日或各种活动产生的可预见大客流而由票务部门提前预制的单程票，车站可根据现场客流情况决定是否使用预赋值单程票。预赋值单程票应遵循单独制作、单独存放、单独配送，未使用车票单独回收、单独注销的原则。

（2）储值票。

购买：在客服中心售卖。

城市轨道交通储值票可分为记名储值票和不记名储值票。记名储值票可以在城市轨道交通 AFC 系统中进行挂失和解挂，可以退卡，挂失票卡的卡号进入黑名单，记名储值的黑名单由 ACC 进行维护。有工本费和余额的储值票可以按规定退卡。

不记名储值票可以在车站办理储值票退卡业务，票面完好、数据可读的卡，可退工本费和卡内余额，并同时收回本卡。

车票有规定的有效期，使用该票可在任何城市轨道交通客运车站进站乘车，由出闸机按规定票价扣除车费。正常模式下，城市轨道交通储值票进出闸机时进行进出站次序检查和超时检查,出闸时车票不回收,可供乘客多次使用。

(3) 计次票。

购买:在客服中心售卖。计次票发售后不可退票,不可挂失。预赋值计次票须经 BOM 进行激活操作后方可使用。

使用:车票有规定的有效期,使用该票可在任何城市轨道交通客运车站进站乘车,由出站闸机扣取次数。闸机上使用时进行进出站次序检查,出闸时车票不回收,计次票在有效期内可多次使用,有效期结束,卡内剩余次数作废。

(4) 期限票。

购买:在客服中心售卖。

使用:车票规定的有效期内,不限次使用。持票乘客可在全线网任何城市轨道交通客运车站进出,进出闸机时检查进出站次序,出站时不检查费率,出闸时车票不回收,不可挂失和充值。

(5) 公务卡。

公务卡是城市轨道交通运营企业向职工或业务相关单位员工发行的在城市轨道交通使用的车票。

公务卡可设置多种使用权限,形成不同的卡种,包括员工卡、工作卡、外服卡等。

5. 车站车票管理

(1) 车票保管。车票是 AFC 系统收益的载体,也是联系乘客与 AFC 系统的载体,因此车票需要妥善保管。为避免混淆不同性质的单程票,车票实行分区管理,分为预赋值票区、上交区、循环区。

①普通单程票保管。普通单程票须存放在安全的地方进行保管。车票通常只能存放在票务室、TVM 和出站闸机设备内。

循环区车票的来源有:车票主管部门配发或调配的普通单程票、车站闸机回收的普通单程票、运营结束后 TVM 票箱结存的普通单程票、运营结束后单程票人工回收箱分拣出的可用单程票。

上交区车票的来源有:TVM、票务处理机、单程票清分机等设备产生的废票,运营结束后单程票人工回收箱分拣出的废票、已售单程票、无效单程票、过期预制单程票。

当保管的车票数量发生变化时,须在相关台账上进行登记或在台账系统录入数据。为确保车票安全,车票的保管区应设立在车站票务室且专用,平时须上锁,钥匙由客运值班员负责,每班要进行交接。

②预制单程票保管。预制单程票一般情况下不能使用,只做应急备用。为应对节假日、各种活动可能产生的大客流,票务部门将根据客运计划做好预制工作,提前配发一定数量的预制单程票。票务部门车票组配票到车站后,票务部门工作人员与车站客运值班员须当场双人清点。与普通单程票不同,预制单程票已赋值,处在"已售状态",应等同现金管理,为确保预制单程票的安全,车站应将预制单程票放在保险柜内,存放时应注意以下几点:

a. 不同有效期的预制单程票不能混放。

b. 已经过期的预制单程票放在票柜的上交区保管。

c. 不同价格的预制单程票不能混放。

③储值票保管。储值票由于本身的成本较高,其保管和预制单程票一样,需要放入保险柜内存放,由客运值班员负责,每班要进行交接。

(2) 车票交接。为保证车票在各岗位之间交接过程中的安全,车站在进行车票交接时,需建立车票的交接凭证和统计台账,交接人员依据交接凭证办理交接手续并做好书面交接记录,详细记录交接车票的种类、数量、状态、信息等;交接时若发现车票数量或信息有误,交接双方须及时核查更正;对于不能及时查明原因的,应按实际数量进行签收,车站在交接记录本上记录相关情况,并立即将情况报告上级组织调查。车票交接包括车站与票务中心(票务部门)之间交接、车站内部各岗位之间交接及站间调票。

①车站与票务中心之间交接。车站与票务中心之间交接是票务中心工作人员与车站客运值班员之间的交接,分为配票交接和车票上交交接。

a. 配票交接。票务中心根据各车站的库存情况为各站配票,由票务中心配送员负责送到各站,并与各站客运值班员办理交接。客运值班员从 SC 系统接收由 ACC 下发到本站的"车票配收单"后,应在 SC 系统输入实际车票数量,当面点清后签字确认,打印"车票接收单"后双方签字确认。

b. 车票上交交接。车站客运值班员准备好要上交票务中心的车票,并填写"车票上交单",与票务中心工作人员依据"车票上交单"清点车票数量,进行交接,确认无误后签收。

②车站内部各岗位之间交接。车站内部各岗位之间交接包括客运值班员之间的交接和客运值班员与站务员之间的交接。

a. 客运值班员之间的交接。

·接班客运值班员应依据值班员交接班本上的记录与交班客运值班员当面清点票务室内所有的车票、当日的"车票上交单"、"车票配给单",确认无误后进行签收。

·接班客运值班员应检查每一包车票封装盒的封口是否完好,若有破封的情况立即报站长或值班站长,该包车票严禁使用,等站长或值班站长核查清楚后方可使用。车站需要用票时可开封另一包封口完好的车票。

b. 客运值班员与站务员之间的交接。

·开窗前的车票交接。客运值班员与票务员当面清点和交接车票,确认车票信息后,填写"票务员结算单"中的开窗张数。

·结账时的结余车票交接。客运值班员与票务员当面清点和交接车票,确认车票信息后,填写"票务员结算单"中的关窗张数。

·结账时无效车票及与乘客事务处理有关的车票交接。经票务员回收的其他种类的车票由本人将车票分类扎好,根据加封的车票数量封入票务专用信封或钱袋,注明车票类型、票种、数量、加封车站、加封人和加封日期,由客运值班员根据信封封面的张数与无效/过期票处理记录表中填写的张数进行核对,确认无误后随报表上交票务室。

③站间调票。站间调票是指由车票主管部门组织将车票从流入车站调出,不经票务中心回收,直接调入流出车站的行为。日常运营中,单程票在各个车站循环使用和流动,由于各车站客流分布不均,一般会出现以下情况:

a. 流入车站。车站出站客流大于入站客流,每日回收的单程票多于发售的单程票。

b. 流出车站。车站出站客流小于入站客流,每日回收的单程票少于发售的单程票。

c. 平衡车站。车站出入站客流基本相等。

站间调票是指当某个车站出现大客流等特殊情况，站存车票不能满足乘客购票需求时，临时从其他车站调入一定数量的车票。调出站的客运值班员与调入站的客运值班员在调出站票务室共同清点所调配的各类车票，并填写"车票借出记录表"作为借票记录，双方清点无误后，在"车票借出记录表"调出、调入栏分别签名确认，并在各自的车票售票、存票日报和客运值班员交接班本上做好记录。

④车票交接过程中发生交接数量、票内信息不符时的处理。

a. 配票交接时。车站以实际数量接收，票务中心进行核查。

b. 客运值班员之间交接时。以接班客运值班员实际清点和查验信息相符的车票数量为准进行交接，并将信息及时报值班站长。值班站长须到车站票务管理室确认，按实际数量进行签收。接班客运值班员在"客运值班员交接班本"和"车站车票库存日报表"记录相关情况，交班客运值班员、接班客运值班员和值班站长三方签字确认，并将情况上报客运部。

c. 客运值班员与站务员交接时。以站务员实际接收车票数量为准，客运值班员进行认真核账。若查无原因，按照客运值班员之间交接时处理。

（3）车票加封。车票加封应符合以下规定：

①车票可以根据其种类、性质等需要，使用特制票盒、钱袋或票务专用信封等进行加封，也可以使用封条直接对车票加封。

②对车票实施加封时，应两个人一起加封（其中一人须为客运值班员）。加封后，封条上必须注明加封内容（包括车票种类、数量等）、加封车站、加封人和加封日期。

③使用钱袋加封时，应将钱袋口用封条缠绕扎紧加封；使用票务专用信封加封时，应采用工字加封法，放入车票后将信封口封住，再用封条将信封背面的接缝处封住，最后在信封背面封条骑缝处及封面上盖章；使用封条直接对车票加封时，采用十字加封法，将车票整理整齐后用封条进行直接加封。工字信封加封如图7-7所示，十字加封如图7-8所示。

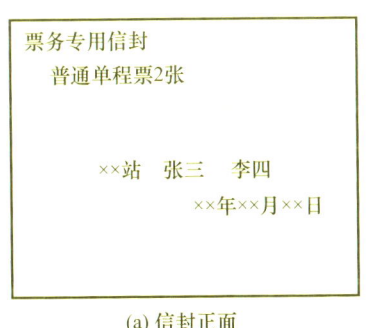

(a) 信封正面

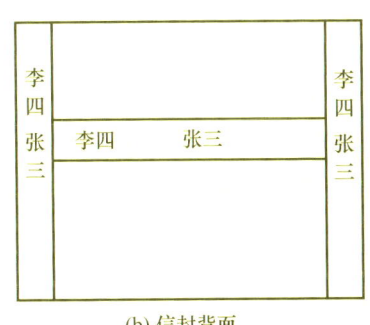

(b) 信封背面

图 7-7 工字信封加封

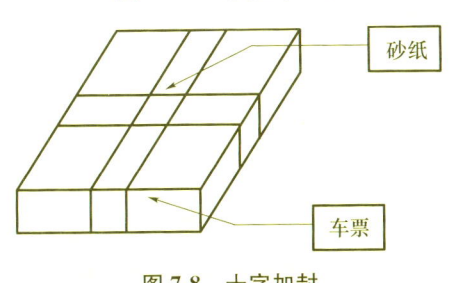

图 7-8 十字加封

车票加封规定如表 7-7 所示。

表 7-7 车票加封规定

序号	加封形式	加封方法	需注明信息
1	票盒	用封条在票盒中间部位进行十字形缠绕	加封内容、加封车站、加封人、加封日期
2	钱袋	将钱袋口用绳子缠绕扎紧后用封条缠绕	
3	信封	将票务信封口封住，再用封条将信封背面的接缝处封住	
4	封条	将车票用封条十字形缠绕后加封（不需要装入信封）	

(4) 车票的开封和盘点。

①车票的开封。票务中心配送至车站的车票开封遵循"不使用、不开封"的原则。

a. 车站所有车票的开封、清点须由当班客运值班员及以上级别人员与车站人员双人共同在车站票务室监控范围内完成。

b. 对开封后非即时配出的车票，客运值班员及以上级别人员须在交接班时双人清点确认，并登记记录在册。

c. 开封后发现车票数量或信息有误，开封人员及时报当班值班站长及以上级别人员到车站票务室确认，并将车票封条封存，待值班站长及以上级别人员核查清楚。确为加封有误，由加封人负责。同时，车站在台账和车站售、存车票日报中做好记录并逐级上报。

②车票的盘点。车站车票的盘点由客运值班员和值班站长两人共同完成。

a. 每月按照规定日期，在当日运营结束后进行车票盘点，对站存各票种车票，分票种、票价进行全面盘点。

b. 车站当班人员需将 TVM、BOM、AGM 票箱及废票箱车票、车票回收箱车票放回车站票务室。

c. 盘点时，除票务中心加封、车票配送员与车站人员共同加封、站长与值班站长共同加封的车票不需拆封、按加封数量盘点外，其他车票需清点实际数量。

d. 盘点结束后，盘点人员在车站车票库存日报表中记录盘点情况。

e. 若发现车票的实际盘存数量与当日的车站车票库存日报表的本日结存数不符，车站对账实不一致情况应立即上报。

(5) 废票的管理。

废票是指设备废票箱（包括掉入设备内）、车票回收箱的单程票，发售充值无效的储值类车票及其他非正常情况回收的车票。常见的废票类型有以下几种：

①与乘客事务处理相关的废票，包括 TVM、BOM 出售的无效票，发售充值无效的储值类车票、已授权的乘客退票及超过有效期的车票等。

②AFC 系统设备产生的废票，包括 TVM 废票、AGM 废票、BOM 废票、编码分拣机废票。

③其他废票，包括车票回收箱内回收的车票。

与乘客票务有关的废票（不包括已授权的乘客退票）、BOM 废票，车站应及时加封，并填写相应台账，由车站每日连同票务报表一起上交票务中心，其他废票由票务中心回收。当车站票务室其他废票量超过该站废票最高保有量时，票务中心制订回收计划,及时到车站回收。车站应在回收前对被回收的车票进行清点、加封。

(6) 车票的借用。车站借票仅限 AFC 系统设备故障临时测试使用,车站 AFC 设备发生临时故障需借票测试时只能借用闸机回收票。车票借用的流程如下:

①测试借票需填写"车票借出记录表"作为借票记录。

②借票人员应在当日将车票交还车站。已被出站闸机回收的车票除外,但需在"车票借出记录表"上注明原因。

③归还有值车票时,借票人员需与客运值班员一同将车票用信封加封,连同"车票借出记录表"随当日报表上交票务中心。

④测试完毕,如 AFC 系统专业人员需带走车票,需要在"车票借出记录表"上注明。车站在车票归还次日将车票随报表上交票务中心。

(二) 现金管理

城市轨道交通客运车站现金来源主要是票款和备用金。

票款是指车站通过 TVM、BOM 或临时票亭向乘客发售及办理车票充值、更新等售、补票业务过程中所产生的现金收益。

备用金是指上级部门配发给车站,专用于给乘客兑零、找零、TVM 补币、与银行兑零等用途的周转资金,以及乘客受伤等事项发生时的应急基金启用款项。

1. 现金流程管理

备用金配发到车站后,主要供车站流通和乘客伤害事件应急使用。TVM 和客服中心的票款经车站清点后需及时存入企业在银行的专用账户。车站现金流程如图 7-9 所示。

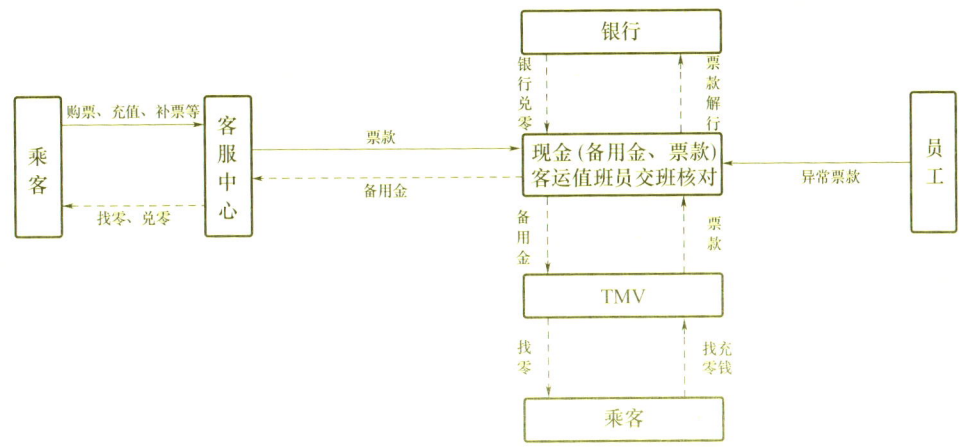

图 7-9 车站现金流程

2. 现金安全管理

车站备用金及票款作为城市轨道交通运营企业现金收益的重要部分,其安全管理直接影响企业收益安全。

(1) 车站现金管理规定。

①车站现金严格执行财务管理规定,严禁擅自挪用票款和备用金,严禁弄虚作假。

②票款和备用金要分区管理,避免备用金发生误解行的情况;发生备用金误解行现

象时须及时上报票务中心（票务部门）。

③现金交接、盘点时，若是人为原因发生短款，须由责任人及时补齐。

（2）现金安全区域的管理。

现金安全区域是指车站票务室的保险箱内、车站票务室与客服中心、票亭（含临时售票亭）、TVM 钱箱或找零钱箱中。现金安全区域必须保证现金安全并且可监控，在操作时做好安全保护，非操作时必须处于安全锁闭状态。

（3）现金安全区域的相关规定。

①现金安全区域内严禁存放私人钱、票。

②车站客服中心内所有的现金（硬币除外）均须放在 BOM 的收银钱箱及配票箱中。

③车站客服中心内的票款和备用金必须放在乘客接触不到的地方。

④任何非当班票务工作人员在未得到车站当班值班站长的许可，不得进入车站票务室、客服中心。在非运营时间，车站工作人员不得进入客服中心开启、操作 BOM。

⑤车站任何非当班人员在进入票务室时，必须有当班客运值班员或值班站长陪同。

⑥票款及备用金须由车站当班工作人员双人清点（须在监控摄像区域内进行清点），清点后放入车站票务室的保险柜内保管（银行标准封装及整袋封存的硬币可存放在票务室安全区域）。车站票务室应随时保持锁闭状态。

3. 备用金管理

（1）车站备用金的配备。

①城市轨道交通线路开通前，客运部门根据预测客流量申请各车站备用金配备要求，经财务处审核、运营分公司领导批准后，票务部门备案，由财务处统一配发至各车站。

②车站备用金配发、增配、回收等变动需以报表形式报票务部门备案。

③车站需调整日常备用金的，由客运部门提出申请，财务处审核，经分管领导批准后，由财务处配发或回收。

④若遇大型节假日或可预见性大客流时，可根据需要增配临时备用金。由各车站根据预计客流情况确定临时备用金需求量，按规定一般提前 15 个工作日提出申请，客运部门审核后报财务处审批，经分公司领导批准后，报票务部门备案。

⑤大客流过后，车站须将领用的临时备用金一般在 3 个工作日内单独解行，并将银行解行回执单交财务处。

（2）车站备用金的管理。

车站备用金要存放于安全区域并做好安全防范措施。

①当班客运值班员负责该站本班备用金的管理，备用金的配出与回收须及时登记备案。

②车站打包返纳及与银行兑零应严格按照相关规定执行。

③每日运营结束后，车站必须对备用金进行清点，确保账实相符。

用于 TVM 找零的备用金一般是硬币，用于乘客使用纸币购票时的自动找零。备用金在车站运营前加入或在运营过程中 TVM 找零硬币不足时补充。在每日运营结束后回收，用于找零的备用金不能当作 TVM 的票款收入。

用于客服中心兑零的备用金和TVM找零的备用金一样，在车站内循环使用，不会减少。

用于乘客异常事务退款的备用金将会减少。使用备用金对外支付，应按照规定执行，每次发生金额变化时，须填写相关报表，并由乘客、车站经手人、审核人员进行签认。经过一段时间的运作后，车站的备用金不断减少，这样就需要定期对车站减少的备用金进行核销和补充。异常乘客票务退款包括TVM发生故障，出现卡币、卡票、少找零、少给票的退款，以及充值时发生故障，收取了乘客的现金而未成功充值时的退款。

备用金的使用范围应严格控制，不得挪用，各站之间不得调拨和借用。

4. 车站现金的交接

(1) 车站现金交接的原则。

①车站进行现金交接时，需建立交接凭证和统计台账，交接人员依据交接凭证办理交接手续并做好书面交接记录。

②硬币：在监控范围内对已加封的硬币进行交接时，确认加封正确完好后可凭加封金额交接；对零散硬币按实点数交接。

③纸币：在监控范围内双方当面清点金额后签认交接。

④交接时若发现实点金额与交接凭证有误，交接双方需及时核查更正。对于不能及时查明原因的，应立即报站长或当班值班站长到票务室确认，按实点金额进行签收，短款由交班人补齐，长款随当日票款上交，同时在交接记录本上记录相关情况，并立即将情况报告上级组织调查。

⑤严禁交接未经清点或未加封的现金。

(2) 客运值班员与站务员间的现金交接。

①票款的交接：结算时，客运值班员与站务员在监控范围内当面点清站务员带回的所有现金后，以实点数填写在站务员结算单的实点总金额栏，双方签字确认，现金交由客运值班员保管。

②备用金的交接：客运值班员与站务员双方应当面清点确认，在站务员结算单上填写金额，双方签字确认。

③增配票务备用金：站务员在当班期间现金不足时，客运值班员应立即增配客流所需的现金，双方应当当面清点金额交接，填写站务员结算单并签字确认。

(3) 客运值班员间的现金交接。

①交班前，交班客运值班员需根据相关原始报表记录核算交接时的票款收入金额及备用金额，并记录在客运值班员交接班簿和车站营收日报上，作为交接凭证。

②交接时，接班客运值班员应根据客运值班员交接班簿上的记录在监控范围内与交班客运值班员当面清点车站票务室内所有现金，核对封包数量及金额等，确认无误后进行签收交接，当班值班站长全程监控。

③交接班时若发现数目有误，应请当班值班站长共同对所有票款、备用金进行再次清点确认。若实点金额比账面金额小，则由交班人员补缴相应差额，交接双方在客运值班员交接班簿和车站营收日报中记录；若实点金额比报表金额大，则将长款随当日票款解行，并在客运值班员交接班簿和车站营收日报中注明详情。

(4) 车站与银行间的现金交接。

车站与银行之间的票款交接主要是指车站将票款收益存入企业在银行的专用账户的过程,通常称为票款解行。

①车站票款解行的方式。各城市轨道交通运营企业实际情况不同,所采用的票款解行方式也不尽相同。城市轨道交通运营企业的票款解行方式主要有直接解行和打包返纳两种。

a. 直接解行。直接解行是指车站清点票款,并由车站人员将票款送到银行,银行工作人员与交款人员当面清点票款,并当即返还现金送款单的解款方式。这种方式适用于有驻站银行的车站。

b. 打包返纳。打包返纳是指由银行或者专门的押运公司到车站收取票款,运送到银行,银行工作人员按规定清点票款后于次日返还现金送款单,最终确认送行金额的解款方式。这种方式适用于距离银行较远的车站。两种解行方式的对比如表 7-8 所示。

表 7-8 两种解行方式的对比

序号	解行方式	直接解行	打包返纳
1	优点	及时、准确地监控城市轨道交通客运车站收益环节,及时发现解行票款正确与否	具有专门的押运公司,提高了运送途中的安全性,减少了城市轨道交通客运车站解行时间
2	缺点	票款运送途中的安全性不高,解行时间可能会受其他银行客户影响	银行入账凭证会延迟返还,不能及时发现城市轨道交通客运车站解行票款的问题;需与银行或专门的押运公司签订相关协议,并交付一定的费用

②车站票款解行的流程。

解行操作时,要求城市轨道交通运营企业根据车站特点及银行的服务时间确定解行时间,以保证车站能将票款尽可能多地存入银行,并尽量减少留存在车站过夜的票款,从而降低车站收益的保管风险。

车站当日需要解行的票款由客运值班员在监视仪监视状态下清点,清点完毕后,由值班站长复核并确认金额;然后由客运值班员填写现金交款单,注明交款金额、企业账户等信息,与加封好的票款一起送去银行;银行在清点完收到的票款并确认无误后,存入指定账户。当银行在清点车站解行的票款过程中,发现长款、短款或假币(假币不计入实际清点金额,发现假币时按短款处理)等情况,按实际清点金额入账,并将差错情况反馈给相关车站,车站组织调查处理。车站票款解行的流程如图 7-10 所示。

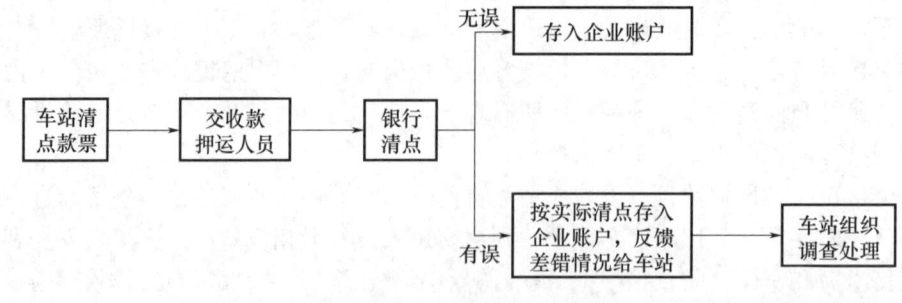

图 7-10 车站票款解行的流程

三、任务实施

工作任务:城市轨道交通车票及现金管理。

制作 PPT,以小组为单位进行城市轨道交通车票及现金管理的讨论,并结合实际学习如何贯彻执行城市轨道交通车票及现金管理。

四、任务评价

城市轨道交通车票及现金管理任务评价表如表 7-9 所示。

表 7-9 城市轨道交通车票及现金管理任务评价表

项目任务	城市轨道交通车票及现金管理		
班级		姓名	评价时间
考核内容			
考核项目	考核标准	分值(分)	得分(分)
车票管理	建立车票管理的概念,阐述车票的状态、车票运作流程、车票使用规则及车站车票的管理	15	
现金管理	以小组为单位进行城市轨道交通车票及现金管理的讨论,阐述现金流程管理、现金管理、备用金管理、车站现金的交接	35	
制作内容	制作能清晰展示的 PPT	15	
	要求类型分析图形准确,文字流畅	15	
	做到业务分析熟练、图文并茂	20	

指导教师意见:

说明:1. 建议采用四级评分制(如 90%~100%,80%~90%,60%~80%,60%以下);
2. 主要采用小组互评的方式进行评价,教师最后进行参考评分

任务四 城市轨道交通票务备品及钥匙管理

一、任务导入

通过学习城市轨道交通票务备品及钥匙管理,理解知晓票务备品及钥匙相关内容,保持良好的票务运作。

二、知识准备

(一)票务备品管理

票务备品直接关系收益安全,城市轨道交通客运车站的票务工作流程严谨,手续严

格，所需的备品种类繁多，并且需要专人看管，各种备品的申领使用，需要做好登记，借出需及时归还。城市轨道交通运营公司须制定科学、可操作性强的管理制度和保管措施。

1. 票务备品的种类

票务备品主要包括钱箱、补币箱、闸机票箱（补票箱）、点钞机、验钞机、点币机、点票机、售票盒、配票箱、票箱、保险柜、车票回收箱、票务手推车等。

（1）钱箱和票箱。钱箱和票箱主要用于存放现金和车票，是票务工器具中较为贵重的设备。

（2）配票箱。配票箱用于收纳票务员日常工作中票卡、备用金、票款等。站务员上岗前从车站票务室领出，下班前交还。

（3）点票机和点币机。点票机用于对票卡进行清点，点币机用于硬币的清点。点票机如图 7-11 所示，点币机如图 7-12 所示。

(a)

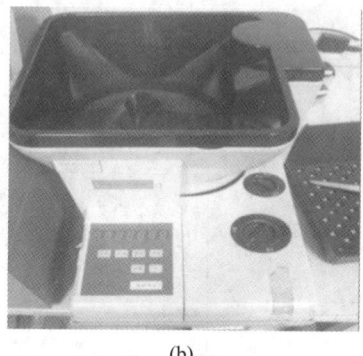
(b)

图 7-11　点票机

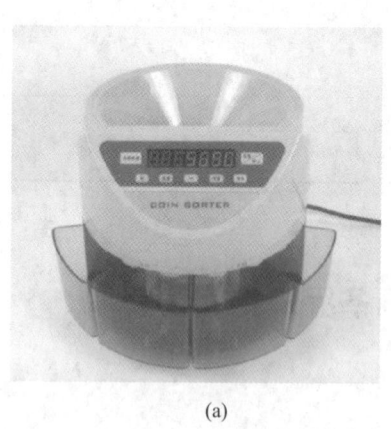
(a)

(b)

图 7-12　点币机

（4）验钞机。验钞机是一种验明钞票真伪以及清点钞票数目的机器，在票务工作中是必不可少的工具。验钞机如图 7-13 所示。

（5）票务手推车。票务手推车用于装运各种钱箱、票箱等贵重设备及现金、车票等有价证券，可锁闭，极大程度地保障了设备及有价证券运送的安全性和方便性。票务手推车如图 7-14 所示。

2. 票务备品相关管理规定

（1）票务备品由当班的客运值班员全权负责保管，在客运值班员交接班簿上记录备品的增减情况，需要时在车站备品台账中做相应记录。

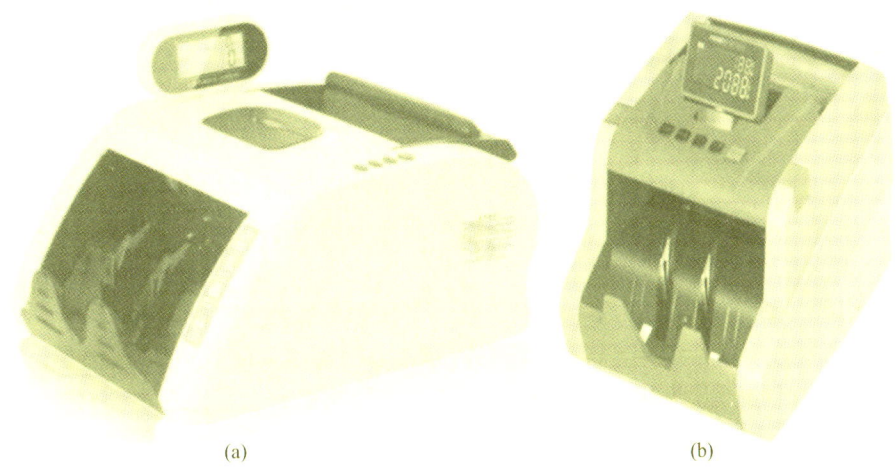

(a)　　　　　　　　　　　　(b)

图 7-13　验钞机

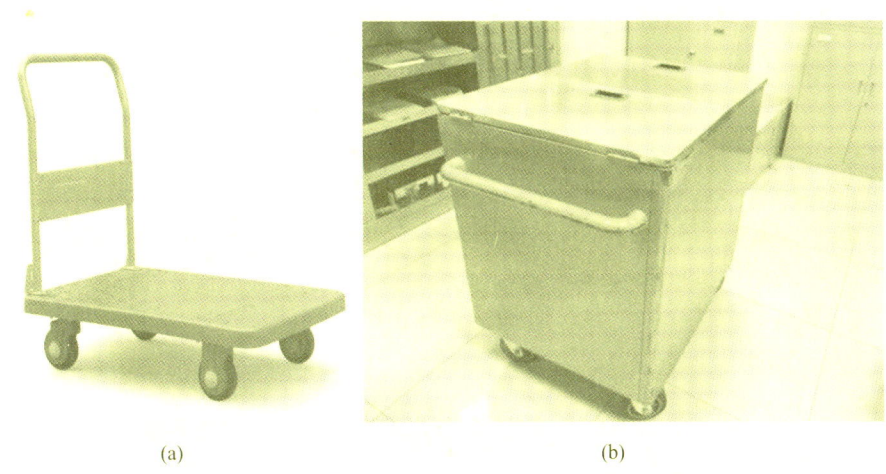

(a)　　　　　　　　　　　　(b)

图 7-14　票务手推车

（2）车站使用点币机、点票机前后，均需检查是否有遗留现金、票卡。若有遗留现金和遗留票卡的情况，则要及时上报，并在其他钱款登记表上做好记录。

（3）车站需将票务备品的数量、状态等相关信息录入票务管理系统，备品交接需做好记录，故障时及时报修并跟进维修情况。

（4）车站人员应正确使用票务备品，保持备品清洁，爱护票务备品并注意避免票务备品受损。

（5）钱箱、票箱的保养需要注意以下事项：

①钱箱、票箱要轻放、不得在地上拖行，以免刮花。

②钱箱、票箱放入票务手推车时要注意放置平稳。

③钱箱、票箱要用双手摆放。

④放在高处的钱箱、票箱注意靠墙放置,以免落下造成损坏。

⑤保持钱箱、票箱的清洁。

⑥禁止脚踩钱箱或坐在钱箱上。

⑦遇到钱箱无法顺利取出或放入时,应及时报修,待 AFC 系统维修人员处理,不可强行操作。

(二)票务钥匙管理

1. 票务钥匙介绍

票务钥匙是指车站在开展票务工作时所使用的钥匙,主要包括 AFC 系统设备钥匙及各票务相关岗位在保管车票、现金等工作中所使用到的票务工器具钥匙和票务管理用房钥匙。

票务钥匙一般分为常用钥匙和备用钥匙。常用票务钥匙主要有 TVM/AVM、BOM 钱箱钥匙、TVM/AVM 门钥匙、AGM 门钥匙、票箱钥匙、回收箱钥匙、储票柜钥匙、解行箱钥匙、保险柜钥匙、票务室钥匙、客服中心门钥匙、设备监控室钥匙等;备用钥匙以便在工作人员不慎遗失或损坏钥匙时,车站能使用其正常开展票务工作。

2. 票务钥匙的保管规定

(1)维修设备专用钥匙含闸机门钥匙,需放在车控室保管,由行车值班员负责,主要供 AFC 系统专业人员维修使用,并在车控室行车值班员"票务钥匙使用记录表"中登记。

(2)票务室门钥匙、保险柜钥匙、文件柜钥匙、钥匙柜钥匙由当班的客运值班员全权负责保管。

(3)备用钥匙封入票务专用信封,其中车站票务室门钥匙、保险柜钥匙的备用钥匙由站长或值班站长负责保管,其他备用钥匙放站长室保险柜内保管。

(4)除以上几种钥匙之外,日常使用的票务钥匙,在无须使用时均应放在票务室的钥匙柜内,由客运值班员负责保管。

(5)值班站长负责钱箱钥匙、回收箱钥匙、BOM 备用钱箱钥匙的保管工作。票务钥匙如图 7-15 所示。

(a) (b)

图 7-15 票务钥匙

3. 票务钥匙的使用规定

(1)任何人不得同时借用或掌握以下票务钥匙:

①TVM 门钥匙与 TVM 找零器上盖钥匙（补币箱钥匙）。

②TVM 门钥匙与纸币模块钥匙。

（2）AFC 系统维修人员对 TVM 进行故障处理时，由车站人员持 TVM 维修门钥匙配合维修。

（3）纸币模块钥匙仅供维修人员使用，使用完毕由维修人员和值班站长共同加封后交车站保管。

（4）钱箱钥匙必须在监控仪点币状态下开封，在钱箱清点过程中钱箱钥匙需一直在监控仪可视范围内。

（5）票务处门钥匙供票务员在运营售票期间使用。运营结束后客运值班员打印相关报表需借用票务处门钥匙时，需得到当班值班站长或以上级别人员的许可。

4. 票务钥匙的交接规定

（1）票务钥匙在保管人之间或在保管人与使用人之间交接时，车站需设置台账，记录交接情况。

（2）钥匙借出时，借用人负责钥匙的使用安全和保管。

（3）钥匙使用完毕应立即归还。运营结束后保管人需对保管的钥匙进行清点，并确认全部归还。

5. 票务钥匙的更换

车站票务钥匙自然折损或折断时，由客运部负责钥匙的更换。已破损钥匙的处理按照总部废旧物资回收处理办法中的相关规定执行。

6. 遗失票务钥匙的处理

票务钥匙在保管、使用过程中发现遗失，车站应及时组织调查并上报有关部门，同时在台账上记录相关情况。除遗失 AFC 系统设备通用钥匙外，遗失其他票务钥匙时，车站均应及时向客运部申请更换相应的锁。

（三）车站 AFC 系统设备钥匙管理

车站 AFC 系统设备钥匙种类包括 TVM 维修门钥匙、自动加值机维修门钥匙、AGM 维修门钥匙、纸币钱箱钥匙、纸币钱箱到位钥匙、硬币补币箱钥匙/硬币回收箱钥匙、单程票回收箱钥匙、BOM 收银钱箱钥匙、BOM 集成箱钥匙、车控室服务器机柜钥匙、客服中心机柜钥匙、AFC 系统机房机柜钥匙。

1. 票务设备钥匙保管

票务设备钥匙保管要求如表 7-10 所示。

表 7-10　票务设备钥匙保管要求

序号	岗位	保管范围	使用要求	同岗位交接要求
1	厅巡岗站务员	临时借用的钥匙	（1）上下班需从行车值班员处借出、归还闸机门钥匙进行闸机简单故障处理； （2）借出和归还均需在"票务钥匙使用记录表"上登记； （3）紧急情况下（如在 AFC 系统应急预案中规定的情况）可以向行车值班员借出所有维修钥匙	

续表

序号	岗位	保管范围	使用要求	同岗位交接要求
2	售票员	临时借用的收银钱箱钥匙	(1) 上下班需从客运值班员处借出、归还 BOM 收银钱箱钥匙； (2) 借出和归还均需在"票务钥匙使用记录表"上登记	
3	客运值班员	TVM 维修门钥匙、自动加值机维修门钥匙、AGM 维修门钥匙、硬币补币箱钥匙、纸币钱箱到位钥匙和单程票回收钥匙各1把；BOM 收银钱箱钥匙若干（视本站 BOM 台数而定）	(1) 钱箱清点工作需向值班站长借用纸币钱箱钥匙，且只能在车站票务室使用； (2) TVM 加币加票、TVM/AVM 钱箱更换、闸机票箱更换、票箱清点工作时可以使用自己保管的钥匙	两班客运值班员交接所有钥匙后在"车站票务交接班记录表"进行相关登记；如有发生数量不符或损坏的情况，需及时报站长处理
4	行车值班员	TVM 维修门钥匙、自动加值机维修门钥匙、纸币钱箱到位钥匙、AGM 维修钥匙、车控室服务器钥匙、客服中心机柜钥匙、AFC 系统机房机柜钥匙各2把	负责保管、登记维修钥匙的借用，不得自行使用	两班行车值班员交接所有钥匙后在"值班人员登记本"中交接情况说明栏登记交接物品种类和数量；如有发生数量不符或损坏的情况，需及时报站长处理
5	值班站长	纸币钱箱钥匙、硬币回收箱钥匙、自动加值机钱箱钥匙、硬币补币箱钥匙各1把	(1) 钱箱清点时，使用纸币钱箱钥匙和硬币回收箱钥匙； (2) 上下班可以从行车值班员处借出、归还闸机门钥匙进行闸机简单故障处理； (3) 借出和归还均需在"票务钥匙使用记录表"上登记	两班值班站长交接所有钥匙后在"值班人员登记本"中"交接情况说明"栏记交接物品种类和数量；如有发生数量不符或损坏的情况，需及时报站长处理
6	站长	剩余的其他钥匙	(1) 在"车站票务钥匙统计表"上记录各岗位保管的钥匙种类和数量； (2) 其他岗位保管的钥匙发生丢失或损坏的情况下，由站长从后备钥匙中及时补充并在"票务钥匙使用记录表""车站票务钥匙统计表"中记录	站长岗位变动，新老站长要当面核对本站所有的 AFC 系统设备钥匙种类、数量后进行交接，交接完毕后在"车站票务钥匙统计表"进行相关登记

2. 票务钥匙的交接

(1) 借用票务钥匙必须在"票务钥匙使用记录表"上登记，注明使用人、发放人、归还人、接收人、发放时间、归还时间、钥匙名称、个数。

(2) 日常使用的票务钥匙（票务室门钥匙、保险柜钥匙、文件柜钥匙、储票柜钥匙和钥匙柜门钥匙及维修专用钥匙除外）全部由使用人和当班的客运值班员直接进行交接。

(3) 票务室门钥匙、保险柜钥匙、文件柜钥匙、储票柜钥匙、钥匙柜门钥匙由每班客运值班员之间进行当面交接。

(4) 维修专用钥匙由行车值班员负责与 AFC 系统专业维修人员进行交接；钱箱钥匙由值班站长携带保管和当面交接。

项目七　城市轨道交通客运车站票务组织

3. 其他规定

（1）如遇到钥匙数量不符或损坏的情况，站长可以用自己保管的后备钥匙进行补充，并在"票务钥匙使用记录表"中记录，同时报客运部及有关部门进行备案；由客运部联系 AFC 系统维修室处理。

（2）如涉及车站之间 AFC 系统设备钥匙的调配，由客运部向票务中心（票务部门）发工作联系单，经两部协调同意后，由客运部负责具体执行；调入和调出车站应在"票务钥匙使用记录表"中记录相关钥匙的增减情况。

4. 注意事项

（1）所有的票务钥匙均统一配发，统一管理，不得复制、私自接收和遗失。

（2）使用前认清钥匙是否与该设备配套。

（3）使用前确认钥匙是否到位，不可未到位就用力转动。

（4）严禁使用钥匙去撬硬物。

三、任务实施

工作任务：城市轨道交通票务备品及钥匙管理。

制作 PPT，以小组为单位进行城市轨道交通票务备品及钥匙管理的讨论，并结合实际模拟城市轨道交通客运车站票务备品及钥匙管理，选定一个真实的城市轨道交通客运车站模拟实施车站票务备品、票务钥匙保管与票务钥匙的交接。

四、任务评价

城市轨道交通票务备品及钥匙管理任务评价表如表 7-11 所示。

表 7-11　城市轨道交通票务备品及钥匙管理任务评价表

项目任务		城市轨道交通票务备品及钥匙管理		
班级		姓名		评价时间
考核内容				
考核项目	考核标准		分值（分）	得分（分）
票务备品管理	阐述票务备品相关管理规定，模拟实施票务备品管理		15	
AFC 系统钥匙管理	阐述票务钥匙的保管规定、票务钥匙的使用规定、票务钥匙的交接规定、票务钥匙的更换		20	
	阐述车站 AFC 系统设备钥匙管理，实施票务设备钥匙保管与票务钥匙的交接		15	
制作内容	制作能清晰展示的 PPT		15	
	要求类型分析图形准确，文字流畅		15	
	做到业务分析熟练、图文并茂		20	
指导教师意见：				

说明：1. 建议采用四级评分制（如 90%～100%、80%～90%、60%～80%、60% 以下）；
　　　2. 主要采用小组互评的方式进行评价，教师最后进行参考评分

任务五　城市轨道交通票务处理

一、任务导入

通过学习城市轨道交通票务处理内容，掌握乘客票务处理有关内容，理解特殊情况下的票务处理知识点。

二、知识准备

（一）乘客票务处理

乘客票务（事务）处理是指乘客在乘坐城市轨道交通工具过程中，因自身原因或其他特殊原因造成无法正常进出车站时引起的事务处理。在实行计程票价制的城市轨道交通运营企业，常见的乘客票务处理主要有车票超程、超时、无效、进出次序错误以及 TVM 卡币、卡票、找零不足和充值不成功等情况。

1. 车票超程

（1）定义。

车票超程是指按路程计价时，付费区乘客所持车票余额不够支付按标准计算所得的起点站至终点站之间的单程车费，车票不能正常通过出站闸机的情况。

（2）车票超程的处理办法。

①单程票超程。

付费区乘客所持单程票超程时，票务员向乘客收取所欠车费后，在 BOM 上操作更新车票，乘客持票出站。

②储值票超程。

付费区乘客所持储值票超程时，站务员向乘客收取充值金额，在 BOM 上对车票进行充值操作后，乘客持票刷卡出站。

2. 车票超时

（1）定义。

车票超时是指乘客验票进入付费区后，在付费区逗留时间过长，导致车票使用时间超过系统规定的有效时间，车票不能正常通过出闸机的情况。

（2）车票超时的处理办法。

①乘客所持单程票超时。

付费区乘客所持单程票超时时，票务员向乘客收取超时补款（各城市轨道交通运营企业自行规定）后，在 BOM 上操作更新车票，乘客持票出站。

②乘客所持储值票超时。

付费区乘客所持储值票超时时，若车票进站日期显示是当日进站，则向乘客收取超时补款后在 BOM 上操作更新车票，乘客持票刷卡出站；若车票进站日期显示不是当日进站，则扣除上次乘车费用（一般是最小车程费），输入进站码更新车票，乘客持票刷卡出站。

3. 车票无效

（1）定义。

车票无效是指车票在使用过程中，因城市轨道交通设备原因或乘客自身人为原因造成车票异常，无法正常通过进、出闸机，且无法通过BOM进行更新处理的情况。

（2）车票无效的处理办法。

车票无效按非付费区和付费区分别处理。

①非付费区。

当非付费区乘客持无效车票要求乘车时，售票员需判断造成车票无效的原因是城市轨道交通设备原因还是乘客自身人为原因，若属于乘客自身人为原因，则回收乘客手中的无效车票，并请乘客重新购票乘车；若为城市轨道交通设备原因，如TVM发售的无效车票，则回收无效车票，按规定办理"乘客事务处理单"，在BOM上给乘客免费发售等值的普通单程票。

②付费区。

当付费区乘客持无效车票不能出站时，售票员通过判断，如为乘客自己人为原因造成车票无效，则回收无效车票，并请乘客按规定补款后，在BOM上发售有效车票供乘客出闸；若为轨道交通设备原因，则回收无效车票，并在BOM上给乘客免费发售有效车票，以供乘客出站。

4. 车票进出次序错误

（1）定义。

车票进出次序错误是指车票所处付费区或非付费区模式与乘客实际所在的区域不一致的情况。

（2）车票进出次序错误的处理办法。

车票进出次序错误按非付费区和付费区分别处理。

①非付费区。

主要表现为两种形式：一种是乘客在非付费区，但乘客车票显示已在进闸机验过票，显示为付费区模式，不能再次验票进站，这种情况一般是由于乘客持票在进闸机验票后未及时进闸所致；另一种是乘客在付费区，但所持车票没有进闸记录，显示仍为非付费区模式，车票不能正常通过出闸机，这种情况通常是因乘客进闸时没有成功验票，与其他乘客一起并闸进站或没有经进闸机验票直接从其他地方进入付费区所致。

当乘客在非付费区时，售票员在BOM非付费区模式下分析车票，若车票上次验票时与当前时间之差在系统允许的更新时间范围内，则BOM显示该票可以更新，售票员按"更新"按钮更新车票信息，乘客可持车票正常进站；若车票上次验票时间与当前时间之差已超出系统允许的更新时间范围，则需要根据各城市轨道交通运营企业的票务政策与规定进行相应处理。

②付费区。

当乘客在付费区时，售票员在BOM付费区模式下分析车票，根据BOM分析显示单程票发售车站名，输入进站车站进行更新。

5. TVM 卡币、卡票或找零不足

（1）TVM 卡币。

①定义。

TVM 卡币主要指乘客在 TVM 上投币购票时，因 TVM 自身原因或乘客所投纸币（硬币）边缘变形、粘有胶带物等原因，导致纸币（硬币）被卡在 TVM 的某个部位，且 TVM 不再接收纸币（硬币）的情况。

②TVM 卡币的处理办法。

当乘客反映 TVM 卡币时，值班员首先要检查 TVM 投币口是否有纸币（硬币）堵塞或显示屏是否显示卡币故障代码，确认是否发生卡币情况。如显示屏显示卡币故障代码，则应按车站规定办理"乘客事务处理单"，对卡币的乘客以多退少补的原则给乘客发售相应面值的车票，同时报专业维修人员进行处理；如在投币口无纸币（硬币）堵塞，显示屏未显示卡币故障代码，则由值班员与另一车站员工共同打开 TVM 维修门，查看 TVM 的最近交易记录，并根据查询情况进行处理。若 TVM 显示正常且没有与乘客反映购票情况一致的交易记录，则表示没有卡币情况发生，由值班员负责向乘客做好解释工作。

（2）TVM 卡票。

①定义。

TVM 卡票主要是指 TVM 在给乘客发售单程票的过程中，因 TVM 自身原因或单程票边缘变形、变厚等原因，导致单程票被卡在 TVM 的某个部位，且 TVM 自动进入"暂停服务"模式的情况。

②TVM 卡票的处理办法。

当乘客反映卡票时，值班员首先查看显示屏是否显示卡票故障代码，确认是否发生卡票情况。如显示屏显示卡票故障代码，则应按车站规定办理"乘客事务处理单"，并在半自动售照机处按乘客需求重新发售一张车票或者办理退票手续，同时报专业维修人员进行处理；如显示屏未显示卡票故障代码，则由值班员与另一车站员工共同打开 TVM 维修门，查看 TVM 的最近交易记录，并根据查询情况进行处理。若 TVM 显示正常且没有与乘客反映购票情况一致的交易记录，则表示没有卡票情况发生，由值班员负责向乘客做解释工作。

（3）TVM 找零不足。

①定义。

TVM 找零不足是指当乘客投入 TVM 的现金金额大于实际购票金额，因 TVM 自身原因或找零硬币边缘变形、粘有胶带物等原因，导致找零硬币被卡在 TVM 的某个部位，TVM 停止找零，造成乘客找零金额不够的情况。

②TVM 找零不足的处理办法。

当乘客反映 TVM 找零不足时，值班员首先检查 TVM 显示屏是否显示找零不足故障的代码，确认是否发生找零不足的情况。如 TVM 显示屏有显示找零不足故障代码，则填写"乘客事务处理单"，注明找零不足的处理情况，在 BOM 上给乘客退还相应款额，同时报专业维修人员进行处理；如 TVM 显示屏没有显示找零不足故障代码，则询问乘客购票情况，由值班员和另一名车站员工共同打开 TVM 维修门，查看 TVM 的最近交易记录，确认是否与乘客反映的购票情况一致，若情况一致，则填写"乘客事务处理单",注明找零不足的处理情况,在 BOM 上给乘客退还相应款额,同时报专业维修人员进行处理;若 TVM 显示正常且没有与乘客反映购票情况一致的交易记录,则表示没有发生找零不足,由值班员负责向乘客做好解释工作。

6. TVM 充值不成功

(1) 定义。

TVM 充值不成功是指乘客在 TVM 投币充值时,因 TVM 自身原因或其他原因,导致 TVM 收取乘客投入的充值金额后,并不能充进票卡余额(未将充值金额信息写入票卡)的情况。

(2) TVM 充值不成功的处理办法。

当乘客反映 TVM 充值不成功,值班员与值班站长共同打开 TVM 维修门,查看最近交易记录,确认是否有与乘客反映一致的充值交易记录,若没有与乘客反映一致的充值交易记录,则应立即通知专业维修人员到现场处理,确认 TVM 是否发生已收款但充值不成功的情况,车站值班员根据维修人员判断结果进行乘客事务处理;若有与乘客反映相符的充值交易记录,在 BOM 上分析车票,根据查询情况,核实是否确有发生 TVM 已收款但充值不成功的情况。

若 BOM 分析车票显示已成功充值,则请乘客通过显示屏确认车票充值前后余额,做好解释工作后将票卡交还乘客。

若 BOM 分析车票余额及历史交易记录均显示没有该次充值,则表示 TVM 确实发生已收款但充值不成功的情况,车站值班员按规定应办理乘客事务处理单,注明充值不成功的处理情况,根据乘客需要在 BOM 上给乘客办理等额充值或退还乘客充值金额。

【实例链接】

某城市轨道交通运营企业常见乘客票务处理方法如表 7-12 所示。

表 7-12 某城市轨道交通运营企业常见乘客票务处理方法

序号	类别	票种	非付费区(进站)	付费区(出站)
1	超程	单程票		余额不足时: (1) 向乘客收取不足部分的现金后更新车票,乘客持更新后的票卡刷卡出闸,只允许车票在更新车站出站。 (2) 若单程票无法更新,原单程票收回,向乘客收取不足部分的现金,发售付费出站票,请乘客在 BOM 小单上签名,乘客凭付费出站票出站,如不足部分为1元,收取乘客1元现金,回收乘客所持单程票,发实际里程票价的付费出站票,刷卡出闸。回收的原单程票随"乘客事务处理单"上交
		储值票	告知乘客卡内余额低于轨道交通设定的限制进站票价时无法进站,询问乘客是否充值,充值后乘客持票进站;若乘客不充值,则请乘客购买单程票进站	告知乘客卡内余额低于本次乘车所需的费用,询问乘客是否充值,充值后乘客刷卡出闸;若乘客不充值,则现金收取本次乘车所需的费用,更新车票,乘客持更新后的票卡刷卡出闸

续表

序号	类别	票种	非付费区（进站）	付费区（出站）
2	超时	单程票	回收车票，请乘客重新购票	按出闸最高单程票价更新车票，若车票金额低于出闸最高单程票价，乘客现金补足出闸最高单程票价，更新车票，乘客持更新后的票卡刷卡出闸
		储值票		超时且余额不足时：告知乘客，卡内余额低于本次乘车所需的费用，询问乘客是否充值，充值后按储值票超时处理，乘客持更新后票卡出站；若乘客不充值，则收取出闸最高单程票价的现金，更新车票，乘客持更新后的票卡刷卡出闸
3	无效	单程票	人为折损时：回收车票，请乘客重新购票。经BOM分析无法读取信息的无效票：若为TVM发售无效票，回收车票，填"乘客事务处理单"，根据乘客反映标注设备代码，报告运值班员，操作BOM退还乘客购票车资，请乘客重新购票。请乘客在BOM小单上签字确认	人为折损时：回收车票，按出闸最高票价收取票款，请乘客在BOM小单上签名，发售付费出站票。乘客凭付费出站票出站。经BOM分析无法读取信息的无效票时：回收车票，给予发放免费出站票，请乘客在BOM小单上签字确认
		储值票	请乘客另行购票进站	以现金形式按单程票计费方式补交所乘车程的票款，发售付费出站票，乘客凭付费出站票出站，并请乘客在BOM小单上签名

（二）特殊情况下的票务处理

1. 处理注意事项

（1）在处理时必须保持耐心、冷静，有礼貌。

（2）尽量把同乘客的争执、纠纷等安排在远离公众的场所。

（3）当列车运行、车站的设备故障等影响到车站票务管理工作的正常进行时，必须保持镇静，并及时向上级报告。

（4）运营时间内，若站厅层的AFC系统设备无法向乘客提供服务时，该设备应放置"暂停服务"牌。所有AFC系统设备的故障均应由行车值班员在相关记录台账上做好记录，并立即上报。

（5）非运营时间内车控室当班人员要提高警惕，随时利用监控屏，监视车站动态，将对讲机放在手可以接触的地方。

（6）如遇到情况紧急，时间上不允许车站人员通过电话报警时，当班人员须在最短的时间内按下对讲机的紧急呼叫键。

2. 车站被劫时的票务处理

（1）在没有危及人身安全的前提下，被劫人员或任何目击被劫现场的车站工作人员须立即通知车控室，向当班人员简要汇报被劫情况，包括案发地点、歹徒的人数、特征、逃走方向、被劫物品及有无人员受伤等。

(2) 车控室当班人员在收到车站被劫的信息后，立即打电话报警，汇报歹徒逃走方向；通知站长和相关领导。

(3) 值班站长（站长）须视当时情况，尽量保护案发现场，直至城市轨道交通公安人员赶到。

(4) 城市轨道交通公安人员到场后，各人员须配合公安人员的工作。公安人员处理完毕后，在安全部的监督下，由车站客运值班员负责清点车站所有现金及车票，计算被劫金额。

(5) 清点完毕后，被劫现金记入当日车站营收日报的说明栏，被劫车票数量记入台账的备注栏，并须附一份由公安或安全部出具的车站被劫证明及安全部出具的对现金、车票的清点证明，随报表上报。

(6) 如客服中心被劫，则停止被劫客服中心的售票工作，保护案发现场，引导乘客到另一客服中心购票。

(7) 被劫车站的当事员工及在场人员，在公安到达现场前，不得下班或离开，以协助调查。

3. 降级模式下的票务处理

(1) 降级模式的种类：列车故障、进出站免检、时间免检、日期免检、车费免检。

(2) 设置降级模式的人员：车站值班站长及以上人员。

(3) 降级模式的设置。

①设置原则。

a. 城市轨道交通发生运营故障，需要在某站进行清客，列车晚点且要求退票乘客人数较多。

b. 车站的进闸机全部故障无法立即修复或由于车站出现大客流乘客拥挤，大量由本站进站的乘客未通过进闸机。

c. 由于列车延误等城市轨道交通原因导致乘客手中的车票超时。

d. 因城市轨道交通原因导致乘客手中车票过期。

e. 在接到行车调度员有关"列车越站"的通知时。

②设置地点：受影响车站。

③设置方法：通过 SC 系统设置。

④设置取消：影响结束，车站基本正常运营时，值班站长下令通过 SC 系统取消。

4. 紧急模式时的票务处理

(1) 设置紧急模式的人员：车站值班站长及以上人员。

(2) 设置原则：运营过程中车站出现危及乘客生命安全，需及时疏散乘客的紧急情况。

(3) 设置地点：出现紧急情况的车站。

(4) 设置方法：首先通过车控室内 AFC 系统紧急按钮设置；若紧急按钮方式设置不成功，则通过 SC 系统进行紧急模式设置；如果 SC 系统设置不成功，则关闭 AFC 系统闸机电源。

(5) 设置取消：在紧急情况结束后，通过 SC 系统取消该模式或确认紧急按钮复位。

三、任务实施

工作任务：城市轨道交通票务处理。

制作PPT，以小组为单位进行城市轨道交通票务处理的讨论，模拟真实的城市轨道交通客运车站进行票务处理。

四、任务评价

城市轨道交通票务处理任务评价表如表7-13所示。

表7-13 城市轨道交通票务处理任务评价表

项目任务		城市轨道交通票务处理		
班级		姓名	评价时间	
考核内容				
考核项目	考核标准		分值（分）	得分（分）
乘客票务处理	阐述车票超程、超时、无效、进出次序错误以及TVM卡币、卡票、找零不足、TVM充值不成功的处理办法		20	
特殊情况下票务处理	阐述特殊情况下票务处理注意事项、车站被劫时的票务处理		15	
	阐述降级模式时的票务处理、紧急模式时的票务处理		15	
制作内容	制作能清晰展示的PPT		15	
	要求类型分析图形准确，文字流畅		15	
	做到业务分析熟练、图文并茂		20	

指导教师意见：

说明：1. 建议采用四级评分制（如90%～100%，80%～90%，60%～80%，60%以下）；
2. 主要采用小组互评的方式进行评价，教师最后进行参考评分

项目八　城市轨道交通客运服务

项目背景

城轨交通客运服务主要是围绕"安全、准点、舒适、便捷"的宗旨，为乘客提供城市轨道交通全过程乘运送达服务。本项目通过对城市轨道交通客运服务礼仪、乘客事务处理、乘客客伤处理等服务规范和技能技巧知识的系统学习，明确了乘运服务岗位工作职责、服务标准与流程规范职业基本遵循，同时，也对强化学生社会公德与职业道德意识操守，掌握城市轨道交通乘运服务职业技能，养成良好职业习惯和职业素养提出了新的要求。

项目任务书

城市轨道交通客运服务项目任务书如表8-1所示。

表8-1　城市轨道交通客运服务项目任务书

名称		城市轨道交通客运服务
学习目标	知识目标	1. 掌握城市轨道交通客运服务的基本特征、客运服务分类、客运服务基本内容及乘客需求、客运服务人员素质要求、客运服务核心要素； 2. 掌握城市轨道交通客运服务礼仪知识； 3. 掌握城市轨道交通客运服务规范； 4. 掌握城市轨道交通乘客事务处理方法； 5. 掌握城市轨道交通乘客客伤处理方法
	技能目标	1. 具备城市轨道交通客运服务的认知能力； 2. 具备城市轨道交通客运礼仪服务能力； 3. 具备城市轨道交通客运规范服务能力； 4. 具备城市轨道交通乘客事务处理能力； 5. 具备城市轨道交通乘客客伤处理能力
	素质目标	1. 具有良好的社会公德、职业道德和爱岗敬业基本素质，立德树人贯穿课程始终； 2. 具有良好工作态度、严谨细致的专业作风； 3. 具有良好的沟通协调能力、语言表达能力、班组管理能力； 4. 培养团结协作、热情有礼、认真细心、沉着冷静、遇乱不惊的职业素养
学习内容		知识准备：学习任务内容。 任务一：城市轨道交通客运服务概述。 工作任务：阐述城市轨道交通客运服务。 任务二：城市轨道交通客运服务礼仪。 工作任务：阐述城市轨道交通客运服务礼仪。 任务三：城市轨道交通客运服务规范。 工作任务：阐述城市轨道交通客运服务规范。 任务四：城市轨道交通乘客事务处理。 工作任务：阐述城市轨道交通乘客事务处理。 任务五：城市轨道交通乘客客伤处理。 工作任务：阐述城市轨道交通乘客客伤处理

续表

名称	城市轨道交通客运服务
任务 实施 要求	1. 将授课班级学生分组，5~8人为一个学习团队； 2. 每个学习团队组织学习，进行项目任务分析、任务分配、制定团队工作任务分配表； 3. 资料学习、相关知识准备，完成项目的资讯环节； 4. 现场教学、资源利用，完成项目的实施演练环节； 5. 学习团队讨论，编制项目任务知识点学习计划书； 6. 学习团队现场实践，制订现场实践的实施方案； 7. 学习团队按任务分配表制作项目任务的汇报演讲稿，派代表上台演讲； 8. 制定该项目任务的评价表，考核要素，进行小组互评
任务 实施 要点	1. 教学资源收集与整理； 2. 确认任务学习的重点与难点； 3. 任务学习计划制订，小组任务分工，汇报PPT制作，小组交流演讲； 4. 学习团队进行讨论，可让教师参与讨论，通过团队合作获取问题的解决
任务 拓展	1. 会收集具有国内外领先水平的具有代表性的城市轨道交通客运服务资料； 2. 按"准员工"的要求来学习，结合本城市的情况，组织团队成员去现场学习； 3. 能够进行城市轨道交通客运服务相关资料的查找与整理； 4. 会制作任务书要求的PPT
任务 下发人	日期： 年 月 日
任务 执行人	日期： 年 月 日

任务一　城市轨道交通客运服务概述

一、任务导入

在城市轨道交通系统内，城市轨道交通运营企业为乘客提供安全、准时、快捷、方便、经济、舒适、文明乘车服务工作。通过学习城市轨道交通客运服务概述，了解客运服务的基本特征、分类，理解基本内容及乘客需求，掌握客运服务的核心要素、客运服务人员素质要求。要做好城市轨道交通客运服务，我们就必须树立以人为本的客运服务理念。强化乘客至上的客运服务意识。遵守以客为尊，有理有节；首问负责，微笑服务；有章可遵，有标可依；坚持原则，灵活处理的客运服务原则。

二、知识准备

城市轨道交通客运服务是指为使用城市轨道交通出行的乘客提供服务。城市轨道交通客运服务作为城市轨道交通运营企业运营管理的重要的构成部分，不仅是反映城市轨道交通服务质量的一种重要因素，也是保证城市轨道交通运营企业竞争力的关键所在。

（一）城市轨道交通客运服务的基本特征

1. 无形性

城市轨道交通客运服务属于无形产品，乘客在购买服务之前，看不见、摸不着、闻不到,这就要求作为服务提供者的城市轨道交通运营企业必须增加服务的有形性,尽可能通过实物的方式来表现出自身的服务水平,如整洁的车站环境、有序的客流组织、清晰明确的导向标志等。

2. 即时性

城市轨道交通客运服务的即时性是指城市轨道交通客运服务具有无法贮存的特点。服务过程一结束,服务就消失,乘客即使不满意也无法更换或退回服务,这样就不能像有形产品那样通过更换商品来使乘客满意,挽回影响。

客运服务的即时性使城市轨道交通运营企业对服务供给量及服务时间难以进行准确的预测,从而造成运营企业不能准确根据服务市场的供求变化来调节自身的服务供给,容易造成客运服务能力供给不足或浪费。

3. 同时性

城市轨道交通客运服务的同时性是指客运服务的生产过程和消费过程在空间和时间上同时并存,同时进行。从运输企业来说,运输过程就是服务的生产过程,而从乘客的角度来看则是消费过程。一方面,乘客参与服务提供的过程;另一方面,乘客的参与对运营企业的服务时间、服务质量和服务设施的提供都造成了不确定性,从而给服务质量的管理和控制带来困难。

4. 差异性

城市轨道交通客运服务的水准和质量常因人、因地、因时而异,任何条件和心理的变化都有可能出现服务的差异。客运服务是由城市轨道交通客运服务人员通过劳动来完成的,而每位服务人员由于年龄、性别、性格、素质和文化程度等方面的不同,为乘客提供的运输服务也不尽相同,即使是同一名员工,在不同的场合、不同的时间、面对不同的乘客,其服务态度和服务方式也会有一定的差异;同时,对于乘客来说,在不同的时间也会存在服务需求的差异。服务的差异性给服务评价带来了更多的不可量化性。城市轨道交通客运车站客运服务如图8-1所示。

(二) 城市轨道交通客运服务的分类

1. 按服务时间和销售时间划分

按服务时间和销售时间划分,可以将服务划分成为售前服务、售中服务和售后服务。售前服务是指服务时间早于销售时间的服务,售中服务是指服务时间与销售时间同步的服务,售后服务是指服务时间晚于销售时间的服务。

对于城市轨道交通客运服务来说,既有售前服务,又有售中服务和售后服务。售前服务是指乘客购票之前接受的服务,主要包括乘客到达车站后的问询服务、自助查询服务、导向服务等;售中服务是指乘客在购票过程中享受的服务,主要包括乘客的购票服务、找零服务、兑换服务和问询服务等;售后服务是指乘客购票进入车站付费区后的全部服务,它占有的比重最大,主要包括检票服务、列车服务、站台服务等,一旦在该服务中出现缺失,就会给运营企业带来更多的不良影响。

2. 按照提供服务的主体划分

按照提供服务的主体划分,可以将服务划分为人工服务和自助服务。自助服务主要是通过自助设备设施向乘客提供所需要的服务,如TVM提供的售票、充值和查询服务,在该种服务下,服务人员必须保证设备设施的干净整洁和可操作性。人工服务主要是依靠服务人员与乘客的交流，询问相关信息，利用相关设备提供乘客所需要的服务，如安检服务、售票服务等，该类服务中，服务人员的服务态度和工作效率则具有至关重要的作用。

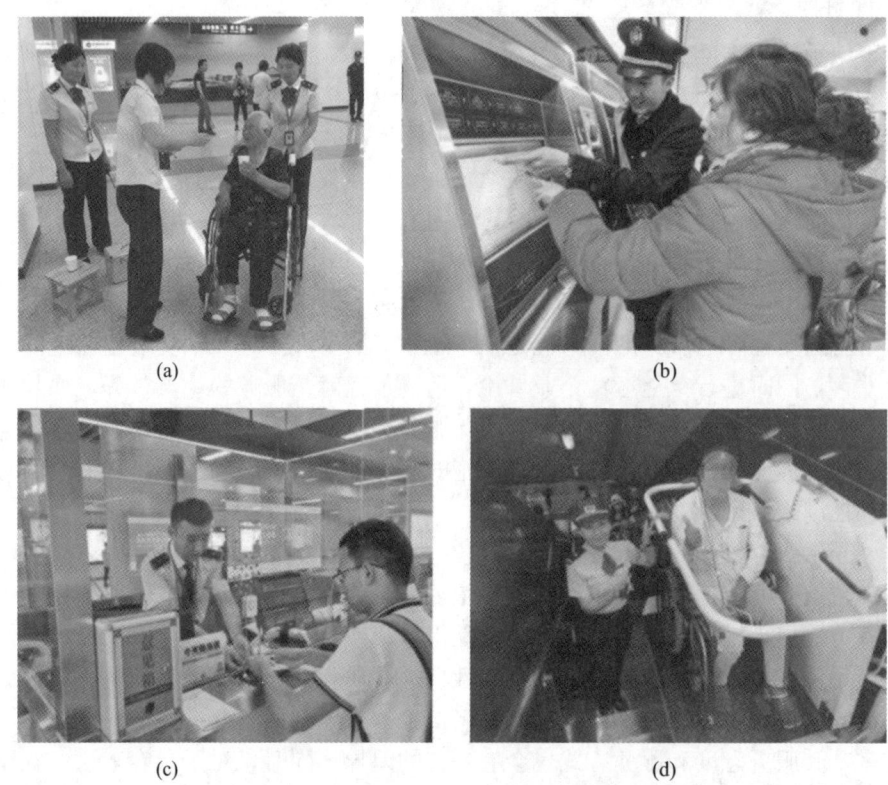

图 8-1　城市轨道交通客运车站客运服务

3. 按照是否需要和乘客直接接触划分

按照是否需要和乘客直接接触划分，可以将服务划分为前台服务和后台服务。前台服务是指直接和乘客接触的服务，这类服务直接面向乘客，形成乘客对服务质量的感知，因此，前台服务是服务的核心；后台服务不直接面向乘客，而是为前台服务提供的技术性和管理性工作，它是对前台服务的一种支持。

（三）城市轨道交通客运服务的基本内容及乘客需求

乘客从进入城市轨道交通客运车站开始就接受服务，一直到乘客在目的地下车出站。因此乘客乘坐城市轨道交通的过程就是车站服务的过程，每一个环节都需要服务人员热情、周到、细心。乘客乘坐城市轨道交通的过程示意图如图 8-2 所示。

1. 从出入口进入站厅（安检）

（1）乘客需求：车站位置合理，出入口容易找到，引导标志明确，安检效率高。

（2）服务基本内容：这是车站服务工作的开始，服务内容主要包括安检服务、问询服务和引导服务。安检是进入轨道交通客运车站的第一环节，此处也是车站最容易发生拥堵的地方之一，所以服务人员一方面需要做好引导工作，另一方面还要负责乘客财物的安全，维持好秩序。

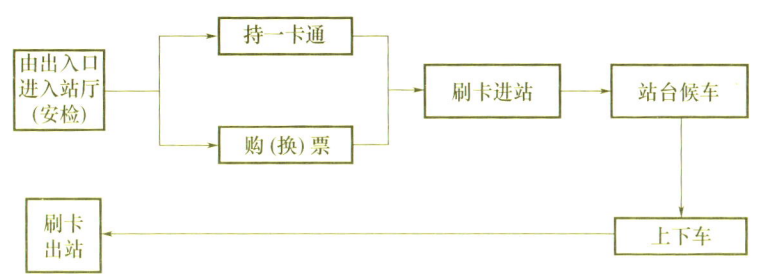

图 8-2 乘客乘坐城市轨道交通的过程示意图

2. 购(换)票服务和充值服务

(1) 乘客需求：车站非付费区应合理设置 TVM 和售票亭，并保证售票设备不被其他用途的设施遮挡，引导指示明确，标志醒目，购票充值等候时间不长。

(2) 服务基本内容：乘客进入车站付费区前需要购票，其方式有人工售票和自助售票两种，持一卡通卡的乘客，也需要充值服务。服务人员应协助指导乘客规范使用 TVM、自动充值机、自动查询机，严格按照票务管理的相关作业程序进行作业，做到热情、方便、准确、迅速。

3. 刷卡进站

(1) 乘客需求：闸机位置醒目，指示明确，能快速通过闸机。

(2) 服务基本内容：乘客购票后，将所持车票放在刷卡区域，经检票无误后，闸机释放，让乘客通过闸机进入付费区。服务人员需要提供问询服务、处理坏票服务和提醒服务。

4. 站台候车

(1) 乘客需求：方便到达站台，舒适候车，明确自己所乘列车的进站时刻和方向。

(2) 服务基本内容：引导乘客文明乘车，向乘客宣传在黄线以内候车，维持站台候车秩序，阻止乘客在站台追逐打闹、跳下站台等行为。

5. 上下车

(1) 乘客需求：广播系统的有效提示，良好的上下车秩序，安全快速地上下车。

(2) 服务基本内容：主要包括维护站台的乘降秩序，提醒乘客先下后上，在车门或站台门开关过程中，制止乘客强行上下列车行为，车门或站台门关闭后，禁止扒门等行为。

6. 刷卡出站

(1) 乘客需求：出站闸机引导指示明确，快速出站，票务问题处理等候时间短。

(2) 服务基本内容：乘客乘坐轨道交通到达目的车站后，需从闸机处刷卡出站。和进站服务一样，服务人员需要提供问询服务、处理坏票服务和提醒服务。

某城市轨道交通运营企业针对服务全过程进行分析，乘客乘坐城市轨道交通由进站→购票→进闸→候车→乘车→下车→出闸→出站八个步骤组成，只有在每一个环节完善相关的软硬件设施，提高每一个环节的服务质量，才能为乘客提供优质的服务，让乘客满意。城市轨道交通服务项目与服务要求如表 8-2 所示。

表 8-2　城市轨道交通服务项目与服务要求

序号	服务项目	服务要求
1. 进站	乘客进站	（1）确认本站各出入口、通道导向标志指引清晰、正确，如损坏及时上报。 （2）确认出入口公告栏、通道、站厅的小画框，站内导向标志的内容清晰、齐备，各种设施状态良好。 （3）确保出入口、通道、站厅卫生清洁、无积水，若发现地面不清洁或有积水，立即通知保洁处理，并在有积水处放置"小心地滑"的告示牌。 （4）有乘客询问或需要帮助时，工作人员应热情主动地上前询问："您好，请问有什么可以帮您?" （5）确保各出入口卷帘门在运营时间内正常开启
	乘客携带大件行李进站	当乘客携带超长、超重的行李时，向乘客解释："对不起，您携带的物品超长（超重），请您改乘其他交通工具。"
	乘客携带气球（宠物）进站	工作人员及时制止，并向乘客解释："对不起，为了您的安全（保持车站的环境），请不要携带气球（宠物）进站乘车，多谢合作"
	乘客携带易燃、易爆、有毒等危险、管制物品进站	（1）工作人员应及时劝止，并向乘客表明："对不起，为了您和他人的安全，严禁携带危险、管制物品进站乘车，请配合公交公安进行处理。" （2）如乘客不听劝阻，及时通知地铁公安到场处理
2. 购票	当乘客询问如何购票时	（1）厅巡岗站务员应加强巡视，发现乘客兑零后不知如何购票时，应主动指引乘客到 TVM 上购买单程票。 （2）当乘客询问如何购票时，车站工作人员应耐心回答："如果您需要购买单程票，请到 TVM 处购买。" （3）对重点乘客应给予积极主动的服务
	当乘客使用的设备不正常时	（1）当乘客使用的 TVM 等设备不正常时，厅巡岗站务员应立即设置"暂停服务"牌，并指引乘客使用正常设备进行购票。 （2）车站工作人员对简易设备故障进行维修，仍不能修复的故障设备则报车控室，及时通知相关人员进行维修
	乘客购买储值票	售票员严格执行"一收、二唱、三操作、四找零"的程序，并且提醒乘客："请确认金额，找您××元。"
	如何处理乘客在客服中心前排长队	（1）根据排队情况和持续时间，值班站长安排双人售票，或者加设临时客服中心。 （2）厅巡岗站务员加强引导，尽可能使两端客服中心排队乘客均衡
	如何面对兑换大量硬币的乘客或商铺人员	售票员耐心向乘客解释："对不起，由于您的兑换金额太大，请前往银行兑换，否则会对其他乘客带来影响。多谢合作！"
	如何面对不排队的乘客	（1）售票员应礼貌地向乘客指出：应该排队等候购票，不给予其超前办理。 （2）厅巡岗站务员应做好相应的引导工作，维持好秩序
	如何处理乘客付给的假币	（1）售票员发现乘客使用假币，应礼貌地要求乘客："请您另外换一张。"如乘客不愿配合，可报告值班站长出面处理。 （2）若遇到面额较大或数量较多的假币，应立即报告值班站长并请求地铁公安出面处理

项目八　城市轨道交通客运服务

续表

序号	服务项目	服务要求
3. 进闸	乘客进闸	对第一次使用车票进闸的乘客，特别是老年乘客，工作人员要给予协助
	处理超高小孩逃票、成人逃票或违规使用车票的乘客	（1）在进闸机、客服中心设立明显的标尺，加强对进闸机的巡视。 （2）发现无票的超高小孩或故意逃票的成年人，应立即上前制止，并要求其到客服中心购票："对不起，您超过了规定高度（您好，成年人应该买票），请您购票，请配合我们的工作。" （3）若发现违规使用车票的乘客（特别是成人使用学生票的行为），可按相关政策对其进行处理，必要时找地铁公安配合
	乘客进闸时正在饮食	厅巡岗站务员应立即制止，并向乘客解释："请勿在车站内饮食，谢谢合作！"
	行动不便乘客下楼	车站厅巡岗站务员、保安应及时帮助残疾（或行动不便）乘客搭乘垂直电梯
4. 候车	乘客吸烟	发现有乘客吸烟应立即制止，并礼貌地解释："对不起，地铁车站内禁止吸烟，谢谢合作！"
	如何处理小孩在站内追跑的情况	现场工作人员应及时上前制止正在追逐打闹的小朋友，并特别提醒家长带好自己的小孩："为了您家人的安全，请不要在站内追逐、打闹、奔跑。"
	列车晚点，延误乘客时间	（1）值班站长在列车晚点时，应立即采取措施，通知各岗位按照工作程序，做好对乘客的解释工作。 （2）通过广播向乘客播放相关票务政策
5. 乘车	乘客上车	站台岗员工通过人工广播或站台广播向乘客宣传："上车时，请小心站台与列车之间的空隙，请文明乘车勿抢上抢下，谢谢合作。"
6. 下车	乘客下车	（1）站台岗员工通过人工广播或站台广播向乘客宣传："请小心站台与列车之间的空隙。" （2）对下车的老人和小孩，用广播指引："请老人、小孩由家人陪同乘坐电扶梯，有需要的人士请乘坐垂直电梯。"
	乘客下车后逗留在站台	注意下车乘客的动态，若发现有逗留在站台不出站的乘客，应主动上前询问情况，礼貌地告诉乘客不要在车站逗留，应尽快出站
7. 出闸	有秩序地组织乘客出站	加强对出闸机的巡视，并通过人工广播向乘客进行"关于单程票回收和一张票只供一人通过闸机"的宣传
	如何处理超高小孩逃票、成人逃票或违规使用车票的乘客	（1）发现无票的超高小孩或故意逃票的成年人，应立即上前制止并解释："对不起，您超过了规定高度（您好，成年人应该买票），请您补票，请您配合我们的工作。" （2）乘客态度不好且不愿补票，应耐心地向他们解释地铁的票务政策；若乘客故意为难工作人员，可找地铁公安配合。 （3）发现违规使用车票的乘客（特别是成人使用学生票的行为），可按相关政策对其进行处理，必要时找地铁公安配合
	携带大件物品的乘客	对携带大件物品且不便出闸的乘客，厅巡岗站务员为乘客开边门，回收车票。对已购买行李票的，向乘客回收行李票
	乘客手持的车票出不了站	（1）厅巡岗站务员发现乘客出不了站，及时上前引导乘客到客服中心处理。 （2）将车票分析后，通过显示器显示内容告知乘客，需要补票或者车票过期等信息

续表

序号	服务项目	服务要求
8. 出站	乘客出站	(1) 确认站厅的出入口导向牌等标志信息正确、完整，如损坏及时上报。 (2) 若乘客不确定自己出站的方向，车站员工应主动、热情地给予指引
	如何处理乘客在地铁站逗留	发现有乘客在地铁站内逗留时间较长，或坐在站厅地板上时，应及时问明乘客逗留原因，礼貌地请乘客尽快出站，维护车站正常的运营秩序
	如何面对有投诉倾向的乘客	采用"易人、易地、易性"的方式，耐心地做好乘客解释工作，寻求最佳的处理时机，避免有责投诉事件的发生

（四）城市轨道交通客运服务的核心要素

城市轨道交通的服务对象是所有乘坐轨道交通的乘客，乘客选择城市轨道交通出行，其主要需求是安全准时地到达目的地，同时也要求购票方便、候车舒适、乘车便捷、服务良好等。因此，正面积极的服务心态、安全整洁的服务环境、良好的仪容仪表及对乘客不当行为的警惕构成了城市轨道交通客运车站客运服务的核心要素。

1. 正面积极的服务心态

（1）正面开朗：保持正面的心态和开朗的心境，不但可以令服务人员多些笑容，少些冷漠，还可以让其在面对挑战和冲突时，容易控制自我情绪并有效地处理问题。

（2）体贴关心：人与人之道贵乎真诚，而乘客服务之道亦是如此。只要以乘客为先，致力于诚恳的态度，用心主动关怀乘客，自然会有好的服务效果。

（3）将心比心：要真正了解乘客的需求和感受，从乘客的角度出发，运用同理心去聆听，回应及灵活处理每一位乘客的需求，只要能易地而处，关心及尊重乘客，就能超出他们所想，满足他们的需求。

2. 安全整洁的服务环境

（1）城市轨道交通服务人员应时刻具备安全意识，留意任何有危险性的事件，及时发现并处理安全隐患，减少发生意外的概率。

（2）保持乘车环境的整洁，提升乘客满意度。

3. 良好的仪容仪表

（1）乘客最常见到的是城市轨道交通客运车站服务人员，第一印象非常重要，好的开始就是成功的一半，作为城市轨道交通服务人员，需要时刻保持制服清洁和整齐，时刻佩戴工牌。

（2）保持良好的仪表，令乘客产生亲切感和信心。

4. 对乘客不当行为的警惕

（1）维护城市轨道交通运营企业和乘客的利益，制止违法行为。

（2）礼貌劝阻乘客的不当行为，制止违反城市轨道交通运营企业相关规定的行为。

（五）城市轨道交通客运服务人员素质要求

1. 主动热情

主动热情是指城市轨道交通客运服务人员即使在乘客暂时不需要服务时，也要眼观六路，耳听八方，心里想着乘客、眼里看着乘客，为乘客提供服务。优秀的城市轨道交通服务人员往往能够在乘客尚未发出"请提供服务"信息之前就能察言观色，主动服务。除此以外，城市轨道交通客运服务人员要保持持久的热情。无论乘客如何挑剔，也无论受到了多大的委屈，始终都要以积极热情的态度面对每一位乘客，这种热情要建立在以服务为荣的基础上，谨记不能控制情绪的城市轨道交通服务人员是肯定做不好服务工作的。

2. 控制情绪

作为一名优秀的城市轨道交通客运服务人员，应善于控制自己的情绪、约束自己的情感、克制自己的举动，无论与哪一类型的乘客接触，无论发生什么问题，都能够做到镇定自若，不失礼于人。当乘客有不满情绪时，往往会对服务人员提出批评。这种批评可能会在不同场合以不同方式提出来。当乘客在公开场合向服务人员疾言厉声时，往往会使人难以接受。遇到这种情况，客运服务人员首先需要冷静，不要急于与之争辩。切不可针锋相对，使矛盾激化难以收拾。如果乘客无理取闹，则可以交相关部门或人员解决。

3. 处变不惊

城市轨道交通客运车站就是一个小型社会，各式各样的人都有，各种情况和突发事件都有可能随时发生，因此，要求城市轨道交通客运服务人员一定要有处变不惊的能力。在面对一些喜怒无常、无理纠缠的乘客时，在遇到列车晚点、突发事件、设备故障时，都需要城市轨道交通客运服务人员"临变不乱"来应变各种突发状况。这就要求城市轨道交通客运服务人员不仅熟知各类应急处置预案，还要培养良好的心理素质。城市轨道交通客运服务人员（车站站务员）如图 8-3 所示。

(a) (b)

图 8-3 城市轨道交通客运服务人员（车站站务员）

三、任务实施

工作任务：城市轨道交通客运服务概述。

制作 PPT，以小组为单位进行城市轨道交通客运服务概述的讨论，其内容包括城市轨道交通客运服务的基本特征、客运服务的分类、客运服务的基本内容及乘客需求、客运服务的核心要素等。

四、任务评价

城市轨道交通客运服务概述任务评价表如表 8-3 所示。

表 8-3　城市轨道交通客运服务概述任务评价表

项目任务	城市轨道交通客运服务概述			
班级		姓名		评价时间
考核内容				
考核项目	考核标准		分值（分）	得分（分）
客运服务基本概念	阐述城市轨道交通客运服务基本特征、客运服务分类及客运服务内容		15	
客运服务规范、素质要求	以小组为单位进行城市轨道交通客运服务礼仪训练，模拟真实的地铁车站进行规范的礼仪客运服务		20	
	阐述城市轨道交通客运服务人员素质要求		15	
制作内容	制作能清晰展示的 PPT		15	
	要求类型分析图形准确，文字流畅		15	
	做到业务分析熟练、图文并茂		20	

指导教师意见：

说明：1. 建议采用四级评分制（如 90%～100%，80%～90%，60%～80%，60%以下）；
　　　2. 主要采用小组互评的方式进行评价，教师最后进行参考评分

任务二　城市轨道交通客运服务礼仪

一、任务导入

城市轨道交通服务人员在服务过程中时刻代表城市轨道交通运营企业的形象，乘客对服务礼仪的评价，直接影响乘客对城市轨道交通运营企业的印象。学礼、知礼、用礼，已经成为城市轨道交通服务人员提供优质服务的重要保证。通过学习理解仪容礼仪、仪态礼仪规范要求，掌握语言沟通礼仪、车站各岗位服务礼仪规范要求。

二、知识准备

礼仪主要是指仪容、仪态及举止行为，它能够体现出一个人的思想道德水平、文化素养、交际能力，作为一个城市轨道交通运营企业来说，员工具备良好的服务礼仪能够体现出这家企业的形象、企业文化。对于时刻面对乘客的城市轨道交通客运服务人员，学好服务礼仪是非常重要的。

城市轨道交通服务礼仪是指城市轨道交通服务人员在与乘客交往程中应该具有的相互尊重、亲善和友好的行为规范和艺术，是"以客为尊、以人为本"理念的具体体现，是城市轨道交通优质服务的重要组成部分。

（一）仪容礼仪

仪容是指一个人的容貌，是一个人仪表的重要组成部分，主要包括头部、面部、颈部、手部等直接裸露在外的部位。良好的仪容是城市轨道交通客运服务人员个人素质的

写照,也体现了对乘客的尊重。"三分长相,七分扮相"说的就是此理。

1. 头发

头发是人体的制高点,很能吸引他人的注意。

发型整洁:保持头发清洁,有助于保养头发、消除异味、清除异物。若对头发懒于梳洗,蓬头垢面,发屑随处可见,会损坏个人的形象。

发型标准:男士不可剃光头,不可留长发,不烫发,不可染成本色以外的颜色;前不遮眉、侧不遮耳、后不触领;女士不可染成本色以外的颜色;前不遮眉、侧不遮耳;以肩为界,分为短发和长发。城市轨道交通职业化头发形象标准如图8-4所示。

(a) (b) (c)

图8-4 城市轨道交通职业化头发形象标准

2. 面容

仪容在很大程度上指的是人的面容,面容修饰在仪容修饰中的作用举足轻重。修饰面容时首先要做到面部清洁,即要勤洗脸。

面容装饰:女员工须化素雅的淡妆,保持良好的精神状态,不要浓妆艳抹,也不要使用颜色怪异和气味浓烈的化妆品,化妆的要求为淡雅、简洁、适度、庄重、避短。男员工必须将胡须剃净,常修剪鼻毛,保持面容清洁。城市轨道交通职业化面部形象标准如图8-5所示。

(a) (b)

图8-5 城市轨道交通职业化面部形象标准

3. 注意口腔、手部、身体卫生

(1) 口腔卫生:必须讲究礼仪保持口腔清洁,养成每日早、晚、饭后刷牙的良好习惯,消除残留物,保持口腔清新,班前忌饮酒,忌吃葱蒜、韭菜等气味浓烈的食物,以免产生异味,影响乘客服务。

(2) 手部卫生:平时勤洗手,保持双手清洁,养成经常修剪指甲的良好习惯,不留长指甲，以免藏污垢，指甲长度以从手心向外看不超过1毫米为宜；只可涂肉色或透明色的指甲油并保持完好，不得使用指甲装饰品。城市轨道交通职业化手部卫生形象标准如图8-6所示。

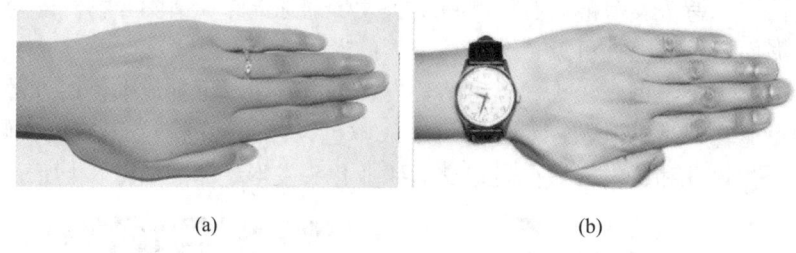

(a)   (b)

图8-6 城市轨道交通职业化手部卫生形象标准

（3）身体卫生：为保持身体卫生，须勤洗澡勤换衣服，班前忌剧烈运动。另外，客运人员在工作时不宜使用气味浓烈的香水。

4. 着装

城市轨道交通客运车站工作人员在日常工作中要求穿着指定的工作制服，其着装标准如下：

（1）上班时间按季节统一着工作制服，各站应根据部门通知统一更换相应季节的工作制服。

（2）穿着制服时应佩戴领带（领结）、工号牌（挂绳式工牌或胸针式工牌）。

（3）穿着制服时，应衣装整洁。

（4）穿着制服时，应穿黑色或深色的皮鞋，鞋面保持干净。

（5）饰品佩戴要求：项链应佩戴在衣领内，不可外露；客服人员一律不得佩戴脚链；不得佩戴手镯、手链；佩戴手表时，款式要自然大方；男性工作人员不可佩戴耳钉、耳环，女性工作人员只可佩戴耳钉，耳钉款式应与自身的仪表相协调，每只耳朵不得超过一只耳钉，其直径应小于5毫米。

（6）工装尚未下发前，公司各岗位员工在学习和工作时需穿着白衬衣和深色裤子，不允许穿其他颜色的衣服上岗。

客运服务人员要注重仪容修饰，扬长避短，做到形象端正，展现个人的美好形象。某城市轨道交通客运人员着装仪容仪表标准如图8-7所示。

图8-7 某城市轨道交通客运人员着装仪容仪表标准

城市轨道交通运营企业着装仪容仪表通用标准如表 8-4 所示。

表 8-4 城市轨道交通运营企业着装仪容仪表通用标准

序号	工作内容	工作标准	备注
1	制服时间	6—9月着短袖夏装、11月15日—次年3月15日着冬装大衣，其余时间着春秋套装，四季更换制服原则上应全线保持统一，如个别车站温度差异较大则各站统一	按要求更换制服，确保着装统一
2	着装	(1) 衣着干净平整，扣子全部扣好。 (2) 男员工衬衣下沿应束进裤内，女员工衬衣下沿外放。 (3) 着制服时需穿黑色皮鞋，女员工穿工鞋时跟高不能超过5厘米。 (4) 制服尚未下发前须穿着与制服颜色相近的衣服	不缺扣、不立领、不挽袖、不挽裤、不敞胸露怀
3	配饰	穿着制服时应佩戴领带（领结）、工卡、胸牌，工卡正面朝上，胸牌佩戴在相应位置	如遇工卡、胸牌未配发或丢失应及时报备
4	标志	服务徽章等佩戴于工号牌中上方；党徽、团徽佩戴于服务徽章的中上方；绶带佩挂在左肩上	按要求佩戴
5	发型	(1) 女员工头发长度超过肩膀时，必须佩戴头花，将头发挽于发网内。 (2) 男员工不准留长发、剃光头或者蓄胡须	禁止留怪异发型、染夸张发色
6	仪容	(1) 讲究个人卫生，面部干净整洁，不得纹身，忌用浓烈香水，保持口气清新，双手清洁。 (2) 女员工需淡妆上岗	禁止浓妆艳抹、化烟熏妆等；不留长指甲，不涂有色指甲油
7	饰品	只能佩戴一枚婚戒；佩戴手表时，款式要自然大方；男员工不准戴耳钉、耳环，女员工只能佩戴一对耳钉	不佩戴夸张饰物

（二）仪态礼仪

仪态也叫仪姿、姿态，泛指人们身体所呈现的各种姿态，它包括举止动作、神态表情和相对静止的体态。人们的面部表情、体态变化，行、走、站、立、举手投足都可以表达思想感情。

1. 站姿仪态

站姿是人静态的造型动作，优美、典雅的站姿是发展人的不同动态美的基础和起点。优美的站姿能显示个人的自信，衬托出美好的气质和风度，并给他人留下美好的印象。站立要直，站姿端正、稳重、自然。某城市轨道交通客运人员站姿标准如图 8-8 所示。

（1）站姿的基本要领。

①头部微微抬起，面部朝向正前方，双目平视，下颌微微内收。

②颈部挺直，双肩平正，微微放松，呼吸自然，腰部直立，上体自然挺拔。

③张开双手，两虎口交叠握住，双臂自然下垂，放于身前，手指自然弯曲。

④女性一脚向前，另一脚可斜向成 15°~20°的角度，需要换脚时，应先收拢再出脚；男性两脚平行分开，约与肩同宽。

(a)   (b)   (c)   (d)

图 8-8　某城市轨道交通客运人员站姿标准

⑤注意提起髋部，身体质量应平均分布在两条腿上。

（2）站姿禁忌。

①站立时，东倒西歪，无精打采，懒散地倚靠在墙上、桌子上。

②低着头、歪着脖子、含胸、端肩、驼背。

③将身体的重心明显地移到一侧，只用一条腿支撑着身体。

④下意识地做小动作。

⑤在正式场合，将手叉在裤袋中，双手交叉抱在胸前，或者双手叉腰。

⑥男子双脚左右开立时，两脚之间的距离过大，挺腹翘臀。

⑦两腿交叉站立。

2. 坐姿仪态

坐姿仪态文雅、端庄，不仅给人以沉着、稳重、冷静的感觉，而且也是展现自己气质与修养的重要形式。坐姿要正、身体挺直、双腿并拢。地铁车站客运人员坐姿标准如图 8-9 所示。

(a)   (b)

图 8-9　地铁车站客运人员坐姿标准

（1）坐姿的基本要领。

①落座前，女性应用双手由下而上（自腰部下方向膝后部），稍稍拢下裤或裙。落

座位置只能在椅面（凳面、沙发面）面积的 1/2 或 2/3 处（臀部后面距离椅背约 2 厘米），有扶手的可搭一只手臂或不搭。

②落座后，上身要保持与站姿相同的挺拔，不能依靠椅子靠背，保持头正肩平，下颌微收，挺胸收腹，上身也不要过分前倾。

③需架腿时，应保持两小腿间密贴无缝，可以向左或向右倾斜，但不能摇晃架起的腿。

（2）坐姿禁忌。

禁忌坐姿是指城市轨道交通工作人员在工作岗位上或与乘客交谈时不应出现的坐姿。坐姿是人际关系交往过程中持续时间较长的一种姿态。如果出现以下坐姿，就会给对方留下不良的印象：

①侧肩、耸肩、上身不正。

②含胸或过于挺胸。

③双臂交叉抱于胸前。双手抱腿或夹在腿间。

④趴伏于桌面，背部拱起。

⑤跷二郎腿，叉开过大，腿部伸出过长。

⑥脚部抖动，蹬踏他物，脚尖指向他人。

3. 蹲姿仪态

某城市轨道交通客运人员蹲姿标准如图 8-10 所示。

(a)

(b)

(c)

图 8-10　某城市轨道交通客运人员蹲姿标准

（1）蹲姿的基本要领。

①下蹲拾物时，应自然、得体、大方，不遮遮掩掩。

②下蹲时，两腿合力支撑身体，避免滑倒。

③下蹲时，应使头、胸、膝关节在同一个角度上，使蹲姿优美。

④女士无论采用哪种蹲姿，都要将腿靠紧，臀部向下。

⑤弯腰捡拾物品时，两腿叉开，臀部向后撅起，是不雅观的姿态。两腿展开平衡下蹲，其姿态也不优雅。

⑥下蹲时注意内衣"不可以露，不可以透"。

（2）蹲姿的类型。

①高低式蹲姿。下蹲时一般右脚在前，左脚在后。右脚全脚着地，小腿基本垂直于

地面,左脚脚掌着地。左膝内侧靠于右小腿内侧,左膝低于右膝,形成右膝高左膝低的姿态,臀部向下,基本上以左腿支撑身体。

②交叉式蹲姿。下蹲时,右脚在前,左脚在后,右小腿垂直于地面,右脚全脚着地;右腿在上,左腿在下,两者交叉重叠;左膝由后下方伸向右侧,左脚跟抬起,并且以脚掌着地;两脚前后靠近,合力支撑身体;上身略向前倾,臀部朝下。

(3) 蹲姿禁忌。

①突然下蹲。蹲下时不要速度过快。

②离人太近。在下蹲时,应与身边的人保持一定的距离。

③方位失当。在他人身边下蹲时,最好与他人侧身相向。

④毫无遮掩。

⑤蹲在凳子或椅子上。

4. 行姿仪态。

某城市轨道交通客运人员行姿标准如图 8-11 所示。

(a)

(b)

图 8-11　某城市轨道交通客运人员行姿标准

(1) 行姿的基本要领。

①体态优美:昂首挺胸、双目平视前方、表情自然。

②重心放准:双肩平齐、上身挺直、重心稍前倾。

③摆动适当:两臂自然摆动,前摆时稍向里折(手臂与身体的夹角为 10°～15°)。

④做到两脚尖略开,脚后跟先着地,两脚内侧落地,走路时成一条直线,行走中不要突然转向,更忌突然大转身。

⑤步幅适当:两脚落地的距离大约为一个脚长,即前脚的脚跟距后脚脚尖一个脚的长度为宜,对男性约为 40 厘米,对女性约为 36 厘米。

⑥行走速度应保持均匀、平稳,不要忽快忽慢,一般每分钟为 60～100 步。

(2) 行姿禁忌

①夹着手臂走动,只摆动小臂。

②抬脚,蹭着地走,女性叉开腿走路。

③耷拉着眼皮或低着头走。

④在工作场合,边走边吃东西,手插在口袋里,双臂相抱,倒背双手;不因场地而及时调整脚步的轻重缓急,把地板踩得"咚咚"作响。

5. 指引礼仪

某城市轨道交通客运人员指引标准如图 8-12 所示。

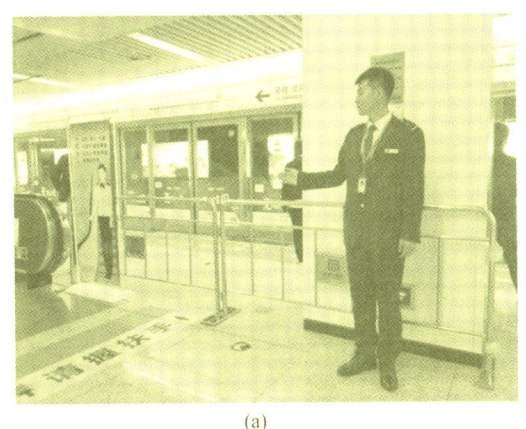
(a)

(b)

图 8-12　某城市轨道交通客运人员指引标准

(1) 指引基本要领。

①保持站姿,五指并拢、掌心向上,手掌面微向内倾斜或与地面成 45°角(大拇指侧向上)。

②手掌向需要指引的方向由下而上运动,并根据目的地的远近控制手臂的伸展曲度。目的地越远,下臂与上臂之间的夹角越大。

(2) 指引禁忌。

①手势与说话的内容不一致。

②不稳重的手势。

③将手插在口袋中。

6. 表情、目光、微笑

某城市轨道交通客运人员微笑服务场景如图 8-13 所示。

(a)

(b)

图 8-13　某城市轨道交通客运人员微笑服务场景

(1) 表情:在接待乘客时,表情自然、温和,眉头自然舒展。

(2) 目光：与乘客交谈时，目光必须注视着对方；目光坦诚、亲切，和蔼、有神；不将目光长时间集中在对方的脸上或身体的某一个部位上，目光注视对方脸部以双眼连线为上限，以唇心为底点所形成的倒三角区域位置上。

(3) 微笑：微笑须发自内心、轻松友善，要自然、真诚，切忌虚假、做作地笑。

仪态礼仪是表现个人涵养的一面镜子，也是构成一个人外在美好的主要因素。不同的仪态显示人们不同的精神状态和文化教养，传递不同的信息。某城市轨道交通运营企业仪态形体通用标准如表8-5所示。

表8-5 某城市轨道交通运营企业仪态形体通用标准

序号	工作内容	工作标准	备注
1	站姿	抬头挺胸，下颌微收、两眼平视前方或注视服务对象，立腰收腹，双臂自然下垂，两脚跟并拢，脚尖分开呈60°，男士站立时双脚可分开，不超过肩宽	禁止倚靠墙面、柱子等物体；禁止重心移到一侧，单腿支撑身体；禁止手插口袋，双手抱胸或叉腰；禁止双脚交叉站立
2	行姿	身体直立、立腰收腹、两眼平视前方，双臂在身体两侧自然摆动，跨步均匀，步履自然稳健	禁止走路摇晃，内外八字步；禁止行走速度过快或过慢；禁止手插口袋
3	坐姿	入座轻稳，上身直立，立腰收腹，两眼平视前方或身体微微前倾注视服务对象，双肩平正放松	禁止歪斜倚靠在椅背上；禁止腿、脚不停抖动
4	蹲姿	右脚在前，小腿垂直于地面，左脚稍后，脚掌着地脚跟提起，两腿靠紧，身体微前倾，臀部向下蹲	禁止双腿展开平衡下蹲；禁止行走中突然下蹲；禁止背对他人、正对他人蹲下
5	指引手势	掌心向上，四指并拢，拇指自然张开，以肘为轴，前臂自然上抬，伸直，面带微笑，视线注视指示方向	禁止用手指点人；禁止指引时掌心向下

（三）语言沟通礼仪

语言是人类用以表达思想、交流感情、沟通信息的特有工具。在日常工作中，城市轨道交通客运服务人员不仅需要具备一定的语言文字的使用能力，而且必须以此作为最重要的交际工具。服务人员在与乘客接触和提供服务过程中，倾听应答、解释、劝说和说服等是常用的语言和交谈形式。某城市轨道交通客运人员语言沟通场景如图8-14所示。

1. 语言沟通礼仪基本要求

(1) 态度诚恳亲切，措辞谦逊文雅。

(2) 遣词用句准确得体。

(3) 称呼问候礼貌适宜。

(4) 吐字发音清晰正确。

(5) 语气语调亲切自然。

(6) 不要忽视无声语言。

(a)   (b)

图 8-14　某城市轨道交通客运人员语言沟通场景

2. 常用服务用语

(1) 站台服务用语。

①列车进站前及进站时："各位乘客，为了您和他人的安全，请站在黄色安全线内排队候车，多谢合作！""各位乘客，为了您的安全，请勿手扶站台门/安全门，请排队候车，多谢合作！""各位乘客，由于现在站台乘客较多，请到站台××部候车，多谢合作！"

②当站台乘客较多或有乘客倚靠站台门时："上车的乘客请注意，请小心列车与站台之间的空隙，不要倚靠站台门，先下后上，多谢合作！"

③列车将要关门时："各位乘客，车门即将关闭，没有上车的乘客请您耐心等候下一趟列车，请不要越出黄色安全线，多谢合作！"

④乘客越出黄色安全线时："各位乘客/××，为了您和他人的安全，请站在黄色安全线内排队候车！"

⑤乘客携带气球进站乘车时："您好，为了您和他人的安全，请不要携带气球乘车，谢谢合作！"

⑥小孩在站台上追逐奔跑、打闹时："您好，由于地面很滑，容易摔倒，请您看好自己的小孩，不要使其在站台上追逐奔跑、打闹。"

⑦有乘客走近时，主动询问："先生/女士，您好，请问有什么需要帮助的吗？""先生/女士，您好，请问我能为您做点什么？"

⑧当有乘客在站台吸烟时："先生/女士，您好，为了您与其他乘客的安全和健康，请不要在地铁站内吸烟。"

⑨列车服务终止时："各位乘客，今天的列车服务已经终止，请您尽快出站，谢谢合作！"

⑩乘客有物品掉落轨道时："您好，请不要着急，切勿私自跳下轨道，我们的工作人员会尽快帮您拾回物品的，请您放心，多谢合作！"

(2) 站厅服务用语。

①要求乘客排队购票（高峰期）时："各位乘客，请按秩序排队购票，多谢合作！"

②需要更换 TVM 钱箱、票箱或进行故障维修时："先生/女士，对不起，这台设备暂停使用，请您稍等，或请使用其他设备，谢谢！"

③指引乘客购票时："请持有 5 元、10 元纸币的乘客直接到 TVM 上购票，需兑换

硬币的乘客请直接到售处（客服中心）兑换。"

④请乘客到站厅人较少的一端购票时："各位乘客，为了节省您的时间，请到人较少的 TVM 或人工售票处购票。"

⑤某一方向的列车服务终止时："各位乘客，××号线开往××方向的列车服务已经终止，请乘客停止购票进站，不便之处，敬请谅解！"

⑥有乘客走近时，应主动询问："先生/女士，您好，请问有什么需要帮助的吗？""先生/女士，您好，请问我能为您做点什么？"

⑦当有乘客在站内吸烟时："先生/女士，您好，为了您与其他乘客的安全和健康，请不要在地铁站内吸烟。"

⑧当发现乘客携带危险品进站时："先生/女士，对不起，为了您与其他乘客的安全，根据规定，您不能携带××乘坐地铁，谢谢您的合作！"

（四）车站各岗位服务礼仪规范

1. 值班站长服务礼仪规范

（1）上岗前做好仪容仪表的检查，做到仪表整洁，仪容端庄，符合要求。

（2）处理乘客事务及时礼貌。

（3）遇到乘客需要咨询、帮助时耐心礼貌。

2. 行车值班员服务礼仪规范

（1）上岗前做好仪容仪表的检查，做到仪表整洁，仪容端庄，符合要求。

（2）遇到咨询礼貌讲解。

（3）播放广播规范得体。

3. 客运值班员服务礼仪规范

（1）上岗前做好仪容仪表的检查，做到仪表整洁，仪容端庄，符合要求。

（2）乘客遇到困难时耐心礼貌解决。

（3）接受乘客投诉建议礼貌对待。

4. 站务员服务礼仪规范

（1）上岗前应做好仪容仪表的自我检查，做到仪表整洁，仪容端庄，符合要求。

（2）工作中保持良好的仪态，精神饱满，面带微笑，精神集中。

（3）在与乘客进行交流过程中，应使用标准服务用语。

（4）注意语言礼仪，态度诚恳。

（5）要做到"急乘客所急"，尽职尽力地为乘客服务，不推脱，不回避。

【实例链接】

北京首部地铁服务规范出台　禁止员工指甲超 2 毫米

首部地铁服务规范出台：

女员工禁戴手链、男员工头发鬓角不能过耳——地铁运四分公司特别针对刚出台的北京地铁服务规范，通过图示的方式，对一线员工的仪容仪表提出统一标准。昨天，记者在被称为国门第一线的机场线车站内看到了张贴于办公区的男女员工仪表标准卡通图示。

地铁运四公司分别依照规范特制的男员工、女员工两版卡通衣着、仪表标准图已经在机场线所有车站员工区域内公示。所有员工在身着地铁识别服上岗服务前,都要对照这一卡通形象图,只有全部符合标准的才能进入车站服务。

在"仪表图"中,男员工仪表标准包括帽子佩戴端正、面部不得蓄胡、发鬓不得过耳等,女员工则需要注意短发不过肩额发不过眼,面部干净,可化淡妆;耳饰简单,不超过1副;指甲同样不得超过2毫米,鞋跟小于3.5厘米等。

——北京晨报 2012 年 8 月 24 日

三、任务实施

工作任务:城市轨道交通客运服务礼仪。

制作PPT,以小组为单位进行城市轨道交通客运服务礼仪动作要点的学习讨论,进行城轨道交通客运服务的站姿、走姿、坐姿、蹲姿、指引手势等礼仪训练与表演。

四、任务评价

城市轨道交通客运服务礼仪任务评价表如表8-6所示。

表8-6 城市轨道交通客运服务礼仪任务评价表

项目任务		城市轨道交通客运服务礼仪		
班级		姓名	评价时间	
考核内容				
考核项目	考核标准		分值(分)	得分(分)
客运服务礼仪	以团队为单位进行城轨道交通客运服务的站姿、走姿、坐姿、蹲姿、指引手势等礼仪表演考核		20	
客运服务礼仪养成职业习惯	阐述语言沟通礼仪车站各岗位服务礼仪规范		10	
	以团队为单位模拟真实的地铁车站,扮演乘客、车站站务员进行客运服务语言沟通礼仪表演考核		20	
制作内容	制作能清晰展示的PPT		15	
	要求类型分析图形准确,文字流畅		15	
	做到业务分析熟练、图文并茂		20	
指导教师意见:				

说明:1. 建议采用四级评分制(如90%~100%,80%~90%,60%~80%,60%以下);
2. 主要采用小组互评的方式进行评价,教师最后进行参考评分

任务三 城市轨道交通客运服务规范

一、任务导入

城市轨道交通规范的客运服务形象不仅向乘客展现城市轨道交通服务人员的风采,

还展示了城市轨道交通行业良好形象。客运服务人员需要从行为规范、服务标准等多个方面一点一滴的细节做起,树立、提升服务品牌形象。通过学习了解服务意识规范、服务行为规范、服务用语规范、服务环境卫生标准,理解服务要求规范、服务态度规范、服务方法规范,掌握车站各岗位服务标准。

二、知识准备

客运服务是城市轨道交通运营企业的核心工作之一,是城市轨道交通运营企业创建服务品牌,树立企业社会形象的基础性工作,为此,各城市轨道交通运营企业结合行业服务要求,立足自身特点,制定自身特色的城市轨道交通客运服务规范,有助于推动城市轨道交通客运服务工作提升,形成良好的品牌效应。某城市轨道交通客运人员客运服务场景如图 8-15 所示。

(a)　　　　　　　　　　　　　　(b)

图 8-15　某城市轨道交通客运人员客运服务场景

(一) 服务意识规范

服务意识是指城市轨道轨交通服务人员能自觉、热情、耐心、细致、周到地为乘客提供主动式、个体式服务。主动式服务是指乘客未发出求助信号,但有需要工作人员提供帮助之际,城市轨道轨交通服务人员能超前反应,为乘客提供服务。个体式服务是指城市轨道轨交通服务人员能够入微地对需要帮助的乘客提供个性化服务,如照顾身体不适的乘客等。

城市轨道交通服务人员在乘客服务区应保持良好的服务意识,言行举止要做到文明礼貌,主动、热情地向有需要的乘客提供帮助,树立文明、和谐、周到的服务形象。

1. 树立服务意识

要摆正城市轨道交通服务人员与乘客之间的两种关系。

首先是客观依赖的关系。城市轨道交通出于自身生存和发展的需要,应该十分重视和摆正自己与乘客的关系,每位城市轨道交通服务人员必须清醒地认识到对自己的服务对象和客观存在的依赖关系。懂得只有牢固树立"乘客至上,服务为本"的观念,以优质的服务树立良好的信誉,千方百计争取运输对象,才能保证自身的生存和发展。

其次是服务与被服务的关系。城市轨道交通服务人员的主要职责是为乘客提供服务,乘客乘坐城市轨道交通不是对服务人员的恩赐,城市轨道交通服务人员与乘客在人格上是平等的,但是在工作岗位上服务人员是提供服务的服务者,乘客是被服务者,这种关系是不能用平等来解释的。服务人员的一言一行要服从于乘客的利益,不能要求乘客"必须这样,不能那样",而是尽量满足乘客乘坐城市轨道交通过程中的需求。当然,有时为了维护正常的运行秩序,保证乘客的乘车安全,城市轨道交通服务人员要对乘客提出相应的乘车要求,这并非与乘客的根本利益相矛盾,而是一致的,它同因为"乘客有求于我"而必须"听我的"在本质上是有区别的,所以乘客是最重要的,是第一位的。某城市轨道交通客运人员为乘客包扎伤口服务场景如图 8-16 所示。

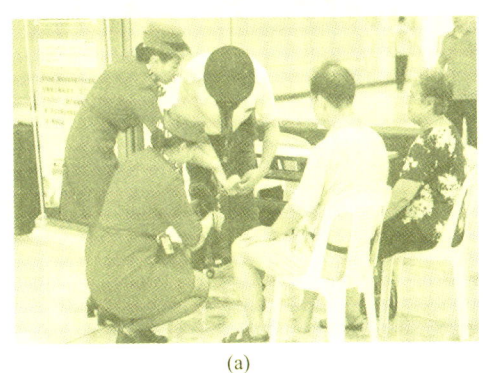
(a)

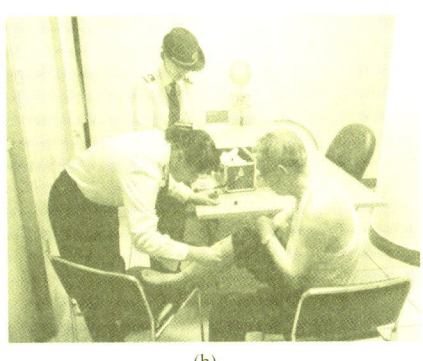
(b)

图 8-16 某城市轨道交通客运人员为乘客包扎伤口服务场景

2. 树立窗口意识

城市轨道交通作为城市的文明窗口,服务人员是这个窗口的重要代表。服务人员优良的言行举止是透过这个窗口所展示的优美画卷,城市轨道交通管理的水平和服务质量要看这个窗口,乘客最关心的是这个窗口,国内外来宾会通过这个窗口看这座城市,甚至看我们的国家。服务人员要以"窗口无小事"的意识规范自己的岗位行为,展示城市轨道交通的文明风范。

3. 树立乘客意识

城市轨道交通客运服务人员的服务对象是乘客,在乘车过程中,乘客的各种需求是受心理支配的,而各种外界的条件变化又直接影响着乘客的心理。服务人员只有掌握乘客的心理活动规律,及时了解乘的要求,知道乘客喜好什么、厌恶什么,才能有的放矢、因势利导提高服务水平。一切从维护乘客的利益出发,时刻尊重乘客;以乘客需求为出发点,最大限度地为乘客提供优质、满意的服务是城市轨道交通客运服务人员工作的出发点和落脚点。

【实例链接】

北京地铁服务理念

始终坚持"安全、准确、高效、服务"的运营宗旨和"安全第一、预防为主"的运营方针,以及"以市场为中心、以乘客需求为导向"的服务理念。

广州地铁服务理念

经营理念为"效益导向、营销领先";管理理念为"不断变革、追求卓越";地铁的服务理念为"诚信立本、品牌至上";竞争理念为"文化制胜"。

长沙地铁服务理念

服务于心,温暖随行。安全地铁、精品地铁、绿色地铁、经营地铁。

长沙城市轨道交通客运人员为乘客测量体温服务场景如图8-17所示。

图8-17 长沙城市轨道交通客运人员为乘客测量体温服务场景

苏州地铁使命、愿景与质量方针

使命为"创造机会、创新生活";愿景为"一流的城市交通主力运营商";核心价值观为"诚信、守纪、友爱、精致";质量方针为"精诚管理、精细维修、精确调度、精致服务"。

苏州地铁服务承诺

(1)对外公开首末班次列车时刻,首末班车正点运行。列车运行正点率不小于99.5%,列车运行图兑现率不小于99.5%。

(2)轨道交通服务热线电话69899000,全日受理乘客来电(其中7:00—22:00为人工接听方式,22:00—次日7:00为录音留言方式),接到投诉后7个工作日内回复,乘客有效投诉回复率100%。

(3)向特殊乘客提供爱心预约服务,预约电话69899000。

(4)无障碍电梯、电动扶梯可靠度不小于99.5%,TVM可靠度不小于99%,检票闸机可靠度不小于99.5%。

(5)窗口服务实行首问责任制,使用十字文明用语(您好、请、谢谢、对不起、再见)。

(二)服务行为规范

服务行为是指城市轨道交通服务人员在岗时需精神饱满、举止大方、行为端正。通过肢体语言向乘客传达良好的工作状态,用符合岗位角色的形体标准为乘客提供服务。

(1)员工进入站厅、站台、设备区应注意形象,站务人员必须佩戴工号牌(如未配发工号牌或工号牌丢失,补办期间应佩带本人胸卡),其他人员须佩戴胸卡,服从车站的统一管理,不得在乘客服务区喧哗、打闹、饮食、躺卧等。

(2)员工穿着制服(工作服)搭乘城市轨道交通时,应注意仪容仪表,着装整齐,不穿污垢、污渍制服(工作服),不得赤脚或穿拖鞋,不卷袖或卷裤;上下班途中,如穿着工装，须按标准着装，要注意文明礼让，主动让座给有需要的乘客，不得与乘客争抢座位。

（3）岗位纪律"十不准"：不准擅自离岗，不准带酒气上岗，不准在岗吸烟，不准在岗吃零食，不准刁难、勒卡乘客，不准使用服务忌语，不准聚堆聊天，不准边走边答，不准嬉笑打闹，不准当班睡觉。

（4）员工在上班前和工作中不能食用生葱、生蒜等有异味的食品。

（5）员工在上班期间不能干与工作无关的事情，如看杂志书报、聊天、打游戏、玩手机等。

（6）员工在岗位时要精神饱满、举止大方、行为端正。不得将个人情绪带到工作上，不得剪指甲、挖耳朵、打哈欠及伸懒腰等。

（7）员工在岗时，应站姿挺拔、双手自然下垂或双手握手自然下垂放于身体前方，不得背手、抱拳、玩手指、玩钥匙、手插进口袋或手搭在物品上、倚靠墙柱等；坐着时要坐正、挺胸，不得斜躺、抖腿、用手托腮及趴在桌面，做到"站有站相，坐有坐姿"。

（8）员工要保持车控室对外服务形象，非车控室当班员工不得在车控室内逗留。

（9）员工乘车时要注意文明礼让，主动让座给有需要的乘客，不得与乘客争抢座位。

（10）员工回答乘客咨询时，要耐心有礼，面带微笑。不得不理睬，不得边走边回答，不得边工作边回答，不得以摇头、点头等方式回答乘客。应停下手中工作认真回答（如工作确实无法中止应请乘客稍等，并在工作后第一时间回答）。对自己无法回答的询问，应请教同事或指引乘客咨询其他工作人员，不得给乘客误导，不得互相推诿。

（11）主动维持乘客候车、乘车秩序；当乘客违反城市轨道交通有关规定时，应从乘客安全、利益的角度出发，采用委婉的语言解释，严禁对乘客有大声呵斥、推、拉、扯、拽、不文明手势等行为；主动制止破坏车站、列车秩序，损害公司利益的行为；主动阻止、举报乘客及员工的票务违章行为；发生突发事件时应主动维持秩序，对乘客进行引导。

（三）服务用语规范

服务用语是指在城市轨道交通客运服务人员所使用的规范用语、标准用语。城市轨道交通客运服务人员在服务乘客的过程中必须使用文明用语，根据乘客的不同身份使用恰当的称呼用语，不得使用服务忌语。同时在交谈过程中应语调沉稳、语气舒缓、吐字清晰、音量适宜，说话过程中要开朗、有精神，更重要的是传达诚意。标准用语是服务岗位的基本要求，它对做好服务工作有十分突出的作用。某城市轨道交通客运人员语音服务场景如图8-18所示。

（1）车站服务人员工必须统一使用普通话，避免使用方言，并使用十字文明用语"您好、请、谢谢、对不起、再见"。

（2）语音标准：接待乘客时，语音要标准，避免念白字错字。

（3）语调柔和：车站服务人员在说话时，注意音量适中，以乘客听清楚为准；切忌大喊大叫或音量过小。

（4）语速适中：车站服务人员与乘客交谈时，语速要适中，并且在谈话中做必要的停顿。

图 8-18　某城市轨道交通客运人员语音服务场景

(5) 语气正确：车站服务人员的语气要表现出热情、和蔼、耐心、亲切，避免语气急躁、生硬、轻慢和不耐烦。

(6) 用词文雅，合乎规范，选择文雅礼貌的词语：车站服务人员在工作中与乘客交谈时，服务用词、用语要力求谦虚、敬人、高雅脱俗，尽量采用文雅规范的词语，不讲粗话、脏话、怪话。

(7) 服务用语的表达要使对方理解、明白：一是要注意简单明了，突出中心；二是要做到准确表达，尽量不使用模糊的语言；站务员工在对乘客服务中，要根据乘客的水平和需要，选择通俗易懂的措辞，使对方容易明白和接受。

(8) 与乘客交谈或使用人工广播时，应根据乘客的不同身份使用恰当的用语称呼，如先生、女士、小朋友、老爷爷、阿姨、同志等，不得使用"喂""嘿""哎""那位"等不礼貌用语称呼乘客。某城市轨道交通运营企业服务规范用语示例参照表如表 8-7 所示。

表 8-7　某城市轨道交通运营企业服务规范用语示例参照表

序号	类别	服务规范用语示例内容
1	文明用语	十字文明用语："请""您好""对不起""谢谢""再见"
2	称谓语	先生、女士、小朋友、大爷、大妈等
3	问候语	"您好""早上好""晚上好"等
4	征询语	"请问您需要帮助吗？""您看这样可以吗？"等
5	感谢语	"谢谢""感谢您提出的宝贵建议""谢谢您的配合"等
6	致歉语	"很抱歉，让您久等了""很抱歉，给您添麻烦了""对不起，打扰了""对不起，我没有听清，您能再说一遍吗？"等
7	告别语	"再见""慢走"等

(9) 回答乘客问题或使用人工广播时，应语调沉稳、语气舒缓、吐字清晰、声音圆润、语速适中、音量适宜，避免声音刺耳或使乘客惊慌，手提广播不能对着乘客的耳朵

呼喊。

(10) 处理违章事宜要态度和蔼、得理让人,不得讲斗气、噎人、训斥、顶撞、过头及不在理的话。严格遵守各岗位特殊语言要求,如客服中心兑零时应按照规定文明用语唱票等。

(四) 服务环境卫生标准

服务环境是指城市轨道交通运营企业向乘客提供客运服务的场所环境。城市轨道交通客运服务卫生干净、规范、整洁,有助于营造良好乘车环境氛围。某城市轨道交通客运车站站厅服务环境如图8-19所示。

(a)　　　　　　　　　　(b)　　　　　　　　　　(c)

图8-19　某城市轨道交通客运车站站厅服务环境

(1) 站厅、站台:地面、台阶无痰迹、无垃圾、无尘土、无保洁用具、无商铺物品等堆放物;站台站台门、墙、柱、门、窗无痰迹、无印迹、无泥点、无黑灰;边、角、棱、沿无黑灰、无蛛网;垃圾箱周围不得有污迹杂物、箱体外部不得有污垢、箱内杂物不得超过三分之二。

(2) 车站客服中心、站台站务员室、车控室、票务室、站长室、会议交接班室等其他设备、管理用房:物品应按规定摆放整齐,台面无杂物(包括饮料瓶、抹布等)、积尘,墙壁、玻璃干净无污渍、无油渍、无胶渍、无不标准张贴物等。

(3) 各车站管理范围内无乱停车辆、无摆卖摊贩、无乞讨卖艺等闲杂人员聚集。

(4) 各出入口台阶以上范围内必须保持整洁,地面、墙壁及玻璃等处无乱张贴、涂写现象,无杂物堵塞通道。

(5) 出入口及公共区扶梯表面干净整洁,扶手带、挡板无灰尘,梯级上无垃圾杂物。

(6) 出入口及公共区楼梯梯级无积水、垃圾,无人员坐卧。

(五) 服务要求规范

1. "四到"要求

(1) 心到:精神高度集中,随时应变异常。

(2) 话到:提醒乘客按排队线候车,按排队箭头候车,礼貌疏导客流,向违章乘客解释并制止乘客的违章行为。

(3) 眼到：三步一回头，密切注视乘客情况及列车运行状态。

(4) 手到：遇到地面有水，及时设置"小心地滑"牌，设备故障时放"暂停服务"牌，地面较脏及时寻找保洁清除。

2. "三多"要求

(1) 多巡视：沿站台内侧来回多巡视乘客和站台情况。

(2) 多观察：对设备和乘客动态要多观察，及时处理异常情况。

(3) 多提醒：主动提醒乘客看管好携带物品，照看好小孩，不得拥挤，到人少的一端候车，先下后上。

（六）服务态度规范

(1) 服务乘客时，应做到态度真诚、亲切自然、热情周到、认真负责，尊重乘客民族风俗习惯。

(2) 与乘客目光接触时，应微笑示意。

(3) 尊重乘客，不得以任何方式和借口怠慢、顶撞、刁难、训斥乘客，不得以任何理由与乘客争吵。

(4) 接受批评时，应冷静；致歉时，应诚恳；受到误解时，应悉心解释。

(5) 乘客询问时，应用心聆听，对不确定的问题不乱猜测，应通过耐心的询问进行确认，理解正确后回复。

(6) 乘客违反有关城市轨道交通规定时，应耐心劝导、善意提醒、态度平和、得理让人；乘客无理取闹时，应顾全大局，冷静处理，不感情用事。

(7) 当乘客陈述时，不得随意打断对方说话或表现出厌烦情绪和神色；如不得已需要打断乘客说话时，应等对方讲完一句话后，先说"对不起"，再进行说明。

(8) 当无意碰撞或影响到乘客时，应立即表示歉意，取得对方的谅解。

(9) 当乘客要求提供服务时，应遵循首问负责制，给予乘客必要的指引、介绍或答疑等服务。

(10) 遇到乘客态度不礼貌，如粗言秽语时，要保持克制，用平和的态度应对。

（七）服务方法规范

(1) 乘客第一法：树立乘客第一观念，并在应对处理时加以落实。

(2) 微笑服务法：微笑服务并不意味着只是脸上挂笑，应是真诚地为乘客服务。

(3) 文明用语法：坚持使用文明用语。主动热情道"您好"，以"请"字当先，以"谢"字结尾。

(4) 唱收唱付法：乘客购票时，为避免票款差错，应严格执行唱收唱付作业程序。

(5) 快速处理法：应重视乘客意见，快速处理，避免纠纷升级。

(6) 和风细雨法：遇到抱怨时，应态度平和，主动查找不足，妥善处理。

(7) 换位思考法：矛盾多因为不理解造成，要经常站在乘客角度思考、处理问题，减少矛盾。

(8) 意见分析法：服务永无止境，乘客的意见是改善服务的最大源泉，对乘客意见多分析改进。

（八）车站各岗位服务标准

城市轨道交通客运车站服务人员是城市轨道交通服务形象的主要载体，以下岗位服务标准对员工的言行举止、规范、服务技巧做出详细规定，以标准化、规范化为乘客提供服务。某城市轨道交通客运车站站务员岗位服务场景如图 8-20 所示。

(a)　　　　　　　　　　　　(b)

图 8-20　某城市轨道交通客运车站站务员岗位服务场景

1. 值班站长服务标准

（1）负责监控当班整体服务工作，巡视并检查当班员工在语言、形体、着装等方面是否符合服务标准，指正员工服务工作不足，确保本班服务质量。

（2）处理乘客事务时要尽快到达现场，如接到通知后不能及时赶到，必须马上安排员工处理。

（3）根据车站客流特点，合理安排人手，利用 CCTV 及时了解客服中心排队情况，杜绝排长队的现象。

（4）及时了解客服中心、报表、硬币等不足情况，并及时组织增补。

（5）客服中心在短时间内无法解决排长队问题时，值班站长负责决定客服中心直接出售单程票。

（6）在人手不够的情况下，值班站长应组织检修人员、保安、保洁人员拿广播协助引导（安排站务员参与售票或兑零）。

（7）部分 AFC 设备故障时采取措施解决乘客排队问题。

2. 行车值班员服务标准

（1）应公平、公正、合理、及时处理有关乘客问题。

（2）在岗时，应站在公司的立场，遵循公司的方针、政策。

（3）车站出现大客流、乘客排长队现象时应积极采取措施，播放广播疏导客流，让乘客顺利购票和进/出车站。

（4）当乘客通过车控室"对讲处"询问时，要礼貌、热情地向乘客解释。

3. 客运值班员服务标准

（1）监控设备状况和客服中心情况，确保设备正常和售票机零钱、票充足。

（2）应公平、公正、合理、及时处理有关乘客问题。

（3）在岗时，应站在公司的立场，遵循公司的方针、政策。

（4）出现大客流时及时采取措施，加开兑零窗口，安排员工疏导乘客。

（5）在出现大客流前做好准备工作，如提前配票，准备好充足钱、票，确保设备状态良好等。

（6）处理乘客事务时要尽快到达现场。

4. 厅巡岗站务员服务标准

（1）巡视站厅设备、扶梯运行情况，乘客进出站情况等，及时主动向有需要的乘客提供服务。

（2）根据需要配合解行、送币、处理乘客事务，帮助引导车票有问题的乘客到客服中心处理。

（3）积极疏导乘客，留意出入口、通道等特殊情况。

（4）及时向值班站长、值班员报告异常情况和问题。

（5）制止并处理乘客违反相关规定的行为，阻止乘客携带超长等物品进站。

（6）看到有特殊乘客进站及时通知有关岗位，对年老乘客、小孩、行动不便者要指引其走楼梯，必要时提供帮助以避免客伤事件发生。

（7）厅巡岗站务员应以乘客排队人数 10 人为临界点，及时向值班站长汇报，以便值班站长决策。

（8）积极引导乘客到乘客较少的客服中心、TVM、闸机等处购票，进/出站。

（9）负责监督工作区域内的卫生情况，发现问题，立即整改。

（10）遇闸机、扶梯故障等情况要及时摆放"暂停服务"牌，并及时向车控室报告。

5. 站台岗站务员服务标准

（1）监视列车运行状态、候车乘客动态，监视是否有乘客跳下轨道、进入隧道、倚靠站台门、抢上抢下或乘客物件掉落轨道，防止列车、站台门夹人夹物，根据情况及时采取正确的处理办法。

（2）指引乘客在黄色安全线内候车，不要倚靠站台门，不要抢上抢下，维护站台秩序，组织乘客有序候车、乘车。

（3）若发现异常情况及时采取措施并与车控室联系。

（4）回答乘客询问，在力所能及的范围内，尽量帮助乘客解决问题，特别注意帮助老、弱、病、残等需要帮助的乘客。

（5）当客车车门或站台门故障时，按有关程序要求协助司机处理车门、站台门。

6. 票亭岗站务员服务标准

（1）当乘客要求分析车票时，应快速正确用 BOM 分析，并将分析情况耐心告诉乘客，再采取相应的处理方法；为乘客充值前后要主动请乘客确认余值无误后，再做下一步操作。

（2）同时有两位乘客等候服务时，按照先付费区后非付费区的原则为乘客服务。

（3）当客服中心前出现较大客流时应及时通知值班站长。

（4）售票员主动领车票、报表和硬币，在客流较小时把现金及硬币整理好，或开启另一袋硬币等准备工作。

（5）交接班时，接班售票员须提前做好售票、兑零准备工作，之后交班售票员才可以终止售票、兑零工作，交接时间尽可能减少对乘客服务的影响。

(6) 客服中心工作人员应按"一收、二唱、三操作、四找零"的程序作业。

三、任务实施

工作任务：城市轨道交通客运服务规范。

制作PPT，以小组为单位进行城市轨道交通客运服务规范的讨论，模拟地铁车站情境树立客运服务意识规范，形成客运服务行为规范、服务用语规范、服务要求规范、服务方法规范、服务态度规范，实现客运服务卫生环境、车站各岗位优质服务。

四、任务评价

城市轨道交通客运服务规范任务评价表如表8-8所示。

表8-8 城市轨道交通客运服务规范任务评价表

项目任务	城市轨道交通客运服务规范			
班级		姓名		评价时间	
考核内容				
考核项目	考核标准		分值（分）	得分（分）
意识与行为	阐述服务意识规范、服务行为规范、服务用语规范		15	
服务规范	阐述服务要求规范、服务方法规范、服务态度规范		15	
服务标准	阐述服务环境卫生标准、车站各岗位服务标准		20	
制作内容	制作能清晰展示的PPT		15	
	要求类型分析图形准确、文字流畅		15	
	做到业务分析熟练、图文并茂		20	
指导教师意见：				

说明：1. 建议采用四级评分制（如90%～100%、80%～90%、60%～80%、60%以下）；
2. 主要采用小组互评的方式进行评价，教师最后进行参考评分。

任务四　城市轨道交通乘客事务处理

一、任务导入

正确认识、妥善处理乘客事务是城市轨道交通运营企业良好形象和高管理水平的体现。因此，应理解乘客事务相关知识，做好乘客事务处理，尤其是掌握乘客投诉处理相关内容，通过案例分析达到提高客运服务人员的客运服务技巧的目的。

二、知识准备

城市轨道交通是一个服务性行业，乘客参与其中，不可避免出现一些事情，如咨询、投诉、建议等。正确认识、妥善处理乘客事务是城市轨道交通运营企业良好形象和高管理水平的体现。城市轨道交通服务热线倾听并记录乘客事务需求场景如图 8-21 所示。

图 8-21　城市轨道交通服务热线倾听并记录乘客事务需求场景

（一）乘客事务介绍

乘客事务：乘客对城市轨道交通的投诉、建议、咨询、表扬统称为乘客事务。

（1）按乘客事务性质可分为投诉、建议、咨询、表扬。

（2）按乘客事务主体可分为人员服务类、设施设备类、运营政策类等。

（3）按乘客事务提交形式可分为来访、来电、来信、车站留言、网站留言、电子邮件及媒体、其他部门转办等。

（4）乘客事务要素。

①涉及人员服务类的乘客事务要素包含时间、地点、人员姓名或工号、事件概况、乘客意见、改进建议。

②非人员服务类乘客事务要素包含时间、地点、事件概况、乘客意见、改进建议。

（5）乘客事务处理通用原则。

①首问责任制原则：首位接待乘客的员工应尽力满足乘客的合理诉求，无法满足的，应为乘客指明其他解决方式。

②投诉无申辩原则：在处理乘客投诉时，首先要为给乘客带来的不便向乘客表示歉意，处理过程中要关心乘客的需求，做到耐心、有礼，态度友善、语气温和，不能出现顶撞、推诿等行为。

③现场处理原则：受理乘客事务的个人或部门要尽量在现场处理完毕，确保事务处理的有效性。

④满意原则：在处理乘客事务时，需迅速响应乘客的需求，在规定允许的情况下，尽量满足乘客的需要，做好服务补救措施，并及时将无法处理或乘客对回复不满意的投诉向上级反映，使乘客满意。

⑤及时原则：乘客投诉应在规定工作日内回复乘客。

⑥投诉事务调查原则：事务调查遵循"四不放过"的原则，即投诉原因分析不清不

放过、责任人和其他员工没有受到教育不放过、防范整改措施未落实不放过、责任人没有受到严肃处理不放过。

(二)乘客投诉介绍

乘客投诉是指当乘客乘坐城市轨道交通时,对出行本身和城市轨道交通运营企业提供的服务质量、服务设施、服务环境等产生抱怨和不满而提出的诉愿,通过信函、电话、传真、来访等形式反映服务质量的活动。

1. 乘客投诉分类

(1) 按照乘客投诉内容分类。

①规范服务:由于城市轨道交通客运车站员工违反服务标准,服务过程态度不佳、使用忌语、未按规定操作服务设施而引起乘客不满,造成的投诉。

②列车运行:因车辆、设备设施故障或其他突发事件造成列车晚点等不能正常运行情况,影响服务质量或相应善后处理欠缺造成乘客产生不满的投诉;由于列车司机在列车运行过程中,违反工作标准、操作指引,工作失误引起乘客不满造成的投诉。

③乘车环境:指车站管辖范围、车厢卫生状况及车站、车辆设备设施缺陷或故障,带给乘客不便造成的投诉。

④票款差错:因城市轨道交通员工工作失误、违反设备操作指引和规定,造成票、款差错,给乘客带来经济损失的投诉。

⑤其他:除以上内容外,还包括站内广告、商业网点产品质量、乘客伤亡等投诉。某城市轨道交通客运车站错误服务作业遭受乘客投诉模拟场景如图 8-22 所示。

(a)

(b)

(c)

(d)

图 8-22 某城市轨道交通客运车站错误服务作业遭受乘客投诉模拟场景

(2) 按照乘客投诉性质分类。

按照乘客投诉性质分为有责乘客投诉、无责乘客投诉。

有责乘客投诉是指在城市轨道交通运营服务工作中，由于员工服务、设施设备、环境卫生、治安、政策等方面的不足或其他原因引起乘客投诉，经调查属实，造成一定程度负面影响或乘客利益损害，相关部门或人员负有责任的乘客投诉。

无责乘客投诉一般包括两种情况：一种是由自然灾害等不可抗力因素导致服务失误而引起的投诉；另一种是由乘客自身原因引起的投诉。对于前者，城市轨道交通运营企业应该加强应急事件的处理能力；对于后者，城市轨道交通运营企业应该加强对乘客的宣传教育。

某城市轨道交通运营企业根据有责乘客投诉事件的性质及产生后果的轻重，由轻至重分将其为分为一类有责乘客投诉、二类有责乘客投诉和三类有责乘客投诉。某城市轨道交通运营企业根据有责乘客投诉事件分类表如表 8-9 所示。

表 8-9　某城市轨道交通运营企业根据有责乘客投诉事件分类表

序号	类别	界定标准
1	一类有责乘客投诉	（1）服务工作中未能运用服务知识与技巧； （2）不及时放置警示牌，误导乘客； （3）不主动维持乘客购票、进出站和候车秩序； （4）没能礼貌、耐心解答乘客的问题及采取力所能及的措施帮助有困难的乘客； （5）出售或充值储值票时，未请乘客确认显示屏上的金额； （6）列车车门或站台门/安全门故障暂停使用，没有及时张贴"此门故障，暂停使用"的标示； （7）不按规定播放广播或播放不及时； （8）接到乘客求助，3 分钟内未能赶赴现场； （9）运营时间出入口关闭，没有摆放告示； （10）车站公告栏的内容与实际运营不符； （11）员工找错钱、票，金额在 10 元以下（作弊行为不在此列）； （12）其他违反乘客服务标准的行为，尚未造成乘客损失
2	二类有责乘客投诉	（1）对乘客投诉的调查弄虚作假或隐瞒不报； （2）与乘客发生争执、拉扯的行为； （3）列车清客、晚点时，未做好广播及解释工作； （4）末班车未提前做好广播； （5）对乘客违反规定的行为不给予制止； （6）在岗位上干与本职工作无关的事； （7）提前关站或延误开站时间 10 分钟以下； （8）对乘客讲斗气、训斥、顶撞的话； （9）列车清客时，工作人员用物品敲打车厢、扒拉乘客； （10）票亭人员找零不足（除找零硬币不足的情况外），造成乘客投诉； （11）由于员工失误，错误引导乘客或造成经济损失 10 元以下的； （12）列车行驶不平稳，或员工违反作业规定，误操作设备，导致乘客受伤； （13）无理拒绝乘客的合理要求
3	三类有责乘客投诉	（1）对乘客有推、拉、打、踢等粗暴行为； （2）讥笑、谩骂乘客，讲有侮辱乘客自尊心和人格的话； （3）作弄、欺瞒乘客的行为； （4）由于员工失误，错误引导乘客或造成经济损失 10 元及以上的； （5）提前关站或延误开站时间 10 分钟以上； （6）利用乘客资料采取不同形式骚扰、恐吓他人； （7）工作中有舞弊行为，使乘客利益受损； （8）其他因城市轨道交通服务设备设施故障，造成乘客利益严重受损或给乘客带来较大不便

(3) 按投诉的影响范围分类。

按投诉的影响范围分类可以分为一般有责乘客投诉、重大有责乘客投诉。

①一般有责乘客投诉：是指乘客对城市轨道交通运营服务质量、服务设施、服务环境进行的投诉，经调查确为运营方责任引发的有责乘客投诉。

②重大有责乘客投诉：是指乘客对城市轨道交通运营服务质量、服务设施、服务环境进行的投诉，经调查确为运营方责任引发的投诉，造成严重负面影响；或经媒体曝光，造成较大社会负面影响的有责乘客投诉。

某城市轨道交通运营企业根据有责乘客投诉事件影响，由轻至重分为一般有责乘客投诉和重要有责乘客投诉。某城市轨道交通运营企业按投诉的影响范围分类如表 8-10 所示。

表 8-10 某城市轨道交通运营企业按投诉的影响范围分类表

序号	类别	界定标准
1	一般有责乘客投诉	(1) 未按要求着装，未佩戴服务胸牌（应急抢险情况除外）引发的投诉； (2) 错误引导、欺瞒乘客，拒绝或错误给予乘客相关员工号或投诉电话号码等引发的投诉； (3) 不能积极响应乘客的合理需求而未及时寻求帮助或未力所能及地帮助有困难的乘客，无理拒绝乘客的合理要求引发的投诉； (4) 在岗位上做与本职工作无关的事情引发的投诉； (5) 在运营服务过程中，因工作人员票务工作失误或操作错误引发的投诉； (6) 未及时发现设备设施缺失或功能受损（突发设备故障除外），影响服务质量引致的乘客投诉； (7) 设备发生故障后，城市轨道交通工作人员未在规定时间内报修，影响故障修复而造成的投诉； (8) 维修人员未在故障响应时间内对设备进行修复而造成的投诉； (9) 因服务承诺未兑现而造成的投诉； (10) 对城市轨道交通运营造成一定程度负面影响或乘客利益损害的投诉； (11) 城市轨道交通工作人员违章作业或过失行为造成的投诉
2	重要有责乘客投诉	(1) 新闻媒体报道的有责乘客投诉； (2) 上级管理部门批示的有责乘客投诉； (3) 工作人员服务态度恶劣并与乘客发生肢体冲突的有责乘客投诉； (4) 工作人员在投诉事件调查过程中，因工作方式不当导致投诉影响范围扩大的有责乘客投诉； (5) 同一地点的同一设备设施发生故障，已造成乘客投诉，责任部门未能在规定时间内进行处理且未采取防范措施，再次发生的有责乘客投诉

2. 乘客投诉处理程序

(1) 投诉处理的期限及有关规定。

《城市轨道交通运营管理办法》规定：城市轨道交通主管部门和城市轨道交通运营单位应当建立投诉受理制度，接受乘客对违反运营规定和服务规则行为的投诉。城市轨道交通运营单位应当自受理投诉之日起 10 个工作日内做出答复。乘客对答复有异议的，可以向城市轨道交通主管部门投诉，城市轨道交通主管部门应当自受理乘客投诉之日起，10 个工作日内做出答复。各地根据实际情况，明确了投诉的处理期限，如：《西安市城市轨道交通条例》规定，运营方需 5 个工作日内回复乘客投诉；《石家庄市轨道交通管理条例》规定，运营方需 3 个工作日内回复乘客投诉。

(2) 投诉的受理部门。

①城市轨道交通运营单位通过客服中心、服务热线、电子邮箱、网站留言、车站留

言箱等多种渠道收集乘客来电、来访、来函投诉。

②城市轨道交通运营企业各运营专业部门为受理投诉的部门，并设专人负责调查、分析投诉内容。

③各车站由车站负责人负责受理乘客投诉。

(3) 服务热线受理投诉的处理程序。

①接到乘客事务，应及时记录，做好台账。

②对于非人为失职违规等引起的投诉可由服务热线工作人员即刻予以解释和答复。

③若属人为失职违规等因运营方过错造成的，则根据乘客反映的情况如实记录转发相关专业部门要求调查。

④对于整个事务的处理调查经过，服务热线经办人员都必须按规定记录在相应的台账、记录本及电脑内。

(4) 车站接受投诉处理程序。

①由当班值班站长受理乘客的投诉，并将乘客所反映的问题如实记录。

②对于非人为失职、违规等引起的投诉，值班站长应当场予以解释和答复。

③若属人为失职、违规等其他因运营方的过错造成的，则立即找当事人到现场调查处理。

④若乘客不满车站的处理，应向乘客提供服务热线的投诉电话，把事件移交服务热线处理。

3. 乘客投诉处理技巧

在处理投诉的过程中，城市轨道交通工作人员会遇到各种类型的乘客，需要掌握一定的处理技巧，只有这样才能更好地为乘客服务，改善城市轨道交通运营企业的服务质量。

(1) 接待乘客需态度真诚。

为了解乘客所提出的问题，必须认真地听取乘客的叙述，使乘客感到管理者十分重视他的问题。接待者要注视乘客，不时地点头示意，让乘客明白"车站的管理者在认真听取我的意见"，而且听取乘客意见的代表可以多次强调，"我理解，我明白，一定认真处理这件事情"，以表明对意见的重视。为了使乘客能逐渐消气息怒，接待者可以用自己的语言重复乘客的投诉或抱怨内容，即采取同理心倾听的方法。若遇到非常认真的投诉乘客，在听取乘客意见时还应做一些听取意见记录，以表示对乘客的尊重及对反映问题的重视。

(2) 对乘客表示歉意和同情。

首先你要让乘客了解，你非常关心他的情况以及提供的服务是否令他满意。如果乘客在谈问题时表示十分认真，应不时地表示对乘客的同情，如"我们非常抱歉，我们将对此事负责，感谢您对我们提出的宝贵意见。"

(3) 根据乘客要求决定采取措施。

接待者要完全理解和明白乘客投诉的原因，同时当决定要采取纠错行动时，接待者一定要让乘客知道已经采纳了他的意见，并告知城市轨道交通运营企业打算采取的处理决定及具体措施内容，以证明纠错的诚意。如果处理决定乘客不知道或未达到其满意程度，说明乘客可能存在部分不同看法，暂时先不要盲目采取行动。要再次十分有礼貌地听取乘客对将要采取的措施的看法，并尽可能让乘客理解，这样才有可能使乘客的抱怨变为满意，并使乘客产生感激的心情。

（4）感激乘客的批评指教。

接待者应感谢那些对客运服务提出批评、建议和指导意见的乘客，因为这些批评建议和指导意见或投诉会协助城市轨道交通运营企业提高管理水平和服务质量。乘客遇到不满的服务，他不向车站反映，也不做任何投诉，而是将经历和不好的印象讲给其他乘客或朋友听，这样就会极大地影响城市轨道交通的声誉和形象。所以当车站遇到乘客的批评、抱怨甚至投诉的时候，不仅要欢迎，而且要感谢。

（5）快速采取行动，补偿乘客投诉损失。

当乘客完全同意接待者所采取的改进措施时，要立即予以实施，一定不要拖延时间。耽误时间只能进一步引起乘客不满，此时此刻，高效率就是对乘客的最大尊重，否则就是对乘客的漠视。

（6）落实、监督、检查补偿乘客投诉的具体措施。

处理乘客投诉并获得良好的效果，其中最重要的一环便是落实、监督、检查已经采取的纠正措施。首先，要确保改进措施的进展情况；再次，要使服务水准及服务设施均处在最佳状态；最后，再用电话问明乘客的满意程度。对待投诉乘客的最高恭维，莫过于对他的关心。许多对城市轨道交通怀有感激之情的乘客，往往是那些因投诉问题得到妥善处理而感到满意的乘客。

投诉乘客的最终满意程度，主要取决于城市轨道交通服务人员对他公开抱怨后所采取的特殊关怀和关心的程度。另外车站所有管理人员和站务员也必须确信，乘客，包括那些投诉的乘客，都是有感情的，也是通情达理的。城市轨道交通的广泛赞誉及其社会名气来自城市轨道交通服务人员本身的诚挚、准确、细腻的感情及勤奋服务和广大乘客的公认。

4. 典型投诉乘客应对

在投诉处理过程中，城市轨道交通工作人员会遇到不同类型的乘客，应当随机应变、灵活处理。按照乘客表现统分为五类，分别为感情用事类，以正义感表达类，固执己见类，有备而来类，有社会背景、宣传能力类。

（1）感情用事类主要特征表现为情绪激动，或哭或闹。处理要点是保持镇定，适当让乘客发泄，表示理解，尽力安抚，告诉乘客一定会有解决方案，注意语气，谦和但有原则。

（2）以正义感表达类主要特征表现为语调激昂、声音较大，处理要点是要肯定乘客，并对其反映问题表示感谢；告知乘客城市轨道交通的发展离不开乘客的爱护与支持。

（3）固执己见类主要特征表现为坚持自己的意见，不听劝。处理要点是首先表示理解乘客，再力劝乘客站在互相理解的角度解决问题，并耐心劝说，根据事情的特性解释所提供的处理方案。

（4）有备而来类主要特征表现为一定要达到目的，了解法律、规章，甚至会记录处理人谈话内容或录音。遇到此类乘客时，处理人一定要清楚城市轨道交通运营企业的服务政策及法律有关规定，并充分运用政策及技巧，语调充满自信，明确希望解决用户问题的诚意。

（5）有社会背景、宣传能力类通常是某重要行业领导，电视台、报社记者、律师，不满足要求会采用社会曝光手段等。处理时需谨言慎行，尽量避免使用文字；如要求无法满足时，及时上报有关部门研究，但一定要迅速、高效地解决此类问题。

【实例链接】

某城市轨道交通运营企业按投诉的影响范围分类如表 8-11 所示。

表 8-11 某城市轨道交通运营企业按投诉的影响范围分类

案例名称	案例步骤	案例分析与措施
员工掌握政策欠灵活，延误乘客乘车	事件概述	乘客反映在车站乘车时，在闸机刷卡，但未能进入，车站工作人员上前帮助，经过票卡分析，据乘客说："他们说我昨天出站没刷好，非要让我补票，不补票就不能走，我说我买一张单程票，他们就是不卖给我，不停地给我说 7:23 有趟车，但是我要赶 7:15 的那趟，耽误了大概 1 分多钟，又说是车站的设备有问题，这才给我开了边门，我下了站台，发现车门刚刚关上，走了，我没赶上，我每日都赶 7:15 的那趟车。从始至终他们都没有一句道歉，我要投诉！"
	原因分析	（1）该员工能严格遵守公司规章，工作态度值得肯定； （2）在处理乘客事务过程中欠缺灵活性，得理不让人； （3）未执行文明用语，与乘客交流过程中言辞不当； （4）缺乏敏感性，在上班高峰时段长时间耽误乘客时间，导致投诉发生
	整改措施	（1）要灵活掌握公司政策，在维护公司利益的前提下满足乘客的合理要求； （2）面对乘客要得理让人，不得据理力争，让乘客感到被冒犯； （3）提高投诉敏感性，特别是在上下班高峰期乘客赶时间的时候
售票员为自己方便，拒绝乘客兑零要求	事件概述	乘客在车站拿了 1 个一元，1 个五角和 5 个一角的零钱想换 2 个一元硬币购票乘车，票亭岗甲某对乘客说："麻烦您把一毛钱的换一下，因为我这里无法给其他乘客找回去。"于是乘客就问"这是不是钱？"甲某回答"这是钱，可是这一毛钱硬币其他乘客不收，并且五毛钱纸币现在都不好找出去，我这儿也没办法找回给其他乘客，麻烦您换一下吧"。之后乘客向朋友要了 1 张五元纸币，甲某给乘客换了 5 个一元硬币，事后乘客打电话至客服热线投诉，表示只要金额对等，就应该给乘客兑换零钱
	原因分析	（1）票亭岗甲某没有站在乘客角度思考问题，为了自己方便无故拒绝乘客的合理要求，是造成此次投诉的主要原因。 （2）甲某投诉敏感性不强，服务技巧不到位。没有意识到在乘客服务过程中一个小的失误会导致乘客投诉的发生
	整改措施	（1）车站各岗位在工作过程中不得拒绝乘客的合理要求。 （2）票亭岗在兑零过程中除非确认乘客所持钱币为假币或钱币破损程度超出规定范围，否则不得以任何理由拒绝乘客的兑零要求。 （3）当班值班站长对班组员工服务状态进行监控；车站做好员工服务技巧培训，防止此类事件再次发生

三、任务实施

工作任务：城市轨道交通乘客事务处理。

制作 PPT，以小组为单位进行城市轨道交通乘客事务处理的讨论，并模拟车站情境，分别扮演乘客和站务员进行乘客事务处理及乘客投诉处理。

四、任务评价

城市轨道交通乘客事务处理任务评价表如表 8-12 所示。

表 8-12　城市轨道交通乘客事务处理任务评价表

项目任务	城市轨道交通乘客事务处理			
班级		姓名		评价时间	
考核内容				
考核项目	考核标准		分值（分）	得分（分）
乘客事务处理	阐述乘客事务要素、乘客事务处理通用原则、乘客投诉分类		15	
乘客投诉处理	阐述城市轨道交通乘客事务处理程序和技巧		20	
	以小组为单位进行城市轨道交通乘客事务处理的讨论，根据乘客投诉处理程序和技巧实施乘客投诉处理		15	
制作内容	制作能清晰展示的 PPT		15	
	要求类型分析图形准确，文字流畅		15	
	做到业务分析熟练、图文并茂		20	

指导教师意见：

说明：1. 建议采用四级评分制（如 90%～100%、80%～90%、60%～80%、60% 以下）；
2. 主要采用小组互评的方式进行评价，教师最后进行参考评分

任务五　城市轨道交通客伤处理

一、任务导入

客伤事件的发生不仅会给城市轨道交通运营企业造成声誉上的严重影响及经济上的重大损失，给客伤事件的责任者带来经济损失和家庭负担，还给伤者带来身体痛苦和心灵创伤。因此，避免客伤事件发生是城市轨道交通运营企业必须做好的工作。通过学习客伤处理，减少客伤事件的发生，在出现客伤时能够有效、快速处置。

二、知识准备

随着城市轨道交通运营里程的不断增加，客流增长，客流结构复杂，随之客伤量也明显增加，尤其是老弱病残乘客、很少乘坐城市轨道交通的乘客，其自身安全防护能力或安全意识淡薄，在乘坐期间很容易发生客伤。同时由于社会关注度及乘客维权意识的日益增强，城市轨道交通客伤事件呈现"难控制、难处置、难善后"的特点。客伤事件发生的时间段集中发生在早高峰后及晚高峰期间，这是每日控制客伤事件发生的重点时段。同时，节日期间，客流增大，也是客伤事件发生的高峰时间。通过对城市轨道交通

客运车站客伤的统计发现，客伤主要由乘扶梯、车门、脚踏列车缝隙等原因导致。某城市轨道交通运营企业一年时间内的客伤统计表如表 8-13 所示。

表 8-13　某城市轨道交通运营企业一年时间内的客伤统计表

序号	客伤类型	数量（件）	比例（%）
1	电扶梯摔伤	275	53.30
2	车门站台门夹伤	79	15.31
3	站台摔伤	51	9.89
4	脚踏列车站台空隙	38	7.37
5	闸机开关门受伤	8	1.55
6	治安事件	24	4.66
7	第三方原因	28	5.43
8	其他	13	2.52

（一）客伤介绍

客伤事件是指在城市轨道交通范围内发生的城市轨道交通外部人员及非在岗作业的城市轨道交通员工发生的人身伤害及伤亡事件的总称。

轻微客伤是指在城市轨道交通范围内发生的城市轨道交通外部人员及非在岗作业的城市轨道交通员工发生的不需送往医院抢救、检查和治疗，可在现场简单包扎处理的轻微客伤。城市轨道交通客伤相关定义如下：

1. 运营服务范围

列车、区间（含隧道、高架）、站厅、站台、地铁拥有产权的通道、出入口等地铁管理范围内。

2. 客伤事件

运营范围内发生的乘客或非当班地铁人员伤亡事件，以及由伤亡事件引起的乘客或非当班地铁人员的财产损失。

3. 责任客伤事件

地铁运营范围内因设备故障、人员操作不当、管理不善造成的客伤事件。

4. 无责客伤事件

在地铁列车运输过程中或在站厅、站台、地铁拥有产权的通道、出入口等范围内，因乘客自身身体原因（疾病、受伤等）、故意或重大过失、不可抗力等原因造成的、依据相应法律法规不应由地铁公司承担损害赔偿责任的事件。

5. 重伤

使人肢体残废、毁人容貌、丧失听觉、丧失视觉、丧失其他器官功能或者其他对于人身健康有重大伤害的损伤。

6. 轻伤

使人肢体或者容貌损害，听觉、视觉或者其他器官功能部分障碍或者其他对于人身健康有中度伤害的损伤。

7. 轻微伤

各种致伤因素所致的原发性损伤，造成组织器官结构轻微损害或者轻微功能障碍。

8. 未构成轻微伤

对于人身健康不足以造成人身健康明显伤害，也不会遗留器官功能障碍的损伤，未构成轻微伤及以上程度的损伤（如有较浅的刮、划伤，碰撞伤痕等）。

9. 不良社会影响

市及以上相关部门或媒体对发生的事件进行报导或指令地铁运营公司进行整改，或事件影响引起公众的恐慌或指责性异议。

10. 乘客

持地铁有效乘车凭证（如单程票、储值卡等）乘车的人员及按有关规定免费乘车的人员。

11. 乘客故意

乘客在地铁范围内及运输过程中故意造成意外事件的发生，如伤害自己的身体或自杀行为等。

12. 乘客重大过失

乘客对自己及其他乘客伤亡存在严重的过失造成事件的发生，如携带危险品、跳车、扒车、强行上下列车、抢行及搭乘自动扶梯时携带大件物品等。

13. 乘客自身健康原因

乘客因患病、年老等生理机能的变化导致伤亡。

14. 不可抗力

不可预见、不可避免且不能克服的客观情况。如水灾、台风、地震等自然灾害及罢工、游行等异常情况。

15. 较大客伤事件的定义

较大客伤事件指事态较为严重，造成社会影响，满足下列条件之一：

（1）1人及以上重伤、死亡（含失踪）。

（2）赔偿金额5万元以上。

（3）引发媒体报道，造成不良社会影响或客伤当事人特殊，需要集团公司协助处理。某城市轨道交通客运车站较大客伤场景如图8-23所示。

图8-23　某城市轨道交通客运车站较大客伤场景

16. 一般客伤事件的定义

某城市轨道交通客运车站一般客伤场景如图 8-24 所示。

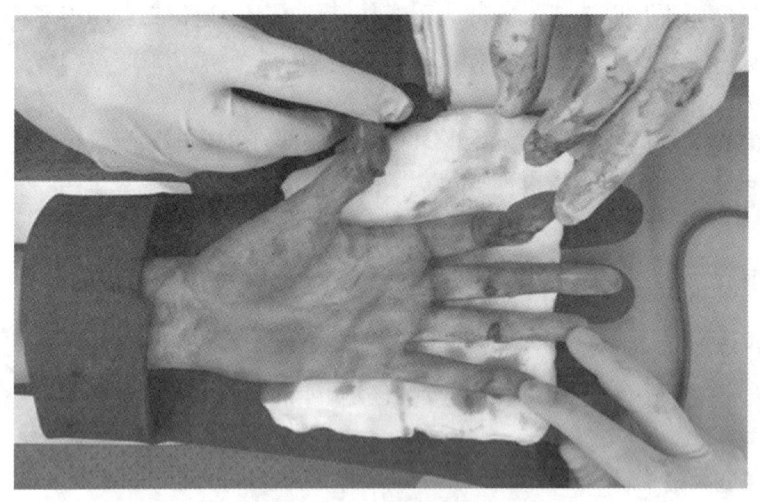

图 8-24　某城市轨道交通客运车站一般客伤场景

一般客伤事件指事态较简单，未造成社会影响，满足下列条件之一：

(1) 1 人及以上人员轻伤。例如发生肢体断离、粉碎性骨折、大面积出血、牙齿脱落、肢体骨折等，其他伤势严重需要及时送医院的。

(2) 赔偿金额在 2 万元以上 5 万元及以下的。

(3) 事件由运营公司可以处理和控制，无须集团公司或其他单位支援处置的。

17. 较小客伤事件的定义

较小客伤事件指事态简单，未造成社会影响，满足下列条件之一：

(1) 乘客受伤达到轻微伤或还未构成轻微伤的。例如普通的跌倒、破皮、碰撞、夹伤、刮擦、局部出血，以及手脚骨折、指甲脱落等。

(2) 赔偿金额在 2 万元以下的。某城市轨道交通客运车站较小客伤场景如图 8-25 所示。

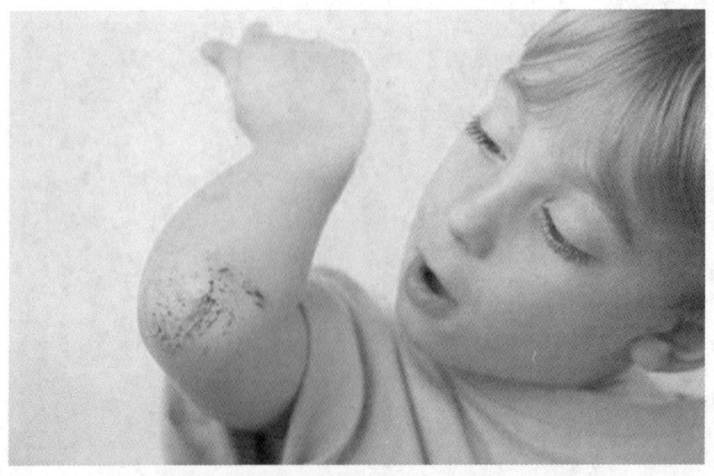

图 8-25　某城市轨道交通客运车站较小客伤场景

（二）客伤处理原则

贯彻预防为主、防救结合的原则。员工应严格执行规章制度，加强乘客安全管理，防止客伤事件的发生。发生客伤事件，应立即处理，及时恢复正常运营，任何单位和个人不得以任何借口妨碍地铁正常运行，扰乱地铁正常运营秩序。某城市轨道交通客运车站站台如图8-26所示。

图8-26　某城市轨道交通客运车站站台

凡发生客伤事件，地铁员工应立即采取措施进行处理，及时抢救伤员、尽量减少损失、尽力获取证据、迅速恢复运营。

由于地铁设备故障或员工失职造成客伤事件，对事故的责任班组或个人将进行严肃处理，构成违法犯罪的要依法追究法律责任。

预防客伤事件是关系乘客生命和地铁行车安全的大事，各有关部门应当经常对乘客进行安全宣传教育，按规定设置安全警示标志，提高乘客的安全意识，防范于未然。客伤具体处理原则如下：

（1）车站在处理客伤事件时要以维护城市轨道交通运营企业形象、保护城市轨道交通运营企业最大利益为原则，以人为本，给予乘客必要的帮助。

（2）车站按照"先救人，后救物，高度集中，统一指挥"的原则处理，坚持就近处理原则。

（3）车站在处理客伤事件时要第一时间取证，尽可能得到旁证及当事人签字确认，以事实为依据，客观记录，充分保留原始资料。

（4）及时将（前期）处理结果报告相关部门，以备后续处理。

（三）客伤事件责任界定

城市轨道交通客伤事件责任界定划分为城市轨道交通有责和非城市轨道交通有责两类。

（1）乘客自验票进入闸机时至出闸机止，对城市轨道交通运输期间发生的乘客人身伤害，城市轨道交通运营企业承担运输责任的包括但不限于以下情况：

①城市轨道交通设备、设施损坏未及时修复且未设置警示、防护造成的。

②城市轨道交通施工作业造成的。

③城市轨道交通列车紧急制动造成的。

④城市轨道交通范围内的垂直电梯、自动扶梯突然停止运行或启动造成的。

⑤站台门、车门夹人造成的（乘客强行上下车的情况除外）。

⑥城市轨道交通设备、设施（垂直电梯、自动扶梯、站台门、车门、闸机等）发生故障造成的。

⑦车站或列车内湿滑未及时清理或设置防护警示造成的（因不可抗力量造成的除外）。
⑧闸机夹人造成的（乘客强行出闸、无票尾随出闸等情况除外）。

（2）其他非乘客自身责任在付费区内造成的：

①无票人员在城市轨道交通付费区内发生的人身伤亡，比照乘客办理。

②无票人员（包括已购票但未验票入闸的人员）在城市轨道交通非付费区内发生的人身伤亡，因城市轨道交通设备设施或管理所致的，比照乘客办理；因其自身原因所致的，原则上城市轨道交通运营企业不予承担责任。

（3）由下列情形之一造成的乘客人身伤害，城市轨道交通运营企业不承担运输责任：

①乘客违反城市轨道交通运营管理暂行办法而造成的乘客本人或他人伤害。

②不可抗力造成的乘客人身伤害。

③乘客自身健康原因造成的乘客本人或他人伤害。

④能证明是乘客故意、重大过失造成的乘客本人或他人伤害。

⑤因第三者责任（包括斗殴或制止斗殴）造成乘客人身伤害时，受害者直接向施害的第三者索赔，城市轨道交通运营企业原则上不予承担责任。

⑥利用城市轨道交通客运站通道穿行或在车站逗留、休息等无票人员因自身原因造成的伤亡，城市轨道交通客运车站只提供基本援助（如拨打120等），原则上不予承担责任。

（四）客伤处理通用程序

（1）车站现场工作人员发现或接到受伤乘客求救时，应立即报告当值值班站长并赶赴现场，了解伤（病）者情况及初步原因。

（2）如因城市轨道交通设备造成事故，应立即停止该设备运作（影响列车运行的设备除外），并报告车站控制室。

（3）疏散围观群众，寻找目击证人，收集、记录有关证人资料。

（4）需要时对轻微客伤进行简单的包扎处理。

（5）如调查需要，车站人员应保护好现场，必要时对有关区域进行隔离，并用相机记录现场有关情况。

（6）必要时，根据值班站长安排，站务人员到紧急出入口引导急救中心人员进站。

（7）必要时协助警方进行事故调查。

（五）客伤处置现场工作流程

1. 自动扶梯故障导致客伤事件

（1）值班站长接到客伤事件报告后，迅速组织人员赶赴现场。

（2）如客伤事件情况较为严重须临时关闭自动扶梯，要立即启动紧急停梯装置。其间要做好对正在乘坐扶梯人员的提醒工作。关闭扶梯后，要封锁扶梯的上下两端，并对乘客做出"扶梯停止使用"的文字说明。

（3）对客伤乘客进行紧急救治。在伤者伤势较轻且车站有能力救护的情况下，将伤者带离事故现场进行解决。否则立即拨打120急救电话请求救援，在至少有一名车站员工陪同的前提下，前往指定医院进行救治。

(4) 挽留目击者，了解事件概况并做好记录，同时保留目击者的个人资料（姓名、住址、单位、联系方式等）。

(5) 如客伤乘客已经死亡，应向驻站警务人员报告，并协助进行处理。处理过程中，要对事故现场进行隔离，疏散围观群众，维护正常的运营秩序。

(6) 客伤事件处理完毕后，要尽快清理现场并对自动扶梯进行相应检查。待其性能良好后立即恢复正常运行。某城市轨道交通客运车站自动扶梯故障导致客伤事件如图 8-27 所示。

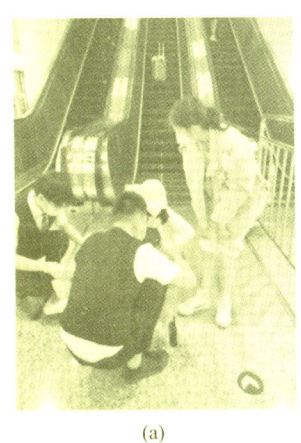 

(a)　　　　　　　　　　　　　　(b)

图 8-27　某城市轨道交通客运车站自动扶梯故障导致客伤事件

2015 年 10 月 8 日 10：59：00，一名女乘客带领两名小孩（一名 4 岁男孩、一名 3 岁女孩），进入重庆轨道交通 3 号线红旗河沟车站。到达车站站厅后，女乘客因故留下两名小孩独自在站厅。两名小孩在无监护人看管的情况下，自行来到站厅电扶梯处，随后小男孩背靠电扶梯扶手带玩耍。11：00：35，小男孩摔倒，由于此时电扶梯为正常运行，小男孩顺着扶手带卷入扶手带与地面夹角处，胸腹部被卡在扶手带与地面之间。重庆轨道交通 3 号线红旗河沟车站自动扶梯故障导致客伤事件如图 8-28 所示。

(a)　　　　　　　　　　　　　　(b)

图 8-28　重庆轨道交通 3 号线红旗河沟车站自动扶梯故障导致客伤事件

2. 坠物导致客伤事件

(1) 值班站长接到事故报告后，迅速组织人员赶赴现场。

（2）圈定并隔离事故现场，采取必要措施，防止其他坠物坠落。

（3）对受害人员进行紧急救治。如果伤者伤势较轻且车站有能力救护，将伤者带离事故现场进行解决。否则，立即拨打120急救电话请求救援，在至少有一名车站员工陪同的前提下，前往指定医院进行救治。

（4）挽留目击者，了解客伤概况并做好记录，同时保留目击者的个人资料（姓名、住址、单位、联系方式等）。

（5）客伤处理过程中，要安排站务人员做好客伤现场附近的客流组织工作，避免发生乘客骚乱。对于封锁的行人通道，要有明显的指示标志或说明。必要情况下，启用人工广播进行乘客引导。

（6）如客伤的处理涉及技术设备设施，要立即通知有关部门或直接通知外委单位维修人员，以上人员接到报告后，迅速安排相关专业技术人员前往事故现场进行处理。

（7）客伤处理完毕之后，要仔细排查事故隐患，清理事故现场。如不能及时处理，则要对事故现场进行隔离，做好安全防护和对乘客的通报宣传工作。某城市轨道交通客运车站坠物导致客伤事件如图8-29所示。

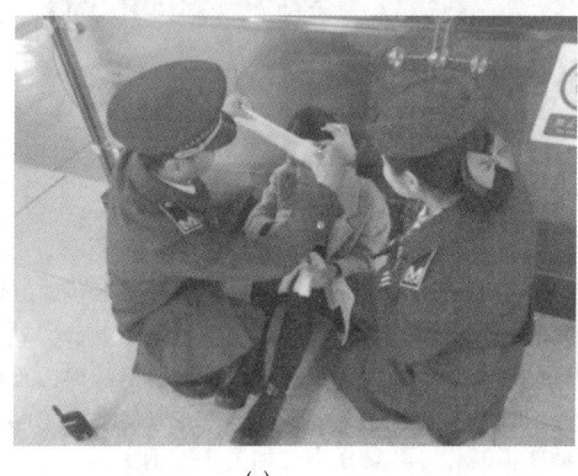
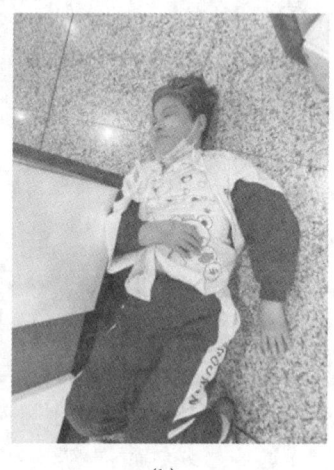

(a)　　　　　　　　　　　　(b)

图8-29　某城市轨道交通客运车站坠物导致客伤事件

3. 乘客乘降意外事件

（1）司机发现意外发生，应立即开启车门。站务员或其他人员发现乘客意外发生，应立即通知电客车司机或按动站台紧急停车按钮。

（2）乘客脱险后，站务员检查车门处情况。确认车门无任何安全隐患后，通知司机正常启动运行；如需延长停车时间进行处理，司机要报告行车调度员并做好对列车乘客的广播；处理完毕及车门无任何安全隐患后，在征得行车调度员的同意后，立即恢复正常运行。

（3）如果意外造成客伤，站务员应视伤害情况做如下处理：

①惊吓或轻微伤害：应安抚乘客情绪，对乘客讲明安全候车注意事项。如为城市轨道交通原因造成的，要向乘客致歉。

②较轻伤害：应将乘客带离现场进行救治。

③较重伤害或死亡：应立即通知急救中心、值班站长和驻站警务人员，在值班站长组织下，迅速抢救伤者。同时协助警方进行处理。某城市轨道交通客运车站乘客乘降意外场景如图8-30所示。

(a)

(b)

图8-30 某城市轨道交通客运车站乘客乘降意外场景

4. 乘客打架的现场处置

（1）站务员第一时间发现乘客打架事件，应立即用无线对讲机报告值班站长，并进行适当的劝解。

（2）值班站长应通知客运值班员及警务人员到达现场。

（3）值班站长与警务人员一起把乘客（双方）劝开，客运值班员疏导围观乘客，站务员继续组织乘降、巡视站台等。

（4）客运值班员负责寻找证人与打架肇事者交警务人员处理。若打架肇事者没有受伤，由警务人员做说服教育；若打架肇事者受轻伤，由警务人员看伤势解决，车站可提供简单的医疗帮助；若打架肇事者受伤较严重，警务人员送医院治疗，医疗费用由本人承担。

（5）客运值班员到站厅维持秩序，有必要的情况下请示站长将AFC系统做降级模式处理，放慢闸机的速度，控制客流，以免造成客流堆积。

（6）值班站长协助站务员组织乘降，注意客流变化，必要时疏散乘客。某城市轨道交通客运车站站台乘客打架场景如图8-31所示。

5. 车厢内乘客受伤现场处置

（1）乘客需要通过列车内"紧急报警"装置，把乘客受伤或病倒的情况告知司机。

（2）司机接到通知后，询问伤病乘客所在列车车厢和简单了解一下情况，然后通知行车调度员，行车调度员通知即将到达的车站行车值班员做好接应准备。

（3）行车值班员接到通知后，通知值班站长，并说明伤病乘客所在列车车厢和伤亡情况。

（4）值班站长接到通知后，通知警务人员一起到达现场处理，并通知客运值班员去设备室拿担架，到达站台。

图 8-31　某城市轨道交通客运车站站台乘客打架场景

（5）站台岗站务员维持站台客流秩序，将担架周围的乘客疏散，组织好客流，以免造成客流聚集围观，妨碍救人。

（6）警务人员和值班站长将伤病乘客从车厢里抬到担架上然后做急救工作，等待急救中心人员的到来。

（7）急救中心人员到达车站后，车站人员带领急救中心人员从特殊口通过闸机进入付费区至站台将伤病乘客用担架抬到车站外的救护车上，此时客运值班员护送急救中心人员直到车站外的救护车上。

（8）伤病乘客被抬走后，值班站长通知保洁人员清理现场，通知站台岗站务员组织好站台客流，并疏散围观乘客，恢复正常运营。某城市轨道交通车厢内乘客客伤场景如图 8-32 所示。

(a)

(b)

图 8-32　某城市轨道交通车厢内乘客客伤场景

【实例链接】

某城市轨道交通运营企业客伤事件案例如表 8-14 所示。

项目八 城市轨道交通客运服务

表 8-14 某城市轨道交通运营企业客伤事件案例

案例名称	案例步骤	案例分析与措施
1. 自动扶梯导致客伤事件	事件概述	2006年7月19日15:50许，某城市轨道交通一名女乘客在乘站厅付费区上行自动扶梯时，违反安全乘坐扶梯的要求，站在扶梯左侧并且将身体上半部伏在扶梯扶手上，回头向下张望；当该乘客运行至扶梯与站台顶板夹角处，头部卡在夹角处，导致伤害事故发生。两名乘客将其搀扶至扶梯上口并告知车站值班人员，值班站长与车站其他值班人员立即取急救箱到事发区域，迅速给该乘客包扎，并应乘客的要求及时通知家属，同时将该乘客送往医院
	原因分析	当时自动扶梯处于正常运行状态，并没有"小心碰头"标志，乘客头部卡在夹角处是由于其自身原因，因此，此事件的责任不在城市轨道交通运营企业
	整改措施	（1）在确认此事责任不在运营单位的前提下，与乘客进行协商。 （2）签订客伤处理协议后双方不再在经济等各方面发生任何关系
2. 坠物导致客伤事件	事件概述	2010年8月24日17:30左右，在某城市轨道交通1号线站台内，一块天花板突然掉落，将一名候车的女乘客头部被砸伤，事发后，车站工作人员和派出所民警迅速赶到，对女乘客进行询问，伤者表示自己无法行动。随后，她被地铁工作人员带往休息室，后被送至附近医院。派出所民警在现场拉起警戒线，疏导乘客离开危险地带
	原因分析	乘客在正常候车的情况下，城市轨道交通客运站在运营时间公共区的天花板突然掉下，因此，此事件责任在城市轨道交通运营单位
	整改措施	（1）在确定此事件应由城市轨道交通运营企业承担全部责任的前提下，与乘客进行协商，负责伤者医药费，并给予适当的经济补偿。 （2）签订客伤处理协议，约定补偿后双方不再在经济等各方面发生任何关系
3. 乘客乘降意外事件	事件概述	2005年11月22日17时左右，一名女乘客在某城市轨道交通1号线上车。当时上车的人非常多，女乘客被周围乘客挤到车门旁气也喘不过来。当地铁行驶至某站时，下车的人群一拥而下，站在车门边的女乘客被挤得重心不稳，一脚踏空，踩在了地铁站台和车厢之间的缝隙里，整个左腿卡在缝隙中动弹不得，右腿也被扭伤
	原因分析	（1）站台与列车间无法做到完全贴合，留有适当空隙可保证列车行驶安全，在设计的允许范围内。 （2）造成事件的主要原因在于其他乘客的推拉，并且当时车站运营情况正常，各类设备未发生故障。因此本起事件的责任不在轨道交通运营企业
	整改措施	（1）在确认此事责任不在运营单位的前提下，与乘客进行协商。 （2）签订客伤处理协议后双方不再在经济等各方面发生任何关系

（六）客伤处理要求

为提高车站客伤的善后处理水平，及时收集客伤的资料、明确客伤的原因，应按照以下要求处理：

（1）客伤判定标准。

①目测乘客受伤程度。

②根据医院的诊断结果判定受伤程度。

③根据车站收集证据（当事人陈述、证人证言、视听资料、书面证明、物证等）进行责任判断。

（2）客伤处理要求。

①值班站长收到乘客在车站受伤的信息时，立即到现场处理，询问乘客受伤情况，站在乘客的立场关心、安抚乘客。

②客伤事件发生后，车站工作人员应及时、全面、准确地收集证据，发生城市轨道交通运营企业公安介入事故调查的情况，车站也应配合取证。取证要求如下：

a. 目击证人至少挽留两名，证人尽量不为城市轨道交通运营企业员工、当事人的亲属，或有利害关系、其他关系的人，如果现场无合适证人只有当事人亲朋也需留下证词，并且应安排专人接洽现场挽留的证人。

b. 当事人、目击证人、车站工作人员填写有关事件经过记录表时应注明详细、真实的联系方式、家庭地址、身份证号码等。

c. 车站工作人员及目击证人在记录事情经过时要完整，注意细节。例如：事件发生时周围的环境、设备状况；当事人所带行李及随行人员；是否由自身健康原因（如生病等）、第三者或其他外部因素造成受伤；当事人是主观故意还是过失；初步判断当事人受伤的部位、伤势情况；发生事件后采取的处理方式等。

d. 当事人书面陈述时因身体状况及其他客观因素必须由他人代写的，需经当事人同意，书写完毕由双方签字、按手印确认。

e. 书面的证据尽量不涂改，一经涂改需在涂改处盖章或签名证明。

f. 城市轨道交通工作人员不得擅自将目击证人的身份和资料泄露给外部人员或媒体，不得擅自将事情经过、内容及相关情况告知无关人员。

（3）能判明事故责任在于乘客自身，如乘客需要到医院治疗，经得乘客同意后，车站帮乘客拨打"120"急救电话。对于老人和小孩，车站还应通知其家属赶往车站或医院，车站原则上不需派人员陪同乘客到医院，发生费用由乘客自行承担，如乘客强烈要求车站派员工陪同，车站致电有关部门负责人，根据领导的指示处理。

（4）发生乘客受伤事件后，当有新闻媒体采访或者乘客扬言报媒体曝光时，城市轨道交通工作人员应采取妥善方式劝阻，不对事件擅自发表言论或接受采访，并立即将相关信息报有关部门及人员。

三、任务实施

工作任务：城市轨道交通客伤处理。

制作PPT，以小组为单位进行城市轨道交通客伤处理的讨论，小组成员分别模拟车站情境按客伤处理原则、客伤事件责任界定、客伤处理通用程序、客伤处置现场工作流程、客伤处理要求等，实施城市轨道交通客伤处理。

四、任务评价

城市轨道交通客伤处理任务评价表如表8-15所示。

表 8-15　城市轨道交通客伤处理任务评价表

项目任务		城市轨道交通客伤处理			
班级		姓名		评价时间	
考核内容					
考核项目	考核标准		分值（分）		得分（分）
客伤处理	阐述客伤处理原则、客伤事件责任界定、客伤处理通用程序		15		
客伤处理	以小组为单位进行城市轨道交通客伤处理的讨论		20		
	按照客伤处置现场工作流程及客伤处理要求实施城市轨道交通客伤处理		15		
制作内容	制作能清晰展示的 PPT		15		
	要求类型分析图形准确，文字流畅		15		
	做到业务分析熟练、图文并茂		20		

指导教师意见：

说明：1. 建议采用四级评分制（如 90%～100%，80%～90%，60%～80%，60% 以下）；
　　　2. 主要采用小组互评的方式进行评价，教师最后进行参考评分

项目九　城市轨道交通客运车站突发事件应急处理

项目背景

城市轨道交通客运车站是客流乘运集散的重要场所，一旦发生设备故障、自然灾害、遭受毒气、炸弹等突发应急事件，处置不当将会对城市轨道交通正常运营，甚至城市社会秩序造成严重影响。本项目围绕各类突发事件、设备故障的应急处理，通过对各类应急事件的处理原则、报告程序、岗位职责的系统学习，强化了学生城市轨道交通客运组织的安全管理意识，加强了学生突发事件应急处理专业知识与职业技能的培养，为学生掌握设备故障、自然灾害、突发事件的应急处理措施打下了良好专业基础。

项目任务书

城市轨道交通的客运车站突发事件应急处理项目任务书如表 9-1 所示。

表 9-1　城市轨道交通的客运车站突发事件应急处理项目任务书

名称		城市轨道交通的客运车站突发事件应急处理
学习目标	知识目标	1. 掌握车站突发事件处理原则、车站突发事件报告程序； 2. 掌握站台门故障应急处理、AFC 系统设备故障应急处理、垂直电梯困人故障应急处理； 3. 掌握水灾（水淹）应急处理、恶劣天气应急处理、地震应急处理； 4. 掌握车站内出现气/液体危险品泄漏应急处理、接到炸弹恐吓应急处理； 5. 掌握车站发现可疑人员、物品应急处理、异物侵限应急处理
	技能目标	1. 具备车站突发事件处理原则、车站突发事件报告程序认知的能力； 2. 具备站台门故障应急处理、AFC 系统设备故障应急处理、垂直电梯困人故障应急处理能力； 3. 具备水灾（水淹）应急处理、恶劣天气应急处理、地震应急处理能力； 4. 具备车站内出现气/液体危险品泄漏应急处理、接到炸弹恐吓应急处理能力； 5. 具备车站发现可疑人员、物品应急处理，异物侵限应急处理能力
	素质目标	1. 具有良好的社会公德、职业道德和爱岗敬业基本素质，立德树人贯穿课程始终； 2. 具有良好工作态度、严谨细致的专业作风； 3. 具有良好的沟通协调能力、语言表达能力、班组管理能力； 4. 培养团结协作、热情有礼、认真细心、沉着冷静、遇乱不惊的职业素养
学习内容		知识准备：学习任务内容。 任务一：车站突发事件处理概述。 工作任务：阐述车站突发事件处理原则、车站突发事件报告程序。 任务二：设备故障车站应急处理。 工作任务：阐述站台门故障应急处理、AFC 系统设备故障应急处理、垂直电梯困人故障应急处理。 任务三：自然灾害车站应急处理。 工作任务：阐述水灾（水淹）应急处理、恶劣天气应急处理、地震应急处理。 任务四：其他事件车站应急处理。 工作任务：阐述车站内出现气/液体危险品泄漏应急处理，接到炸弹恐吓应急处理，车站发现可疑人员、物品应急处理，异物侵限应急处理。

项目九 城市轨道交通客运车站突发事件应急处理

续表

名称	城市轨道交通的客运车站突发事件应急处理
任务实施要求	1. 将授课班级学生分组，5~8人为一个学习团队； 2. 每个学习团队组织学习，进行项目任务分析、任务分配，制定团队工作任务分配表； 3. 资料学习、相关知识准备，完成项目的资讯环节； 4. 现场教学、资源利用，完成项目的实施演练环节； 5. 学习团队讨论，编制项目任务知识点学习计划书； 6. 学习团队现场实践，制订现场实践的实施方案； 7. 学习团队按任务分配表制作项目任务的汇报演讲稿，派代表上台演讲； 8. 制定该项目任务的评价表，考核要素，进行小组互评
任务实施要点	1. 教学资源收集与整理； 2. 确认任务学习的重点与难点； 3. 任务学习计划制订，小组任务分工，汇报PPT制作，小组交流演讲； 4. 学习团队进行讨论，可让教师参与讨论，通过团队合作获取问题的解决
任务拓展	1. 会收集具有国内外领先水平的具有代表性的城市轨道交通客运车站突发事件应急处理资料； 2. 按"准员工"的要求来学习，结合本城市的情况，组织团队成员去现场学习； 3. 能够进行城市轨道交通客运车站突发事件应急处理相关资料的查找与整理； 4. 会制作任务书要求的PPT
任务下发人	日期： 年 月 日
任务执行人	日期： 年 月 日

任务一 车站突发事件处理概述

一、任务导入

通过学习城市轨道交通客运车站突发事件处理概述，掌握城市轨道交通客运车站突发事件处理原则，熟悉城市轨道交通客运车站突发事件处理报告程序。

二、知识准备

城市轨道交通客运车站是人群集中的主要公共设施场所，一旦发生设备故障、自然灾害、其他事件等突发事件，不仅会引起城市轨道交通瘫痪，而且若应急处理不当，则势必会造成群死群伤的严重后果，严重地影响社会秩序。当城市轨道交通客运车站发生突发事件时，各岗位员工应遵循突发事件的处理原则，团结协作、迅速高效地妥善处置，防止事故的扩大、升级，最大限度减少事故造成的危害损失。

（一）城市轨道交通运营常见突发事件的种类

1. 国家城市轨道交通运营突发事故分级

为便于开展应急处置和事故调查，根据国家主管部门有关城市轨道交通运营事故的分级规定，城市轨道交通运营事故分为特别重大、重大、较大和一般四级。

（1）符合下列情况之一的，为特别重大轨道交通运营事故：

①事件突然发生，事态非常复杂，事件后果涉及全市范围，对公共安全、政治稳定和社会经济秩序造成特别严重的危害或威胁。

②导致30人以上死亡（含失踪）或者危及50人以上生命安全。

③造成100人以上重伤（包括急性中毒）。

④事故直接经济损失1亿元以上。

⑤造成1条已（试）运营线路运营区段单向中断运营36小时以上或者双向中断运营24小时以上。

⑥造成2条以上已（试）运营线路同时中断运营24小时以上。

⑦超出本市应急处置能力、需要国家有关部门处置的突发事件。

（2）符合下列情况之一的，为重大轨道交通运营事故：

①事件突然发生，事态复杂，事件后果涉及数个区县，对公共安全、政治稳定和社会经济秩序造成重大危害或威胁。

②导致10~29人死亡（含失踪）或者危及30~49人生命安全。

③造成50~99人重伤（包括急性中毒）。

④事故直接经济损失5000万元以上，1亿元以下。

⑤造成1条已（试）运营线路运营区段单向中断运营16小时以上或者双向中断运营12小时以上。

⑥造成2条以上已（试）运营线路同时中断运营12小时以上。

（3）符合下列情况之一的，为较大轨道交通运营事故：

①事件突然发生，事态较为复杂，事件后果在较大区域范围内对公共安全、政治稳定和社会经济秩序造成较大危害或威胁。

②导致3~9人死亡（含失踪）或者危及10~29人生命安全。

③造成10~49人重伤（包括急性中毒）。

④事故直接经济损失1000万元以上，5000万元以下。

⑤造成1条已（试）运营线路运营区段单向中断运营10小时以上或者双向中断运营6小时以上。

⑥造成2条以上已（试）运营线路同时中断运营6小时以上。

（4）符合下列情况之一的，为一般轨道交通运营事故：

①事件突然发生，事态相对简单，事件后果仅在一定范围内对公共安全、政治稳定和社会经济秩序造成危害或威胁。

②导致1~2人死亡（含失踪）或者危及10人以下生命安全。

③造成10人以下重伤（包括急性中毒）。

④事故直接经济损失1000万元以下。

2. 城市轨道交通运营常见突发事件的种类

城市轨道交通运营过程中常见的突发事件一般可以分为三类：运营生产类、公共安全类、自然灾害类。

运营生产类突发事件包括各级行车事故和各类影响城市轨道交通运营的设备设施故障；公共安全类突发事件包括在城市轨道交通运营范围内发生恐怖袭击（或收到恐怖袭击威胁）、火灾、聚众闹事等影响城市轨道交通运营的事件；自然灾害类突发事件包括突发地震、水灾等在内的各种危害城市轨道交通列车运行安全的恶劣天气事件。

根据突发事件对城市轨道交通正常运营的影响程度和造成损失的大小，可将其分为两级：重大级、一般级。

重大级的突发事件中，运营生产类是指行车大事故及以上的事故；公共安全类是指在运营范围内发生爆炸、毒气、恐怖袭击、火势较大需公安消防出动灭火的火灾，5人以上聚众闹事等严重影响运营的事件；自然灾害类是指发生地震、水灾或气象台发布的红色气象预警等严重影响运营的事件。

一般级的突发事件中，运营生产类是指行车危险性及以下事故或严重影响运营的设备设施故障；公共安全类是指在运营范围内收到爆炸、毒气、恐怖袭击等恐吓信息，火势较小依靠自身力量可灭火的火灾，5人以下聚众闹事等对运营影响较小的事件；自然灾害类是指气象台发布的橙色、黄色、蓝色气象预警等影响运营的事件。

（二）车站突发事件处理原则

车站站务员必须具备良好的心理素质、过硬的业务技能、较强的协调能力等应急处理的基本素质。城市轨道交通系统的工作原则是"统一领导、分级负责，安全第一、预防为主，依法规范、加强管理，以人为本、快速疏散、统一指挥、快速反应、各司其职、协同处置、依靠科技、资源整合"。

车站突发事件处理原则如下：

（1）突发事件发生时，城市轨道交通运营企业的应急处置指导思想是先控制、后处置，救人第一。

（2）突发事件现场应急处置的重点是控制事故源头、危险区域，组织人员撤离和抢救受伤人员。

（3）各岗位员工应按规定程序及时间，及时向有关方面报告，迅速开展工作，尽一切可能控制事故的扩大，以减少伤害损失。

（4）各岗位员工应沉着冷静，严格执行规定的标准和程序，优先组织人员疏散、伤员抢救，做好乘客疏导和安抚工作，维持秩序，减少乘客恐慌。

（5）各岗位员工应坚守岗位，立即进入突发事件抢险救灾状态，兼顾重点设备和环境的防护，采取一切可能措施减少损失。

（6）兼顾现场的保护工作，以利于公安、消防和事件调查部门的现场取证。

（7）员工在应急事件处理时，坚持对外宣传归口管理的原则，不得擅自发布相关信息。

（8）坚持就近处理的原则，在上一级事故处理负责人到达现场前，员工应按表9-2中的规定担任现场指挥，担负现场临时负责人职责。

表 9-2　城市轨道交通客运车站突发事件现场临时负责

序号	突发事件发生地点	现场临时负责人
1	列车运行在区间	本列车司机
2	列车停靠在车站	所在车站的值班站长
3	车站	所在车站的值班站长
4	区间线路	行车调度员指定的车站值班站长
5	车场线路	车场调度员
6	在车场各生产部门辖区	责任部门负责人
7	运营其他场所	现场职务最高员工

（三）车站突发事件报告程序

1. 突发事件的报告原则

（1）迅速、准确、完整的原则。

（2）逐级上报的原则。事故发生在区间，列车司机应立即上报行车调度员；事故发生在车站或车场内，车站值班员（值班站长）或车场调度员应立即上报行车调度员。

（3）任何员工发现或接到突发事件信息，均应立即执行规定的通报流程，不得延误、中断或缺漏。

2. 突发事件报告前应采取的措施

在报告突发事件前，车站人员应根据突发事件的严重性，果断采取下列措施：

（1）若发现任何可能影响列车安全运行的情况，例如信号设备损坏、异物落入轨道等，必须利用下列方法，截停可能受影响的列车。

①操作车站控制室内的紧急停车按钮。

②按动车站站台紧急停车按钮。

③猛烈摇动"危险"手信号（停车手信号），或猛烈摇动任何物品。

（2）若发现设备或装置有故障，则必须立即停用或隔离有关故障设备或装置。

3. 突发事件的报告内容

车站人员报告突发事件时，应尽可能全面，主要包括下列内容：

（1）报告人姓名、职务、单位。

（2）事件发生的时间、地点。

（3）事件发生的概况、原因（初步判断）及对运营的影响程度。

（4）人员伤亡情况、设施设备损毁情况。

（5）已经采取的措施。

（6）请求救援的内容（例如公安、消防、救护等）。

（7）其他必须说明的内容。

4. 突发事件的报告程序

突发事件发生后，现场人员应严格遵守报告程序迅速报告，OCC根据当时各部门、各车站上报的情况及时汇总，确认突发事件性质、原因，做出准确判断，高效调动、协调企业内外资源，确保事态得到有效控制，力争将损失降到最低限度。因此，城市轨道交通运营企业内部必须建立一套严格、高效的信息传递程序。城市轨道交通突发事件的报告流程如图9-1所示。

项目九 城市轨道交通客运车站突发事件应急处理

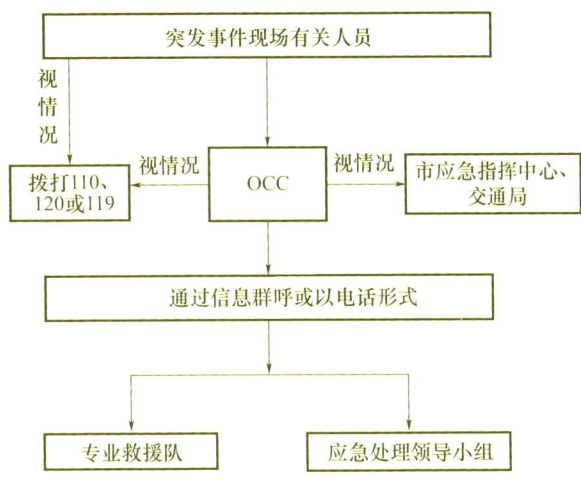

图 9-1 城市轨道交通突发事件的报告流程

三、任务实施

工作任务：车站突发事件处理概述。

制作 PPT，以小组为单位进行国家城市轨道交通运营突发事故分级、车站突发事件处理原则、车站突发事件报告程序等的团队学习，要求在网上查找国内发生城市轨道交通运营事故案例，进行事故分级，按处理事故原则模拟撰写事故报告。

四、任务评价

车站突发事件处理概述任务评价表如表 9-3 所示。

表 9-3 车站突发事件处理概述任务评价表

项目任务	车站突发事件处理概述			
班级		姓名		评价时间
考核内容				
考核项目	考核标准		分值（分）	得分（分）
突发事故分级	阐述城市轨道交通运营常见突发事件的种类，能够划分城市轨道交通运营突发事故的等级		15	
事件处理原则与程序	阐述车站突发事件处理原则、车站突发事件报告程序		20	
	按照车站突发事件处理原则、报告程序撰写车站突发事件报告		15	
制作内容	制作能清晰展示的 PPT		15	
	要求类型分析图形准确，文字流畅		15	
	做到业务分析熟练、图文并茂		20	
指导教师意见：				

说明：1. 建议采用四级评分制（如 90%～100%，80%～90%，60%～80%，60%以下）；
　　　2. 主要采用小组互评的方式进行评价，教师最后进行参考评分

任务二 设备故障车站应急处理

一、任务导入

通过学习设备故障车站应急处理介绍,理解站台门故障、AFC 系统设备故障、垂直电梯困人故障、电扶梯故障的应急处理,理解车站各岗位职责、关键指引,熟悉汇报内容,掌握各岗位行动指引程序。

二、知识准备

(一)站台门故障应急处理

站台门作为隔离站台区和轨行区的重要安全设备,越来越多地被安装和投入到城市轨道交通运营中,以确保乘客和行车的安全。另外,站台门还具有降低列车运行噪声、减少因空气对流造成的站台冷热气的流失等优点,为乘客提供了安全、舒适的候车环境。某城市轨道交通客运车站站台门如图 9-2 所示。

图 9-2 某城市轨道交通客运车站站台门

1. 站台门故障原因

(1)设备原因。

城市轨道交通列车驶入车站时会产生巨大的热量,这将对站台门产生很大的压力,如果站台门的玻璃无法承受这样的压力,就会发生龟裂、爆炸等事故。另外,如果安装人员在安装过程中没有及时发现站台门本身的故障,如钢架结构变形、应急门门锁失灵等,会使站台门在后期使用过程中出现故障。

(2)人为原因。

当乘客在列车和站台门即将关闭时强行挤入,很容易被卡在站台门与列车车门之间,从而导致死亡。另外,部分乘客喜欢倚靠在站台门上,当站台门开启时,如果乘客反应不及时就很容易摔倒，使得车门处拥挤。这种情况下若车门关闭，容易出现乘客被关在站台门和列车车门之间的现象，从而引起严重的事故。

(3) 门机驱动系统故障。

站台门的驱动系统主要可以分为三个部分：电机、减速器及传动装置。其中电机和减速器都属于成套的装置，所以发生故障的概率相对较小；而传动装置是由皮带、刚性连接件等组成的，所以发生故障的概率较高，其故障的主要表现如下：

①站台门在开关时出现较大的振动，且无法完全闭合。这是因为皮带的使用时间过长产生了变形，或者是皮带和刚性连接件之间出现松动现象，或者是皮带上有异物存在。

②站台门在开关时门体出现阻滞现象，且无法完全闭合。此故障的原因是惰轮上有破损或导轨上有异物存在。

(4) 供电系统（UPS）故障。

UPS 出现自动关闭、过充电保护动作、市电指示灯闪烁、电池灯闪烁、电池放电时间短、UPS 过载等故障，其原因基本上可分为两种，一是 UPS 内部出现故障，二是电池出现故障。

2. 关键指引

列车进出站（含在站台）时，车控室及站台工作人员严格监视列车运行状态，发现站台门故障，甚至危及行车安全时，原则上现场发现人员应第一时间临时进行处理，值班站长应立即赶往现场，根据现场情况及时执行相关处理程序，行车值班员做好信息的汇报工作。车站处理完毕，确认站台安全后应立即给司机"好了"手信号。

3. 职责分工

(1) 值班站长担任现场前期处置负责人，负责现场处置的指挥协调，维持现场秩序。

(2) 行车值班员负责车站信息的收集、传达与汇报。

(3) 站务员（站台岗）负责现场处置工作及将现场情况及时汇报给行车值班员。

(4) 车站其他人员协助处理工作，做好站台安全防护、引导等。

4. 车站汇报内容

(1) 呈报人所在车站、姓名、职位及联络电话。

(2) 故障发生日期（月、日）、时间（时、分）。

(3) 故障发生地点（上下行线、第几档站台门等）。

(4) 故障概况：现场情况及发展态势、可能影响运营程度、人员伤亡情况、设备损坏情况及影响范围。

(5) 已采取的行动和请求支援事项（如已拨打 110、120 等）。

5. 站台门故障应急处理

当城市轨道交通运营中站台门发生异常情况时，车站人员应在确保安全的前提下，坚持"先通后复"的原则，及时进行处理；在做好行车组织的同时，进行乘客广播、引导等客运组织工作。站台门发生故障时，车站各岗位人员应当根据各自的职责进行应急处理。某城市轨道交通客运车站站台门故障处理程序如图 9-3 所示。

某城市轨道交通客运车站站台门夹人夹物如图 9-4 所示。

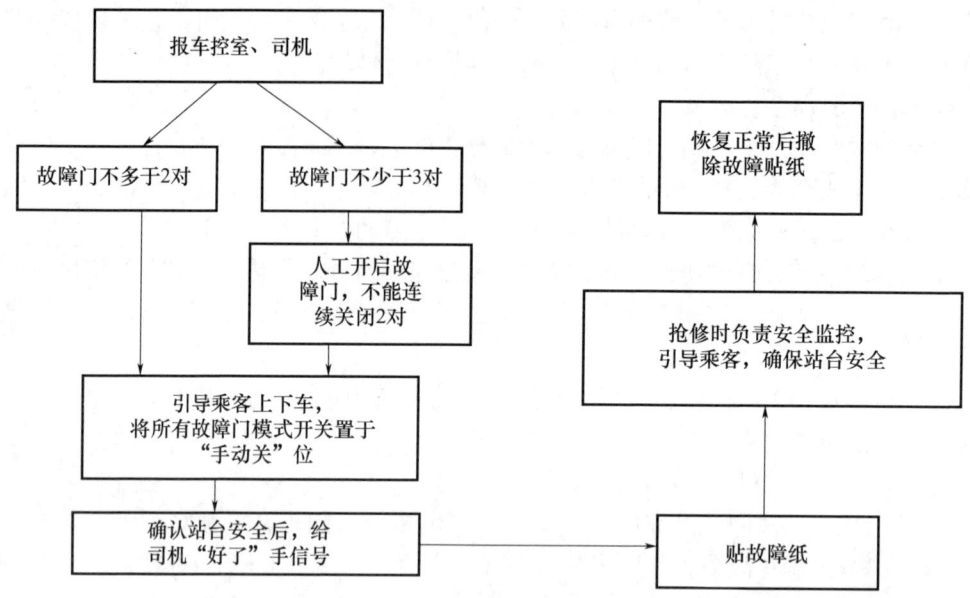

图 9-3　某城市轨道交通客运车站站台门故障处理程序

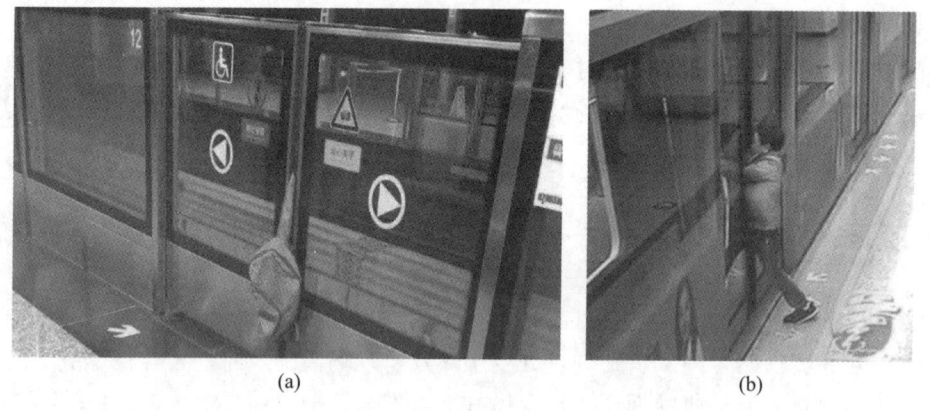

图 9-4　某城市轨道交通客运车站站台门夹人夹物

(1) 单档或多档滑动门不能正常打开/关闭。

当站台门出现单档或多档滑动门不能正常打开/关闭时，按照车站各岗位行动指引程序执行。车站站台门单档或多档滑动门不能正常打开/关闭指引程序如表 9-4 所示。

表 9-4　车站站台门单档或多档滑动门不能正常打开/关闭指引程序

序号	岗位	行动指引程序
1	站务员（站台岗）	（1）发现站台门故障或门头指示灯报警时，立即将故障门模式开关置于"手动关"位，将情况报车控室（出现多档滑动门故障或模式开关不能正常使用，站台人员无法及时全部将模式开关置于"手动关"位时，按要求先发车后处理）。 （2）引导乘客从正常滑动门上下车（当一节车厢对应站台门全部不能正常开启时，需至少手动打开一档滑动门，引导乘客上下车）。 （3）处理完毕，确认站台安全及时向司机显示"好了"手信号。 （4）待列车发车后，张贴故障告示，对无法关闭的滑动门手动进行关闭。 （5）对手动不能关闭的滑动门，加设安全防护栏，并加强监督防护

续表

序号	岗位	行动指引程序
2	行车值班员	（1）接报后，立即将站台门故障现象报告值班站长和行车调度员。 （2）通过CCTV监控站台情况，做好站台乘客广播，引导乘客从正常滑动门上车。 （3）及时查看IBP盘门关闭锁紧指示灯状态及ISCS站台门信息。 （4）出现多档滑动门故障车站无法及时将模式开关置于"手动关"位时，立即报行车调度员。 （5）通知站台人员确认站台安全后向司机显示"好了"手信号
3	值班站长	（1）及时赶赴现场，组织站台人员引导乘客上下车。 （2）组织人员协助设置安全防护，对开启的滑动门加强监督防护。 （3）及时将故障处理情况报车控室

（2）整侧滑动门不能正常关闭。

当站台门整侧滑动门不能正常关闭时，按照车站各岗位行动指引程序执行。车站站台门整侧滑动门不能正常关闭指引程序如表9-5所示。

表9-5 车站站台门整侧滑动门不能正常关闭指引程序

序号	岗位	行动指引程序
1	站务员（站台岗）	（1）立即报车控室，并与司机互控操作PSL看是否有效，若仍不能关闭，待上下客完毕，利用隔离带做好现场防护后，向司机显示"好了"手信号。 （2）接车控室通知，操作互锁解除接发续列车
2	行车值班员	（1）通报值班站长、行车调度员。 （2）加强车站站台乘客安全广播。 （3）及时通知站台人员操作互锁解除
3	值班站长	接报后，组织人员对开启滑动门进行安全防护

（3）整侧滑动门不能正常打开。

当站台门整侧滑动门不能正常打开时，按照车站各岗位行动指引程序执行。车站站台门整侧滑动门不能正常打开指引程序如表9-6所示。

表9-6 车站站台门整侧滑动门不能正常打开指引程序

序号	岗位	行动指引程序
1	站务员（站台岗）	（1）接到车控室通知后，立即手动打开一档滑动门（按每节车厢不少于一档站台门打开）要求先将其模式开关置于"手动开"位手动打开，同时做好现场防护。 （2）引导乘客从已开启门上下车。 （3）视情况把乘客自行手动打开的滑动门模式开关置于"手动开"位。 （4）乘客上下完毕，确认站台安全后，向司机显示"好了"手信号。 （5）车站根据站台人员数量，利用后续列车的行车间隔，陆续手动打开滑动门（将模式开关置于"手动开"位打开），同时做好现场防护
2	行车值班员	（1）通知站台人员立即手动打开相应滑动门，同时做好乘客广播。 （2）通报值班站长、行车调度员。 （3）站台手动开启站台门后，将IBP上"所有门关闭且锁紧"灯的状态及车站后续处理及时通报行车调度员

续表

序号	岗位	行动指引程序
3	值班站长	（1）接报后，立即赶赴现场，组织人员按每节车厢不少于一档门要求，手动打开滑动门，并做好安全防护。 （2）引导乘客从开启的滑动门上下车。 （3）根据站台人员数量，利用后续列车的行车间隔，组织人员陆续手动打开滑动门。 （4）组织人员对开启的滑动门进行安全防护，禁止乘客靠近站台门。 （5）根据行车调度员命令，指挥站台人员操作互锁解除发车、接车。

（4）站台门夹人夹物且列车未启动。

当站台门夹人夹物且列车未启动时，按照车站各岗位行动指引程序执行。车站站台门夹人夹物且列车未启动指引程序如表9-7所示。

表9-7 车站站台门夹人夹物且列车未启动指引程序

序号	岗位	行动指引程序
1	站务员（站台岗）	（1）发现列车车门/站台门夹人夹物且没有自动弹开释放，立即按压紧急停车按钮（在去按压紧急停车按钮的途中，报告车控室，报告标准为："上/下行第×档滑动门夹人夹物"，并向司机显示"停车"手信号），避免夹人夹物动车。 （2）将人或物撤出后，向车控室报告，并向司机显示"好了"手信号。 （3）值班站长到场后，协助调查处理
2	行车值班员	（1）发现异常或接到报告后，通知值班站长前往处理，并向行车调度员汇报。 （2）利用CCTV观察现场情况。 （3）需要时，报城市轨道交通公安到场协调处理。 （4）接到人或物撤出通知后，取消紧急停车，并向行车调度员汇报
3	值班站长	（1）赶赴现场处理，调查事件原因。 （2）如发生客伤事故，按相关规定办理。 （3）如是乘客抢上抢下造成，寻找目击证人，并记录详细资料。 （4）事件处理完毕后，将有关情况通报给行车调度员

（5）站台门夹人夹物且列车已启动。

当站台门夹人夹物且列车已启动时，按照车站各岗位行动指引程序执行。车站站台门夹人夹物且列车已启动指引程序如表9-8所示。

表9-8 车站站台门夹人夹物且列车已启动指引程序

序号	岗位	行动指引程序
1	站务员（站台岗）	（1）发现站台门夹人夹物未自动弹开，立即按压紧急停车按钮（在去按压紧急停车按钮的途中，报车控室并向司机显示"停车"手信号），避免夹人夹物动车，将人或物撤出后，向车控室报告，并向司机显示"好了"手信号。 （2）及时采用手动开启站台门进行处理。 （3）处理完毕后确认站台门正常关闭，如不能正常关闭则旁路相应站台门，并将情况向车控室汇报
2	行车值班员	（1）接报站台门夹人夹物动车被拍停时，通知值班站长到现场处理。 （2）利用CCTV观察现场情况，需要时，报城市轨道交通公安到场协调处理。 （3）接到站台人员处理完毕信息后，向行车调度员汇报，经行车调度员同意后取消紧急停车，恢复正常运作
3	值班站长	（1）赶赴现场，及时采用手动开启站台门进行处理。 （2）处理完毕后报车控室

(6) 站台门玻璃破碎。

当站台门玻璃破碎时,按照车站各岗位行动指引程序执行。某城市轨道交通客运车站站台门玻璃破碎如图 9-5 所示。

(a)   (b)

图 9-5 某城市轨道交通客运车站站台门玻璃破碎

车站站台门玻璃破碎行动指引程序表 9-9 所示。

表 9-9 车站站台门玻璃破碎行动指引程序

序号	岗位	行动指引程序
1	站务员 (站台岗)	(1) 发现玻璃破碎报告车控室,如影响行车应及时按压"紧急停车"按钮。滑动门/应急门玻璃破碎应将该门模式开关置于"手动关"位。 (2) 如玻璃未掉下来(龟裂),若是滑动门将 LCB 切换至"手动开"位,并做好防护;若是固定门或应急门将其左右相邻两档滑动门的模式开关切换至"手动开"位,使其处于常开状态;若是端门,将临近的滑动门模式开关切换至"手动开"位,使其处于常开状态。 (3) 使用封箱胶纸将破碎的玻璃粘贴住,并设置隔离带、张贴告示牌。 (4) 加强对相关站台门监督防护,提醒乘客注意安全。
2	行车 值班员	(1) 接报后,通知值班站长到场处理。 (2) 做好站台乘客安全广播。 (3) 通报行车调度员
3	值班站长	(1) 接报后,通知值班站长到场处理。 (2) 做好站台乘客安全广播。 (3) 通报行车调度员

(二) AFC 系统设备故障应急处理

1. 故障影响

AFC 系统故障发生时段分为在运营和非运营时间。运营时间内发生 AFC 系统故障,可能导致售票缓慢、人员拥挤和客运组织困难,可能衍生客服投诉和人员踩踏等问题;非运营时间内发生 AFC 系统故障,若受损设备不能及时恢复,会影响到正常运营。某城市轨道交通客运车站 AFC 系统设备故障如图 9-6 所示。

2. 职责分工

(1) 值班站长担任前期现场处置负责人,负责现场处置的指挥协调。

(2) 行车值班员负责车站信息的收集、传达与汇报。

(3) 客运值班员与站务员根据值班站长安排做好客流引导及售检票工作。

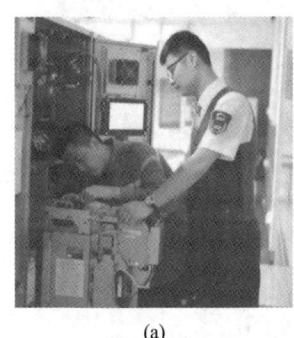
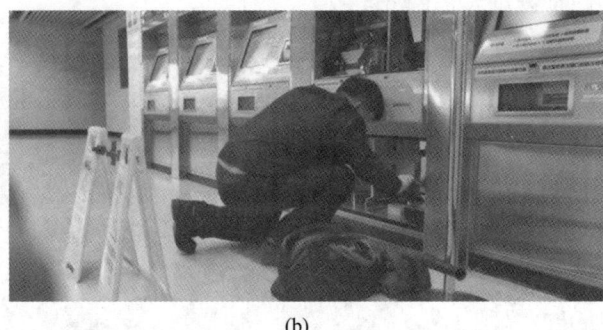

(a)   (b)

图 9-6 某城市轨道交通客运车站 AFC 系统设备故障

3. 车站汇报内容

(1) 呈报车站、时间。

(2) 故障情况及客流发展态势。

(3) 现场处置情况。

4. AFC 系统设备故障应急处理

车站 AFC 系统故障按照事件类型一般分为 TVM（含 ITVM）全部故障、进站闸机全部故障、出站闸机全部故、BOM 全部故障、电子支付功能故障和 AFC 系统故障这六种类型。

(1) 车站 TVM（含 ITVM）全部故障。

当车站 TVM（含 ITVM）全部故障，按照车站各岗位行动指引程序执行。车站 TVM 全部故障行动指引程序如表 9-10 所示。

表 9-10 车站 TVM 全部故障行动指引程序

序号	岗位	行动指引程序
1	站务员 （票亭岗）	(1) 发现 TVM（含 ITVM）故障及时报车控室。 (2) 处理票务工作及乘客服务工作
2	站务员 （站台岗/ 厅巡岗）	(1) 配合进行配票工作。 (2) 根据值班站长指示做好客流疏导等工作。 (3) 售卖预赋值单程票，引导乘客进站，并做好乘客解释工作。 (4) 提供乘客服务工作
3	客运 值班员	(1) 发现 TVM（含 ITVM）故障及时报车控室。 (2) 根据值班站长指示配预赋值单程票、备用金。 (3) 组织售卖预赋值单程票，密切注意预赋值单程票的站存数量和售卖速度，数量较少时及时报值班站长。 (4) 做好乘客服务工作，配合值班站长做好乘客引导，准备好钥匙配合维修。 (5) 待维修人员确认设备修复后，开启设备并报值班站长。 (6) 接到恢复正常服务通知后，撤除"暂停服务"牌、铁马等，做好车站故障时段的统计工作

项目九　城市轨道交通客运车站突发事件应急处理

续表

序号	岗位	行动指引程序
4	行车值班员	（1）发现或接报后，报值班站长、OCC、相关专业生产调度（维修）人员。 （2）播放引导广播，并通过CCTV监控客流。 （3）报OCC预赋值单程票售卖的时间及客流情况。 （4）设备恢复正常后，向OCC、值班站长汇报设备恢复正常
5	值班站长	（1）发现TVM（含ITVM）故障及时通知车控室。 （2）立即至现场了解情况，安排客运值班员在SC系统上查看设备情况，安排行车值班员做好信息汇报。 （3）安排其他员工设置"暂停服务"牌，并引导乘客进出站，通知相关岗位做好人工售票准备工作。 （4）组织售卖预赋值单程票，密切注意预赋值单程票的站存数量和售卖速度，视情况调配预赋值单程票；做好站厅客流引导及控制。 （5）设备恢复正常后，通知停止售卖预赋值单程票。 （6）监控各岗位到岗情况及设备运作情况

（2）AGM、BOM全部故障。

当AGM、BOM全部故障，按照车站各岗位行动指引程序执行。车站AGM、BOM全部故障如表9-11所示。

表9-11　车站AGM、BOM全部故障

序号	岗位	行动指引程序
1	站务员（票亭岗）	（1）发现AGM、BOM全部故障，无法使用时应及时报车控室行车值班员。 （2）引导乘客在TVM（或ITVM）上进行充值及换零。 （3）设备恢复正常后，报车控室行车值班员。 （4）接到恢复正常服务通知后，撤除"暂停服务"牌等
2	站务员（站台岗/厅巡岗）	（1）打开边门，在边门处引导非付费区无法正常进站的乘客从边门进站；对付费区无法出站的乘客回收单程票，引导其从边门出站。做好乘客解释并配合现场维修工作。 （2）接到恢复正常服务通知后，撤除"暂停服务"牌、铁马等
3	客运（值班员）	（1）立即至现场或在SC系统上了解情况。 （2）在边门设置单程票回收箱，做好乘客引导工作。 （3）打开边门，在边门处引导非付费区无法正常进站的乘客从边门进站；对付费区无法出站的乘客回收单程票，引导其从边门出站。做好乘客解释并配合现场维修工作。 （4）接到恢复正常服务通知后，撤除"暂停服务"牌、铁马等
4	行车值班员	（1）发现或接报后，报值班站长、OCC、相关专业生产调度（维修）人员。 （2）播放引导广播，并通过CCTV监控客流。 （3）做好与OCC、车站各岗位之间的信息传递。 （4）设备恢复正常后，向OCC、值班站长汇报设备恢复正常
5	值班站长	（1）立即至现场了解情况，安排行车值班员做好信息汇报。 （2）安排员工开启边门，组织付费区无法正常出闸的持票乘客从边门出站，做好解释和引导工作。 （3）安排各岗位工作，做好客流引导及乘客解释工作。 （4）监控各岗位到岗情况及设备运作情况

（3）进站闸机全部故障。

当车站进站闸机全部故障时，按照车站各岗位行动指引程序执行。车站进站闸机全部故障行动指引程序如表9-12所示。

表 9-12 车站进站闸机全部故障行动指引程序

序号	岗位	行动指引程序
1	站务员（票亭岗）	（1）发现进站闸机全部故障及时报车控室行车值班员。 （2）做好乘客解释工作。 （3）设备恢复正常后，报车控室行车值班员
2	站务员（站台岗/厅巡岗）	（1）发现进站闸机全部故障及时报车控室行车值班员。 （2）在故障闸机前放置"暂停服务"牌或设置隔离带，并对进站乘客做解释工作。 （3）打开边门（或部分进站闸机），人工检票引导乘客进站，做好服务解释工作，配合现场维修工作。 （4）设备恢复正常后，报车控室行车值班员
3	客运值班员	（1）发现进站闸机全部故障及时报车控室行车值班员。 （2）接值班站长通知后，到 SC 系统上检查进站闸机。 （3）在故障闸机前放置"暂停服务"牌或设置隔离带，并对进站乘客做解释工作。 （4）在边门处做好乘客进站引导解释工作。 （5）设备恢复正常后，报车控室行车值班员
4	行车值班员	（1）发现或接报后，报值班站长、OCC、相关专业生产调度（维修）人员。 （2）播放引导广播，并通过 CCTV 监控客流。 （3）做好与 OCC、车站各岗位之间的信息传递。 （4）设备恢复正常后，向 OCC、值班站长汇报设备恢复正常
5	值班站长	（1）发现进站闸机故障及时通知车控室。 （2）立即至现场了解情况，安排行车值班员做好信息汇报。 （3）安排人员在故障闸机前放置"暂停服务"牌、设置隔离带等。 （4）安排各岗位工作，做好客流引导及控制。 （5）视客流情况大小通知客运值班员开启部分进站闸机引导乘客进站。 （6）监控各岗位到岗情况及设备运作情况，做好乘客服务

（4）出站闸机全部故障。

当车站出站闸机全部故障时，按照车站各岗位行动指引程序执行。车站出站闸机全部故障行动指引程序如表 9-13 所示。

表 9-13 车站出站闸机全部故障行动指引程序

序号	岗位	行动指引程序
1	站务员（票亭岗）	（1）发现出站闸机全部故障及时报车控室行车值班员。 （2）做好乘客解释工作。 （3）设备恢复正常后，报车控室行车值班员
2	站务员（站台岗/厅巡岗）	（1）发现出站闸机全部故障及时报车控室行车值班员。 （2）对出站乘客做解释工作。 （3）打开边门，引导乘客从边门出站，做好防护设置。在边门处做好乘客出站引导及防护设置。 （4）设备恢复正常后，报车控室行车值班员。 （5）接到恢复工作通知后，撤除"暂停服务"牌或隔离带等
3	客运值班员	（1）发现出站闸机全部故障及时报车控室行车值班员。 （2）接值班站长通知后，到 SC 系统上检查出站闸机。 （3）在故障闸机前放置"暂停服务"牌或设置隔离带，并对出站乘客做解释工作。 （4）在边门处做好乘客进站引导解释工作。 （5）设备恢复正常后，报车控室行车值班员，组织人员撤除"暂停服务"牌或隔离带等

续表

序号	岗位	行动指引程序
4	行车值班员	(1) 发现或接报后，报值班站长、OCC、相关专业生产调度（维修）人员。 (2) 播放引导广播，并通过 CCTV 监控客流。 (3) 做好与 OCC、专业调度、车站各岗位之间的信息传递。 (4) 设备恢复正常后，向 OCC、值班站长汇报设备恢复正常
5	值班站长	(1) 发现出站闸机故障及时通知车控室。 (2) 立即至现场了解情况，安排行车值班员做好信息汇报。 (3) 安排员工组织引导乘客出站，做好安全防护。 (4) 安视各岗位工作，做好客流疏导。 (5) 视客流情况大小通知客运值班员开启部分进站闸机引导乘客进站。 (6) 监控各岗位到岗情况及设备运作情况，做好乘客服务

(5) AFC 系统设备全部故障。

当车站 AFC 系统设备全部故障时，按照车站各岗位行动指引程序执行。车站 AFC 系统设备全部故障行动指引程序如表 9-14 所示。

表 9-14 车站 AFC 系统设备全部故障行动指引程序

序号	岗位	行动指引程序
1	站务员 (票亭岗)	(1) 使用伸缩栏杆将所有进出站闸机进行隔离并设置"暂停服务"牌；到票务室进行配票工作。 (2) 售卖预赋值单程票。打开边门引导乘客从边门进出站，回收单程票，对持其他票种或证件的乘客做好解释工作，配合现场维修工作。 (3) 处理票务工作及乘客服务工作
2	站务员 (站台岗/厅巡岗)	(1) 使用伸缩栏杆将所有进出站闸机进行隔离并设置"暂停服务"牌；进行配票做好乘客解释及服务工作。 (2) 设备恢复正常后，报车控室行车值班员
3	客运值班员	(1) 接到故障通知后，按值班站长的要求，做好售卖预赋值单程票的准备工作。 (2) 配预赋值单程票、备用金。 (3) 组织售卖预赋值单程票，密切注意预赋值单程票的站存数量和售卖速度。 (4) 做好乘客服务工作，配合值班站长做好客流引导，配合现场维修工作。 (5) 检查设备，确认设备恢复报行车值班员、值班站长。 (6) 故障修复后，停止售卖预赋值单程票，撤离"暂停服务"牌及隔离带，引导乘客正常购票，进/出闸
4	行车值班员	(1) 发现或接报后，报值班站长、OCC、相关专业生产调度（维修）人员。 (2) 播放引导广播，并通过 CCTV 监控客流。 (3) 报 OCC 预赋值单程票售卖的时间及客流情况。 (4) 设备恢复正常后，向 OCC、值班站长汇报设备恢复正常
5	值班站长	(1) 立即至现场了解情况，安排行车值班员做好信息汇报，安排客运值班员做好售卖预赋值单程票的准备工作。 (2) 安排员工组织引导乘客进出站，通知相关岗位做好人工售票准备工作。 (3) 组织售卖预赋值单程票，密切注意预赋值单程票的站存数量和售卖速度，根据车站预赋值单程票存量，申请再次配发车票；做好站厅客流组织，视情况通知临站请求支援。 (4) 接到设备故障恢复正常汇报后，通知停止售卖预赋值单程票。 (5) 监控各岗位到岗情况及设备运作情况，做好乘客服务

(6) 电子支付功能故障（含 TVM、ITVM、SBOM）。

当电子支付功能故障（含 TVM、ITVM、SBOM）时，按照车站各岗位行动指引程序

317

执行。车站电子支付功能故障（含 TVM、ITVM、SBOM）行动指引程序如表 9-15 所示。

表 9-15　车站电子支付功能故障（含 TVM、ITVM、SBOM）行动指引程序

序号	岗位	行动指引程序
1	站务员（票亭岗）	（1）发现故障及时报车控室行车值班员。 （2）帮助乘客兑零、处理票务工作及乘客服务工作
2	站务员（站台岗/厅巡岗）	（1）做好乘客服务工作，配合值班站长做好乘客引导、兑零工作，配合现场维修工作。 （2）协助处理票务工作及乘客服务工作
3	客运值班员	（1）发现故障及时报车控室行车值班员。 （2）接到故障通知后，按值班站长的要求，做好兑零、引导及解释工作。 （3）做好乘客服务工作，配合值班站长做好乘客引导、兑零工作。 （4）检查设备，确认设备恢复报行车值班员、值班站长
4	行车值班员	（1）发现或接报后，报值班站长、OCC、相关专业生产调度（维修）人员。 （2）播放引导广播，并通过CCTV监控客流。 （3）设备恢复正常后，向OCC、值班站长汇报设备恢复正常
5	值班站长	（1）发现故障及时报车控室行车值班员。 （2）立即至现场了解情况，安排行车值班员做好信息汇报，组织人员做好兑零、引导及解释工作。 （3）安排员工张贴告示，组织人员做好兑零、引导及解释工作。 （4）做好站厅客流组织，视情况通知临站请求支援。 （5）监控各岗位到岗情况及设备运作情况，做好乘客服务

（三）垂直电梯困人故障应急处理

1. 故障影响

垂直电梯故障主要包含电梯运行振动较大、运行噪声较大，电梯轿门、厅门开关门有明显的卡阻现象，电梯轿门、厅门开关门噪声大，电梯轿厢照明全部熄灭，电梯轿厢存在明显烧焦异味，电梯轿厢进水等异常情况，若处置不及时可能扩大影响，导致乘客乘坐垂直电梯受伤困人，甚至危及生命安全，设备损坏严重。某城市轨道交通客运车站垂直电梯故障如图 9-7 所示。

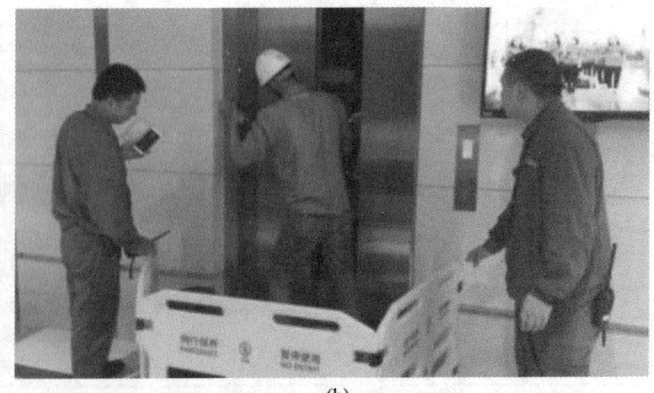

(a)　　　　　　　　　　　　　　(b)

图 9-7　某城市轨道交通客运车站垂直电梯故障

2. 关键指引

(1) 垂直电梯出现困人事件时,值班站长第一时间赶往现场进行处理,安抚受困乘客,并对故障设备设置防护,及时疏导围观乘客并做好解释工作,如受困乘客受伤,还应按相关规定进行后续处理。

(2) 垂直电梯出现异常现象及故障时,车站应立即停止电梯的使用,设置围挡、警示牌,做好现场防护工作,阻止乘客乘坐垂梯,并立即上报专业生产调度(维修)人员。

3. 职责分工

(1) 值班站长担任前期现场处置负责人,负责现场处置的指挥协调,做好乘客安抚和救助。

(2) 行车值班员负责车站信息的收集、传达与汇报。

(3) 客运值班员与站务员根据值班站长安排,做好乘客安抚和救助工作。

4. 车站汇报内容

(1) 事件发生车站、时间、地点。

(2) 故障概况(受困人数、性别、大概年龄、身体状况、电梯内应急照明、通风情况)。

(3) 现场先期处置情况。

(4) 设备异常情况、具体现象及防护措施。

5. 垂直电梯困人故障应急处理

当出现垂直电梯困人故障时,按照车站各岗位行动指引程序执行。某城市轨道交通客运车站垂直电梯困人如图 9-8 所示。

(a)   (b)

图 9-8 某城市轨道交通客运车站垂直电梯困人

车站垂直电梯困人故障行动指引程序如表 9-16 所示。

表 9-16 车站垂直电梯困人故障行动指引程序

序号	岗位	行动指引程序
1	站务员	(1) 发现垂直电梯困人故障及时报车控室。 (2) 协助处理工作、安抚乘客
2	客运值班员	(1) 发现垂直电梯困人故障及时报车控室。 (2) 协助处理工作、安抚乘客。 (3) 协助值班站长对故障电梯进行隔离,做好现场防护;根据指定至出入口迎接急救中心人员并引导至现场

续表

序号	岗位	行动指引程序
3	行车值班员	（1）发现或接报后报值班站长。 （2）报OCC，视情况报轨道交通公安，并通过CCTV调看困人电梯监控，使用电梯紧急电话安抚受困乘客，了解现场情况；确定受困乘客数量、身体状况、受困经过并向值班站长汇报。 （3）做好与OCC、车站各岗位、救援部门之间的信息传递，视情况拨打120请求救援。 （4）接专业维修人员故障电梯修复通知后，报OCC、值班站长
4	值班站长	（1）接报后立即至现场了解情况。 （2）了解电梯里是否有特殊乘客及通风情况，做好受困乘客安抚，告知乘客手握扶手，靠轿壁站立，不要自行扒撬轿厢门、乱按操作按钮，等待救援。 （3）安排人员做好现场防护，禁止他人操作电梯，等待专业人员救助。 （4）救援人员到场后，与救援人员做好交接，配合救援。 （5）当受困人员救出后，对其进行安抚，如受伤按客伤相关规定处理。 （6）设备恢复正常后，安排人员撤除防护，开启电梯

（四）电扶梯故障应急处理

车站楼梯一般采用26°~34°斜角，其宽度单向通行不小于1.8米，双向通行不小于2.4米、当宽度超过3.6米时，应设置中间扶手，且每梯段不超过18级。瑞典地铁音乐楼梯如图9-9所示。

图9-9 瑞典地铁音乐楼梯

在正常情况下，自动扶梯的控制采用就地控制，车站控制室监视其运行状态。

在紧急情况或火灾情况下，通过车站控制室的紧急停止按钮，可使车站非疏散用的自动扶梯全部停止运行，并作为固定楼梯疏散乘客，而作为疏散用的自动扶梯将继续运行承担疏散人群的任务。

1. 故障影响

（1）自动扶梯夹人事故：扶梯设备在使用中，扶梯梯级和扶手带都处于运动状态。使用人员按照警告、提示标识指引，正确站位和扶手，不会发生危险。但是，当使用人员因使用知识欠缺或安全意识不足或缺乏实际控制行动能力的老人、儿童不恰当地使用扶梯时，当头部夹在建筑物梁柱与扶手带之间，手部夹在扶手带、裙板边，脚部夹在梯级入口处、裙板边，衣服下摆或者饰物夹在梯级入口处、裙板边时，均有可能发生夹人事故。如处置不当,容易导致伤害事件。发生此类事故时,应立即启动预案。

(2) 上行扶梯逆转:处于上行状态的扶梯,当安全开关动作时,如扶梯的制动器动作不可靠,或者扶梯的驱动力不足,则上行的扶梯会瞬间下行,导致扶梯上的乘客站立失稳,身体摔倒造成伤害,人多时相互挤压踩踏可能酿成群体伤害事故。此类事故重点在于保证设备的性能满足安全要求。

(3) 下行扶梯运行中急停故障:处于下行状态的扶梯,当安全开关动作时,如扶梯的制动器动作导致梯级制动过猛,则可能导致扶梯上的乘客站立失稳,身体摔倒造成伤害,人多时相互挤压踩踏可能酿成群体伤害事故。此类事故重点在于保证设备的性能满足安全要求。城市轨道交通客运车站电扶梯紧急停止按钮如图9-10所示。

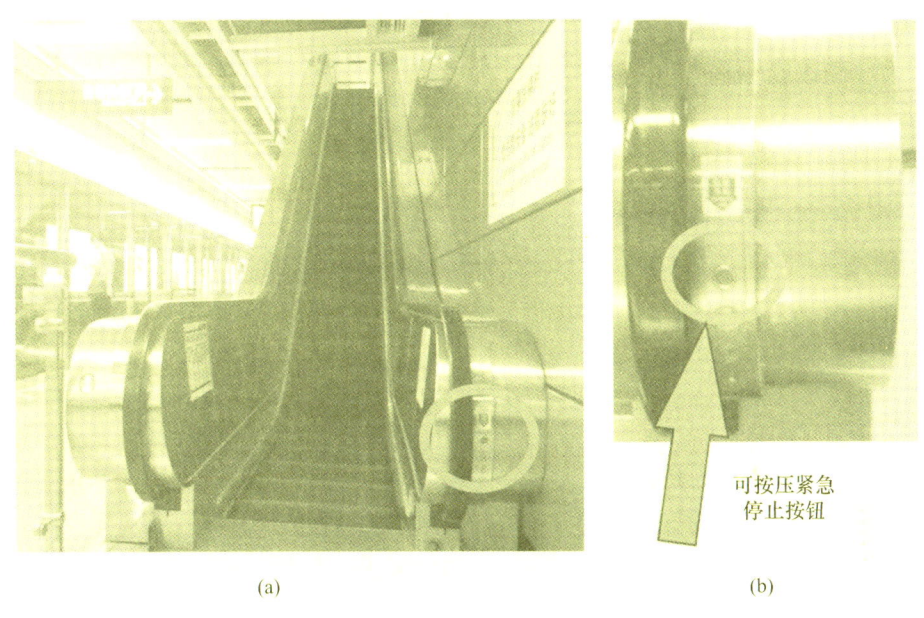

(a)　　　　　　　　　　　(b)

图 9-10　城市轨道交通客运车站电扶梯紧急停止按钮

(4) 检修扶梯时,非维修人员使用扶梯事故:处于检修状态的扶梯,通常需要打开上下机仓盖板、拆除部分梯级。当乘客误踏入空梯级处,或上机仓、下机仓时,容易踏空摔倒,造成伤害。如扶梯调试运行时发生此类事件,则伤害的后果更严重。此类事故重点在于保证维修环境的监管满足安全要求。

根据危险源分析,加强现场监管,控制高峰时期客流,重点关注高危人群,严格维护保养工作环境现场监管,定期检查设备状态,可以有效防止事故的发生。

2. 关键指引

扶梯事故应急处置程序:扶梯发生故障→乘客发出求救信息→紧急停止扶梯→迅速在现场建立隔离带,分隔客流→安抚乘客、消除乘客恐慌情绪→维保人员现场判断/实际处理→现场实施救援工作→如事故扩大,则按照综合预案通知相关政府部门启动更高级预案→必要时通知医护、消防人员赶赴现场抢修→恢复→应急结束→后期处置。

3. 职责分工

(1) 值班站长担任现场前期处置负责人,负责现场处置的指挥协调,维持现场秩序。

(2) 行车值班员负责车站信息的收集、传达与汇报。

(3) 站务员（站台岗）负责现场处置工作及将现场情况及时向行车值班员汇报。

(4) 车站其他人员协助处理工作，做好站台安全防护、引导等。

4. 车站汇报内容

(1) 呈报人所在车站、姓名、职位及联络电话。

(2) 故障发生日期（月、日）、时间（时、分）。

(3) 故障发生地点（上下行线、第几档站台门等）。

(4) 故障概况：现场情况及发展态势、可能影响运营程度、人员伤亡情况、设备损坏情况及影响范围。

5. 自动扶梯应急处理措施及程序

(1) 车站站务人员发现故障后，立即对设备做好安全防护，禁止乘客进入并根据职责做好相应的工作。

(2) 维修人员接到故障通知后，15 分钟内赶到现场，并利用专用工器具对故障进行查询及对设备做全面检查。

(3) 当维修人员自身无法处理故障需要技术人员处理时，技术人员接到通知后应第一时间赶到现场协助处理。

(4) 故障处理完毕后，维修人员回报部门调度消除故障号，填写故障处理记录。重大设备故障由技术人员进行分析并提供故障处理分析报告，以避免今后出现同类故障。故障分析报告存入资料档案。

(5) 若发生自动扶梯引起的乘客受伤事件，车站的站务人员立即按动红色紧急停止按钮，停止自动扶梯运行，尽快将伤员送到医院，并对设备做好安全防护，保护现场。

(6) 相关领导接到通知后，尽快赶到现场指挥。维修人员应立即利用专用工器具对故障进行查询及对设备进行全面检查。本着"四不放过"的原则，只有故障完全查清楚及处理完毕后，设备才能恢复运行。事后，对故障进行分析总结，避免类似事件发生。故障分析报告存入资料档案。

6. 自动扶梯应急处理预案

(1) 突然停车的应急处理：操作人员应首先做好记录，切断自动扶梯的控制电源，检查停车的原因。

(2) 异常现象的应急处理：自动扶梯在行驶过程中有异常声响、异味、不正常振动和摩擦，梯级或踏板有较大跳动，扶手装置及裙板有"麻电"感觉现象，当发现时，应立即按下紧急停止按钮，停止自动扶梯运行，并立即通知专业维修人员进行检查维修，如按下紧急停止按钮仍无法停止时，应切断供电总电源开关。

(3) 无法启动的应急处理：应首先检查电源的供电情况，如无问题但仍不启动，应暂停使用，进行检查修复后再投入使用。

(4) 制动距离过长的应急处理：自动扶梯紧急停止时制动距离过长，须及时检查自动扶梯制动器的抱闸间隙、制动器表面油污及磨损情况。

(5) 自动扶梯装置夹入异物的应急处理：发现扶梯的出入口或扶梯与扶手装置之间夹入异物，不能等待扶梯的安全保护装置起作用，而应立即按下紧急停止按钮或切断总电源开关；根据夹入异物的情况和程度，对异物进行取出处理，如能顺利取出，对扶手带装置、安全保护开关等有关部位进行检查，确认正常后，重新启动扶梯；如果异物不能顺利取出，则须打开驱动机房进行手动盘车，取出异物。如果手动盘车仍不能取出异物，则应请求支持，尽快采取措施。

7. 预防扶梯安全事故的关键点

（1）对于重点扶梯特别是站台到站厅的上行扶梯，要提高警惕。

（2）对于高危人群如老人、孕妇、携带大件行李或者抱婴者要给予正确指引，尽量引导使用垂直升降梯，减少使用手扶电梯。

（3）客流高峰期、雨天需要特别关注大运量及出入口扶梯情况，发现乘客滞留在扶梯出口的应马上进行疏导，防止堵塞扶梯。

8. 扶梯安全事故应急处理六部曲

一停、二报、三抚、四证、五围、六好称为扶梯安全事故应急处理六部曲。城市轨道交通客运车站电扶梯安全搭乘如图 9-11 所示。

(a)

(b)

图 9-11 城市轨道交通客运车站电扶梯安全搭乘

（1）停：扶梯客伤目击者应第一时间按停扶梯（同时做好停梯前的提醒），防止客伤进一步加剧。

（2）报：(目击者立即报车站工作人员)立即将故障、乘客受伤大致情况报车控室，车控室报告行车调度员、值班主任助理、环控调度员、客伤负责人、分管站长，并视具体情况报急救中心、火警、地铁公安，联系乘客家人。

（3）抚：值班站长、客运值班员等立即赶到现场安抚受伤乘客，对于伤者适当进行前期处理（例如伤口包扎、止血，为乘客提供座椅、饮用水等）。

（4）证：寻找两名及以上目击证人，并留下事情经过，由客运值班员/值班站长利用录音笔、相机等对伤者受伤原因、伤势和现场进行取证及善后跟进处理。

（5）围：对于伤势较重不能立即移动的乘客，马上将现场用屏风围蔽，视情况封闭出入口/站台/站厅，疏散围观乘客，妥善应对媒体采访。

（6）好：将乘客交由医护人员处理，视情况准备担架、应急备用金、派人前往医院协助善后处理，待机电人员出具扶梯检测报告，经环控调度员同意，现场公安取证完毕后，清理现场，重新开启扶梯，恢复正常运营。

三、任务实施

工作任务：设备故障车站应急处置。

制作 PPT，以小组为单位进行设备故障车站应急处置的讨论，并结合实际学习如何执行设备故障车站应急处置。

四、任务评价

设备故障车站应急处置任务评价表如表 9-17。

表 9-17 设备故障车站应急处置任务评价表

项目任务		车站突发事件应急处置		
班级		姓名		评价时间	
考核内容				
考核项目	考核标准	分值（分）	得分（分）
---	---	---	---
站台门故障	阐述车站站台门故障应急处理程序，以团队为单位，每一名队员模拟车站站台门一种故障，进行车站站台门故障应急处理	15	
AFC 系统设备故障、垂直电梯故障	阐述 AFC 系统设备故障应急处理程序，进行 AFC 系统设备故障应急处理	10	
	阐述垂直电梯困人事故应急处理预案与程序，进行车站垂直电梯困人事故应急处理	10	
	阐述电扶梯故障应急处理程序，进行电扶梯故障应急处理	15	
制作内容	制作能清晰展示的 PPT	15	
	要求类型分析图形准确，文字流畅	15	
	做到业务分析熟练、图文并茂	20	
指导教师意见：			

说明：1. 建议采用四级评分制（如 90%～100%，80%～90%，60%～80%，60%以下）；
2. 主要采用小组互评的方式进行评价，教师最后进行参考评分

任务三　自然灾害车站应急处理

一、任务导入

通过学习自然灾害车站应急处理介绍，理解当出现水灾（水淹）、恶劣天气、地震等自然灾害时的故障影响、岗位职责，熟悉关键指引，掌握各岗位行动指引程序。

二、知识准备

（一）水灾（水淹）应急处理

1. 故障影响

因车站发生水灾会影响车站的正常运营，影响客运服务，严重时甚至会中断该区段

列车运行，此类情况给运营带来很大影响，严重的将影响整条或多条线路运营。在抢险过程中如处置不当可能会引起车站设备设施的故障。某城市轨道交通客运车站发生水灾如图 9-12 所示。

图 9-12 某城市轨道交通客运车站发生水灾

2. 关键指引

(1) 站外水淹关键指引。

①防范站外积水灌入车站的原则为：站外堵截；尽最大力量控制在出入口局部区域；车站重要设备不受影响。

②确认现场情况，及时报告 OCC、站长。

③组织先期处置，安排车站员工搬运沙袋、防淹挡板、防洪薄膜、膨胀袋等物资进行抢险，必要时关闭相应出入口、电扶梯、垂梯，并及时向服务热线报备。某城市轨道交通客运车站发生水灾抢险场景如图 9-13 所示。

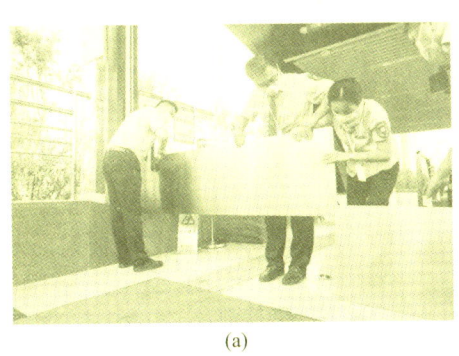
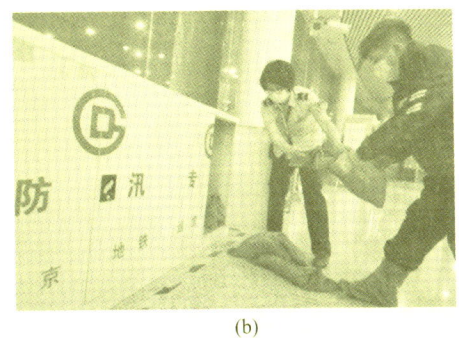

图 9-13 某城市轨道交通客运车站发生水灾抢险场景

④设备抢修人员确认现场设备状况，采取措施保护设备，并尽可能维持设备正常运作。

⑤播放广播，维持站内乘客秩序，必要时疏散站内乘客。

⑥抢险支援人员到达时，协助抢险队员进行抢险。

⑦发生车站被淹没的可能时，组织所有员工撤退到出口外的安全地带，并保持与

OCC 的联系。

⑧行车值班员跟进水灾抢险情况并及时报 OCC，做好与 OCC、车站各岗位之间的信息传递。

（2）站内管道漏水关键指引。

①值班站长发现或接到车站水管爆裂的通知后，立即赶至现场，查看现场情况。行车值班员将现场情况及时报告 OCC、站长、综合维修部门相关专业人员。

②组织先期处置，综合维修部门相关专业关闭现场相应阀门，若相关专业（抢修）人员未及时到达现场，由车站人员尝试关闭消防水阀或生活水阀，以防事态扩大。车站安排员工搬运沙袋等物资进行抢险。

③值班站长确认水淹可能影响车站设备运行时，立即通知行车值班员请求相关专业人员对相关设备立即采取保护措施。

④播放广播，维持站内乘客秩序，必要时疏散站内乘客。

⑤发现设备房间被淹时，应及时通知设备管理单位处置。首次进入现场人员须穿戴绝缘靴、绝缘手套等绝缘防护用品，在确保自身安全的前提下方可进入现场查看被淹情况。一旦发现设备被淹，应立即报 OCC、车站或直接通知设备管理责任部门确认相关设备是否已停电，确认无触电危险后，方可进入。

⑥抢险人员到达，协助抢险人员进行抢险。

⑦行车值班员及时将情况报至 OCC，并做好与 OCC、车站各岗位之间的信息传递。

3. 职责分工

（1）值班站长担任前期现场处置负责人，负责现场处置的指挥协调，合理安排人员岗位，向上级汇报，必要时请求支援，负责保管及清点车站的防汛物资。

（2）行车值班员负责车站信息的收集、传达与汇报。

（3）客运值班员协助值班站长做好客运组织和应急处置工作。

（4）站务员根据值班站长安排做好客流引导，关注站台客流情况，随时准备开展应急处置工作，确保现金和票卡安全，听从值班站长安排。

4. 水灾（水淹）应急处理。

（1）车站水管爆裂。

当车站水管爆裂时，按照车站各岗位行动指引程序执行。车站水管爆裂行动指引程序如表 9-18 所示。

表 9-18　车站水管爆裂行动指引程序

序号	岗位	行动指引程序
1	站务员	（1）发现或接到险情通知后，立即到现场配合值班站长抢险。 （2）立即到现场配合值班站长抢险。视情况关闭相关电扶梯、垂梯，将防洪物资按值班站长指示搬运至现场组织抢险。 （3）根据值班站长指示清扫积水。 （4）配合值班站长恢复正常运营秩序
2	客运值班员	（1）发现或接到险情通知后，立即到现场配合值班站长抢险。 （2）立即到现场配合值班站长抢险。根据值班站长指示维持乘客秩序，协助有需要帮助的乘客，做好乘客服务工作。 （3）根据值班站长指示清扫积水。 （4）配合值班站长恢复正常运营秩序

项目九　城市轨道交通客运车站突发事件应急处理

续表

序号	岗位	行动指引程序
3	行车值班员	(1) 接到发生险情的信息后，立即通知值班站长到现场确认，报告 OCC、生产调度。 (2) 报 OCC，做好与 OCC、车站各岗位、救援部门之间的信息传递。 (3) 根据值班站长指示请求邻站防汛物资及人员支援。 (4) 关注车站水情对设备设施的影响，及时上报，播放应急广播。做好信息汇报及续报工作。 (5) 接值班站长汇报后，通过 CCTV 加强现场监控。若水势太大有影响设备房间可能，根据值班站长指示将现场情况报告交给该设备所属管理部门。若水势影响客运服务，及时播放广播。 (6) 抢险结束后及时向 OCC 汇报
4	值班站长	(1) 接到通知后，立即到现场确认险情，并组织抢险。 (2) 立即尝试关闭消防水阀或生活水阀，以防事态扩大。视情况通知行车值班员向邻站请求防汛物资及人员支持。 (3) 若水势太大有影响设备房间可能，立即组织员工在设备房间门口摆放沙袋，防止设备房被淹，并将现场情况告知行车值班员。若事态影响客运服务，组织员工维持现场秩序，做好乘客疏导工作。抢险人员到达后协助抢险人员抢险。 (4) 现场水阀关闭，水势得到控制，组织员工清扫积水。 (5) 抢险结束后，组织恢复正常运营秩序

(2) 车站雨水倒灌出入口。

当车站雨水倒灌出入口时，按照车站各岗位行动指引程序执行。车站雨水倒灌出入口行动指引程序如表 9-19 所示。

表 9-19　车站雨水倒灌出入口行动指引程序

序号	岗位	行动指引程序
1	站务员	(1) 发现险情报车控室，确认扶梯上无人后关停自动扶梯，并配合值班站长抢险。 (2) 在值班站长的指示下运送防洪物资、在出入口安装防淹挡板。 (3) 观察水位情况，在值班站长安排下抢险。 (4) 在值班站长安排下疏散乘客至安全区域。 (5) 灾害停止，组织撤除沙袋，恢复车站正常服务
2	客运值班员	(1) 发现或接到险情通知后，立即到现场配合值班站长抢险。 (2) 配合值班站长组织抢险。接到值班站长关闭出入口通知后，在站厅通道和出入口处设置隔离栏杆并张贴相关告示，做好乘客服务解释工作，引导乘客从其他出入口进出。 (3) 根据值班站长安排进行抢险。 (4) 在值班站长安排下疏散乘客至安全区域。 (5) 灾害停止撤除隔离栏杆及告示，确认相关设备投入正常运作，恢复车站正常服务
3	行车值班员	(1) 接到发生险情的报告后立即报告值班站长及 OCC，并通过 CCTV 密切监控出入口情况，根据现场情况申请人员/物资支援。 (2) 向 OCC 报出入口关闭信息。做好乘客广播服务工作，在 PIS 上显示相关信息。 (3) 监控水泵状态。接到值班站长雨水有漫过上部挡水墙的汇报后立即报告 OCC，并重点监控雨水倒灌出入口水泵情况。通知机电人员立即关停可能影响的机电设备，增加水泵数量，提升排水能力。 (4) 接值班站长汇报后，立即播放疏散广播并现场情况进行续报。 (5) 接到值班站长可以恢复该出入口运营的通知后，报告 OCC 车站已恢复正常
4	值班站长	(1) 接行车值班员通报后，立即赶到出入口进行处理，提醒乘客进出站注意安全，并引导乘客从其他出入口进出站。 (2) 安排车站员工运送防淹挡板及防洪物资到出入口，并组织人员进行抢险。必要时关闭出入口，安排客运值班员在站厅通道处设置隔离栏杆，张贴告示，引导乘客从其他出入口进出。 (3) 发现雨水有漫过挡水墙的趋势，立即组织人员在排水沟后砌挡水墙，打开车站排水沟盖板。用沙袋封堵设备房门、票务设备视情况断电，将现场情况报告行车值班员。 (4) 将现场情况立即报告行车值班员，宣布疏散站内乘客至安全区域。 (5) 灾害停止，通知工作人员清理现场，通知行车值班员报 OCC 恢复车站正常服务

【媒体链接】

五种停运措施触发条件

目前,广州地铁已制定了出入口关闭、车站关闭、区段停运、线路停运、线网停运等五种不同程度停运措施,并明确相应的启动条件。作为关闭出入口和车站的配套措施,地铁交通集团对车站防洪防汛应对标准进行规范和细化,在各出入口标注了二级水位警戒线、一级水位警戒线、关站线。

出入口关闭

二级水位警戒线为出入口从上往下第二级台阶下沿,到达该警戒线后车站需要搬运设置防洪挡板及摆放沙包。一级水位警戒线为出入口最高级台阶下沿,到达该警戒线后车站需要关闭该出入口。

车站关闭

关站线设置为防洪挡板最高处往下30厘米处,达到关站线后组织该车站关闭。

区段停运

当隧道轨行区积水超过轨面时或车站外部积水通过车站流入隧道时,地铁将立即组织受影响区段停运。

线路停运

当一条线路因发生隧道轨行区积水导致不相邻的两个区段停运时,组织该线路停运。

线网停运

当线网至少五条地铁线路因为水淹导致停运时,地铁方面将决定线网停运。

——广州日报 2021年8月9日

(二)恶劣天气应急处理

1. 职责分工

(1)值班站长赶到现场后,担任现场救援负责人,负责现场救援的指挥协调,组织人员疏导。

(2)行车值班员负责做好信息的收集、传达、上报工作。

(3)客运值班员与站务员听从值班站长安排,做好人员疏导工作。

2. 恶劣天气应急处理

(1)暴雨、大风情况下的应急处理。

当车站出现暴雨、大风时,按照车站各岗位行动指引程序执行。车站暴雨、大风情况下的行动指引程序如表9-20所示。

项目九 城市轨道交通客运车站突发事件应急处理

表 9-20 车站暴雨、大风情况下的行动指引程序

序号	岗位	行动指引程序
1	站务员	（1）听从值班站长安排，巡视出入口、站外电梯房、风亭，检查车站内户外广告灯箱等受风设施的状况。 （2）协助客运值班员设置防滑警示牌、防滑垫等，引导站台乘客安全乘车。提醒乘客注意防滑、注意不要靠近站台门，引导乘客从影响较小的出入口进出车站。 （3）协助客运值班员参与救援，立即使用沙包、膨胀沙袋、防水布围堵出入口，封堵设备区通道等。 （4）协助值班站长完成关站工作，做好宣传、疏散、服务工作。 （5）协助客运值班员撤除防滑警示牌、防洪沙包等防护备品，检查相关设备设施
2	客运值班员	（1）听从值班站长安排，巡视出入口、站外电梯房、风亭，检查车站内户外广告灯箱等受风设施的状况，并准备应急救援备品。 （2）在出入口、电梯口、站台乘客候车处等湿滑的地点放置防滑警示牌、防滑垫等，提醒乘客注意防滑，同时提醒候车的乘客不要靠近站台门。引导乘客从影响较小的出入口进出车站。 （3）遇车站发生漏水、渗水、雨水倒灌等情况，按照值班站长的安排进行救援；立即使用沙包、膨胀沙袋、防水布围堵出入口，封堵设备区通道。 （4）协助值班站长完成关站工作，做好宣传、疏散、服务工作。 （5）撤除防滑警示牌、防洪沙包等防护备品，检查相关设备设施
3	行车值班员	（1）接OCC发布暴雨、大风预警信息（含风力等级、采取的措施）。通知值班站长，通知各岗位人员。 （2）做好应急广播，按值班站长命令，执行相应应急模式。密切关注天气变化，发现恶劣天气来临时，及时上报（包括恶劣程度及现象、影响范围等）。 （3）按值班站长要求联系急救中心，做好应急广播，关闭管辖的地面、站台的广告灯箱电源。加强CCTV监控。 （4）做好与OCC、车站各岗位、救援部门之间的信息传递。 （5）接OCC应急终止命令，通知车站各岗位并检查车控室设备
4	值班站长	（1）接到通知，视情况组织人员疏导乘客。 （2）安排员工做好车站地面防滑，巡视出入口、站外电梯房、风亭、受风设施等重点部位，视情况决定是否关闭自动扶梯、垂直电梯、出入口等设备，必要时通知受风设施的相关单位来加固受风设施；通知保洁做好车站地面防滑工作；保安在站台设置防滑警示牌。 （3）加强乘客引导，根据情况组织车站乘客做好防风避雨工作，如有乘客受伤联系急救中心救助伤员。若发现车站出入口顶棚被强风或暴雨破坏等险情，及时封锁现场，根据情况关闭受影响的出入口。 （4）若车站发生漏水、渗水、雨水倒灌等情况，组织员工做好应急救援，封锁出入口防止乘客意外受伤。若站外积水大量进入站厅，须立即执行紧急疏散程序。 （5）如需关站，立即报告OCC，OCC同意后，立刻执行车站紧急程序，落实安全措施，做好宣传、疏散、服务工作。 （6）接OCC应急终止命令，通知各岗位终止本程序。撤除防护，安排保安、保洁撤除防滑警示牌、防洪沙包等防护备品，做好车站卫生清理，检查相关设备设施，上报OCC准备开站

（2）暴雪、冰雹、结冰、霜冻情况下的应急处理。

当车站出现暴雪、冰雹、结冰、霜冻时，按照车站各岗位行动指引程序执行。某城市轨道交通客运车站发生暴雪抢险场景如图9-14所示。

车站暴雪、冰雹、结冰、霜冻情况下的行动指引程序如表9-21所示。

(a)   (b)

图 9-14 某城市轨道交通客运车站发生暴雪抢险场景

表 9-21 车站暴雪、冰雹、结冰、霜冻情况下的行动指引程序

序号	岗位	行动指引程序
1	站务员	（1）准备应急抢险并提醒乘客地面湿滑。 （2）协助客运值班员设置防滑警示牌，引导站台乘客安全乘车。 （3）协助值班站长做好除雪、除冰。 （4）协助客运值班员撤除防护
2	客运值班员	（1）听从值班站长安排，带齐应急备品，立即准备清扫出入口、电梯口的积雪、积冰。 （2）在出入口、电梯口等湿滑地点放置防滑警示牌等。 （3）协助值班站长做好除雪、除冰。 （4）撤除防滑警示牌等防护，检查相关设备设施
3	行车值班员	（1）接 OCC 发布暴雪、冰雹、结冰、霜冻预警信息（含采取的措施）。通知值班站长，通知各岗位人员。 （2）做好应急广播，按值班站长命令，执行相应的应急模式。密切关注天气变化，发现恶劣天气来临时，及时上报（包括恶劣程度及现象、影响范围等）。 （3）按值班站长要求联系急救中心，做好应急广播，加强 CCTV 监控。 （4）做好与 OCC、车站各岗位、救援部门之间的信息传递。 （5）接 OCC 应急终止命令，通知车站各岗位并检查车控室设备
4	值班站长	（1）接到通知，视情况组织人员疏导乘客。 （2）加强车站巡视，安排员工做好站内巡视、疏导乘客工作。 （3）安排人员做好车站地面防滑准备工作；在站厅、站台设置防滑警示牌。 （4）安排人员在出入口、电梯口等湿滑的地点做好防护措施，加强乘客引导，做好现场救援的指挥协调。如有乘客受伤视情况联系急救中心救助伤员。 （5）组织人员在出入口、电梯口等地点除雪、除冰。 （6）车站完成除雪、除冰后，通知各岗位终止本程序，安排人员撤除防护、清理现场，检查相关设备设施

【媒体链接】

"实战"极端天气石家庄地铁举行防汛应急演练

"实战"极端天气石家庄地铁举行防汛应急演练如图 9-15 所示。

(a)   (b)

图 9-15　"实战"极端天气石家庄地铁举行防汛应急演练

本次演练模拟在暴雨天气情况下，突发大量雨水从福泽站 A 口涌入车站，并向站厅不断漫延的情景，组织开展防汛应急实战演练。"报告，A 口发现有大量雨水涌入车站。"26 日 16 时，演练在模拟遭遇强降雨的场景中展开：某日接到气象台发布暴雨红色预警，各车站密切巡视车站出入口，做好沙袋封堵等准备工作，各次列车司机沿途加强盯控瞭望。福泽站发现雨水涌入车站，组织紧急疏散乘客从其他出入口出站，在排水沟后方砌筑沙袋墙。此时，地铁线网控制中心立即启动汛期防洪应急预案，制订行车调整方案，并立即上报。与此同时，组织人员关闭出入口、开展水情处置及客运组织，抢险队开展出入口积水处理……一系列工作有条不紊地展开。险情报告经由值班站长、行车调度、工建生产调度、机电生产调度……逐级迅速传达，并立即启动应急预案，组织各专业开展应急抢险：维修调度向机电通号部、供电工建部生产调度发布抢修令，将涌水情况通知运营分公司各部门；值班站长报告行车调度、服务热线，福泽站 A 口积水还在持续上涨，现已将乘客疏散完毕，并在该出入口安放好防洪挡板及沙袋；行车调度组织扣停后续列车，并组织列车小交路等方式调整运行；各抢险队组织车站站内排水，机电抢险队使用汽油泵进行排水作业；随后，水位降至二级警戒线以下，工建、机电等专业查看设备情况，保洁打扫卫生；具备开站条件后，将现场情况报告地铁线网控制中心，获准开站。最终，经过各专业各系统的协同作业，车站险情排除，恢复了正常运营。

——河北新闻广播　2022 年 5 月 26 日

（三）地震应急处理

1. 故障影响

城市轨道交通隧道及建筑结构的设计能够承受一定的地震烈度，等级较强的地震会导致城市轨道交通客运车站邻近建筑物、车站建筑物的损毁及倒塌，轨道线路移位或严重扭曲，列车出轨，车站、列车的电力中断等事故，从而引起沿线乘客的恐慌以及难以控制的城市轨道交通人潮，为应对这些严重后果，车站工作人员应严格执行地震应急处理措施。某城市轨道交通遭受地震设备受损场景如图 9-16 所示。

2. 职责分工

（1）值班站长赶到现场后，担任现场救援负责人，负责现场救援的指挥协调，组织人员疏导。

(a)

(b)

图 9-16　某城市轨道交通遭受地震设备受损场景

（2）行车值班员负责做好信息的收集、传达、上报工作。（3）客运值班员与站务员听从值班站长安排，做好人员疏导工作。

3. 地震应急处理

当车站出现地震时，按照车站各岗位行动指引程序执行。车站人员在确保自身安全的情况下进行疏散。疏散车站乘客时车站人员需确认垂直电梯、公共洗手间无乘客遗留。车站地震行动指引程序如表 9-22 所示。

表 9-22　车站地震行动指引程序

序号	岗位	行动指引程序
1	站务员	（1）发现车站有轻微震感或接行车值班员发生地震的报告。 （2）接到疏散指令后，打开员工通道门，引导乘客往站外疏散。 （3）在确保自身安全的情况下协助客运值班员搜寻、解救受困人员，对受伤乘客进行简易救治和安抚并疏散到站外。 （4）及时将现场情况汇报车控室、值班站长。 （5）确认乘客疏散完毕后报告车控室和值班站长，到出入口张贴关站告示。 （6）地震完毕后，恢复车站正常运作
2	客运值班员	（1）发现车站有轻微震感或接行车值班员发生地震的报告。 （2）协助值班站长准备应急备品。 （3）接到疏散指令后，到站台指引乘客疏散。 （4）在确保自身安全的情况下搜寻、解救受困人员，对受伤乘客进行简易救治和安抚并疏散到站外。 （5）及时将现场情况汇报车控室、值班站长。 （6）根据值班站长指令进入轨行区疏散列车上的乘客。 （7）协助值班站长核对车站疏散人员出清隧道。 （8）确认乘客疏散完毕后报告车控室和值班站长。 （9）清理现场，检查车站行车、客运、票务设施设备。 （10）地震结束后，恢复车站正常运作

续表

序号	岗位	行动指引程序
3	行车值班员	(1) 发现车站有轻微震感或接OCC发生地震的通知，通知值班站长。 (2) 通过CCTV观察现场，加强与值班站长、OCC的联系。播放广播安抚乘客。 (3) 立即将情况汇报给OCC、值班站长，在条件允许时，按规定程序通报，需要时拨打110、120请求支援。 (4) 做好应急广播，按值班站长命令，执行相应应急模式。 (5) 做好与OCC、车站各岗位、救援部门之间的信息传递。 (6) 接OCC进入轨行区疏散列车乘客的命令后报值班站长。 (7) 接值班站长隧道出清的报告后报告OCC。 (8) 接地震结束通知后报告值班站长。 (9) 统计具体受灾情况后报告OCC。 (10) 接OCC恢复运营命令后报告值班站长
4	值班站长	(1) 发现车站有轻微震感或接行车值班员发生地震的报告。 (2) 当车站有轻微震感时，做好乘客疏散准备，同时组织人员检查车站管辖范围内人员、设备、设施受影响情况，并通报OCC。 (3) 如需疏散乘客，立即通知员工做好个人防护，指示客运值班员负责执行车站疏散程序，同时组织疏散在站列车乘客。 (4) 根据OCC指令进入轨行区疏散列车上的乘客。 (5) 与司机共同确认列车上无遗留乘客后组织乘客疏散并在队伍尾部防止乘客掉队。 (6) 确认疏散完成、隧道出清后报车控室。 (7) 确认乘客疏散完毕后报告车控室。 (8) 接地震结束通知后，组织员工清理现场，检查车站行车、客运、票务设施设备。 (9) 接OCC恢复运营命令后组织员工恢复车站服务

【媒体链接】

广州地铁可抗7度地震共有4级地震应急预案

记者获悉，尽管广州从未发生过6级以上地震，但广州地铁是按照抗7度地震来设计的，广州地铁提醒市民，如在乘坐轨道交通出行时遇到地震，不要慌张，等到应急灯自动开启后，按照指引迅速疏散。虽然广州地质条件比较复杂，几十年前曾经发生过三、四级地震，但历史上从未发生过超过6级的地震。尽管如此，由于广州地质断裂带多，轨道交通在防震方面要求较高。鉴于此，广州市规定地铁的防地震设计标准是"抗地震烈度7级"。

搭乘地铁是市民重要出行方式，突遇地震的市民该如何逃生呢？广州地铁公司表示，万一发生没有预兆的地震，地铁供电系统断电，广州地铁的隧道和车站的应急照明灯将会自动开启。乘客最重要的是保持冷静，有组织地疏散。如果是在区间隧道，乘客可在列车司机的指引下跑出隧道；如果是在地铁车站，乘客要迅速疏散到地面。

广州地铁共有4级地震应急预案

预测性的地震应急方案分4个级别：

广州市区发生7.0级以上地震，启动一级预案。

广州市区发生4.5级以上地震，或省内地区发生6.0级以上并对广州市造成严重影响的地震，启动二级预案。

广州市区发生4.0～4.5级地震，或省内地区发生5.0级以上并对广州市造成较大影响的地震，启动三级预案。

广州市区发生3.5～4.0级地震，或其他有感地震，启动四级预案。

——南方日报 2011年3月15日

三、任务实施

工作任务：自然灾害车站应急处理。

制作 PPT，以小组为单位进行自然灾害车站应急处理的讨论，按照自然灾害车站应急处理程序执行自然灾害车站应急处理。

四、任务评价

自然灾害车站应急处理任务评价表如表 9-23 所示。

表 9-23 自然灾害车站应急处置任务评价表

项目任务		自然灾害车站应急处理			
班级		姓名		评价时间	
考核内容					
考核项目	考核标准			分值（分）	得分（分）
水灾（水淹）	阐述车站水灾（水淹）应急处理程序，编制车站水灾（水淹）应急处理预案及车站水灾（水淹）应急处理作业指导书			15	
恶劣天气、地震	阐述地铁恶劣天气应急处理程序，编制地铁恶劣天气应急处理预案及地铁恶劣天气应急处理作业指导书			20	
	阐述地铁地震应急处理程序，编制地铁地震应急处理预案及地铁地震应急处理作业指导书			15	
制作内容	制作能清晰展示的 PPT			15	
	要求类型分析图形准确，文字流畅			15	
	做到业务分析熟练、图文并茂			20	

指导教师意见：

说明：1. 建议采用四级评分制（如 90%~100%，80%~90%，60%~80%，60%以下）；
   2. 主要采用小组互评的方式进行评价，教师最后进行参考评分

任务四 其他事件车站应急处理

一、任务导入

通过学习其他事件车站应急处理介绍，理解当出现车站内气/液体危险品泄漏，接到炸弹恐吓，发现可疑人员、物品，异物侵限等其他事件时的，岗位职责，熟悉关键指引，掌握各岗位行动指引程序。

二、知识准备

(一) 车站内出现气/液体危险品泄漏应急处理

1. 岗位职责

(1) 值班站长担任前期现场负责人,负责现场救援的指挥协调,组织人员疏散和伤员救助。

(2) 行车值班员负责车站信息的收集、传达与汇报。

(3) 客运值班员、站务员根据值班站长安排,做好人员疏散和伤员救助并寻找目击者。

2. 气/液体危险品泄漏应急处理

当车站人员闻到有刺激性的气味并发现异常后,戴上防毒面具做好个人防护,车站恢复正常运营后,加强巡视,发现异常情况立即汇报。车站在清客过程中需注意垂直电梯是否有人员被困。当车站出现气/液体危险品泄漏时,车站各岗位按行动指引程序执行。车站内出现气/液体危险品泄漏行动指引程序如表9-24所示。

表9-24 车站内出现气/液体危险品泄漏行动指引程序

序号	岗位	行动指引程序
1	站务员	(1) 发现异常后,立即报告值班站长。 (2) 查找根源后,马上隔离封锁,同时在附近寻找2名以上目击证人。 (3) 在站台协助值班站长进行清客。 (4) 收好票款,在站厅协助值班站长进行清客。 (5) 检查客服中心设备,准备开窗并报告车控室准备情况。 (6) 检查站台门、扶梯等设备设施情况和线路情况,并向车控室报告
2	客运值班员	(1) 到车控室协助行车值班员处理。 (2) 接收清客的命令后,确认SC系统设置紧急模式,并在站厅协助值班站长进行清客。 (3) 检查AFC系统设备、各种服务设备设施是否正常并报车控室。 (4) 开启出入口,引导乘客进站。
3	行车值班员	(1) 接到现场人员的报告后马上通知值班站长到现场确认,将现场情况汇报OCC并视情况报轨道交通公安、急救中心、火警以及相关人员。 (2) 安排车站员工到紧急出入口接应救援人员。 (3) 加强与值班站长、OCC的联系,及时汇报现场情况。 (4) 根据OCC命令,确认环控系统运行模式。 (5) 接到OCC清客命令后,通知各岗位并按压AFC系统闸机紧急释放按钮,广播指引乘客疏散并利用CCTV观察现场情况。 (6) 清客完毕后,报告OCC。需要车站员工疏散时,通知各岗位并与OCC至少留下2个联系方式。 (7) 检查车控室设备设施情况。向OCC报告车站运营前准备工作,并向OCC了解列车运行恢复情况后,报告值班站长。 (8) 通知各岗位员工,车站恢复正常运营
4	值班站长	(1) 接到报告后迅速赶到现场。 (2) 担任事故前期负责人,指挥做好乘客服务或疏散工作。 (3) 查找危险品泄漏来源,确认现场具体情况。禁止对事故区域的电气设备进行操作,防止操作引起火花造成危险品燃烧爆炸。 (4) 组织车站员工进行车站清客,加强与车控室的联系。 (5) 确认全站清客完毕后报车控室,并配合轨道交通公安处理。 (6) 确认疏散完成隧道出清后报车控室。 (7) 临时关闭车站(紧急出入口除外),组织各岗位疏散。 (8) 到紧急出入口清点员工人数,到齐后向OCC报告。 (9) 接车站恢复正常的通知后,立即组织各岗位准备运营

（二）接到炸弹恐吓应急处理

1. 关键指引

（1）接到炸弹恐吓电话时，首先要求致电者避免伤害无辜，通话语气要保持平和，尽量详细记录通话内容及通过沟通了解其意图，并留意打电话人的语气、口音等，注意如音乐、其他人士交谈、汽车、机器等背景声音，立即向轨道交通公安、OCC、上级领导报告。警方有明确指示的按其要求执行，警方没有明确指示的，按本程序执行。

（2）OCC须安排全线车站进行不公开检查，安排人员把守所有面向公共区的通道门，检查过程中避免引起乘客恐慌（如引起乘客恐慌时直接下达疏散命令）。

（3）恐吓明确具体车站时，除进行全线车站检查外，车务部须组织人员对受恐吓站增援进行重点检查，协助受恐吓车站进行检查并对全部进站人员携带的包裹进行开包检查。

（4）如需对轨行区进行检查，采取利用行车间隔实地检查和登乘列车限速运行检查方式进行检查。

（5）接到警方发布危险解除指令后，值班站长组织车站员工对现场进行清扫，恢复运营。

2. 岗位职责

（1）值班站长担任前期现场负责人，负责现场指挥协调、组织人员疏散、现场清扫。

（2）行车值班员负责车站信息的收集、传达与上报工作。

（3）客运值班员、站务员根据值班站长安排，做好人员疏散工作。

3. 接到炸弹恐吓应急处理

当车站接到炸弹恐吓应急处理时，按照车站各岗位行动指引程序执行。车站接到炸弹恐吓行动指引程序如表 9-25 所示。

表 9-25　车站接到炸弹恐吓行动指引程序

序号	岗位	行动指引程序
1	站务员	（1）在保障人身安全的前提下，进行不公开的搜索，搜索过程中避免引起乘客恐慌。 （2）将检查情况及时反馈给车控室。 （3）根据值班站长命令进行相关工作。 （4）根据值班站长安排对现场进行清扫，检查车站设备，恢复运营
2	客运值班员	（1）在保障人身安全的前提下，进行不公开的搜索，搜索过程中避免引起乘客恐慌。 （2）将检查情况及时反馈给车控室。 （3）根据值班站长命令进行相关工作。 （4）根据值班站长安排对现场进行清扫，检查车站设备，恢复运营
3	行车值班员	（1）接到炸弹恐吓电话，做好详细记录，如果旁边有同事示意其报警。立即报告值班站长、OCC、轨道交通公安和上级领导。 （2）加强与值班站长、OCC的联系，及时汇报现场情况。 （3）发现可疑物品（目视无法识别或判定物品性质的物品）时，立即向行车调度员报告。接到值班站长疏散指令后，按车站疏散程序执行。接到撤离通知时，须与OCC留下2个以上联系方式。轨道交通公安到场后，配合警方工作。 （4）接到轨道交通公安发布危险解除的指令后立即报告值班站长、OCC和上级领导

项目九　城市轨道交通客运车站突发事件应急处理

续表

序号	岗位	行动指引程序
4	值班站长	（1）按OCC命令，组织车站员工在保障人身安全的前提下，进行不公开的搜索，安排人员把守所有面向公共区的通道门，搜索过程中避免引起乘客恐慌。恐吓明确具体车站时：①组织人员进行重点检查，增援人员到达后，安排其进行检查并对全部进站人员携带的包裹进行开包检查。②如需对轨行区进行检查时，组织人员利用行车间隔实地检查和登乘列车限速运行检查。③在公司应急人员到达前，负责与轨道交通公安联系，并尽量配合其行动。④在公司应急人员到达前，安排行车值班员及时向OCC汇报轨道交通公安提出的要求。 （2）发现可疑物品（目视无法识别或判定物品性质的物品）时：①立即命令行车值班员向OCC报告。②隔离相关区域，组织乘客疏散。③已有列车停站时，立即安排人员通知司机关门动车。④命令工作人员隔离该区域，关闭无线对讲机、手机等无线通信设备（由于站间距离较近，同时需要关闭相邻两站的无线对讲机、手机等无线通信设备，以防止邻站无线通信泄漏过本站），禁止使用电气设备，派人员通知车控室立即向轨道交通公安、OCC、上级领导汇报，并关注附近是否有可疑人员。⑤乘客疏散完毕后视情况组织车站人员（站务人员、驻站维修人员、保安人员、保洁人员、商铺人员等）撤离车站。⑥轨道交通公安到场后，配合警方工作。 （3）接到轨道交通公安发布危险解除的指令后，根据OCC指示组织车站员工对现场进行清扫，检查车站设备，恢复运营

（三）发现可疑人员、物品应急处理

1. 基本介绍

某城市轨道交通客运车站发现可疑人员、物品场景如图9-17所示。

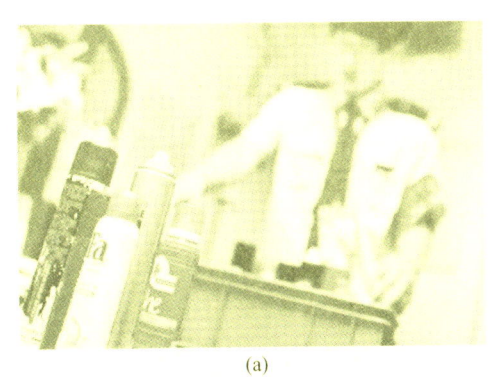 

(a)　　　　　　　　　　　　(b)

图9-17　某城市轨道交通客运车站发现可疑人员、物品场景

（1）下列情况视为可疑物品：
①无人认领的且无法从表面确认具体品名的物品。
②呈块状、粉末状、膏状的不明性质物品。
③有刺激性气味、特殊异味、泄漏出气体的物品。
④与钟表、定时器、手机等电子设备有导线连接的不明物品。
⑤其他不确定的物品。
（2）下列情况视为可疑人员：
①符合警方通报特征的人员。
②在车站逗留时间较长或多次到同一地点观察，且有异常表现的乘客。

③乘客反映的可疑人员。
④行为诡异，见工作人员立即躲避和离开的乘客。
⑤携带可疑或违禁物品人员等。

2. 关键指引

(1) 车站范围内发现可疑物品时，立即隔离相关区域，通知驻站警察。如发现与钟表、定时器、手机等电子设备有导线连接的不明物品时，按有关规定进行处理。

(2) 抓获治安事件嫌疑人时，及时通知城市轨道交通公安到现场处理，公安到现场前，车站加派人手看管，并注意保证人身安全。

(3) 当需要对穿着、长相符合某一民族、宗教人士共同特征的人员进行甄别时，须注意方法，避免民族矛盾。

3. 岗位职责

(1) 值班站长担任前期现场处置负责人，负责现场处置的指挥协调，及时隔离可疑物品，防范可疑人员，疏散乘客。

(2) 行车值班员负责车站信息的收集、传达与上报工作。

(3) 客运值班员与站务员听从值班站长安排，隔离可疑物品，跟踪可疑人员，疏散乘客。

4. 发现可疑人员、物品应急处理

(1) 当车站发现可疑人员时，按照车站各岗位行动指引程序执行。车站发现可疑人员行动指引程序如表9-26所示。

表9-26 车站发现可疑人员行动指引程序

序号	岗位	行动指引程序
1	站务员	(1) 发现可疑人员及时报车控室。 (2) 协助值班站长处理。 (3) 将可疑人员情况及时反馈给车控室
2	客运值班员	(1) 发现可疑人员及时报车控室。 (2) 协助值班站长处理。 (3) 将可疑人员情况及时反馈给车控室
3	行车值班员	(1) 接到发现可疑人员信息，立即报值班站长、轨道交通公安、OCC。 (2) 通过CCTV观察可疑人员情况。 (3) 及时向行车调度员报告事件处理进展情况。 (4) 向OCC汇报应急解除
4	值班站长	(1) 接到通知后立即至现场了解情况。 (2) 在保证安全的前提下，派人暗地跟踪并密切留意可疑人员。要求各岗位员工密切留意是否还有其他可疑人员。 (3) 接收跟踪人员汇报，跟踪人员根据可疑人员行为决定是否不再继续跟踪，原则上直至跟踪可疑人员离开车站范围10米以外。 (4) 可疑人员上车，来不及安排人员跟车时，需立即向OCC、前方站报告，并将可疑人员去向及时报告OCC。 (5) 发现可疑人员有违法行为时，视情况采取疏散周边乘客或车站疏散措施。 (6) 接轨道交通公安通知后，如车站疏散则做好开站准备

项目九 城市轨道交通客运车站突发事件应急处理

（2）当车站发现可疑物品时，按照车站各岗位行动指引程序执行。车站发现可疑物品行动指引程序如表9-27所示。

表9-27 车站发现可疑物品行动指引程序

序号	岗位	行动指引程序
1	站务员	（1）发现可疑物品时及时报车控室，同时询问周围乘客，确认是否为附近乘客遗失物。 （2）协助值班站长，使用警戒绳设置隔离区。 （3）疏散围观乘客，做好乘客引导。 （4）做好关站准备。 （5）执行关站程序，张贴告示。 （6）到紧急出入口集合。 （7）清理现场，撤除防护。 （8）开启车站各出入口，撤除相关告示
2	客运值班员	（1）协助值班站长处理。至现场协助值班站长处理，询问周围乘客，确认是否为附近乘客遗失物。 （2）协助值班站长，使用警戒绳设置隔离区。 （3）疏散围观乘客，做好乘客引导。 （4）配合做好车站安全防护。 （5）做好关站准备。 （6）执行关站程序，张贴告示。 （7）到紧急出入口集合。 （8）清理现场，撤除防护。 （9）开启车站各出入口，撤除相关告示
3	行车值班员	（1）接发现人员报告后报值班站长。 （2）做好失物广播。 （3）根据值班站长命令报OCC、轨道交通公安，并通过CCTV监视现场情况。 （4）做好与OCC、车站各岗位、轨道交通公安之间的信息传递，及时将处理情况向OCC汇报。 （5）根据值班站长命令向OCC申请关站；接到OCC同意关站命令后报值班站长。 （6）播放关站广播。 （7）需要撤离时留下2个紧急联络方式后撤离。 （8）向OCC汇报应急解除，申请开站
4	值班站长	（1）接到通知后立即至现场了解情况。 （2）当判断为可疑物品时，安排行车值班员做好信息汇报，隔离可疑物品，如发现与钟表、定时器、手机等电子设备有导线连接的不明物品时，在区域附近禁止使用无线对讲机、手机等无线通信设备，并关注附近是否有可疑人员。 （3）做好安全防护，疏散围观乘客。视情况封闭车站相关区域，做好乘客引导。 （4）轨道交通公安到达后，配合其做好车站安全防护。 （5）必要时根据轨道交通公安关站要求，通知行车值班员向OCC申请关站。 （6）根据OCC关站命令，通知各岗位关站。 （7）关站完毕，通知各岗位到紧急出入口集合。 （8）接轨道交通公安应急解除通知后，通知各岗位做好开站准备。 （9）根据OCC开站命令，开放出入口，恢复运营

（四）异物侵限应急处理

异物侵限指轨道交通范围内所有的设备设施由于各种原因产生位移、脱落，或自然、人为等因素导致其他物体侵入线路设备限界，影响列车在本区段线路安全运营的情况。

1. 基本介绍

对轨道交通侵限的异物可分为以下几类：

（1）小型漂浮物。在轨道交通线路上经常会出现胶袋、纸张、布料及小动物等异物，这类异物不出现在线路钢轨附近一般不会对行车造成影响。

（2）可能影响行车的异物。线路上的气球、雨伞、线路旁侵限设备、外界进入的物体及隧道壁开裂脱落等异物，将对列车运行造成直接的威胁。

2. 岗位职责

（1）值班站长担任前期现场救援负责人，负责现场救援的指挥协调，组织人员疏导和伤员救助。

（2）行车值班员负责车站信息的收集、传达与上报工作。

（3）客运值班员、站务员听从值班站长安排，做好人员疏导和伤员救助工作。

3. 异物侵限应急处理

当车站发现异物侵限时，按照车站各岗位行动指引程序执行。车站发现异物侵限行动指引程序如表9-28所示。

表9-28 车站发现异物侵限行动指引程序

序号	岗位	行动指引程序
1	站务员	（1）发现异物侵限时若目视可能影响行车安全，立即按紧急停车按钮并报告车控室。 （2）到站台响应位置，了解情况。 （3）协助值班站长处理。 （4）处理完毕后向司机显示"好了"手信号
2	客运值班员	（1）发现异物侵限时若目视可能影响行车安全，立即按紧急停车按钮并报告车控室。 （2）到站台响应位置，了解情况。 （3）协助值班站长处理
3	行车值班员	（1）接到OCC命令或站台岗站务员通知后通知值班站长，并做好车站广播。 （2）若初步判断不影响行车安全，及时向行车调度员汇报，密切关注列车运营状态，随时与站台监视物体状态人员保持联系。若接到有物体危及行车安全的报告，确认已按压紧急停车按钮，并将情况报行车调度员。 （3）OCC同意下轨行区捡物后通知值班站长。 （4）车站无法处理的异物报告OCC
4	值班站长	（1）接到通知后立即赶往站台，如果侵限物体不影响行车安全，则安排人员密切监视物体状态，接行车调度员指令，运营结束后配合专业人员处理。如物体影响行车安全，根据行车调度员指令，组织人员利用拾物钳进行初步处理，若需要下线路处理，经行车调度员批准安排人员下线路处理，若车站无法处理，报行车调度员，配合相关专业人员进行处置。 （2）根据情况做好应急处置准备。 （3）组织人员处理异物，线路出清后报车控室。 （4）列车发出后恢复正常运营

【媒体链接】

塑料袋逼停上海地铁异物侵线致停运已现多次

16日14时21分，上海地铁官方微博发布消息：目前，上海地铁3号线因异物侵入线路,殷高西路往上海火车站方向列车限速运行,发车班次间隔延长,预计影响时间10分钟以上,请乘客们及时调整出行路径,以免耽误行程。直到14时47分,地铁官方微博更新消息:异物已被清理,列车恢复正常运行。

从上海地铁运营方了解到,一个黑色的塑料袋缠绕在触网上,导致正在运行的一辆3号线列车不得不停下,工作人员找来长杆将塑料袋挑落,列车才得以通过,而后续列车也因此受到影响。接触网遭遇塑料袋逼停上海地铁场景如图9-18所示。

(a)　　　　　　　　　　　　　　(b)

图9-18　接触网遭遇塑料袋逼停上海地铁场景

地铁线路上的异物入侵除了塑料袋,还有广告牌、电缆线等,此前曾多次发生异物缠绕或挂在触网上,导致地铁运行受阻的情况。例如2013年12月3日,由于一块广告牌幕布掉到触网上,地铁2号线远东大道至浦东国际机场区间被迫限速运行,经紧急抢修,线路在35分钟后恢复正常运营。2011年12月10日和18日,上海地铁10号线两次出现因异物侵线导致列车停运的情况。

上海地铁工作人员表示,行进中的列车最怕"天外飞物"。无论是塑料袋、风筝、炮仗还是氢气球、无人机等,这些东西无论是落在轨道上、砸在车顶上、还是挂在触网上、缠在受电弓上,都会干扰列车运行,小则临时停车,大则弓网短路、失去电力,导致清客、晚点、退出运行,影响后续列车。上海地铁呼吁:还请乘客手下留情,不乱扔垃圾、不高空抛物。

——澎湃新闻　2016年2月16日

三、任务实施

工作任务:其他事件车站应急处理。

制作PPT,以小组为单位进行其他事件车站应急处理的讨论,按照执行其他事件车站应急处理程序进行其他事件车站应急处理。

四、任务评价

其他事件车站应急处理任务评价表如表9-29所示。

表 9-29 其他事件车站应急处理任务评价表

项目任务	其他事件车站应急处理			
班级		姓名		评价时间	

考核内容			
考核项目	考核标准	分值（分）	得分（分）
危险品泄露	阐述车站内出现气/液体危险品泄漏应急处理程序，按照车站内出现气/液体危险品泄漏应急处理程序编写其应急处理作业指导书	15	
炸弹恐吓，可疑人员、物品异物侵限	阐述接到炸弹恐吓应急处理程序，按照接到炸弹恐吓应急处理程序编制接到炸弹恐吓应急处理预案	20	
	阐述发现可疑人员、物品应急处理程序；阐述异物侵限应急处理程序	15	
制作内容	制作能清晰展示的 PPT	15	
	要求类型分析图形准确，文字流畅	15	
	做到业务分析熟练、图文并茂	20	

指导教师意见：

说明：1. 建议采用四级评分制（如 90%～100%，80%～90%，60%～80%，60%以下）；
2. 主要采用小组互评的方式进行评价，教师最后进行参考评分

参考文献

[1] 武倩楠. 城市轨道交通客运组织［M］. 成都：西南交通大学出版社，2021.
[2] 杨旭丽. 城市轨道交通票务管理［M］. 上海：上海交通大学出版社，2019.
[3] 从从，李俊辉. 城市轨道交通客运组织［M］. 成都：西南交通大学出版社，2019.
[4] 成都地铁运营有限公司. 综合监控检修工［M］. 成都：西南交通大学出版社，2018.
[5] 李卫红，易晨阳. 城市轨道交通客运组织［M］. 北京：北京出版社，2017.
[6] 李志成，周云娣. 城市轨道交通客运组织［M］. 合肥：中国科学技术大学出版社，2014.
[7] 邓文龙. 城市轨道交通客运组织［M］. 北京：中央广播电视大学出版社，2014.
[8] 吴海军，柴小春. 城市轨道交通客运组织［M］. 重庆：重庆大学出版社，2013.
[9] 于涛. 城市轨道交通票务管理［M］. 北京：人民交通出版社，2012.
[10] 高蓉. 城市轨道交通客运服务［M］. 北京：人民交通出版社，2012.
[11] 刘莉娜. 城市轨道交通客运组织［M］. 北京：人民交通出版社，2012.